# פסח על שום מה?

הגדה של פסח
בביאור ובתוספת מאמרים
מאת הרב יונתן זקס

# פסח

על
שום
מה?

הגדה של פסח
בביאור ובתוספת מאמרים
מאת הרב יונתן זקס

מאנגלית: ברוריה בן־ברוך

מגיד

Jonathan Sacks
*The Jonathan Sacks Haggada*

מהדורה ראשונה בעברית, 2015
First Hebrew Edition, 2015



עורכת ראשית: גילה פיין
עורכת משנה: תמי מגר
עריכה לשונית: רות צדקיה, הניה קולומבוס, אפרת גרוס
עימוד: אסתר באר, רוית כהן
עיצוב העטיפה: דניאל בר-לב

ספרי מגיד, הוצאת קורן
ת״ד 4044 ירושלים 9104001
טל׳: 02-6330530 פקס: 02-6330534

www.maggidbooks.com



מסת״ב ISBN 978-965-301-399-5

נדפס בישראל Printed in Israel 2020

# תוכן העניינים

# הקדמה

המושג "סדר" תופס מקום מרכזי בתפיסת החירות ביהדות. אנחנו נעשים שותפים לאל בבריאה כשאנחנו יוצרים סדר בחברה – סדר המכבד את כל בני־האדם שנבראו בצלם. כדי למצוא את נוכחות האל לא רק ברגעי אקסטזה נדירים אלא גם בהתנהלות היומיומית של החברה בכללותה, חייב לשרור סדר, חייבת להתקיים מערכת חוקים המקובלת על הכול. הסדר הופך פרטים לקהילה וקהילות לעם. ליל הסדר משקף את הסדר המחבר אותנו ליהודים אחרים ברחבי העולם ובדורות הקודמים.

בה בעת יש גם מקום לספונטניות בליל הסדר. אין שני סדרים זהים. במצב האידיאלי כל משפחה מוסיפה, מדי שנה, תובנות חדשות בשעה שהיא מהרהרת בלידת עם ישראל כעם ומחילה אותה על ההווה. "כל המרבה לספר ביציאת מצרים הרי זה משובח". פסח הוא דוגמה מצוינת לתנועה המתמדת בין מבנה לספונטניות ביהדות. אנחנו מספרים אותו סיפור באותן מילים, אבל כל אחד מאתנו מוסיף משהו ייחודי משלו. הכללים הם אותם הכללים, אבל הפירושים והפרשנויות שונים תמיד. כך שומר הסיפור העתיק על נעוריו.

## קערת הסדר

בעת העתיקה נהגו משתתפי הסדר להסב על כורסאות וכל אחד מהם קיבל שולחן משלו. אמנם כיום אנחנו שותים בהסבה את היין, אוכלים בהסבה את המצות ומספרים בהסבה את הסיפור, אבל אנחנו מקבצים את כל מרכיבי הסדר על קערה אחת, בדרך כלל קערה מעוטרת מיוחדת לאירוע. ואלה מרכיבי הקערה:

1. מצה – שלוש מצות, ששתיים מהן מייצגות את לחם המִשְׁנֶה הנאכל תמיד בשבתות ובחגים, ועוד אחת המסמלת את חובת אכילת המצה הערב.
2. זרוע – עצם זרוע צלויה, המזכירה את קרבן הפסח. העצם עצמה מסמלת את זרועו הנטויה של אלוהים להצלת בני־ישראל.
3. ביצה – ביצה צלויה, המזכירה לנו קרבן חג נוסף, קרבן חגיגה, הנאכל בפסח.
4. מרור – עשבים מרים המזכירים את מרירותו של השעבוד במצרים. כיום נוהגים לעשות זאת בשתי צורות. (א) בימי המשנה נהגו לאכול חסה בתפקיד מרור. לא תמיד החסה מרה לחכנו, אבל טעמה הראשוני בפה הוא מתוק וסופה מר וקשה. היא מגלמת אפוא את ההתנסות של בני־ישראל במצרים. (ב) הצורה השנייה, חזרת, הייתה זמינה מאוד במזרח אירופה. יש הנוהגים להניח את שתי האפשרויות על קערת הסדר, לאכול אותן יחד או להשתמש בחסה למרור הראשון ובחזרת ל"כורך" עם המצה.
5. חרוסת – תערובת של פירות ותבלינים שבה מטבילים את המרור. המנהג לאכול חרוסת בפסח החל בימי המשנה, אבל הואיל וזהו מנהג שאינו חובה, אין ברכה מיוחדת לחרוסת. שני טעמים יש למנהג אכילת החרוסת: היא מזכירה את הטיט שממנו הכינו בני־ישראל לבנים כשהיו עבדים במצרים, אבל היא מזכירה גם את הפסוק משיר השירים, "תַּחַת הַתַּפּוּחַ עוֹרַרְתִּיךָ" (ח, ה), שחז"ל פירשוהו כביטוי האהבה שבין אלוהים לכנסת ישראל, אהבה שהביאה לגאולה. כך אפוא התפתח המנהג להכין חרוסת ממגוון הפירות הנזכרים בשיר השירים – תפוחים, רימונים, תאנים,

אגוזים ותמרים – בתוספת תבלינים טחונים (קינמון וזנגוויל הם התבלינים המקובלים ביותר), המזכירים את טחינת התבן בימים ההם. מוסיפים לתערובת יין עד שמתקבל מרקם של טיט.

6. כרפס – הירק שמטבילים במי מלח בתחילת הסדר כדי לעורר את סקרנותם של הילדים. הכרפס המקורי היה כנראה סלרי, אבל בקהילות שונות ובתקופות שונות נהגו להשתמש בירקות אחרים.
7. מי מלח – שבהם מטבילים את הכרפס, לזכר דמעות בני־ישראל במצרים.

## סדר הדברים

את הסיכום המקוצר בן חמש־עשרה המילים של מהלך הסדר אנו חבים לרבי שמואל מפאלֶז הצרפתי, מבעלי התוספות (חכם מבית מדרשו של רש"י, מן המאה השתים־עשרה או השלוש־עשרה).

1. קדש – אמירת הקידוש
2. ורחץ – נטילת ידיים לפני הכרפס
3. כרפס – אכילת ירק טבול במי מלח
4. יחץ – בציעת המצה האמצעית
5. מגיד – סיפור יציאת מצרים, הנפתח בקושיות מפי ילד
6. רחצה – נטילת ידיים לפני הארוחה
7. מוציא – ברכה על המזון
8. מצה – ברכה מיוחדת על המצה
9. מרור – אכילת העשבים המרים
10. כורך – כריכת מצה ומרור
11. שולחן עורך – הארוחה
12. צפון – אכילת המצה ה"מוסתרת", האפיקומן, שאחריו אין אוכלים עוד
13. ברך – ברכת המזון
14. הלל – אמירת הלל ושירי שבח אחרים
15. נרצה – התפילה האחרונה שהסדר יירצה בעיני אלוהים ויבשר את הגאולה העתידית

חמישה־עשר השלבים האלה הם הד לחמישה־עשר אחרים – חמישה־עשר מזמורי תהלים הנפתחים במילים "שיר המעלות", חמש־עשרה המדרגות שבין עזרת הנשים לעזרת ישראל שעליהן נהגו הלוויים לעמוד ולשיר את שבחי האל, וחמש־עשרה "המעלות הטובות" שגמל אלוהים לעם ישראל הנמנות בפיוט "דיינו".

## פסח והבית

לא מקרה הוא שהסדר, הטקס היהודי הקדום ביותר, מתרחש בבית, כפי שהתרחש במצרים. היהדות מייחסת חשיבות עצומה למשפחה. ספר בראשית מוקדש כל כולו למשפחות: אדם וחווה, נוח ומשפחתו, אברהם ושרה, יצחק ורבקה, יעקב, רחל ולאה ובניהם. המשפחה היא ערש הולדתה של החברה החופשית. כאן אנו לומדים את ההדדיות שבה תלויים החיים המוסריים. כאן, כשאנו חושפים את חולשותינו, אנו מגלים את עוצמתנו. באמצעות הקשרים שהיא יוצרת אנחנו מתוודעים אל החסד, החובה הנובעת מאהבה. ומעל הכול, כאן אנו לומדים מי אנחנו, מניין באנו ומהו הסיפור שלנו.

אפשר ללמוד הרבה מן העובדה שבמקום היחיד שבו התורה מסבירה מדוע נבחר דווקא אברהם לשאת את הבטחת הברית הסיבה ניתנת במונחים של הורות: "כִּי יְדַעְתִּיו לְמַעַן אֲשֶׁר יְצַוֶּה אֶת בָּנָיו וְאֶת בֵּיתוֹ אַחֲרָיו, וְשָׁמְרוּ דֶּרֶךְ ה' לַעֲשׂוֹת צְדָקָה וּמִשְׁפָּט" (בראשית יח, יט). אברהם נבחר כדי להיות הורה. הוא נבחר גם כדי לחנך. שני המושגים הללו, הנחשבים שונים כל כך זה מזה בחברות רבות, הם בלתי־נפרדים ביהדות.

אבהוּת ואימהוּת הן שתי תופעות מובחנות, והיהדות מייחסת חשיבות שווה לשתיהן. הילד מקבל מאמו את זהותו הביולוגית כחלק מהעם היהודי. המילה העברית רחמים נגזרת מהמילה רחם. האם, יותר מהאב, קשורה אל הילד באהבה בלתי־מותנית.

האבהוּת, לעומת זאת, היא מושג חברתי. היא שייכת לתרבות ולא לטבע. יש מיני בעלי חיים, ובהם פרימטים הקרובים מבחינה גנטית לאדם, שבהם האבות אפילו אינם מזהים את ילדיהם לאחר חודשים

אחדים. האבהות, כמוה כנאמנות, אינה גורם קבוע בכל התרבויות. האתגר העליון של כל ציביליזציה, אמרה האנתרופולוגית מרגרט מיד, הוא לחברֵת את הזכרים ולשכנע אותם להשקיע את מרצם בבית, במשפחה ובילדים.

זהו אחד מהישגיה הגדולים ביותר של היהדות לאורך הדורות. המילה העברית "זכר" קשורה קשר אמיץ למילה "זכור". תפקידם של האבות הוא להעביר לילדיהם את זיכרונות העבר, כי אנחנו מתייחסים אל העבר לא רק באופן ביולוגי אלא גם באופן תרבותי, באמצעות הסיפורים שאנחנו מספרים וההיסטוריה שאנחנו מתארים (ראה מאמר ה, "היסטוריה וזיכרון"). וזה הדבר שאנחנו עושים בפסח. פסח, חג הזיכרון היהודי, נחגג אפוא בבית, ערש הולדתו של הזיכרון.

משפחות הן מקור לעוצמה גדולה, אבל הן עלולות להיות גם מקור לצרות אופקים, העדפת קרובים ואדישות לעולם שמחוץ להן. קיים עימות־בכוח בין המשפחה לאינטרסים הרחבים יותר הנחוצים לבניית חברה של צדק ורחמים. משום כך בית יהודי חייב תמיד להיות פתוח – לרעֵב, לגלמוד, לאורֵח. אברהם ושרה, הממתינים בפתח אוהלם לתת מזון ומחסה לעוברי אורח, הם סמל נצחי לערך יהודי זה. "גדולה הכנסת אורחים יותר מקבלת פני שכינה", אמרו חז"ל. האות בי"ת פתוחה מצדה האחד, כדי להראות שבית יהודי חייב להיות פתוח תמיד לנזקקים. ליל הסדר מתחיל אפוא בהזמנה: "כל דכפין ייתי וייכול" – כל רעב יבוא ויאכל. למעשה, בכל הדורות נהגו יהודים להזמין אורחים לליל הסדר זמן רב לפני הסעודה ולא ברגע האחרון. נוסח ההזמנה שבתחילת ההגדה נועד פשוט להזכיר לנו כי חברה חופשית קיימת רק במקום שבו משפחות מזמינות גם אחרים להתחמם בחום לבן.

# הגדה של פסח

## ביעור חמץ

אור לארבעה עשר ניסן (ואם חל בשבת – אור לשלושה עשר) בודקין את החמץ לאור הנר.
לפני הבדיקה מברכים:

בָּרוּךְ אַתָּה יהוה אֱלֹהֵינוּ מֶלֶךְ הָעוֹלָם
אֲשֶׁר קִדְּשָׁנוּ בְּמִצְוֹתָיו וְצִוָּנוּ עַל בִּעוּר חָמֵץ.

אחר הבדיקה אומרים:

כָּל חֲמִירָא וַחֲמִיעָא דְּאִכָּא בִרְשׁוּתִי
דְּלָא חֲמִתֵּהּ וּדְלָא בִעַרְתֵּהּ
לִבְטִיל וְלֶהֱוֵי הֶפְקֵר
כְּעַפְרָא דְאַרְעָא.

ערב פסח שחרית, בשעה החמישית של היום, שורפים את החמץ ואחר כך אומרים:

כָּל חֲמִירָא וַחֲמִיעָא דְּאִכָּא בִרְשׁוּתִי
דַּחֲמִתֵּהּ וּדְלָא חֲמִתֵּהּ, דְּבִעַרְתֵּהּ וּדְלָא בִעַרְתֵּהּ
לִבְטִיל וְלֶהֱוֵי הֶפְקֵר
כְּעַפְרָא דְאַרְעָא.

## עירוב תבשילין

בחוץ לארץ, אם חל ערב פסח ביום הרביעי, עושים עירוב תבשילין.
נוטלים מצה ותבשיל ואומרים:

בָּרוּךְ אַתָּה יהוה אֱלֹהֵינוּ מֶלֶךְ הָעוֹלָם
אֲשֶׁר קִדְּשָׁנוּ בְּמִצְוֹתָיו וְצִוָּנוּ עַל מִצְוַת עֵרוּב.

בְּדֵין עֵרוּבָא יְהֵא שְׁרֵא לָנָא לְמֵיפֵא וּלְבַשָּׁלָא
וּלְאַטְמָנָא וּלְאַדְלָקָא שְׁרָגָא וּלְמֶעְבַּד כָּל צָרְכָּנָא
מִיּוֹמָא טָבָא לְשַׁבְּתָא
לָנוּ וּלְכָל יִשְׂרָאֵל הַדָּרִים בָּעִיר הַזֹּאת.

קדש / ורחץ / כרפס / יחץ
מגיד / רחצה / מוציא מצה
מרור / כורך / שלחן עורך
צפון / ברך / הלל / נרצה

קערת הסדר

**קדש** מוזגים כוס ראשון, נוטלו ביד ימינו ומקדש (בשבת מוסיפים את המילים בסוגריים):

**הנני מוכן ומזומן לקיים מצוות כוס ראשון של ארבע כוסות.**
**לשם ייחוד קודשא בריך הוא ושכינתיה על ידי ההוא טמיר ונעלם בשם כל ישראל.**

(בלחש: וַיְהִי־עֶרֶב וַיְהִי־בֹקֶר בראשית א

יוֹם הַשִּׁשִּׁי: וַיְכֻלּוּ הַשָּׁמַיִם וְהָאָרֶץ וְכָל־צְבָאָם: וַיְכַל אֱלֹהִים בראשית ב
בַּיּוֹם הַשְּׁבִיעִי מְלַאכְתּוֹ אֲשֶׁר עָשָׂה, וַיִּשְׁבֹּת בַּיּוֹם הַשְּׁבִיעִי מִכָּל־
מְלַאכְתּוֹ אֲשֶׁר עָשָׂה: וַיְבָרֶךְ אֱלֹהִים אֶת־יוֹם הַשְּׁבִיעִי, וַיְקַדֵּשׁ
אֹתוֹ, כִּי בוֹ שָׁבַת מִכָּל־מְלַאכְתּוֹ, אֲשֶׁר־בָּרָא אֱלֹהִים, לַעֲשׂוֹת.)

סברי מרנן

**בָּרוּךְ אַתָּה יהוה אֱלֹהֵינוּ מֶלֶךְ הָעוֹלָם, בּוֹרֵא פְּרִי הַגָּפֶן.**

---

**קדש**

הסדר נפתח בפעולה הרשמית – קידוש היום. הקידוש בליל הסדר הוא הקידוש הנהוג בכל חג אחר, אבל לקידוש עצמו יש קשר מיוחד לחג הפסח, הואיל והמצווה לקבוע את לוח השנה ניתנה לבני־ישראל לראשונה במצרים קודם ליציאת מצרים: "הַחֹדֶשׁ הַזֶּה לָכֶם רֹאשׁ חֳדָשִׁים, רִאשׁוֹן הוּא לָכֶם לְחָדְשֵׁי הַשָּׁנָה" (שמות יב, ב). זו הייתה המצווה הראשונה שניתנה לישראל כעם.

רבי אברהם פאם הסביר זאת כך: ההבדל בין עבד לבן־חורין אינו נעוץ במשך עבודתם ובהיקפה. אנשים חופשיים רבים עובדים שעות ארוכות בעבודות מפרכות. ההבדל טמון בשאלה מי אדון לזמנם. עבד עובד עד שמרשים לו להפסיק. אדם חופשי מחליט מתי להתחיל ומתי להפסיק. השליטה בזמן היא הבדל מהותי בין עבדות לחירות. קביעת לוח השנה העניקה לבני־ישראל את הכוח לקבוע מתי מופיע מולד הירח ולפיכך מתי חל החג. הם קיבלו ריבונות על הזמן. המצווה הראשונה שניתנה לבני־ישראל הייתה אפוא מבוא חיוני לחירות. היא אמרה להם: למדו להעריך את הזמן ולקדשו. "לִמְנוֹת יָמֵינוּ כֵּן הוֹדַע וְנָבִא לְבַב חָכְמָה" (תהלים צ, כ).

ראה מאמר ה, "היסטוריה וזיכרון".

**פסח שחל להיות בשבת**

שני סוגי הקדושה – השבת והחגים – שונים זה מזה. השבת מייצגת את הבריאה והחגים מייצגים את הגאולה. השבת היא נוכחות האל בטבע.

**בָּרוּךְ אַתָּה יהוה אֱלֹהֵינוּ מֶלֶךְ הָעוֹלָם, אֲשֶׁר בָּחַר**
**בָּנוּ מִכָּל עָם, וְרוֹמְמָנוּ מִכָּל לָשׁוֹן, וְקִדְּשָׁנוּ בְּמִצְוֹתָיו**
**וַתִּתֶּן לָנוּ יהוה אֱלֹהֵינוּ בְּאַהֲבָה (שַׁבָּתוֹת לִמְנוּחָה**
**וּ)מוֹעֲדִים לְשִׂמְחָה, חַגִּים וּזְמַנִּים לְשָׂשׂוֹן, אֶת**
**יוֹם (הַשַּׁבָּת הַזֶּה וְאֶת יוֹם) חַג הַמַּצּוֹת הַזֶּה**
**זְמַן חֵרוּתֵנוּ (בְּאַהֲבָה) מִקְרָא קֹדֶשׁ**
**זֵכֶר לִיצִיאַת מִצְרָיִם, כִּי בָנוּ**
**בָחַרְתָּ וְאוֹתָנוּ קִדַּשְׁתָּ**
**מִכָּל הָעַמִּים, (וְשַׁבָּת)**
**וּמוֹעֲדֵי קָדְשֶׁךָ**
**(בְּאַהֲבָה וּבְרָצוֹן)**
**בְּשִׂמְחָה וּבְשָׂשׂוֹן הִנְחַלְתָּנוּ.**
**בָּרוּךְ אַתָּה יהוה, מְקַדֵּשׁ (הַשַּׁבָּת וְ)יִשְׂרָאֵל וְהַזְּמַנִּים.**

---

החגים הם נוכחות האל בהיסטוריה. בהתאם לכך, על קדושת השבת הכריז אלוהים עצמו עם סיום הבריאה. "וַיְבָרֶךְ אֱלֹהִים אֶת יוֹם הַשְּׁבִיעִי וַיְקַדֵּשׁ אֹתוֹ" (בראשית ב, ג). את החגים, לעומת זאת, מקדש העם היהודי באמצעות קביעת לוח השנה – בדיוק כפי שהגאולה מתרחשת בהיסטוריה כשאנו פועלים בשותפות עם אלוהים. לפיכך, בשבת אנחנו מסיימים את הקידוש במילים "מקַדֵּש השבת", ובחגים – במילים "מקַדֵּש ישראל והזמנים". שבת היא קדושה "מלמעלה למטה". החגים הם קדושה "מלמטה למעלה".

כשיום טוב חל בשבת, השבת חשובה ממנו. הסיבה לכך היא שקדושת השבת נעלה יותר. איסוריה מקיפים יותר והעונש על הפרתם חמור יותר. הדבר גם מדגים את הכלל הרווח ביהדות, שלפיו "תדיר ושאינו תדיר, תדיר קודם". והכלל הזה עצמו הוא ביטוי לערכים יהודיים. בדתות רבות מייחסים תחושה של קדושה ורוחניות לרגעים נדירים, בלתי־שכיחים, יוצאי דופן. ביהדות הקדושה היא מרקם חיי היומיום עצמו. היהדות איננה פיוט אלא פרוזה. זוהי הדרמה הדתית של מעשי היומיום, המילים היומיומיות והיחסים היומיומיים.

במוצאי שבת מוסיפים:

בָּרוּךְ אַתָּה יהוה אֱלֹהֵינוּ מֶלֶךְ הָעוֹלָם
בּוֹרֵא מְאוֹרֵי הָאֵשׁ.

בָּרוּךְ אַתָּה יהוה אֱלֹהֵינוּ מֶלֶךְ הָעוֹלָם
הַמַּבְדִּיל בֵּין קֹדֶשׁ לְחֹל
בֵּין אוֹר לְחֹשֶׁךְ
בֵּין יִשְׂרָאֵל לָעַמִּים
בֵּין יוֹם הַשְּׁבִיעִי לְשֵׁשֶׁת יְמֵי הַמַּעֲשֶׂה
בֵּין קְדֻשַּׁת שַׁבָּת לִקְדֻשַּׁת יוֹם טוֹב הִבְדַּלְתָּ
וְאֶת יוֹם הַשְּׁבִיעִי מִשֵּׁשֶׁת יְמֵי הַמַּעֲשֶׂה קִדַּשְׁתָּ
הִבְדַּלְתָּ וְקִדַּשְׁתָּ אֶת עַמְּךָ יִשְׂרָאֵל בִּקְדֻשָּׁתֶךָ.
בָּרוּךְ אַתָּה יהוה הַמַּבְדִּיל בֵּין קֹדֶשׁ לְקֹדֶשׁ.

בָּרוּךְ אַתָּה יהוה אֱלֹהֵינוּ מֶלֶךְ הָעוֹלָם
שֶׁהֶחֱיָנוּ וְקִיְּמָנוּ וְהִגִּיעָנוּ
לַזְּמַן הַזֶּה.

שותים בהסבת שמאל.

---

אלוהים אינו מרוחק אלא נמצא כאן ועכשיו – אם רק נִפְנֶה בלבנו מקום לנוכחותו.

**אשר בחר בנו מכל עם, ורוממנו מכל לשון, וקידשנו במצוותיו**
בחירה איננה זכות-יתר אלא אחריות. אנו שונים מן העמים לא בזכות מה שהננו אלא בזכות מה שנקראנו להיות: לא בגלל החומרה של העם היהודי אלא בגלל התוכנה שלו. אלוהים בחר בנו לא בגלל עליונות מולדת כלשהי אלא כדי "לקדשנו במצוותיו". כשאנו נאמנים לייעוד הזה, אנו מביאים ברכה לא רק לעצמנו אלא לעולם כולו.

**ורחץ** מביאים לבעל הבית מים, נוטל ידיו ואינו מברך.

**כרפס** נוטל מן הכרפס פחות מכזית, טובלו במי מלח או בחומץ ומברך (מכוון לפטור בברכה זו גם את המרור):

**בָּרוּךְ אַתָּה יהוה אֱלֹהֵינוּ מֶלֶךְ הָעוֹלָם בּוֹרֵא פְּרִי הָאֲדָמָה.** אוכלים בלי הסבה.

---

**רחץ**

בימי המשנה הקפידו רבים ליטול ידיים לפני אכילת מאכל שטיבולו במשקה – מאכל שנטבל בנוזל. כיום לא רבים מקפידים לקיים את המנהג, פרט לליל הסדר, שבו הכול נוהגים ליטול ידיים לפני אכילת הכרפס המוטבל במי מלח או בחומץ. כדי להדגיש את ההבדל בין נטילה זו, שהיא מנהג, ובין נטילת הידיים לפני אכילת הלחם, שהיא מצווה, אין מברכים על הנטילה.

**כרפס**

טבילת הכרפס במי מלח או בחומץ היא אחד הדברים שאנו עושים בליל הסדר כדי להעיר את סקרנותם של הילדים ולעוררם לשאול: "מה נשתנה הלילה הזה?" זוהי אחת משתי הפעולות שאליהן מתייחסת הקושיה: "שבכל הלילות אין אנו מטבילין אפילו פעם אחת, הלילה הזה שתי פעמים". הפעם השנייה, ממש לפני הארוחה, היא טבילת המרור בחרוסת.

יש משמעות סמלית לשתי הפעולות הללו. יציאת מצרים החלה בפעולת טבילה והסתיימה בפעולת טבילה. היא החלה כשאחיו של יוסף מכרו אותו לעבדות. הם שחטו שעיר עזים, טבלו את כותנתו של יוסף בדם (בראשית לז, לא) והביאו אותה ליעקב כדי לשכנעו שחיה רעה תקפה את יוסף וטרפה אותו. מכירת יוסף לעבדות במצרים הייתה תחילתו של התהליך הארוך שבו משפחת יעקב כולה ירדה למצרים ולבסוף הפכה לעם של עבדים.

הגלות הסתיימה כאשר בני־ישראל לקחו אגודת אזוב, טבלו אותה בדם הפסח והִזו את הדם על משקופי בתיהם (שמות יב, כב). אלוהים "פסח" על בתי העברים במהלך המכה האחרונה שהמית על מצרים, ולאחר מכן הם יצאו לחופשי.

שתי הטבילות מזכירות את האירועים הללו. הכרפס, המתוק כשלעצמו, נטבל במלח וטעמו מחמיץ. המרור, המר כשלעצמו, נטבל בחרוסת המתוקה ושמץ מן המרירות מסולק ממנו. שתי הפעולות האלה מזכירות לנו כי

**יחץ** מחלק את המצה האמצעית לשני חלקים.
מצפין את החלק הגדול לאפיקומן,
ומחזיר את החלק הקטן לבין שתי המצות השלמות.

---

החירות, שהיא מתוקה, משנה את טעמה לרעה כשאנחנו משתמשים בה כדי להתעלל באחרים. העבדות, שהיא מרה, מומתקת כאשר הסבל הקיבוצי הופך לסולידריות אנושית, וכך נעשה מבוא לחירות.

**יחץ**

מבין שלוש המצות, העליונה והתחתונה מייצגות את "לחם המשנה", מנת המן הכפולה שירדה במדבר בערבי שבתות וחגים, כדי שבני־ישראל לא ייאלצו ללקט מזון ביום הקדוש עצמו. השלישית – המצה האמצעית – מייצגת את החובה המיוחדת לאכול בחג הפסח לחם שלא תפח.

את המצה אנחנו חוצים לשתיים משתי סיבות. האחת היא, שהיא נקראת "לחם עוני". אדם שהוא עני עד כדי כך שאינו יודע מִנַיִן תבוא סעודתו הבאה אינו אוכל את כל מזונו בבת אחת. הוא מחלק אותו לשני חלקים, ושומר מחצית למחר.

הסיבה השנייה היא, שעם חורבן הבית באה המצה על מקומו של קרבן הפסח. כשם שקרבן הפסח נאכל בסוף הארוחה – כדי שאפשר יהיה לחוות אותו כמזון קדוש, ולא סתם מנה שאוכלים כדי להשביע את הרעב – כך אנו שומרים מחצית מן המצה (האפיקומן) כדי לאכול אותה בסוף הארוחה. המנהג שהילדים מחביאים את האפיקומן הוא חלק מרוח סדר הפסח, הכולל אלמנטים רבים שנועדו למשוך את תשומת לבם של הילדים ולעורר את התעניינותם.

ויש גם משמעות נוספת, שלישית, לחציית המצה האמצעית. המצה מייצגת שני רעיונות סותרים לכאורה. בתחילת הסדר אנו מכנים אותה "לחם העוני שאכלו אבותינו בארץ מצרים". אבן עזרא מסביר כי העבדים קיבלו לחם שלא תפח כי זהו מזון קשה המתעכל זמן רב יותר. הוא מסלק את תחושת הרעב לזמן ממושך יותר מלחם רגיל. בהמשך הסדר אנחנו מספרים שהיא הלחם שאכלו בני־ישראל בצאתם ממצרים, כי נחפזו כל כך עד שלא נותר זמן לבצק לתפוח. אנו חוצים אפוא את המצה כדי להראות שהיא מסמלת שני דברים, ולא אחד בלבד. כאן, בראשית הסדר, זהו לחם העוני. בהמשך, לאחר

**מגיד** מגביה את הקערה, מראה על המצה הפרוסה שבין שתי השלמות ואומר:

**הנני מוכן ומזומן לקיים המצווה לספר ביציאת מצרים.**
**לשם ייחוד קודשא בריך הוא ושכינתיה על ידי ההוא טמיר ונעלם בשם כל ישראל.**

# הָא
# לַחְמָא עַנְיָא

---

שאנו חווים מחדש את יציאת מצרים, הוא הופך ללחם החירות. ההבדל בין חירות לעבדות אינו טמון באיכות הלחם שאנחנו אוכלים, אלא בהלוך הרוח שבו אנו אוכלים אותו.

**מגיד: הסיפור**

זוהי ראשיתו של סיפור הסדר, הנודע בשם "מגיד", מלשון הגדה – לספר, לתאר, לומר, להסיח. סיפור יציאת מצרים מכונה "הגדה" בגלל הפסוק: "וְהִגַּדְתָּ לְבִנְךָ בַּיּוֹם הַהוּא לֵאמֹר: בַּעֲבוּר זֶה עָשָׂה ה' לִי בְּצֵאתִי מִמִּצְרָיִם" (שמות יג, ח). עם זאת, המילה "הגדה" נגזרת מהשורש נג"ד, שמשמעותו, על פי התלמוד, היא לקשור, לצרף, לחבר. סיפור יציאת מצרים אינו סתם סיפור של דברים שקרו לפני זמן רב. הוא קושר את ההווה אל העבר ואל העתיד. הוא קושר דור אחד אל הבא אחריו. הוא קושר אותנו אל ילדינו. הרציפות היהודית פירושה שכל דור מתחייב להמשיך את הסיפור. העבר שלנו חי בתוכנו.

**הא לחמא עניא**

זוהי הזמנה משונה: "הא לחמא עניא די אכלו אבהתנא בארעא דמצרים. כל דכפין ייתי וייכול" - זה לחם העוני שאכלו אבותינו בארץ מצרים. כל הרעב

## דִּי אֲכַלוּ אֲבָהָתָנָא בְּאַרְעָא דְמִצְרָיִם
## כָּל דִּכְפִין יֵיתֵי וְיֵכֹל, כָּל דִּצְרִיךְ יֵיתֵי וְיִפְסַח

---

יבוא ויאכל. איזו מין הכנסת אורחים היא זו, המציעה לרעב את טעם הייסורים? אלא שזוהי תובנה עמוקה בעניין טיבן של העבדות והחירות. המצה, כפי שצוין לעיל, מסמלת שני דברים: זהו לחם העבדים אך גם הלחם שאכלו בני־ישראל כשיצאו את מצרים כבני־חורין. מה שהופך את לחם העוני ללחם החירות הוא הנכונות לחלוק אותו עם אחרים.

פרימו לוי היה באושוויץ ושרד. בספרו **הזהו אדם?** הוא מתאר את התנסיותיו במחנה. לדבריו, התקופה הגרועה ביותר הייתה כאשר הנאצים עזבו את המחנה בינואר 1945 מאימת הרוסים המתקרבים. כל אסיר שיכול ללכת נלקח לצעדות המוות האכזריות. היחידים שנותרו במחנה היו אלה שהיו תשושים מכדי לנוע. עשרה ימים הם נותרו לבדם עם פירורי מזון ודלק. לוי מתאר כיצד שקד להבעיר אש ולספק מעט חום לאסירים האחרים, שרבים מהם היו גוססים. ואז, הוא כותב:

> כשתוקן החלון המנופץ והתנור התחיל לחמם הורגש כיצד רפה המתח בלבו של כל אחד. לפתע פנה טוברובסקי (יהודי פולני־צרפתי בן עשרים ושלוש, חולה טיפוס) אל החולים האחרים והציע שכל אחד יפריש פרוסת לחם עבורנו, שעבדנו. ההצעה התקבלה.
>
> רק יום לפני כן לא יכול היה להתרחש מאורע מעין זה. חוק החיים במחנה אמר: "אכול את לחמך ואם תצליח גם את לחמו של שכנך". קל וחומר שלא היה מקום לשום הכרת טובה. אכן, הצעתו של טוברובסקי סימלה באמת את מות המחנה.
>
> זה היה המעשה האנושי הראשון שנעשה בינינו. אני סבור שניתן לומר כי באותו רגע התחיל התהליך שהחזיר אותנו – ההפטלינג שנשארו בחיים – לחיק חברת בני־האדם.

התחלקות במזון היא המעשה הראשון שבאמצעותו הפכו עבדים לבני־חורין. האדם החושש מן המחר אינו מציע את לחמו לרעהו. אבל מי שמוכן לחלק את מזונו עם זר כבר הוכיח שהוא מסוגל לאחווה ולאמונה, שני הדברים שמהם נולדת התקווה. כשאנו מושיטים יד לאחר, עוזרים לנצרך וחוברים לגלמוד, אנחנו מביאים לעולם חירות, ועם החירות – את אלוהים.

**הָשַׁתָּא הָכָא לַשָּׁנָה הַבָּאָה בְּאַרְעָא דְיִשְׂרָאֵל**
**הָשַׁתָּא עַבְדֵי לַשָּׁנָה הַבָּאָה בְּנֵי חוֹרִין.**

---

**השתא הכא, לשנה הבאה בארעא דישראל**

ברגע זה ממש, כשאנו מתכנסים לזכור את העבר, אנו מדברים על העתיד. הסדר מצרף יחדיו שלושה ממדים של זמן. לפני הארוחה אנחנו מספרים את סיפור הגאולה בעבר. במהלך הארוחה אנחנו חווים אותו בהווה. אחרי הארוחה, כשאנו גומרים את ההלל ואומרים "לשנה הבאה בירושלים", אנחנו צופים קדימה, אל הגאולה לעתיד לבוא.

תכונתו המובהקת של הזמן היהודי היא שאנו חווים את ההווה לא כרגע מנותק אלא כחוליה בשרשרת המחברת עבר ועתיד. עצם העובדה שאבות אבותינו שוחררו בימי משה נטעה בהם ביטחון שישובו וישוחררו גם בעתיד. העם היהודי ישוב לארץ ישראל. כאן אנו רואים את אחד האינסטינקטים העמוקים ביותר של התודעה היהודית: הזיכרון מגן על התקווה. מי ששוכח את העבר הופך לאסיר ההווה. מי שזוכר את העבר מאמין בעתיד. נוכל לעמוד ללא פחד בפני כל דבר מפני שכבר היינו שם בעבר.

**השתא עבדי, לשנה הבאה בני־חורין**

העברית מבחינה בין חופש לחירות. חופש הוא "חופש מ־". חירות היא "חירות ל־". חופש הוא מה שמקבל העבד כשהוא משוחרר מעבדותו. מעתה הוא חופשי משעבוד לרצונו של אדם אחר. אבל סוג זה של חירות אין די בו כדי לברוא חברה חופשית. עולם שבו כולם חופשיים לעשות כאוות נפשם מתחיל באנרכיה ומסתיים בעריצות. לכן החופש הוא רק תחילתה של החירות, לא יעדה הסופי. החירות היא חופש קיבוצי, חברה שבה החופש שלי מכבד את החופש שלך. חברה חופשית היא תמיד הישג מוסרי. היא מבוססת על ריסון עצמי ועל התחשבות בזולת. יעדה הסופי של התורה הוא לעצב חברה על יסודות הצדק והרחמים, ששניהם כאחד תלויים בהכרת ריבונותו של האל ושלמותה של הבריאה. אנו אומרים אפוא "לשנה הבאה בני־חורין", ומתכוונים לחירות, ולא לחופש. פירוש הדבר הוא: "הלוואי שנהיה בני־חורין באופן המכבד את חירותם של הכול".

מוזגים כוס שני ומסלקים את הקערה.
הבן שואל:

# מַה נִּשְׁתַּנָּה
# הַלַּיְלָה הַזֶּה מִכָּל הַלֵּילוֹת

---

**מה נשתנה הלילה הזה?**

התורה מדברת על ילדים השואלים שאלות בפסח: "וְהָיָה כִּי יֹאמְרוּ אֲלֵיכֶם בְּנֵיכֶם: מָה הָעֲבֹדָה הַזֹּאת לָכֶם? וַאֲמַרְתֶּם:..." (שמות יב, כו). מכאן הסיקה המסורת כי בכל עת שהדבר אפשרי, חייבים לספר את סיפור יציאת מצרים בתגובה לשאלותיו של ילד.

התורה משתמשת בשתי המילים "ירושה" ו"נחלה", המייצגות את שתי הדרכים השונות שבהן מעבירים את המורשת לאורך הדורות. המילה "נחלה" באה מהשורש נח"ל, שממנו באה גם המילה נחל. היא מייצגת מורשת שאפשר להעביר ותו לא, ללא כל עבודה מצד המקבל, כפי שמים זורמים בנחל. "ירושה", לעומת זאת, פירושה מורשת פעילה. הרב שמשון רפאל הירש הטעים כי "לרשת" פירושו לפעמים "לכבוש", "ללכוד". פירוש הדבר להשתלט באופן פעיל על דבר שהובטח לך. ירושה שאדם עובד למענה היא תמיד מובטחת יותר מירושה שאדם אינו צריך לטרוח בגינה. לכן היהדות מעודדת את הילדים לשאול שאלות. כשילד שואל, הוא מתחיל בעבודת ההכנה לקראת הקבלה. התורה היא "ירושה", לא "נחלה". הילד צריך לטרוח למענה כדי שתועבר מדור לדור.

**מה נשתנה הלילה הזה?**

לפיוט "מה נשתנה" יש היסטוריה מרתקת. הטקסט עצמו נכתב לפני כאלפיים שנה. הוא מתועד במשנה וכמעט ודאי שמילותיו הן־הן המילים ששימשו בימי בית שני. אבל כל דבר אחר בו היה שונה. הוא נאמר לא לפני הארוחה אלא בסיומה. לא הילד השמיע אותו אלא ההורה. והוא לא היה סדרה של שאלות אלא שורה של אמירות. כיצד?

שֶׁבְּכָל הַלֵּילוֹת אָנוּ אוֹכְלִין חָמֵץ וּמַצָּה<br>
הַלַּיְלָה הַזֶּה כֻּלּוֹ מַצָּה

שֶׁבְּכָל הַלֵּילוֹת אָנוּ אוֹכְלִין שְׁאָר יְרָקוֹת<br>
הַלַּיְלָה הַזֶּה מָרוֹר

שֶׁבְּכָל הַלֵּילוֹת אֵין אָנוּ מַטְבִּילִין אֲפִלּוּ פַּעַם אֶחָת<br>
הַלַּיְלָה הַזֶּה שְׁתֵּי פְעָמִים

שֶׁבְּכָל הַלֵּילוֹת אָנוּ אוֹכְלִין בֵּין יוֹשְׁבִין וּבֵין מְסֻבִּין<br>
הַלַּיְלָה הַזֶּה כֻּלָּנוּ מְסֻבִּין

---

בימי בית שני נאכלה הארוחה תחילה. קדושת הרגע הייתה מוחשית מאוד. משפחות עלו לרגל מכל רחבי הארץ כדי להביא את קרבנן לבית המקדש ולאכול את סעודתן ברובעי ירושלים. השאלות של הילד נבעו באופן טבעי ממעשים שנעשו באותו לילה ולא נעשו בשום אירוע אחר בשנה. אם הילד היה צעיר מכדי לשאול, היה האב מדרבן אותו באמרו: "מה נשתנה הלילה הזה", שפירושו אינו "מדוע הלילה הזה שונה?" אלא "ראה כמה שונה הלילה הזה מכל הלילות". ואז הוא היה מונה את ההבדלים ומעודד את הילד לשאול: למה?

אחד ההישגים המרשימים ביותר של חז"ל היה שימור רציפותם של החיים היהודיים למרות שורת הטרגדיות שפקדו את העם – חורבן הבית, הפסקת הקרבנות ובהם קרבן הפסח ואבדן אווירת החגיגה הקיבוצית בירושלים. הסיפור שקודם לכן סופר אחרי הארוחה הועבר לפניה, כדי שהמילים תוכלנה לפעול את פעולתו של המקום: העם היהודי איבד את ירושלים, אבל הסיפור עדיין קיים. ובמקום הילדים השואלים שאלות בצורה ספונטנית, כל ילד במילותיו שלו ("ארבעת הבנים" של ההגדה), נעשה ה"מה נשתנה" לנוסח אחיד וקבוע שכל ילד יכול ללמוד. מילים ישנות קיבלו תפקיד חדש. ריטואל שנחגג בעבר בקרבת בית המקדש נעשה לטקס שאפשר לקיימו בכל רחבי העולם בלי לאבד את אופיו המקורי. כל מקום שבו התכנסו יהודים לחגוג את חג הפסח היה לרסיס מירושלים. העיר עצמה וסדר הקרבנות היו לעיי חורבות, אבל המילים נשארו.

מחזירים את הקערה למקומה. עורך הסדר מגלה את המצות ואומר:

# עֲבָדִים הָיִינוּ

## לְפַרְעֹה בְּמִצְרָיִם

---

אחת מתוצאות הלוואי של הפיכת "מה נשתנה" לנוסח אחיד וקבוע הייתה שלא הייתה עוד חלוקה לחכם, רשע, תם ושאינו יודע לשאול. במחווה יפה ואופיינית מאוד הורה המנהג כי כל ילד ישאל את השאלות באותו אופן, ישתמש באותן מילים, כדי שלא לבייש שום ילד. כל הילדים היהודים יקרים ואיננו רוצים ליצור הבחנות ביניהם.

**מה נשתנה הלילה הזה?**

ארבע הקושיות מקבילות ל"ארבעה בנים" בהגדה. הילד החכם פונה מיד לסמל המרכזי של חג הפסח, המצה. שאלתו עמוקה. המצה היא "לחם עוני" אבל פסח הוא "חג החירות". מדוע אפוא אנו אוכלים רק מצה? הילד ה"רשע" שואל על המרור מפני שבמרירותו כלפי היהדות הוא חש רק בטעם המריר של החיים היהודיים, ולא במתיקותם. התם שואל על טבילת הכרפס והמרור – על המעשים שבאמת זו מטרתם, לעורר את הילד לשאול. זה שאינו יודע לשאול שואל מדוע אוכלים בהסבה. תשומת לבו אינה נתונה כלל לסדר הפסח אלא לאנשים הנאספים סביב השולחן.

**עבדים היינו לפרעה במצרים**

המשנה קובעת את הכלל שבסיפור יציאת מצרים יש להתחיל בגנות ולסיים בשבח. סיפור יהודי ראשיתו עצב וסופו שמחה.

איזו משמעות יש לכך במיוחד בפסח? בתלמוד מופיעות שתי דעות של חכמים מהמאה השלישית, רב ושמואל. שמואל סבור שפירוש הדבר שעלינו לקרוא את הפִּסקה "עבדים היינו לפרעה במצרים ויוציאנו ה' אלוהינו משם". רב סבור שפירוש הדבר לקרוא את הפִּסקה: "מתחילה עובדי עבודה זרה היו אבותינו ועכשיו קירבנו המקום לעבודתו". מתוך כבוד לשתי הדעות הללו אנו קוראים את שתי הפסקאות, ומתחילים בזו ששמואל מורה לקרוא.

שתי הדעות משקפות גישות שונות ליציאת מצרים. שמואל סבור כי העובדה המרכזית היא גאולת הגוף. אבותינו היו עבדים ששוחררו בידי

# וַיּוֹצִיאֵנוּ יהוה אֱלֹהֵינוּ מִשָּׁם בְּיָד חֲזָקָה וּבִזְרוֹעַ נְטוּיָה.

---

אלוהים. רב סבור שהמוטיב המרכזי הוא גאולת הרוח. אבותינו היו עובדי עבודה זרה שגילו את אלוהים והתגלו על ידו.

יש הבדל גם בגישתם של השניים להיסטוריה. שמואל מתמקד באירוע המיידי שהתרחש במצרים: עבדות וגאולה. רב מעמיד את האירוע בהקשר רחב יותר – ההיסטוריה היהודית בכללותה, מימי אברהם ועד יהושע וכיבוש הארץ. רב סבור שחג הפסח הוא חלק מדרמה גדולה יותר, מימי האב המייסד ועד לידתו של העם על אדמתו.

הרמב"ם מבחין הבחנה נוספת. בסדר הפסח יש שני גורמים: הסיפור שאנו מספרים לילדינו, והסיפור שאנו מספרים לעצמנו. שמואל מתמקד בסיפור כפי שמספרים אותו לילד. רב מדבר על הסיפור מזווית הראייה של המבוגר. הילדים יכולים להבין את דרמת השעבוד והחירות לצד הנסים הרבים שהיו כרוכים בה. נחוצה בגרות כדי להבין את המסע מריבוי אלים לאל אחד, מהמיתוס אל האמונה.

**עבדות וחירות**

בגטו קובנה, בראשית שנות הארבעים של המאה העשרים, התרחשה בוקר אחד סצנה יוצאת דופן בבית הכנסת המאולתר. יהודי הגטו החלו להבין את הגורל הצפוי להם. הם ידעו כי איש מהם לא יוכל להימלט, שמחנות העבודה שהם אמורים לעבור אליהם אינם אלא בתי חרושת למוות. ובתפילת שחרית לא יכול עוד החזן, יהודי זקן וירא שמים, לבטא את מילות התפילה. הוא הגיע לברכת "שלא עשני עבד", ואז פנה אל הקהילה ואמר: "אינני יכול לומר את הברכה הזאת. איך אוכל להודות לאלוהים על חירותי בשעה שאני אסיר וצפוי למוות? רק מטורף יוכל לומר עכשיו את התפילה הזאת".

כמה מבני־הקהילה פנו אל הרב בשאלה. האם יהודי בגטו קובנה יכול לומר את הברכה ולהודות לאלוהים שלא עשהו עבד? הרב השיב בפשטות: "חלילה לנו מלבטל עתה את הברכה. אויבינו רוצים להפוך אותנו לעבדים. הם שולטים אולי בגופנו אבל לא בנשמותינו. באמירת הברכה עתה נראה להם שגם כאן אנחנו עדיין רואים את עצמנו כאנשים חופשיים, הנתונים בשבי באופן זמני וממתינים לישועת השם".

# וְאִלּוּ לֹא הוֹצִיא הַקָּדוֹשׁ בָּרוּךְ הוּא אֶת אֲבוֹתֵינוּ מִמִּצְרַיִם

השאלה הקשה ביותר בתחום האמונה היום היא: היכן היה אלוהים באושוויץ? היכן היה אלוהים כשמאמיניו הפכו לאפר ומיליונים מתו מות קדושים? היכן הייתה הגאולה כשיהודי אירופה הומתו בגז ונשרפו ואלוהים שתק? השאלה הזאת רודפת אותנו בליל הסדר, כי בלילה הזה אנחנו זוכרים שהעבדות במצרים לא הייתה הפרק היחיד של סבלות היהודים, וגם לא הפרק הגרוע ביותר. בכל דור ודור היה פרעה. ולא רק היהודים הם קרבנות. יש כיום עמים שסכנת רצח־עם מרחפת עליהם. אם אלוהים גואל – לא בשמים כי אם כאן, עלי אדמות – היכן גאולתו?

גדולי הנביאים שאלו את השאלה ולא זכו לתשובה. ובכל זאת יש שמץ של תשובה, והוא ניתן מפי הרב בגטו קובנה. אלוהים איווה לו למשכן מקום אחד בלבד בעולם הפיזי הסופי שלנו, והוא – לבו של האדם. כשאנו מסלקים את אלוהים מלבנו קורים דברים טרגיים. כששליטים מעמידים את עצמם במקום אלוהים, הם מתחילים בנטילת החירות ומסיימים בנטילת החיים. קו ישר נמתח בין עריצות, עבודת אלילים ושפיכות דמים. ההגנה המגִנה עלינו יותר מכול היא הידיעה שמעל לכל הכוחות הארציים נמצא מלך מלכי המלכים, הקדוש ברוך הוא, שחנן את כל בני־האדם בצלמו. מעולם לא הצליח שליט אבסולוטי לכבות את הניצוץ הזה, המתבטא בשאיפה לחירות, בלבו של עם כלשהו. לכן כל משטרי העריצות כשלו, ותמיד ייכשלו.

היכן היה אלוהים בגטו קובנה? בלבותיהם של אלה שהיו אסירים בגיא צלמוות זה ובכל זאת התעקשו לומר ברכות כבני־אדם חופשיים. סיפורם לא זכה לסוף טוב פשוט, אבל הם הותירו אחריהם מורשת בת־אלמוות: הידיעה שאי־אפשר להרוג את רוח האדם, ולכן ידה של החירות היא שתגבר תמיד בקרב האחרון.

**ואילו לא הוציא הקדוש ברוך הוא את אבותינו ממצרים**

אחד הכללים בסיפור יציאת מצרים הוא שכל אדם חייב לראות את עצמו כאילו הוא יצא ממצרים. ההיסטוריה הופכת לזיכרון. העבר הופך להווה. לפיכך בשלב זה אנחנו מדברים על התוצאות המתמשכות של העבר. אלמלא

**הֲרֵי אָנוּ וּבָנֵינוּ וּבְנֵי בָנֵינוּ מְשֻׁעְבָּדִים הָיִינוּ לְפַרְעֹה בְּמִצְרָיִם.**

**וַאֲפִלּוּ**
**כֻּלָּנוּ חֲכָמִים**
**כֻּלָּנוּ נְבוֹנִים**
**כֻּלָּנוּ זְקֵנִים**
**כֻּלָּנוּ יוֹדְעִים אֶת הַתּוֹרָה**
**מִצְוָה עָלֵינוּ לְסַפֵּר בִּיצִיאַת מִצְרָיִם**

**וְכָל הַמַּרְבֶּה לְסַפֵּר בִּיצִיאַת מִצְרַיִם הֲרֵי זֶה מְשֻׁבָּח.**

---

יצאו בני־ישראל ממצרים, אילו נשארו בה, לא היה קורה אף אחד מהאירועים שקרו בהמשך בהיסטוריה היהודית. אנחנו ומקומנו בהווה הננו תוצאה של מה שקרה אז.

**ואפילו כולנו חכמים**
יש הבדל מהותי בין לדעת את הסיפור ובין לספר אותו. איננו מספרים את סיפור יציאת מצרים כדי לדעת מה קרה בעבר. אנחנו עושים זאת כי כל חזרה על הסיפור חוקקת את האירוע עמוק יותר בזיכרוננו, כי כל שנה מוסיפה תובנות ופרשנויות משלה לאירוע. היהדות היא דיאלוג מתמשך בין עבר להווה, והואיל וההווה משתנה ללא הרף יש תמיד צירופים חדשים, היבט חדש של הסיפור. חז"ל אמרו: "אי אפשר לבית מדרש בלא חידוש", ללא פרשנות חדשה. סיפור הפסח אינו מזדקן לעולם מפני שהמאבק לחירות אינו חדל לעולם, ולפיכך כל דור מוסיף פרשנות משלו לסיפור הישן־חדש.

# מַעֲשֶׂה

בְּרַבִּי אֱלִיעֶזֶר וְרַבִּי יְהוֹשֻׁעַ וְרַבִּי אֶלְעָזָר בֶּן עֲזַרְיָה
וְרַבִּי עֲקִיבָא וְרַבִּי טַרְפוֹן
שֶׁהָיוּ מְסֻבִּין בִּבְנֵי בְרַק
וְהָיוּ מְסַפְּרִים בִּיצִיאַת מִצְרַיִם כָּל אוֹתוֹ הַלַּיְלָה
עַד שֶׁבָּאוּ תַלְמִידֵיהֶם וְאָמְרוּ לָהֶם
רַבּוֹתֵינוּ, הִגִּיעַ זְמַן קְרִיאַת שְׁמַע שֶׁל שַׁחֲרִית.

אָמַר רַבִּי אֶלְעָזָר בֶּן עֲזַרְיָה ברכות יב:
הֲרֵי אֲנִי כְּבֶן שִׁבְעִים שָׁנָה
וְלֹא זָכִיתִי שֶׁתֵּאָמֵר יְצִיאַת מִצְרַיִם בַּלֵּילוֹת
עַד שֶׁדְּרָשָׁהּ בֶּן זוֹמָא
שֶׁנֶּאֱמַר
לְמַעַן תִּזְכֹּר אֶת־יוֹם צֵאתְךָ מֵאֶרֶץ מִצְרַיִם דברים טז
כֹּל יְמֵי חַיֶּיךָ:
יְמֵי חַיֶּיךָ הַיָּמִים
כֹּל יְמֵי חַיֶּיךָ הַלֵּילוֹת.

וַחֲכָמִים אוֹמְרִים
יְמֵי חַיֶּיךָ הָעוֹלָם הַזֶּה
כֹּל יְמֵי חַיֶּיךָ לְהָבִיא לִימוֹת הַמָּשִׁיחַ.

---

**אמר רבי אלעזר בן עזריה**

ראה מאמר יב, "החכמים בבני ברק", ומאמר יח, "בן זומא והחכמים".

# בָּרוּךְ הַמָּקוֹם
# בָּרוּךְ הוּא
# בָּרוּךְ שֶׁנָּתַן תּוֹרָה לְעַמּוֹ יִשְׂרָאֵל
# בָּרוּךְ הוּא

---

**כנגד ארבעה בנים**

פסקה מפורסמת זו מבוססת על העובדה שהתורה מדברת בארבעה מקומות שונים על הדיאלוג בין הורים לילדים.

1. וְהָיָה כִּי יֹאמְרוּ אֲלֵיכֶם בְּנֵיכֶם: מָה הָעֲבֹדָה הַזֹּאת לָכֶם? וַאֲמַרְתֶּם: זֶבַח פֶּסַח הוּא לַה׳, אֲשֶׁר פָּסַח עַל בָּתֵּי בְנֵי יִשְׂרָאֵל בְּמִצְרַיִם בְּנָגְפּוֹ אֶת מִצְרַיִם, וְאֶת בָּתֵּינוּ הִצִּיל (שמות יב, כו-כז).
2. וְהִגַּדְתָּ לְבִנְךָ בַּיּוֹם הַהוּא לֵאמֹר: בַּעֲבוּר זֶה עָשָׂה ה׳ לִי בְּצֵאתִי מִמִּצְרָיִם (שמות יג, ח).
3. וְהָיָה כִּי יִשְׁאָלְךָ בִנְךָ מָחָר לֵאמֹר: מַה זֹּאת? וְאָמַרְתָּ אֵלָיו: בְּחֹזֶק יָד הוֹצִיאָנוּ ה׳ מִמִּצְרַיִם, מִבֵּית עֲבָדִים (שמות יג, יד).
4. כִּי יִשְׁאָלְךָ בִנְךָ מָחָר לֵאמֹר: מָה הָעֵדֹת וְהַחֻקִּים וְהַמִּשְׁפָּטִים אֲשֶׁר צִוָּה ה׳ אֱלֹהֵינוּ אֶתְכֶם? וְאָמַרְתָּ לְבִנְךָ: עֲבָדִים הָיִינוּ לְפַרְעֹה בְּמִצְרָיִם, וַיֹּצִיאֵנוּ ה׳ מִמִּצְרַיִם בְּיָד חֲזָקָה (דברים ו, כ-כא).

חז״ל אינם רואים בארבעת המקומות הללו חזרות פשוטות על רעיון אחד, אלא מאתרים בניסוחים השונים של הפסוקים ארבעה סוגי אישיות מובחנים – ומכאן ארבעת הבנים.

**כנגד ארבעה בנים**

ייתכן ש״ארבעת הבנים״ אינם אנשים שונים אלא שלבים רצופים בהתפתחותו של ילד. בתחילת דרכנו איננו מסוגלים לשאול. אנחנו מקבלים את העולם כפי שהוא. השלב הבא בהתפתחות האינטלקטואלית הוא סקרנות (הבן ה״תם״). אנו שואלים שאלות ששום מניע סמוי אינו עומד מאחוריהן. אנחנו פשוט רוצים ללמוד. בעקבות השלב הזה באה בדרך כלל תקופה של בדיקת הערכים שקיבלנו וניסיון להתריס כנגדם (הבן ה״רשע״ או המתבגר). שנות הנעורים – ויש לזכור כי המילה נער קרובה לפועל לנער או להתנער – הן השנים שבהן אנחנו

# כְּנֶגֶד אַרְבָּעָה בָנִים דִּבְּרָה תוֹרָה

אֶחָד
## חָכָם
וְאֶחָד
## רָשָׁע
וְאֶחָד
## תָּם
וְאֶחָד
## שֶׁאֵינוֹ יוֹדֵעַ לִשְׁאֹל

---

מפתחים זהות משלנו באמצעות העמדה למבחן של הערכים שקיבלנו. במצב זה עשוי להתפתח לפעמים מרד כצורה של בחינה עצמית. שיאה של הצמיחה הקוגניטיבית הוא ה"חכמה", השלב שבו כבר הפנמנו את ערכי מורשתנו ואנחנו בשלים במידה מספקת לזהות את סגולותיהם האובייקטיביות. אמנם ההגדה משתמשת במילה "חכם", אבל מסורת חז"ל העדיפה את הביטוי "תלמיד חכם". החכמה ביהדות איננה מצב קבוע אלא תהליך של למידה מתמדת. לפיכך היא טמונה בשאלות שהאדם שואל לא פחות מאשר בתשובות. כל תשובה כשהיא לעצמה היא מבוא לשאלה עמוקה יותר, ועקב כך יש צמיחה מתמדת, ככל שאנו מתקדמים לרמות חדשות של הבנה.

**כנגד ארבעה בנים**

ארבעת הבנים הם העם היהודי בזעיר אנפין. אחד שואל מפני שהוא רוצה לשמוע את התשובה. שני שואל מפני שאיננו רוצה לשמוע את התשובה. שלישי שואל כי אינו מבין. הרביעי אינו שואל כי אינו מבין שאינו מבין. עמנו לא היה מעולם עם מונוליתי.

עם זאת, בדיוקן המשפחתי הזה יש מסר של תקווה. אף על פי שהם חלוקים ביניהם, הם יושבים סביב אותו השולחן ומספרים אותו הסיפור. אף על פי שאינם תמימי דעים, הם נשארים יחד. הם חלק ממשפחה אחת. אפילו המורד נמצא אתם, אף על פי שחלק ממנו אינו רוצה להיות שם. גם כאלה אנחנו.

# חָכָם

## מַה הוּא אוֹמֵר

דברים ו מָה הָעֵדֹת וְהַחֻקִּים וְהַמִּשְׁפָּטִים
אֲשֶׁר צִוָּה יהוה אֱלֹהֵינוּ אֶתְכֶם:
וְאַף אַתָּה אֱמָר לוֹ כְּהִלְכוֹת הַפֶּסַח
אֵין מַפְטִירִין אַחַר הַפֶּסַח אֲפִיקוֹמָן.

---

העם היהודי הוא משפחה מורחבת. אנחנו מתווכחים, אנחנו מתנגדים, לפעמים מתגלעות בינינו מחלוקות עמוקות. אבל אנחנו חלק מאותו הסיפור. יש לנו זיכרונות משותפים. בזמנים קשים אנחנו יכולים לסמוך זה על זה. אנו חשים זה את כאבו של זה. מתוך ריבוי הקולות הזה צומח משהו שאיש מאתנו לא יוכל להשיג לבדו. ליד הבן החכם יושב הבן המורד, שלא נגזר עליו להישאר מורד לנצח. לצד המורד יושב החכם, שאולי יחלוק עם האחרים את חכמתו ולא ישמור אותה לעצמו. זה שאינו יודע לשאול ילמד ביום מן הימים לשאול. התם ילמד מורכבות מהי. החכם ילמד פשטות מהי. כל אחד שואב כוח מהאחרים, כפי שאנו שואבים כוח מהשתייכותנו לעם אחד.

**הבן החכם**

שלושת הבנים האחרים מופיעים בספר שמות, בזמן יציאת מצרים עצמה. שאלת הבן החכם מופיעה בספר דברים, כעבור ארבעים שנה. הבנה היסטורית נזקקת לזמן. בעיצומם של האירועים אנחנו קרובים אליהם מכדי להבחין במשמעותם, ואפילו קרובים מכדי לשאול את השאלות הנכונות. כפי שאמר פעם חכם חסידי אחד: "יום אחד נדרש לבני־ישראל כדי לצאת ממצרים. כדי להוציא את מצרים מבני־ישראל נדרשו ארבעים שנה".

**הבן החכם**

הבן החכם מפגין את חכמתו כשהוא יוצר הבחנה בין שלושת סוגי המצוות, ומבין כי היהדות היא מערכת מורכבת שבה לא כל המצוות משרתות תכלית אחת.

"עדות" הן מצוות דוגמת השבת והחגים, המזכירות לנו את נוכחות האל בטבע ובהיסטוריה.

"חוקים" הם מצוות כמו האיסור על עירוב בשר וחלב, שאין להן טעם

# רָשָׁע
## מַה הוּא אוֹמֵר

ברור. כמה הוגי דעות יהודים סברו כי ״חוקים״ הם מצוות שאין להן טעם. רב סעדיה גאון אמר שנצטווינו עליהן כדי שתזכינה אותנו בגמול על ציות טהור. הרמב״ם טען ב**מורה נבוכים** כי כל אחד מן ה״חוקים״ יש לו טעם, אף על פי שהטעם הזה מתברר רק אחרי חקירה ממושכת. הרמב״ן ורבי שמשון רפאל הירש סברו כי ״חוקים״ הם ציוויים אקולוגיים, כללים המכבדים את שלמות הטבע ואת המובחנות של כל מין ביולוגי וכל צורת חיים.

״משפטים״ הם חוקי הצדק החברתי. המקרא מבחין בין ״צדק״ ל״משפט״. משפט מציין את עקרונות שלטון החוק, אובייקטיביות וצדק ענישתי (״מידה כנגד מידה״). צדק מציין הגינות וצדק חלוקתי. המילה ״צדקה״ אין פירושה נדבנות, כפי שרבים נוטים לפרשה, אלא צדק במובן הרחב הזה. מקורה ברעיון הבסיסי ביהדות שמה שנמצא ברשותנו אינו לחלוטין שלנו. אנחנו מחזיקים בו כפיקדון מאלוהים, ואחד התנאים להחזקת הפיקדון הזה הוא שנחלוק חלק ממה שיש לנו עם הנצרכים.

אחת הדרכים לבטא את ההבדל בין שלושת סוגי המצוות היא זו: באמצעות ה״עדות״ אנו משלמים את חובנו לעבר, באמצעות ה״משפטים״ – את חובנו לזולת, ובאמצעות ה״חוקים״ – את חובנו לעולם הטבע.

הבחנה אחרת היא שכל אחד מסוגי המצוות קשור בפעולה, אבל כשמדובר ב״משפטים״ הפעולה עצמה היא תכלית המצווה. היא יוצרת צדק. ב״עדות״ טעם הפעולה הוא האמונה או הגישה שהיא מולידה. בשבת אנחנו מתרכזים בבריאה, בפסח – בגאולה, ובשבועות – בהתגלות. אשר ל״חוקים״, תכליתם העליונה היא לגבש את האופי, לכוון את הנטיות והרגשות וליצור את ״הרגלי הלב״.

**הבן הרשע**

פרשנים רבים ניסו להסביר מדוע דווקא שאלתו של הרשע נחשבת סימן למרדנות. התשובה הפשוטה ביותר היא שהבנים האחרים ״שואלים״, ואילו במקרה זה הפסוק מדבר על ״אמירה״. הבן הזה אינו מבקש תשובה; הוא מבקש רק לומר את שלו.

אפשרות אחרת היא השימוש שלו במילה ״עבודה״. מילה זו משמשת

מָה הָעֲבֹדָה הַזֹּאת לָכֶם: שמות יב
לָכֶם וְלֹא לוֹ
וּלְפִי שֶׁהוֹצִיא אֶת עַצְמוֹ מִן הַכְּלָל
כָּפַר בָּעִקָּר
וְאַף אַתָּה הַקְהֵה אֶת שִׁנָּיו, וֶאֱמָר לוֹ
בַּעֲבוּר זֶה עָשָׂה יהוה לִי בְּצֵאתִי מִמִּצְרָיִם: שמות יג
לִי וְלֹא לוֹ
אִלּוּ הָיָה שָׁם, לֹא הָיָה נִגְאָל.

---

בתורה הן לתיאור השעבוד לפרעה הן לתיאור עבודת האל. הבן הרשע שואל בעצם: מה הרוויח עמנו כשעזב את מצרים? הרי אבותינו פשוט המירו עבודה אחת בעבודה אחרת. שם הם עבדו את פרעה ועכשיו הפכו לעבדי האל. אבל בשני המצבים היה להם אדון, ובשני המצבים הם לא היו חופשיים. הבן המורד תופס את החירות כמצב שבו אין לאדם אדון כלל. הוא לא הבין עדיין שהחירות איננה היכולת לעשות כרצונך, אלא היכולת לעשות מה שעליך לעשות. חברה שבה "אִישׁ הַיָּשָׁר בְּעֵינָיו יַעֲשֶׂה" (שופטים כא, כה) אין בה חירות אלא אנרכיה. ללא ריבונותו של אלוהים וחוקיו (התורה ומצוותיה), החזק ישלוט בחלש ובעל השררה ינצל את חסר האונים. ההבדל בין העבודה לפרעה ובין עבודת האלוהים גדול מאין כמוהו: זהו ההבדל שבין עוול לצדק, בין עבדות לחירות, בין חברה שבה אנשים משמשים אמצעי ובין חברה שבה הם נחשבים מטרה בפני עצמה.

**ולפי שהוציא את עצמו מן הכלל, כפר בעיקר**

איזה עיקר? התשובה היא, שאף על פי שהבן המורד אינו מכחיש אף אחד משלושה־עשר עיקרי האמונה שמנה הרמב"ם, הוא מכחיש משהו אחר. הרמב"ם (**במשנה תורה**, הלכות תשובה ג יא) הסביר: "הפורש מדרכי ציבור, אף על פי שלא עבר עבירות, אלא נבדל מעדת ישראל ואינו עושה מצוות בכללן, ולא נכנס בצרתן ולא מתענה בתעניתן, אלא הולך בדרכו כאחד מגויי הארץ, וכאילו אינו מהן – אין לו חלק לעולם הבא".

עצם העובדה שאדם אינו מזדהה עם גורלו הקיבוצי של העם היהודי – אף על פי שהוא מקיים מצוות – היא התכחשות לאחד מעקרונות

# תָּם

## מַה הוּא אוֹמֵר

מַה־זֹּאת | שמות יג

וְאָמַרְתָּ אֵלָיו

בְּחֹזֶק יָד הוֹצִיאָנוּ יהוה מִמִּצְרַיִם מִבֵּית עֲבָדִים:

# וְשֶׁאֵינוֹ יוֹדֵעַ לִשְׁאוֹל

## אַתְּ פְּתַח לוֹ

שֶׁנֶּאֱמַר

וְהִגַּדְתָּ לְבִנְךָ בַּיּוֹם הַהוּא לֵאמֹר | שמות יג

בַּעֲבוּר זֶה עָשָׂה יהוה לִי בְּצֵאתִי מִמִּצְרָיִם:

---

היהדות – לעיקרון שאמונתנו היא אמונה קיבוצית. מרטין בובר שגה כשכינה את יצירתו הגדולה על האמונה **אני ואתה**. היחסים המרכזיים ביהדות הם "אנחנו ואתה". אמנם היהדות עומדת על האחריות האישית ("אם אין אני לי, מי לי?") אבל היא עומדת באותה המידה על האחריות הקיבוצית ("וכשאני לעצמי, מה אני?"). הרבה לפני שמשה פגש את האלוהים, הוא יצא "אֶל אֶחָיו וַיַּרְא בְּסִבְלֹתָם" (שמות ב, יא). זה היה רגע הלידה של זהותו הפעילה כיהודי. יהודים רבים בעידן המודרני התקשו להאמין, אבל הם הזדהו עם העם היהודי, נלחמו למענו ותמכו בו. השתייכות היא הצעד הראשון לקראת האמונה. הבן הרשע נחשב על פי ההגדה לרשע לא מפני שאינו מאמין, אלא מפני שאינו מזדהה עם העם שהוא חלק ממנו.

**ושאינו יודע לשאֹל, את פתח לו**

מהי משמעות הביטוי "את פתח לו?" מסופר שרבי מנחם מנדל מקוצק שאל פעם את חסידיו: "היכן נמצא הקדוש ברוך הוא?" החסידים נבוכו. "מה שואל

**וְהִגַּדְתָּ לְבִנְךָ**
**יָכוֹל מֵרֹאשׁ חֹדֶשׁ**
**תַּלְמוּד לוֹמַר:**
**בַּיּוֹם הַהוּא.**
**אִי בַּיּוֹם הַהוּא יָכוֹל מִבְּעוֹד יוֹם**
**תַּלְמוּד לוֹמַר:**
**בַּעֲבוּר זֶה.**
**בַּעֲבוּר זֶה לֹא אָמַרְתִּי**
**אֶלָּא**
**בְּשָׁעָה שֶׁיֵּשׁ מַצָּה וּמָרוֹר מֻנָּחִים לְפָנֶיךָ.**

---

הרבי? איפה נמצא הקדוש ברוך הוא? איפה אינו נמצא? שהרי למדנו שאין מקום ריק מנוכחותו – כבודו מלא שמים וארץ". השיב הרבי: "לא הבנתם. הקדוש ברוך הוא נמצא במקום שבו אנחנו מניחים לו להיכנס".

בהזדמנות אחרת שאל: "מדוע נאמר בקריאת שמע: 'והיו הדברים האלה אשר אנכי מצוך היום על לבבך'? מדוע 'על לבבך' ולא 'בלבבך'?" והוא השיב: "הלב אינו פתוח תמיד. לכן אומרת התורה: 'את הדברים האלה שים על לבבך, כך שבבוא היום, כשלבך ייפתח, הם יהיו שם, מוכנים ליפול פנימה'". רוחניות ביהדות פירושה פתיחות. מי שפתוח, אלוהים קרוב אליו יותר מכפי שאנו קרובים לעצמנו. מי שסגור, אלוהים רחוק ממנו יותר מהגלקסיות המרוחקות ביותר. תפקידו של החינוך הוא ללמד את הילד להיות פתוח – לקולו של אלוהים ולנס הקיום. שאלה הנשאלת בכנות היא פתח בנשמה.

**יכול מראש חודש?**

בזמננו, ממש כמו במצרים, ההכנות לפסח מתחילות הרבה לפני היום עצמו. לכאורה אפשר היה להתחיל לספר את הסיפור מהרגע שבו מתחילות ההכנות. אבל התורה קובעת כלל בסיסי בדבר הנחלת ערכים לדור הבא: ספר את הסיפור בשעה שאתה עושה את המעשה, "בשעה שפסח, מצה ומרור מונחים לפניך". ערכים הם דבר נתפס, לא נלמד. הם מועברים באמצעות מעשים ולאו

# מִתְּחִלָּה

## עוֹבְדֵי עֲבוֹדָה זָרָה הָיוּ אֲבוֹתֵינוּ

# וְעַכְשָׁו

## קֵרְבָנוּ הַמָּקוֹם לַעֲבוֹדָתוֹ

שֶׁנֶּאֱמַר

וַיֹּאמֶר יְהוֹשֻׁעַ אֶל־כָּל־הָעָם (יהושע כד)
כֹּה־אָמַר יהוה אֱלֹהֵי יִשְׂרָאֵל
בְּעֵבֶר הַנָּהָר יָשְׁבוּ אֲבוֹתֵיכֶם מֵעוֹלָם
תֶּרַח אֲבִי אַבְרָהָם וַאֲבִי נָחוֹר
וַיַּעַבְדוּ אֱלֹהִים אֲחֵרִים:
וָאֶקַּח אֶת־אֲבִיכֶם אֶת־אַבְרָהָם מֵעֵבֶר הַנָּהָר
וָאוֹלֵךְ אוֹתוֹ בְּכָל־אֶרֶץ כְּנָעַן
וָאַרְבֶּ אֶת־זַרְעוֹ, וָאֶתֶּן־לוֹ אֶת־יִצְחָק:
וָאֶתֵּן לְיִצְחָק אֶת־יַעֲקֹב וְאֶת־עֵשָׂו
וָאֶתֵּן לְעֵשָׂו אֶת־הַר שֵׂעִיר לָרֶשֶׁת אוֹתוֹ

## וְיַעֲקֹב וּבָנָיו יָרְדוּ מִצְרָיִם:

---

דווקא באמצעות מילים. לכן יש לספר את סיפור יציאת מצרים בשעה שאנחנו חיים אותו מחדש. לחיות את הסיפור – זוהי הדרך הטובה ביותר להבטיח שהוא ימשיך לחיות בתודעתו של ילד.

# בָּרוּךְ שׁוֹמֵר הַבְטָחָתוֹ לְיִשְׂרָאֵל

בָּרוּךְ הוּא
שֶׁהַקָּדוֹשׁ בָּרוּךְ הוּא חִשַּׁב אֶת הַקֵּץ
לַעֲשׂוֹת כְּמָה שֶּׁאָמַר לְאַבְרָהָם אָבִינוּ בִּבְרִית בֵּין הַבְּתָרִים
שֶׁנֶּאֱמַר
וַיֹּאמֶר לְאַבְרָם בראשית טו
יָדֹעַ תֵּדַע כִּי־גֵר יִהְיֶה זַרְעֲךָ
בְּאֶרֶץ לֹא לָהֶם
וַעֲבָדוּם וְעִנּוּ אֹתָם אַרְבַּע מֵאוֹת שָׁנָה:
וְגַם אֶת־הַגּוֹי אֲשֶׁר יַעֲבֹדוּ דָּן אָנֹכִי

**וְאַחֲרֵי־כֵן יֵצְאוּ בִּרְכֻשׁ גָּדוֹל:**

מכסה את המצות, אוחז את הכוס ואומר:

# וְהִיא

שֶׁעָמְדָה לַאֲבוֹתֵינוּ וְלָנוּ
שֶׁלֹּא אֶחָד בִּלְבָד עָמַד עָלֵינוּ לְכַלּוֹתֵנוּ
אֶלָּא שֶׁבְּכָל דּוֹר וָדוֹר עוֹמְדִים עָלֵינוּ לְכַלּוֹתֵנוּ

**וְהַקָּדוֹשׁ בָּרוּךְ הוּא מַצִּילֵנוּ מִיָּדָם**

מניח את הכוס ומגלה את המצות.

# צֵא וּלְמַד

**מַה בִּקֵּשׁ לָבָן הָאֲרַמִּי**
**לַעֲשׂוֹת לְיַעֲקֹב אָבִינוּ**
**שֶׁפַּרְעֹה לֹא גָזַר**
**אֶלָּא עַל הַזְּכָרִים**
**וְלָבָן בִּקֵּשׁ לַעֲקֹר אֶת הַכֹּל**

---

**צא ולמד**

אנו מגיעים עתה אל הצגת ארבעת הפסוקים (דברים כו, ה-ח) שעל פי המשנה הם־הם לב לבה של ההגדה. פסוקים אלו היו מלכתחילה חלק מה"וידוי" הנאמר עם הבאת הביכורים לירושלים, בדרך כלל בחג השבועות. רוב החוקרים תמימי דעים כי נוסח זה נבחר מפני שהיה מוכר היטב לרוב היהודים בימי המקדש ולאחר מכן, עוד לפני שהטקסטים של ההגדה, כתובים בכתב יד או מודפסים, היו זמינים לרבים.

סיבה נוספת היא שלווידוי קודמות המילים "הִגַּדְתִּי הַיּוֹם..." אפשר שהמסורת ראתה בשימוש בפועל הנגזר מהשורש נג"ד (שממנו נגזרת גם המילה הגדה) רמז לכך שאת הפסוקים האלה יש לקרוא בליל הסדר, כשאנחנו מצווים להגיד לבנינו.

ארבעת הפסוקים מסכמים את האירועים העיקריים של הגלות ויציאת מצרים. לכל ביטוי נלווה קטע מדרש, פרשנות, המבהיר את משמעותו או מקשר אותו למקומות אחרים במקרא.

**צא ולמד מה ביקש לבן הארמי לעשות ליעקב אבינו**

כפי שמציינים פרשנים, הבחירה בפסקה זו לפתיחה היא מוזרה. המילים "אֲרַמִּי אֹבֵד אָבִי" כפשוטן הן "אבי [אברהם, על פי הרשב"ם, או יעקב, על פי אבן עזרא וספורנו] היה ארמי נודד". הפרשנות שההגדה נותנת למילים האלה – ארמי ניסה להאביד את אבי – איננה הפשט. כמו כן אין בתורה ראיה ברורה שלבן אכן ניסה "להאביד" את יעקב. הוא רדף אחריו, ואלוהים התגלה לו בלילה ואמר לו לא לפגוע ביעקב, אבל לא נאמר לנו מה היו כוונותיו מלכתחילה.

שֶׁנֶּאֱמַר

דברים כו

## אֲרַמִּי אֹבֵד אָבִי
## וַיֵּרֶד מִצְרַיְמָה, וַיָּגָר שָׁם בִּמְתֵי מְעָט
## וַיְהִי־שָׁם לְגוֹי גָּדוֹל עָצוּם וָרָב

---

יתר על כן, הפירוש הזה הוא המבוא לנושא העיקרי של ההגדה – העבדות במצרים. מוזר לפתוח באמירה שאמנם פרעה עשה מעשה רע, אבל לבן עשה דבר חמור ממנו. הרב צבי הירש פֶּרבֶּר הציע את ההסבר הבא.

השמש והרוח התווכחו ביניהן מי חזקה יותר. השמש אמרה: "אני חזקה יותר, כי אני נותנת אור וחום לעולם כולו". הרוח אמרה: "אני חזקה יותר, כי שום דבר אינו עומד בדרכי". באותה שעה החל איכר לחרוש את שדהו. אמרה השמש לרוח: "הבה ניישב את המחלוקת בינינו אחת ולתמיד. הבה נראה מי מאתנו תוכל לפשוט את מעילו של האיש. כך ניווכח מי חזקה יותר".

הרוח נענתה לאתגר והחלה לנשוב. אבל ככל שהתחזקה כן הצמיד האיכר את מעילו לגופו עד שהרוח הותשה וויתרה. ואז החלה השמש לזרוח. ברגע שהאיכר חש את החום, הוא פשט את מעילו. החום חזק מן הרוח.

הוא הדין בישראל. פרעה ואנשיו ייסרו את בני־ישראל, "וְכַאֲשֶׁר יְעַנּוּ אֹתוֹ כֵּן יִרְבֶּה וְכֵן יִפְרֹץ" (שמות א, יב). לבן לא ייסר את יעקב. נהפוך הוא, יעקב דווקא התעשר כששהה אצלו. הסכנה הייתה שיישאר עם לבן וישכח מי הוא. כך היה לכל אורך ההיסטוריה היהודית. ככל שגבר סבלם של היהודים כן הרבו להתפלל, ללמוד תורה ולשמור מצוות. הסכנה לרציפות היהודית איננה שעבוד או סבל, אלא שפע וחירות.

וכך הזהיר משה לקראת סוף ימיו: "הִשָּׁמֶר לְךָ פֶּן תִּשְׁכַּח אֶת ה׳ אֱלֹהֶיךָ... פֶּן תֹּאכַל וְשָׂבָעְתָּ וּבָתִּים טֹבִים תִּבְנֶה וְיָשָׁבְתָּ. וּבְקָרְךָ וְצֹאנְךָ יִרְבְּיֻן וְכֶסֶף וְזָהָב יִרְבֶּה לָּךְ וְכֹל אֲשֶׁר לְךָ יִרְבֶּה. וְרָם לְבָבֶךָ וְשָׁכַחְתָּ אֶת ה׳ אֱלֹהֶיךָ הַמּוֹצִיאֲךָ מֵאֶרֶץ מִצְרַיִם מִבֵּית עֲבָדִים" (דברים ח, יא-יד).

לאור הפירוש הזה אפשר לקרוא בקטע את המסר החזק הבא: "אל תחשבו שסיפור הפסח מסתיים ביציאת מצרים. הוא רק מתחיל בה. אפשר להאמין באלוהים כשזקוקים לעזרתו, אבל דבר אחר הוא להאמין בו אחרי שהעזרה הגיעה. השפע, לא פחות מן העבדות, עלול לגרום לנו לשכוח מי אנחנו ומה אנחנו".

# וַיֵּרֶד מִצְרַיְמָה

אָנוּס עַל פִּי הַדִּבּוּר

# וַיָּגָר שָׁם

מְלַמֵּד שֶׁלֹּא יָרַד יַעֲקֹב אָבִינוּ
לְהִשְׁתַּקֵּעַ בְּמִצְרַיִם, אֶלָּא לָגוּר שָׁם
שֶׁנֶּאֱמַר
וַיֹּאמְרוּ אֶל־פַּרְעֹה בראשית מז
לָגוּר בָּאָרֶץ בָּאנוּ
כִּי־אֵין מִרְעֶה לַצֹּאן אֲשֶׁר לַעֲבָדֶיךָ
כִּי־כָבֵד הָרָעָב בְּאֶרֶץ כְּנָעַן
וְעַתָּה יֵשְׁבוּ־נָא עֲבָדֶיךָ בְּאֶרֶץ גֹּשֶׁן:

---

**וירד מצרימה, אנוס על פי הדיבור**

כאשר שמע יעקב כי בנו יוסף חי, הוא התכונן לרדת מצרימה לראותו. ואז התגלה לו אלוהים בלילה ואמר לו: "אַל תִּירָא מֵרְדָה מִצְרַיְמָה, כִּי לְגוֹי גָּדוֹל אֲשִׂימְךָ שָׁם" (בראשית מו, ג). לא נאמר לנו מדוע חשש יעקב, אבל מן הכתוב אנחנו למדים כי ליעקב הייתה תחושה מבשרת רעות בדבר העבדות והסבל שיפקדו את צאצאיו כתוצאה מהנסיעה הזאת. ובכל זאת ירד למצרים, "אנוס על פי הדיבור". הנבואה שניתנה לאברהם שני דורות קודם לכן, שבניו יהיו גרים בארץ לא להם, החלה להתממש.

**מלמד שלא ירד יעקב אבינו להשתקע במצרים**

הבקשה שביקש יעקב על ערש דווי הייתה להיקבר במקום שעתיד להיקרא ארץ ישראל. גם יוסף לקראת סוף חייו אסף את בני־משפחתו ואמר להם: "אָנֹכִי מֵת, וֵאלֹהִים פָּקֹד יִפְקֹד אֶתְכֶם וְהֶעֱלָה אֶתְכֶם מִן הָאָרֶץ הַזֹּאת אֶל הָאָרֶץ אֲשֶׁר נִשְׁבַּע לְאַבְרָהָם לְיִצְחָק וּלְיַעֲקֹב". המילים האחרונות הנאמרות מפיו במקרא הן:

# בִּמְתֵי מְעָט

## כְּמָה שֶּׁנֶּאֱמַר

דברים י

## בְּשִׁבְעִים נֶפֶשׁ יָרְדוּ אֲבֹתֶיךָ מִצְרָיְמָה וְעַתָּה שָׂמְךָ יהוה אֱלֹהֶיךָ כְּכוֹכְבֵי הַשָּׁמַיִם לָרֹב:

---

"פָּקֹד יִפְקֹד אֱלֹהִים אֶתְכֶם וְהַעֲלִתֶם אֶת עַצְמֹתַי מִזֶּה" (בראשית נ, כד-כה). את המשימה הזאת עתיד לבצע משה עצמו.

היהודים, בכל מקום שאליו נפוצו, ראו תמיד את מצבם כ"גלות" ולא כתפוצות סתם. היו מקומות כמו גרמניה שבהם חיו אלף שנה. היו מקומות כמו בבל, שבהם התקיים יישוב יהודי רצוף לאורך 2,500 שנה. אבל היהודים ראו את עצמם כמי שנמצא כאן אבל שייך למקום אחר; וכך גם נתפסו בעיני אחרים. בניגוד לטענות מבקריהם, לא היה בכך סימן לנאמנות כפולה. אדרבה, רק קבוצות ספורות היו נאמנות לחברות שבהן חיו ולשליטיהן הלא־יהודים כמו היהודים. בכל הזדמנות הם תרמו תרומות חשובות לארצות מגוריהם בתחומי האמנות, המדע, הרפואה והכלכלה.

מאז ומתמיד זכרו היהודים את דרישתו של ירמיהו: "וְדִרְשׁוּ אֶת שְׁלוֹם הָעִיר אֲשֶׁר הִגְלֵיתִי אֶתְכֶם שָׁמָּה וְהִתְפַּלְלוּ בַעֲדָהּ אֶל ה', כִּי בִשְׁלוֹמָהּ יִהְיֶה לָכֶם שָׁלוֹם" (ירמיה כט, ז). אבל הם ידעו כי אי שם בעתיד ישוב העם היהודי לארצו. הם לא החליפו את ההווה המיידי בעתיד לבוא. וזה, יותר מכל דבר אחר, שימר את הזהות היהודית כזהות של עם נבדל וקיים את התקווה לאורך שנים ארוכות של גלות וגירוש. כך נשמרו היהודים מפני הריקבון הפנימי הפושה בכל ציביליזציה אחרת. דעיכתן של תרבויות אחרות מתחילה תמיד בשכחת העבר, בהתעלמות מהעתיד הרחוק ובאבדן התכלית המוסרית מתוך רדיפה אחר הכאן והעכשיו. תחושת הגלות הייתה מערכת החיסון היהודית. פירושה היה שהעבר והעתיד ממשיים כמו ההווה. זה מה שהציל את היהודים משיני הזמן.

### במתי מעט

גידול האוכלוסייה המהיר של בני־ישראל במצרים נראה שוב בעת החדשה. מעריכים כי בסוף המאה השמונה־עשרה מנתה אוכלוסיית היהודים בעולם לא יותר ממיליון וחצי. ערב מלחמת העולם השנייה עלה מספר זה לקרוב ל־18 מיליון.

# וַיְהִי־שָׁם לְגוֹי
## מְלַמֵּד שֶׁהָיוּ יִשְׂרָאֵל מְצֻיָּנִים שָׁם

אבל יהודים לא מדדו מעולם את כוחם במונחים מספריים. הסופר האמריקני מילטון הימלפרב כתב: "מספר היהודים בעולם קטן מטעות סטטיסטית קטנה במפקד האוכלוסין הסיני. ובכל זאת, אנחנו גדולים יותר במספרנו. דומה כי דברים גדולים קורים סביבנו וקורים לנו".

אבל התורה מלמדת (שמות ל, יב) כי מסוכן לערוך מפקד ליהודים. במדבר התבקשו בני־ישראל לתרום מחצית השקל לאיש להחזקת המשכן, וכאשר נספרו התרומות אפשר היה לחשב את מספרם. הלקח הוא זה: אומות עורכות בדרך כלל מפקדי אוכלוסין כדי לעמוד על עוצמתן, הצבאית או הכלכלית. אילו האמין העם היהודי כי כוחו טמון בעוצמתו המספרית, היה נתפס לייאוש. העם היהודי קטן, ותמיד היה קטן. משה אמר: "לֹא מֵרֻבְּכֶם מִכָּל הָעַמִּים חָשַׁק ה' בָּכֶם וַיִּבְחַר בָּכֶם, כִּי אַתֶּם הַמְעַט מִכָּל הָעַמִּים" (דברים ז, ז). התורה מורה לנו לא למנות את מספר היהודים אלא את תרומותיהם. ותרומותינו, הן לעולם הן זה לזה, הן עצומות.

**ויהי שם לגוי**

הגאון מווילנה הסביר כי המילה "גוי" קשורה למילה גווייה. קבוצת אנשים הופכת לאומה כאשר הם נעשים לגוף אחד, לגווייה אחת. עם ישראל, אמר רבי שמעון בר יוחאי, הוא "כגוף אחד ונפש אחת... לקה אחד מהן, כולן מרגישין" (מכילתא דרשב"י שמות יט, ו).

הרב יוסף סולובייצ'יק ז"ל כתב במאמרו "קול דודי דופק" על שתי הבריתות הקושרות את היהודים זה אל זה, ברית הגורל וברית הייעוד. הראשונה נובעת מהסבל המשותף של העבר והשנייה – מהחזון הקיבוצי של העתיד. במצרים נכנסו בני־ישראל ל"ברית הגורל". הם היו מאוחדים בסבלם. במדרש נאמר: "כשהיו ישראל במצרים נתקבצו כולם וישבו יחד, משום שהיוו כולם באגודה אחת וכרתו ברית יחד שיעשו גמילות חסדים זה עם זה" (תנא דבי אליהו כג). רק כך הפכו לאומה.

**מלמד שהיו ישראל מצוינים שם**

הם לא התבוללו. חז"ל אומרים כי בני־ישראל שימרו את זהותם בארבע דרכים:

# גָּדוֹל עָצוּם

כְּמָה שֶׁנֶּאֱמַר
וּבְנֵי יִשְׂרָאֵל פָּרוּ וַיִּשְׁרְצוּ שמות א
וַיִּרְבּוּ וַיַּעַצְמוּ בִּמְאֹד מְאֹד
וַתִּמָּלֵא הָאָרֶץ אֹתָם:

---

הם לא שינו את שמותיהם, לא שינו את לשונם, לא שינו את מנהגיהם ולא בגדרו זה בזה.

המילה "מצוינים" נגזרת מהשורש שממנו באה המילה ציון ומשמעותה - משהו הבולט מסביבתו. הנביא ירמיהו אמר לבני־דורו היוצאים לגלות "הַצִּיבִי לָךְ צִיֻּנִים, שִׂמִי לָךְ תַּמְרוּרִים" (ירמיה לא, כ) כדי שלא ישכחו את הדרך בחזרה לארץ. חז"ל הבינו מכך שאל להם לזנוח את יהדותם. "'הציבי לך ציונים' - אלו המצוות שישראל מצוינים בהם" (ספרי, פרשת עקב).

ציון איננה מקום סתם, אלא דרך חיים. היהודים נדרשים למצוינות מוסרית, לאומץ לב להתבלט מסביבתם, להיות שונים ולהיות תמרור בישימון, שייתן לאחרים את תחושת המיקום והכיוון. הציונות איננה רק המקום אלא גם הדרך שבה אנו חיים.

היהדות היא קול־הנגד הגדול בשיח של האנושות. להיות יהודי פירושו להיות מוכן לחשוב ולנהוג בצורה שונה, לשחות נגד הזרם. פירושו להיות חלק מהחברה אבל גם להיבדל ממנה, לחיות לא רק ב"עכשיו" אלא עם חכמת העבר וחזון העתיד. מתיו ארנולד כתב: "כל עוד העולם מתקיים, כל מי שרוצה להתקדם בצדקתו ישאב מרוחו של עם ישראל, העם בעל תחושת הצדק הזוהרת והעזה ביותר".

**מלמד שהיו ישראל מצוינים שם**

מספרים על הברון נתן רוטשילד, שלאחר שניצח בקרב רב־השנים בעניין סילוק האפליה נגד יהודים בבית הלורדים, הוא חמק מבין אנשי האצולה הבריטים שבאו לברכו על ההישג, ונמצא נופל על אפיו בתפילה בבית כנסת קטן בגטו, ושפתיו רוחשות: "יהי רצון שהחופש הזה לא יחליש את אמונתנו" (יעקב הרצוג, **עם לבדד ישכון**).

## וָרָב

כְּמָה שֶׁנֶּאֱמַר
רְבָבָה כְּצֶמַח הַשָּׂדֶה נְתַתִּיךְ יחזקאל טז
וַתִּרְבִּי וַתִּגְדְּלִי, וַתָּבֹאִי בַּעֲדִי עֲדָיִים
שָׁדַיִם נָכֹנוּ וּשְׂעָרֵךְ צִמֵּחַ, וְאַתְּ עֵרֹם וְעֶרְיָה:

ויש מוסיפים:

וָאֶעֱבֹר עָלַיִךְ וָאֶרְאֵךְ מִתְבּוֹסֶסֶת בְּדָמָיִךְ
וָאֹמַר לָךְ בְּדָמַיִךְ חֲיִי וָאֹמַר לָךְ בְּדָמַיִךְ חֲיִי:

## וַיָּרֵעוּ אֹתָנוּ הַמִּצְרִים וַיְעַנּוּנוּ דברים כו
## וַיִּתְּנוּ עָלֵינוּ עֲבֹדָה קָשָׁה:

## וַיָּרֵעוּ אֹתָנוּ הַמִּצְרִים

כְּמָה שֶׁנֶּאֱמַר
הָבָה נִתְחַכְּמָה לוֹ שמות א
פֶּן־יִרְבֶּה
וְהָיָה כִּי־תִקְרֶאנָה מִלְחָמָה
וְנוֹסַף גַּם־הוּא עַל־שֹׂנְאֵינוּ
וְנִלְחַם־בָּנוּ, וְעָלָה מִן־הָאָרֶץ:

---

**וירֵעו אֹתנו המצרים, כמה שנאמר: הבה נתחכמה לו**

סביר להניח שההגדה מפרשת את המלה "וירעו" מלשון רֵעַ, חבר, ולא מלשון רעה. על פי המדרש, התחכמותו של פרעה התבטאה בשעבוד אטי והדרגתי,

## וַיְעַנּוּנוּ

כְּמָה שֶׁנֶּאֱמַר

וַיָּשִׂימוּ עָלָיו שָׂרֵי מִסִּים שמות א

לְמַעַן עַנֹּתוֹ בְּסִבְלֹתָם

וַיִּבֶן עָרֵי מִסְכְּנוֹת לְפַרְעֹה

אֶת־פִּתֹם וְאֶת־רַעַמְסֵס:

## וַיִּתְּנוּ עָלֵינוּ עֲבֹדָה קָשָׁה

כְּמָה שֶׁנֶּאֱמַר

וַיַּעֲבִדוּ מִצְרַיִם אֶת־בְּנֵי יִשְׂרָאֵל בְּפָרֶךְ: שמות א

---

כדי שבני־ישראל יתרגלו לו ולא ינסו להימלט. תחילה פרסם פרעה צו הקורא לכל המצרים ולכל בני־ישראל לעבוד במפעלי הבנייה שלו בתשלום. פרעה עצמו הצטרף אליהם. לאחר חודש בערך עזבו המצרים בהדרגה והותירו את בני־ישראל לבדם. אחר כך חדלו לשלם להם. מעט־מעט נעשו בני־ישראל עבדים והמצרים היו לנוגשיהם. ההדרגתיות ניכרה לימים גם בתכנית רצח־העם של הנאצים.

**ויעבדו מצרים את בני־ישראל בפרך**

חז"ל הגדירו עבודת פרך כעבודה שאינה מוגבלת בזמן, כמו למשל להורות למישהו לחפור "עד שאחזור". לעבדות יש שני היבטים, גופני ופסיכולוגי, וההלכה הבחינה בכך שההשפעות הפסיכולוגיות עלולות לפעמים להיות חמורות יותר מהתשישות הגופנית המתלווה לעבודה קשה. עבודת "פרך" היא עבודה שנועדה למחוץ את רוחם של העבדים באמצעות שלילת חירותם להחליט בעצמם והכפפתם לרצונו של הזולת. ביהדות יש חשיבות חיונית לרצון החופשי כחלק מאנושיותנו – יכולתנו לקבל החלטה חופשית, ובכך לבחור את הטוב, למרות הקושי, ולהעדיפו על הרע, למרות קסמו. הפסול המוסרי שבעבדות הוא אפוא העובדה שזהו ניסיון מכוון לחסל את הרצון העצמאי של העבד.

# וַנִּצְעַק אֶל־יהוה אֱלֹהֵי אֲבֹתֵינוּ דברים כו
# וַיִּשְׁמַע יהוה אֶת־קֹלֵנוּ
# וַיַּרְא אֶת־עָנְיֵנוּ וְאֶת־עֲמָלֵנוּ וְאֶת־לַחֲצֵנוּ:

## וַנִּצְעַק אֶל־יהוה אֱלֹהֵי אֲבֹתֵינוּ

כְּמָה שֶׁנֶּאֱמַר

וַיְהִי בַיָּמִים הָרַבִּים הָהֵם, וַיָּמָת מֶלֶךְ מִצְרַיִם שמות ב
וַיֵּאָנְחוּ בְנֵי־יִשְׂרָאֵל מִן־הָעֲבֹדָה, וַיִּזְעָקוּ
וַתַּעַל שַׁוְעָתָם אֶל־הָאֱלֹהִים מִן־הָעֲבֹדָה:

---

**ונצעק אל ה' אלהי אבֹתינו**

האמיתות העמוקות ביותר נאמרות לפעמים באמצעות בדיחות. מסופר על זוג יהודים מתבוללים במאה התשע־עשרה, שהצטרפו למעמד האצילים והפכו לרוזן ורוזנת. הרוזנת הרתה ללדת. הצירים החלו והמיילדות הגיעו. בינתיים נשאר הרוזן בחדרו ושיחק קלפים עם חברו. מחדר השינה החלו להישמע זעקות. "Mon Dieu, Mon Dieu" (אלוהים!). "אולי כדאי שתיגש לאשתך", הציע החבר. "היא יולדת", השיב הרוזן, "זה לא הרגע הנכון". הקריאות הלכו וגברו: "אלוהים! אלוהים!" החבר הציץ ברוזן, והלה משך בכתפיו ואמר: "זה לא הרגע הנכון". כשנשמעה צעקה שלישית, "געוואלד!" קם הרוזן. "עכשיו הגיע הרגע".

כשאנו צועקים, המסכות שעטינו על עצמנו נושרות עד שאנו מגיעים אל שורשי הווייתנו. הראיה שהכתוב מביא כאן (שמות ב, כג) מתארת את הצעקות בשלוש מילים: "וַיֵּאָנְחוּ בְנֵי־יִשְׂרָאֵל מִן הָעֲבֹדָה, וַיִּזְעָקוּ, וַתַּעַל שַׁוְעָתָם אֶל הָאֱלֹהִים מִן הָעֲבֹדָה". מלכתחילה היו צעקותיהם תלונות בלבד. אחר כך הפכו לזעקות כאב. לבסוף שיוועו אל אלוהים. ואז ידע אלוהים שהגיעה השעה.

הסבר נוסף: כאשר רחצה בת פרעה ביאור וראתה את התיבה של משה, נאמר "וַתִּפְתַּח וַתִּרְאֵהוּ אֶת הַיֶּלֶד וְהִנֵּה נַעַר בֹּכֶה" (שמות ב, ה). בתחילה נקרא משה ילד ואחר כך הוא כבר נער. רש"י מסביר כי כאשר בכה, היה "קולו

## וַיִּשְׁמַע יהוה אֶת־קֹלֵנוּ

### כְּמָה שֶׁנֶּאֱמַר

שמות ב

### וַיִּשְׁמַע אֱלֹהִים אֶת־נַאֲקָתָם
### וַיִּזְכֹּר אֱלֹהִים אֶת־בְּרִיתוֹ
### אֶת־אַבְרָהָם אֶת־יִצְחָק וְאֶת־יַעֲקֹב:

## וַיַּרְא אֶת־עָנְיֵנוּ

### זוֹ פְּרִישׁוּת דֶּרֶךְ אֶרֶץ

---

כנער". על כך דרש הרב מאיר שפירא מלובלין: "יש שתי דרכים לבכי. ילד בוכה כשהוא סובל. נער בוכה בראותו אחר סובל". הנסיכה חשה כבר אז אצל משה רגישות לסבלות הזולת. "ונצעק" מדבר על דמעות קיבוציות. כשבני־ישראל חורגים מכאבם האישי ובוכים על מר גורלו של אחר, אלוהים אף הוא מגיב לצעקתם.

**וישמע ה'**
המילה "שמע" בתורה פירושה יותר מסתם שמיעה. פירושה "להקשיב, לשים לב, לפעול בהתאם". יש בכך כדי להסביר תופעה יוצאת דופן בעברית המקראית, שאינה מייחדת מילה למושג "לציית". התורה משתמשת במילה "שמע". היהדות אינה דורשת צייתנות עיוורת. אדרבה, היא דורשת מאתנו להבין במידת האפשר את טעמי המצוות, אף על פי שמלוא ההסבר לעולם יחרוג מהבנתנו. צייתנות ביהדות היא סוג של הקשבה פעילה. "וישמע ה'" פירושו "הוא שמע את צעקות בני־ישראל והעמידן בהקשר ההבטחה שנתן לאבות, שיוציא את בניהם בבטחה מעבדות וישיבם לארץ ישראל. לכן ידע שעליו לפעול".

**וירא את עניֵנו – זו פרישות דרך ארץ**
בפסוק הקודם פורשה המילה "עינוי" כעול עבודת הפרך. המילה "עוניינו" כאן מבטאת כנראה סבל שונה בסוגו. ביום הכיפורים אנו מצווים לענות את נפשותינו, ולדברי חכמים פירוש הדבר שעלינו להימנע ביום זה, בין השאר,

# כְּמָה שֶׁנֶּאֱמַר
# וַיַּרְא אֱלֹהִים אֶת־בְּנֵי יִשְׂרָאֵל, וַיֵּדַע אֱלֹהִים:

שמות ב

---

מיחסי מין (יומא עז ע"א). התלמוד גוזר זאת מאזהרתו של לבן ליעקב "אִם תְּעַנֶּה אֶת בְּנֹתַי" (בראשית לא, נ), שפירושה "אל תשלול מהן את זכויותיהן כרעיות".

המצרים, שחששו מגידול האוכלוסייה בקרב בני־ישראל, ניסו להפריד בין גברים לנשים. אחת הדרכים לעשות זאת הייתה לאלץ את הגברים לעבוד ולישון בשדות, בעוד הנשים נותרו בערים.

מסורת חז"ל מביאה תיאור מרגש של האופן שבו סיכלו בנות־ישראל את המזימה:

> אמר רבי שמעון בר חלפתא: מה היו בנות־ישראל עושות? יורדות לשאוב מים מן היאור, והקדוש ברוך הוא היה מזמין להם דגים קטנים בתוך כדיהן, והן מוכרות ומבשלות מהן ולוקחות מהן יין והולכות לשדה ומאכילות את בעליהן שם... משהיו אוכלין ושותין, נוטלות המראות ומביטות בהן עם בעליהן... ומתוך כך היו מרגילין עצמן לידי תאוה ופרין ורבין, והקדוש ברוך הוא פוקדן לאלתר... בזכות אותן המראות שהיו מראות לבעליהן ומרגילות אותן לידי תאוה מתוך הפרך, העמידו כל הצבאות... כיון שאמר לו הקדוש ברוך הוא למשה לעשות את המשכן, עמדו כל ישראל ונתנדבו, מי שהביא כסף ומי שהביא זהב או נחשת ואבני שוהם ואבני מלואים, הביאו בזריזות הכל. אמרו הנשים, מה יש לנו ליתן בנדבת המשכן. עמדו והביאו את המראות והלכו להן אצל משה... כשראה משה אותן המראות, זעף בהן. אמר להם לישראל, טולו מקלות ושברו שוקיהן של אלו. המראות למה הן צריכין. אמר לו הקדוש ברוך הוא למשה: משה, על אלו אתה מבזה? המראות האלו הן העמידו כל הצבאות הללו במצרים. טול מהן ועשה מהן כיור נחשת וכנו לכהנים, שממנו יהיו מתקדשין הכהנים. (שמות רבה פרשה כב א)

**וירא אלהים את בני־ישראל, וַיֵּדַע אלהים**

הידע, בעיני היוונים הקדמונים, היה צורה של הכרה, הערכה מרוחקת של העובדות. בתורה משמש הפועל "ידע" לתיאור צורה של יחסים מוסריים,

## וְאֶת־עֲמָלֵנוּ

אֵלּוּ הַבָּנִים
כְּמָה שֶׁנֶּאֱמַר
כָּל־הַבֵּן הַיִּלּוֹד, הַיְאֹרָה תַּשְׁלִיכֻהוּ שמות א
וְכָל־הַבַּת תְּחַיּוּן:

## וְאֶת־לַחֲצֵנוּ

זֶה הַדְּחַק
כְּמָה שֶׁנֶּאֱמַר
וְגַם־רָאִיתִי אֶת־הַלַּחַץ שמות ג
אֲשֶׁר מִצְרַיִם לֹחֲצִים אֹתָם:

---

מחויבות. כשמסופר על אדם ש"ידע" את חווה אשתו, פירוש הדבר הוא שהוא צירף עצמו אליה בגופו, ברגשותיו ובמוסריותו. כאשר אלוהים אומר על אברהם "יְדַעְתִּיו", פירוש הדבר "בחרתי בו, חיבבתי אותו, כרתי אתו ברית". הידע בתורה איננו תכונה אינטלקטואלית גרידא. יש לו השתמעויות של רגש ופעולה. במקרה הזה "וַיֵּדַע אֱלֹהִים" פירושו שהוא לא רק ראה את סבלות בני־ישראל, אלא שמה שראה הכאיב לו והוא גמר אומר לפעול כדי לגאול אותם.

**ואת עמלנו – אלו הבנים**

חז"ל מצאו כאן הד לנאמר באיוב (ה, ז): "כִּי אָדָם לְעָמָל יוּלָּד". תזכורת זו מוסיפה מידה של פאתוס למצוקתם של הבנים הזכרים שנידונו למוות. ספר איוב כולו עוסק בסבלם של חפים מפשע. חז"ל, המזכירים אותו כאן, מהרהרים בעובדה שהבנים שנידונו למוות במצרים היו חפים עוד יותר מפשע. תזכורת זו מהדהדת בעוצמה רבה עוד יותר אחרי השואה, שבה נרצחו מיליון וחצי ילדים.

**ואת לחצנו – זה הדחק**

חז"ל תרגמו כאן את המילה המקראית "לחץ" למילה המשנאית "דחק".

וַיּוֹצִאֵנוּ יהוה מִמִּצְרַיִם דברים כו
בְּיָד חֲזָקָה וּבִזְרֹעַ נְטוּיָה, וּבְמֹרָא גָּדֹל
וּבְאֹתוֹת וּבְמֹפְתִים:

וַיּוֹצִאֵנוּ יהוה מִמִּצְרַיִם
לֹא עַל יְדֵי מַלְאָךְ
וְלֹא עַל יְדֵי שָׂרָף
וְלֹא עַל יְדֵי שָׁלִיחַ
אֶלָּא הַקָּדוֹשׁ בָּרוּךְ הוּא בִּכְבוֹדוֹ וּבְעַצְמוֹ

---

**לא על ידי מלאך, ולא על ידי שרף, ולא על ידי שליח**

למרבה ההפתעה אין ההגדה מזכירה כמעט את משה או את חלקו בגאולה. לכל אורך ההגדה הדגש הוא על פועלו של אלוהים.

כדי להבין זאת עלינו לזכור את השקפת העולם של מצרים העתיקה. פרעה נחשב לאל, בדרך כלל לאל השמש. התורה הייתה המסמך הראשון בהיסטוריה שעמד על הפרדה מוחלטת בין אלוהים לטבע ולאנושות. אלוהים נשגב לחלוטין. הוא אינו מזוהה עם תופעת טבע או עם אדם כלשהו, מרומם ככל שיהיה. מרחק זה, למרות היותו אינסופי לכאורה, יוצר אפשרות חדשה לתקשורת. אלוהים מדבר עם האנושות. האנושות מדברת עם אלוהים. מה שנמצא ביניהם הוא קשר השפה.

בעולם המיתוס לא היה צורך בהתגלות. האלים התגלו ללא הרף – בשמש הזורחת ובשמש השוקעת, בגשם היורד, ברוח הנושבת. ביהדות ההתגלות הכרחית ואפשרית כאחת, והיא מתרחשת לא בדרך של מפגן כוח אלא באמצעות תקשורת נושאת משמעות, כלומר מילים, הבטחות, מצוות ותפילות. השפה נעשית טעונה בקדושה. בתורה אלוהים מדבר אלינו. בתפילה אנחנו מדברים אל אלוהים. בשל העובדה שאלוהים הוא אלוהים, האדם יכול להיות אדם. בשל העובדה שאלוהים נשגב לחלוטין, הוא מאפשר מרחב לפעולה אנושית, שצורתה הנעלה ביותר היא להיעשות שותף לקדוש ברוך הוא במעשה בראשית. זו הייתה צורה חדשה לחלוטין של מודעות דתית, וגם היום היא אינה מובנת לגמרי.

שֶׁנֶּאֱמַר
וְעָבַרְתִּי בְאֶרֶץ־מִצְרַיִם בַּלַּיְלָה הַזֶּה שמות יב
וְהִכֵּיתִי כָל־בְּכוֹר בְּאֶרֶץ מִצְרַיִם, מֵאָדָם וְעַד־בְּהֵמָה
וּבְכָל־אֱלֹהֵי מִצְרַיִם אֶעֱשֶׂה שְׁפָטִים
אֲנִי יהוה:

וְעָבַרְתִּי בְאֶרֶץ־מִצְרַיִם אֲנִי וְלֹא מַלְאָךְ
וְהִכֵּיתִי כָל־בְּכוֹר אֲנִי וְלֹא שָׂרָף
וּבְכָל־אֱלֹהֵי מִצְרַיִם אֶעֱשֶׂה שְׁפָטִים אֲנִי וְלֹא הַשָּׁלִיחַ
אֲנִי יהוה אֲנִי הוּא וְלֹא אַחֵר

## בְּיָד חֲזָקָה

זוֹ הַדֶּבֶר
כְּמָה שֶׁנֶּאֱמַר
הִנֵּה יַד־יהוה הוֹיָה בְּמִקְנְךָ אֲשֶׁר בַּשָּׂדֶה שמות ט
בַּסּוּסִים בַּחֲמֹרִים בַּגְּמַלִּים, בַּבָּקָר וּבַצֹּאן, דֶּבֶר כָּבֵד מְאֹד:

---

הדרמה של עשר המכות היא עימות בעל שתי פנים. ברמה אחת זהו מאבק בין פרעה למשה, שני יצורי אנוש. ברמה אחרת זוהי תחרות בין האדם־הסבור־שהוא־אל ובין אלוהים עצמו. המצרים סגדו לטבע – שילוב השמש ומי היאור שהפך בשעתו את דלתת הנילוס לאחד האזורים הפוריים ביותר עלי אדמות. כל אחת מתשע המכות הראשונות נועדה להוכיח לבני־ישראל ולמצרים גם יחד כי הטבע איננו המציאות העליונה. הוא יכול להיות לברכה, והוא יכול להיות לקללה. בזה אחר זה מתהפכים תווי ההיכר המוכרים של האקולוגיה המצרית – כדי ללמד את המצרים שאי־אפשר לסגוד לטבע במחיר שעבודו של האדם.

היה צורך חיוני – לבני־ישראל ולמצרים גם יחד – להבין כי אין זו פעולתו של האדם, כי אם מעשה אלוהים. לכן מודגשת לכל אורך הסדר התערבותו של אלוהים לבדו, כאילו כדי לומר שמשה לא היה מקבילו היהודי

## וּבִזְרֹעַ נְטוּיָה

זוֹ הַחֶרֶב

כְּמָה שֶׁנֶּאֱמַר

וְחַרְבּוֹ שְׁלוּפָה בְּיָדוֹ, נְטוּיָה עַל־יְרוּשָׁלָיִם: דברי הימים א׳ כא

## וּבְמֹרָא גָּדֹל

זֶה גִּלּוּי שְׁכִינָה

כְּמָה שֶׁנֶּאֱמַר

אוֹ הֲנִסָּה אֱלֹהִים לָבוֹא לָקַחַת לוֹ גוֹי מִקֶּרֶב גּוֹי דברים ד

בְּמַסֹּת בְּאֹתֹת וּבְמוֹפְתִים וּבְמִלְחָמָה

וּבְיָד חֲזָקָה, וּבִזְרוֹעַ נְטוּיָה, וּבְמוֹרָאִים גְּדֹלִים

כְּכֹל אֲשֶׁר־עָשָׂה לָכֶם יהוה אֱלֹהֵיכֶם בְּמִצְרַיִם לְעֵינֶיךָ:

## וּבְאֹתוֹת

זֶה הַמַּטֶּה

כְּמָה שֶׁנֶּאֱמַר

וְאֶת־הַמַּטֶּה הַזֶּה תִּקַּח בְּיָדֶךָ, אֲשֶׁר תַּעֲשֶׂה־בּוֹ אֶת־הָאֹתֹת: שמות ד

## וּבְמֹפְתִים

זֶה הַדָּם

כְּמָה שֶׁנֶּאֱמַר

וְנָתַתִּי מוֹפְתִים בַּשָּׁמַיִם וּבָאָרֶץ יואל ג

---

של פרעה, אל־אדם, המחולל מעשים אדירים בגורמי הטבע הנתונים לפקודתו. הסוכן הפעיל לכל אורך תהליך הגאולה היה אלוהים עצמו.

*מטיפים יין מן הכוס שלוש פעמים ואומרים:*

## דָּם וָאֵשׁ וְתִימְרוֹת עָשָׁן:

דָּבָר אַחֵר בְּיָד חֲזָקָה שְׁתַּיִם
וּבִזְרֹעַ נְטוּיָה שְׁתַּיִם
וּבְמֹרָא גָּדֹל שְׁתַּיִם
וּבְאֹתוֹת שְׁתַּיִם
וּבְמֹפְתִים שְׁתַּיִם

---

**עשר המכות**

בסיפור עשר המכות מתקרב המקרא לטרגדיה היוונית יותר מבכל מקום אחר. ההיבריס של פרעה מביא לנמסיס. סירובו החוזר ונשנה להניח לבני־ישראל לצאת ממיט אסון עליו ועל ארצו. זהו אחד העימותים הגדולים – בין מנהיגה האלוהי־למחצה של האימפריה הגדולה ביותר של העולם הקדום ובין אלוהים, הנחלץ לעזרת קבוצת עבדים חסרת אונים.

במפגשם הראשון מזלזל פרעה במשה: "מִי ה׳ אֲשֶׁר אֶשְׁמַע בְּקֹלוֹ לְשַׁלַּח אֶת יִשְׂרָאֵל? לֹא יָדַעְתִּי אֶת ה׳ וְגַם אֶת יִשְׂרָאֵל לֹא אֲשַׁלֵּחַ" (שמות ה, ב). בשלב זה תגובתו של פרעה מובנת. על פי השקפת עולמו, אלוהי משה אינו אלא אל שבטי, ואזלת ידו ניכרת מן העובדה שעמו הוא עם עבדים. ככל שהמכות צוברות מומנטום ועוצמתו הנוראה של אלוהים מתחילה להתחוור, עקשנותו של פרעה מתעצמת לממדים טרגיים. בחמש המכות הראשונות מסופר כי "וַיֶּחֱזַק לֵב פַּרְעֹה"; מכאן והלאה נאמר "וַיְחַזֵּק ה׳ אֶת לֵב פַּרְעֹה" ופירושו של דבר הוא שפרעה נעשה עבד לגאוותו שלו. לא רק בני־ישראל הם עבדים – פרעה נעשה עבד לעיוורונו המוסרי. במכה השמינית מפצירים עבדי פרעה במלכם להתרכך: "הֲטֶרֶם תֵּדַע כִּי אָבְדָה מִצְרָיִם?" (שמות י, ז) אבל פרעה, שלא שעה להפצרותיו של משה, אינו יכול עוד לשמוע את שוועת עמו שלו.

המכות עצמן שוכנות על קו הגבול, השכיח כל כך בתורה, בין הטבעי לעל־טבעי. הפרשנים נחלקים בין אלה המדגישים את אופיין הנסי ובין אלה

# אֵלּוּ עֶשֶׂר מַכּוֹת

## שֶׁהֵבִיא הַקָּדוֹשׁ בָּרוּךְ הוּא עַל הַמִּצְרִים בְּמִצְרַיִם וְאֵלּוּ הֵן

המבקשים לתת בידינו תיאור מדעי של האסונות כשורה של תגובות־שרשרת לאסון אקולוגי ראשוני, אולי הופעת אצות בנילוס, שהאדימו את מי היאור והביאו למותם של הדגים. השאלה איזו גישה משכנעת אותנו יותר תלויה באופן שבו אנו תופסים את המילה "נס" – השעיה של חוקי הטבע, או אירוע המתרחש במסגרת הטבע אבל בעצם התרחשותו בזמן מסוים וכלפי צד מסוים חושף את פעולת ההשגחה העליונה בהיסטוריה.

התורה מעורפלת במכוון בעניין זה, כפי שאינה מבהירה דברים רבים נוספים, ולכן בכוחה לשדר את מסריה ברמות כה רבות. אין ספק שהמכות עצמן הן אירועים מסוג שאינו בלתי־מוכר בחלק זה של העולם. ומה שחשוב עוד יותר – עובדה המודגשת בתורה – הוא שכאותות אלוהיים הם מדברים בשפתם של המצרים. המצרים סגדו לטבע, ועתה הטבע פונה נגדם. המסר שהמכות משדרות הוא כפול. אם הטבע הוא כוח, הרי גם הוא נשלט בידי כוח נשגב ממנו, והכוח הזה הוא כוח מוסרי. מסר זה בולט יותר מכול במכה הראשונה. המצרים הטביעו את ילדי ישראל ביאור, ועתה מי היאור מאדימים. אנו שומעים כאן הד לדברי אלוהים לקין אחרי הרצח המתועד הראשון: "קוֹל דְּמֵי אָחִיךָ צֹעֲקִים אֵלַי מִן הָאֲדָמָה" (בראשית ד, י).

חשוב לא פחות הוא השימוש של התורה באירוניה כדי ללעוג ליומרות אנוש בכל מקום שבו האדם מבקש להתריס בפני האל. חרטומי מצרים מצליחים לשכפל את שתי המכות הראשונות, דם וצפרדע, בלי לתת את לבם לעובדה שהם מחמירים את המצב במקום לשפרו. המכה המתגלה כקשה מכפי כוחם היא מכת הכינים. זוהי הערה ארסית בדבר סדר הגודל המונומנטלי של הארכיטקטורה המצרית. המצרים האמינו כי האלים נמצאים בדברים גדולים, ולכן בחר אלוהים להוכיח להם את נוכחותו במשהו קטן עד שכמעט אינו נראה לעין (והשווה לט"ס אליוט, "אראך חרדה בחפן עפר", "ארץ הישימון" בתרגום מנחם בראון). האירוניה חוזרת בקריעת ים סוף, כשדווקא המרכבות, הנכס הצבאי החשוב ביותר של המצרים, הן המביאות למפלתם משום שגלגליהן שוקעים בבוץ. המפתח להבנת המכות – כמו בבריתו של אלוהים

מטיפים יין מן הכוס על כל מכה ומכה ועל ״דצ״ך עד״ש באח״ב״ ואומרים:

דָּם צְפַרְדֵּעַ כִּנִּים

עָרוֹב דֶּבֶר שְׁחִין

בָּרָד אַרְבֶּה חֹשֶׁךְ

מַכַּת בְּכוֹרוֹת.

---

עם נוח – הוא עקרון ההדדיות: כפי שתעשה כן ייעשה לך. הפוגעים באחרים, הם עצמם ייפגעו. עמים שמתחילים לשלול מעמים אחרים את חירותם הורסים בסופו של דבר את עצמם. מבחינה היסטורית זה נכון. מצרים לא השיבה לעצמה עוד את הגדולה שהייתה נחלתה בתחילת שלטונו של רעמסס השני.

**המכות כשפטים באלוהי מצרים**

פעמים אחדות בתורה נאמר שאלוהים ״עושה שפטים״ באלוהי מצרים – כלומר חורץ את דינם. המכה התשיעית, חושך, כאילו שוברת את רצף השמונה שקדמו לה, שחומרתן הלכה וגברה. תקופת חושך נתפסת בעינינו כאי־נוחות ולא עוד. אבל משמעותה תלויה בעובדה שרע, אל השמש, היה האל החשוב ביותר בפנתיאון המצרי. המכה התשיעית, שחסמה כליל את אור השמש, אפשר שלא כוּונה נגד העם אלא נגד מושא סגידתו. קרוב לוודאי שזוהי גם משמעותה של המכה הראשונה, הפיכת מי היאור לדם. גם היאור היה נערץ בעיני המצרים והם סגדו לו בדמותו של חַעְפִּי, אל הנילוס המציף את האדמה. מוטיב דומה אפשר לזהות גם במכה השנייה. למצרים הייתה אלת צפרדע, חֶקֶת, שעל פי האמונה סייעה לנשים בשעת לידה. המצרים יכלו לפרש את הצפת מצרים בצפרדעים כאות לעונש על טבח הבנים הזכרים של העברים. התורה אינה מתעכבת בפרוטרוט על הסמליות הזאת כי היא מיועדת למצרים. הם, ולא בני־ישראל, יכלו להבין את המסר שלה.

**רבי יהודה היה נותן בהם סימנים**

רבי יהודה מחלק את המכות לשלוש קבוצות של שלוש, כי כולן, פרט למכה האחרונה, התחוללו בתבנית משולשת. השלוש הראשונות נתחוללו בידי אהרן,

## רַבִּי יְהוּדָה הָיָה נוֹתֵן בָּהֶם סִימָנִים

# דְּצַ"ךְ עֲדַ"שׁ בְּאַחַ"ב

---

הקבוצה השנייה בידי משה, והקבוצה השלישית בידי משה הנוטה את ידו. למכה הראשונה בכל קבוצה קדמה התראה "בבוקר", למכה השנייה – התראה שזמנה אינו נזכר, והמכה השלישית באה ללא התראה.

**הטפת היין**

נוהגים להטיף טיפת יין בשעת אמירת כל אחת מהמילים: "דם", "אש" ו"תמרות עשן"; בשעת מניית כל אחת מהמכות; ובשעה שמשמיעים את שלושת הקיצורים של רבי יהודה. הסברים רבים הוצעו לכך, והיפה מכולם הוא הסברו של אבודרהם, שפירש את המנהג בהתאמה לפסוק ממשלי (כד, יז): "בִּנְפֹל אוֹיִבְךָ אַל תִּשְׂמָח". אפילו בשעה שאנחנו מודים על נס המכות, שכתוצאה ממנו זכו אבותינו בחירותם, אנו שופכים דמעה סמלית על סבלם של המוכים. מפרשים אחדים סבורים כי זו הסיבה שהמילה "שמחה" אינה נזכרת בקשר לחג הפסח, שלא כמו הרגָלים האחרים. בתלמוד הבבלי (מגילה י ע"ב) נאמר כי כאשר שבו מי ים סוף והצבא המצרי שרדף אחרי בני־ישראל נלכד בתוכם, ביקשו מלאכי השרת לומר שירה. הקב"ה היסה אותם במילים: "מעשה ידי טובעין בים ואתם אומרים שירה?" אלוהים אינו שמח בנפול הרשעים.

בשלות מוסרית כרוכה ביכולת לקבל מצבים מורכבים ולחוש רגשות מורכבים. אירוע יכול לרומם את רוחנו מפני שהוא מסמל את ניצחון הצדק, ובה בעת לגרום לנו צער בשל ההזדהות עם סבלותיהם של הנפגעים. חלק מתפארתה של היהדות הוא שהיא משקפת את מורכבות החיים המוסריים בלי לסגת לספקנות או לרלטיביזם. בתורה אין כמעט גיבורים חפים מפגמים, וגם הרשעים אינם ריקים מסגולות טובות. אין זה מונע מאתנו לחרוץ משפט מוסרי, כפי שהאפור אינו מפריך את קיומם של השחור והלבן. אבל זה אמור להגן עלינו מפני גישה דוגמת זו ששלטה בקרב חסידי הכת של מגילות ים המלח, שחילקו את האנושות ל"בני־אור" ו"בני־חושך". היהדות אוסרת שמחה לאיד. זוהי הדת הראשונה בהיסטוריה שדיברה על אחדות האנושות תחת כנפי אבהותו האוניברסלית של אלוהים. הדמעות הן אפוא שפה אוניברסלית והאהדה אינה צריכה להכיר גבולות דתיים או לאומיים.

# רַבִּי יוֹסֵי הַגְּלִילִי אוֹמֵר

מִנַּיִן אַתָּה אוֹמֵר
שֶׁלָּקוּ הַמִּצְרִים בְּמִצְרַיִם עֶשֶׂר מַכּוֹת
וְעַל הַיָּם לָקוּ חֲמִשִּׁים מַכּוֹת

בְּמִצְרַיִם
מַה הוּא אוֹמֵר
וַיֹּאמְרוּ הַחַרְטֻמִּם אֶל־פַּרְעֹה שמות ח
אֶצְבַּע אֱלֹהִים הִוא:

וְעַל הַיָּם
מַה הוּא אוֹמֵר
וַיַּרְא יִשְׂרָאֵל אֶת־הַיָּד הַגְּדֹלָה שמות יד
אֲשֶׁר עָשָׂה יהוה בְּמִצְרַיִם

---

**רבי יוסי הגלילי אומר**

הדיון הזה, בין רבי יוסי, רבי אליעזר ורבי עקיבא, מובא כאן כדוגמה לסוג הדיון שבזכותו נותרו החכמים ערים כל הלילה בבני ברק. מאחוריו מסתתרת הנקודה החשובה שהנס בים סוף היה גדול מעשר המכות. הוא היה דוגמה לעקרון "מידה כנגד מידה" – המצרים הטביעו את ילדי ישראל ועתה הם עצמם טבעו בים. היה בו ציון קו ברור בין עבדות לחירות: לאחר שבני־ישראל חצו את ים סוף לא הייתה להם דרך חזרה. הם לא היו עוד בשטח שבשליטת פרעה. הם הפכו ל"עם אלוהים" בצורה מוחשית מאוד. לכן את שירת הים אנו שרים מדי יום, אבל רק בפסח אנחנו מספרים על עשר המכות.

וַיִּירְאוּ הָעָם אֶת־יהוה
וַיַּאֲמִינוּ בַּיהוה וּבְמֹשֶׁה עַבְדּוֹ:

כַּמָּה לָקוּ בְּאֶצְבַּע
עֶשֶׂר מַכּוֹת.
אֱמֹר מֵעַתָּה
בְּמִצְרַיִם לָקוּ עֶשֶׂר מַכּוֹת
וְעַל הַיָּם לָקוּ חֲמִשִּׁים מַכּוֹת.

רַבִּי אֱלִיעֶזֶר אוֹמֵר
מִנַּיִן שֶׁכָּל מַכָּה וּמַכָּה
שֶׁהֵבִיא הַקָּדוֹשׁ בָּרוּךְ הוּא עַל הַמִּצְרִים בְּמִצְרַיִם
הָיְתָה שֶׁל אַרְבַּע מַכּוֹת
שֶׁנֶּאֱמַר:
יְשַׁלַּח־בָּם חֲרוֹן אַפּוֹ תהלים עח
עֶבְרָה וָזַעַם וְצָרָה, מִשְׁלַחַת מַלְאֲכֵי רָעִים:

---

**ויאמינו בה׳ ובמשה עבדו**

אזכור אגבי זה של משה הוא היחיד בכל ליל הסדר. עובדה זו מלמדת בעוצמה שאין כמוה את ההבדל שבין משה לפרעה, ואת ההבדל בין שתי מערכות הערכים שייצגו. פרעה היה אל השמש שהתגלם בבשר. ביהדות אדם אינו יכול להיות אל או דמוי אל, אבל כל אדם נברא בצלם אלוהים. יציאת מצרים הייתה המבוא לסדר פוליטי־דתי שבו אנחנו אזרחים שווים בריבונותו של אלוהים, סדר שבו איש אינו זקוק למתווך – אל, כוהן או קדוש – על מנת להתקרב לאלוהים. רק כשחופת־האמונה המקודשת נפרשת מעליה יכולה חברה שלמה, ולא רק יחידים נדירים, להגיע למלוא עוצמתה וחירותה.

עֶבְרָה אַחַת
וָזַעַם שְׁתַּיִם
וְצָרָה שָׁלוֹשׁ
מִשְׁלַחַת מַלְאֲכֵי רָעִים אַרְבַּע
אֱמֹר מֵעַתָּה
**בְּמִצְרַיִם לָקוּ אַרְבָּעִים מַכּוֹת**
**וְעַל הַיָּם לָקוּ מָאתַיִם מַכּוֹת.**

רַבִּי עֲקִיבָא אוֹמֵר
מִנַּיִן שֶׁכָּל מַכָּה וּמַכָּה
שֶׁהֵבִיא הַקָּדוֹשׁ בָּרוּךְ הוּא עַל הַמִּצְרִים בְּמִצְרַיִם
הָיְתָה שֶׁל חָמֵשׁ מַכּוֹת
שֶׁנֶּאֱמַר: יְשַׁלַּח־בָּם תהלים עח
חֲרוֹן אַפּוֹ, עֶבְרָה וָזַעַם וְצָרָה, מִשְׁלַחַת מַלְאֲכֵי רָעִים:
חֲרוֹן אַפּוֹ אַחַת
עֶבְרָה שְׁתַּיִם
וָזַעַם שָׁלוֹשׁ
וְצָרָה אַרְבַּע
מִשְׁלַחַת מַלְאֲכֵי רָעִים חָמֵשׁ
אֱמֹר מֵעַתָּה
**בְּמִצְרַיִם לָקוּ חֲמִשִּׁים מַכּוֹת**
**וְעַל הַיָּם לָקוּ חֲמִשִּׁים וּמָאתַיִם מַכּוֹת.**

# כַּמָּה מַעֲלוֹת טוֹבוֹת לַמָּקוֹם עָלֵינוּ

אִלּוּ הוֹצִיאָנוּ מִמִּצְרַיִם
וְלֹא עָשָׂה בָהֶם שְׁפָטִים דַּיֵּנוּ

אִלּוּ עָשָׂה בָהֶם שְׁפָטִים
וְלֹא עָשָׂה בֵאלֹהֵיהֶם דַּיֵּנוּ

אִלּוּ עָשָׂה בֵאלֹהֵיהֶם
וְלֹא הָרַג אֶת בְּכוֹרֵיהֶם דַּיֵּנוּ

אִלּוּ הָרַג אֶת בְּכוֹרֵיהֶם
וְלֹא נָתַן לָנוּ אֶת מָמוֹנָם דַּיֵּנוּ

---

**דיינו**

שורת התשבחות שכל אחת מהן מסתיימת במילה "דיינו" מונה את הטובות שעשה אלוהים לעמו במסע הארוך מעבדות לחירות. המספר חמש־עשרה – מספר הטובות שהשיר מונה – קשור קשר הדוק להודיה כי הוא מזכיר לנו את חמישה־עשר מזמורי התהלים הנושאים את הכותרת "שיר המעלות", ואת חמש־עשרה המעלות במקדש שעליהן עמדו הלוויים בשירם לאלוהים.

המילה די מזכירה את הביטוי "עד בלי די", הלקוח ממלאכי ג, י, שהוא חלק מהפטרת השבת שלפני פסח: "וַהֲרִיקֹתִי לָכֶם בְּרָכָה עַד בְּלִי דָי", וחז"ל מפרשים אותו: "עד שיבלו שפתותיכם מלומר די".

השיר הזה הוא מעין תיקון לכפיות הטובה של בני־ישראל במדבר. כמעט בכל שלב בדרך הם התלוננו: על המים, על האוכל, על קשיי המסע, על האתגר הקשה – כיבוש הארץ. דומה שהמשורר אומר: במקום שאבותינו התלוננו, אנו נודה לה'. כל שלב היה נס. די היה בכל אחד מהשלבים לשכנע אותנו שההשגחה העליונה פועלת ומשנה את גורלנו.

אִלּוּ נָתַן לָנוּ אֶת מָמוֹנָם
וְלֹא קָרַע לָנוּ אֶת הַיָּם — דַּיֵּנוּ

אִלּוּ קָרַע לָנוּ אֶת הַיָּם
וְלֹא הֶעֱבִירָנוּ בְתוֹכוֹ בֶּחָרָבָה — דַּיֵּנוּ

אִלּוּ הֶעֱבִירָנוּ בְתוֹכוֹ בֶּחָרָבָה
וְלֹא שִׁקַּע צָרֵינוּ בְּתוֹכוֹ — דַּיֵּנוּ

אִלּוּ שִׁקַּע צָרֵינוּ בְּתוֹכוֹ
וְלֹא סִפֵּק צָרְכֵּנוּ בַּמִּדְבָּר אַרְבָּעִים שָׁנָה — דַּיֵּנוּ

אִלּוּ סִפֵּק צָרְכֵּנוּ בַּמִּדְבָּר אַרְבָּעִים שָׁנָה
וְלֹא הֶאֱכִילָנוּ אֶת הַמָּן — דַּיֵּנוּ

---

כפי שהגל מציין, עבדות מעודדת תרבות של אי־נחת כללית; ובני־ישראל היו עבדים ששוחררו זה עתה. אחד מסימני החירות הוא היכולת להכיר טובה. רק אדם חופשי יכול לתת תודה בלב שלם.

**אילו נתן לנו את ממונם**

בטרם יצאו בני־ישראל ממצרים הם הצטוו לשאול משכניהם כלי כסף וזהב וחפצים יקרים אחרים. הפן המוסרי של פעולה זו עלול לגרום לנו מבוכה, אבל המפתח להבנתו טמון בהלכה שנוצרה בעקבותיו. כאשר אתה משחרר עבד, מצווה התורה, "לֹא תְשַׁלְּחֶנּוּ רֵיקָם. הַעֲנֵיק תַּעֲנִיק לוֹ מִצֹּאנְךָ וּמִגָּרְנְךָ וּמִיִּקְבֶךָ אֲשֶׁר בֵּרַכְךָ ה׳ אֱלֹהֶיךָ תִּתֶּן לוֹ. וְזָכַרְתָּ כִּי עֶבֶד הָיִיתָ בְּאֶרֶץ מִצְרַיִם וַיִּפְדְּךָ ה׳ אֱלֹהֶיךָ, עַל כֵּן אָנֹכִי מְצַוְּךָ אֶת הַדָּבָר הַזֶּה הַיּוֹם" (דברים טו, יג-טו).

העבדות היא עלבון למצב האנושי והוא מותיר מורשת של מרירות, שהיא עצמה מונעת מהעבד לשעבר להיות משוחרר לחלוטין מן העבר. מתן החירות איננו רק שחרורו של העבד, אלא גם ציודו באמצעים לפתוח בחיים עצמאיים.

אִלּוּ הֶאֱכִילָנוּ אֶת הַמָּן
וְלֹא נָתַן לָנוּ אֶת הַשַּׁבָּת דַּיֵּנוּ

אִלּוּ נָתַן לָנוּ אֶת הַשַּׁבָּת
וְלֹא קֵרְבָנוּ לִפְנֵי הַר סִינַי דַּיֵּנוּ

---

הוא כרוך גם בהכרה מוחשית בעבודה שעשה בימי עבדותו. בלעדיה ימשיך העבד לשמור טינה לבעליו לשעבר. בזכותה יוכלו שניהם לעמוד זה מול זה מתוך כבוד הדדי. התשלום הוא פיצוי במובן העמוק ביותר של המילה, לא רק פיצוי כספי אלא גם פיצוי רגשי.

בֶּנוֹ יעקב (שדבריו מובאים בפירוש לתורה של הרב הראשי לשעבר של בריטניה, יוסף הרמן הרץ) סבור כי הביטוי "וְנִצַּלְתֶּם אֶת מִצְרָיִם" (שמות ג, כב) פירושו "והצלתם את שמם הטוב של המצרים ואת מעמדם בעיניכם". התורה אינה רוצה שבני־ישראל ירחשו טינה למצרים. היא אף אוסרת זאת במפורש: "לֹא תְתַעֵב מִצְרִי, כִּי גֵר הָיִיתָ בְאַרְצוֹ" (דברים כג, ח). רק כאשר נעשה צדק – כאשר העבד זוכה לפיצוי על עבודתו – אפשר להניח לעבר ולעצב חברה חדשה שאין בה רגשי איבה מתמשכים.

**אילו נתן לנו את השבת**

שבת היא הביטוי העליון של חברה חופשית, היפוכה הגמור של העבדות במצרים. ביום זה מושעים כל יחסי השליטה והכפיפות. אנחנו מנועים מלעבוד, או להורות לאחרים לעבוד, "לְמַעַן יָנוּחַ עַבְדְּךָ וַאֲמָתְךָ כָּמוֹךָ" (דברים ה, טו). במהלך ההיסטוריה חלמו רבים על עולם אידיאלי, על "אוטופיה", מושג שפירושו "שום מקום", כי בשום זמן או מקום לא התממשו חלומות אלו בחברה כולה. השבת היא הניסוי האוטופי המוצלח היחיד בהיסטוריה. היא מבוססת על הרעיון הפשוט שאוטופיה (ביהדות מדובר בימות המשיח) איננה נחלת העתיד בלבד. זהו דבר שאנו יכולים לחוות בתוך מהלך הזמן, מדי יום שביעי. השבת הפכה לחזרה כללית שבועית, להכנה לקראת עולם אידיאלי, שטרם הגענו אליו אבל אנחנו מציבים אותו כמטרה, עולם של שלום ושלווה, הכרה בעובדה שכל בני־האדם וכל צורות החיים נבראו, ולפיכך יש בהם שלמות. אם מצרים פירושה עבדות, שבת פירושה חירות קיבוצית, שמץ מטעמו של העולם הבא.

אִלּוּ קֵרְבָנוּ לִפְנֵי הַר סִינַי
וְלֹא נָתַן לָנוּ אֶת הַתּוֹרָה דַּיֵּנוּ

אִלּוּ נָתַן לָנוּ אֶת הַתּוֹרָה
וְלֹא הִכְנִיסָנוּ לְאֶרֶץ יִשְׂרָאֵל דַּיֵּנוּ

אִלּוּ הִכְנִיסָנוּ לְאֶרֶץ יִשְׂרָאֵל
וְלֹא בָנָה לָנוּ אֶת בֵּית הַבְּחִירָה דַּיֵּנוּ

---

**אילו קירבנו לפני הר סיני ולא נתן לנו את התורה**

הרמב״ם (**במשנה תורה**, הלכות יסודי התורה ח א) כותב כי בני־ישראל לא האמינו במשה בגלל הנסים שעשה. נסים מותירים תמיד מקום לספק: אולי היה כאן תעתוע, אשליה, מזל או מקרה. גם כאשר בני־ישראל ״האמינו בה׳ ובמשה עבדו״ בים סוף, אמונתם הייתה זמנית בלבד. מה ששכנע אותם באמיתותו של משה ובנבואתו היה ההתגלות האלוהית בהר סיני – המעמד היחיד בהיסטוריה שבו אלוהים התגלה לעם שלם, ולא רק לנביא או לקדוש. אם כן, אילו הופיע אלוהים בהר סיני ואפילו בלי לתת לנו את התורה, הייתה ההתגלות הזאת מבססת את האמונה היהודית בקיומו של אלוהים ובמעורבותו בהיסטוריה על סמך ניסיון ישיר של עם שלם, ולא על סמך עדותו של נביא.

**אילו הכניסנו לארץ ישראל ולא בנה לנו את בית הבחירה**

המקרא יוצר קשר בין יציאת מצרים לבית המקדש. בניית המקדש בימי שלמה, שהחלה ״בִשְׁמוֹנִים שָׁנָה וְאַרְבַּע מֵאוֹת שָׁנָה לְצֵאת בְּנֵי יִשְׂרָאֵל מֵאֶרֶץ מִצְרַיִם״ (מלכים א׳ ו, א), היא האירוע היחיד בתולדות עם ישראל המתוארך על פי יציאת מצרים. את שירת הים סיימו בני־ישראל במבט קדימה אל בניית המקדש:

תְּבִאֵמוֹ וְתִטָּעֵמוֹ בְּהַר נַחֲלָתְךָ,
מָכוֹן לְשִׁבְתְּךָ פָּעַלְתָּ ה׳,
מִקְּדָשׁ אֲדֹנָי כּוֹנְנוּ יָדֶיךָ. (שמות טו, יז)

בניית המקדש הייתה אפוא הפעולה האחרונה בדרמה שהחלה עם יציאת מצרים, והיא הביאה אותה לסיום. המקדש היה סמל לנוכחות אלוהים בקרב עם שהתבסס כגורם ריבוני בארצו. זה היה מרכזם הרוחני של החיים הלאומיים.

# עַל אַחַת
# כַּמָּה וְכַמָּה
# טוֹבָה כְּפוּלָה וּמְכֻפֶּלֶת
# לַמָּקוֹם עָלֵינוּ

שֶׁהוֹצִיאָנוּ מִמִּצְרַיִם
וְעָשָׂה בָהֶם שְׁפָטִים
וְעָשָׂה בֵאלֹהֵיהֶם
וְהָרַג בְּכוֹרֵיהֶם
וְנָתַן לָנוּ אֶת מָמוֹנָם
וְקָרַע לָנוּ אֶת הַיָּם
וְהֶעֱבִירָנוּ בְתוֹכוֹ בֶּחָרָבָה
וְשִׁקַּע צָרֵינוּ בְּתוֹכוֹ
וְסִפֵּק צָרְכֵּנוּ בַּמִּדְבָּר אַרְבָּעִים שָׁנָה
וְהֶאֱכִילָנוּ אֶת הַמָּן
וְנָתַן לָנוּ אֶת הַשַּׁבָּת
וְקֵרְבָנוּ לִפְנֵי הַר סִינַי
וְנָתַן לָנוּ אֶת הַתּוֹרָה
וְהִכְנִיסָנוּ לְאֶרֶץ יִשְׂרָאֵל
וּבָנָה לָנוּ אֶת בֵּית הַבְּחִירָה

**לְכַפֵּר עַל כָּל עֲוֹנוֹתֵינוּ.**

רַבָּן גַּמְלִיאֵל הָיָה אוֹמֵר
כָּל שֶׁלֹּא אָמַר שְׁלוֹשָׁה דְּבָרִים אֵלּוּ בַּפֶּסַח
לֹא יָצָא יְדֵי חוֹבָתוֹ
וְאֵלּוּ הֵן

# פֶּסַח מַצָּה וּמָרוֹר

---

**רבן גמליאל היה אומר: כל שלא אמר שלושה דברים אלו**
זוהי דרישה ייחודית לפסח. בדרך כלל המצוות נעשות באמצעות ביצוע הפעולה הנחוצה מתוך כוונה לקיים את המצווה. כדי לקיים את מצוות הסוכה, למשל, איננו נדרשים לספר את סיפור נדודיהם של בני־ישראל במדבר. אבל בפסח חלות עלינו שתי מצוות: הראשונה, לאכול את סעודת הפסח, והשנייה, לספר את הסיפור. רבן גמליאל טוען כי השתיים קשורות זו בזו: הסיפור מסביר את המזון, והמזון מאפשר לנו לחיות מחדש את הסיפור.

בתורה נאמר: "וְהָיָה כִּי תָבֹאוּ אֶל הָאָרֶץ אֲשֶׁר יִתֵּן ה' לָכֶם כַּאֲשֶׁר דִּבֵּר, וּשְׁמַרְתֶּם אֶת הָעֲבֹדָה הַזֹּאת. וְהָיָה כִּי יֹאמְרוּ אֲלֵיכֶם בְּנֵיכֶם: מָה הָעֲבֹדָה הַזֹּאת לָכֶם? וַאֲמַרְתֶּם: זֶבַח פֶּסַח הוּא לַה', אֲשֶׁר פָּסַח עַל בָּתֵּי בְנֵי יִשְׂרָאֵל בְּמִצְרַיִם בְּנָגְפּוֹ אֶת מִצְרַיִם וְאֶת בָּתֵּינוּ הִצִּיל" (שמות יב, כה-כז). לפיכך, מלכתחילה הוגדר הקשר בין האכילה, השאלה וההסבר, ועל כך מבסס רבן גמליאל את דעתו שחובה להסביר את שלושת הדברים הללו הקשורים לסעודת הפסח.

**פסח, מצה ומרור**
קרבן הפסח מסמל את החירות. המרור מסמל את העבדות. המצה משלבת את שניהם. זהו הלחם שאכלו בני־ישראל במצרים בהיותם עבדים. זהו גם הלחם שהם לקחו עמם בעזבם את מצרים כבני־חורין.

# פֶּסַח

שֶׁהָיוּ אֲבוֹתֵינוּ אוֹכְלִים בִּזְמַן שֶׁבֵּית הַמִּקְדָּשׁ הָיָה קַיָּם
עַל שׁוּם מָה
עַל שׁוּם שֶׁפָּסַח הַקָּדוֹשׁ בָּרוּךְ הוּא
עַל בָּתֵּי אֲבוֹתֵינוּ בְּמִצְרַיִם
שֶׁנֶּאֱמַר
וַאֲמַרְתֶּם זֶבַח־פֶּסַח הוּא לַיהוה שמות יב
אֲשֶׁר פָּסַח עַל־בָּתֵּי בְנֵי־יִשְׂרָאֵל בְּמִצְרַיִם
בְּנָגְפּוֹ אֶת־מִצְרַיִם
וְאֶת־בָּתֵּינוּ הִצִּיל
וַיִּקֹּד הָעָם וַיִּשְׁתַּחֲווּ:

---

מדוע קדמו סמלי החירות למרור העבדות? הן העבדות קדמה לחירות! חכמי החסידות השיבו: טעמה של העבדות מר רק לאדם חופשי. אילו שכחו בני־ישראל את החירות, הם היו מתרגלים לעבדות. "הגלות הקשה ביותר היא כשהאדם שוכח שהוא נמצא בגלות".

**פסח**

שלא כשני המזונות האחרים המונחים על קערת הסדר, את העצם הצלויה איננו מרימים ואיננו מורים עליה באצבע, כדי שאיש לא יעלה על דעתו שאנו מקדשים אותה כקרבן. גם אחרי חורבן בית המקדש קרה שאנשים בארץ ישראל ומחוצה לה אכלו בשר שהוכן בדרך שבה נהגו להכין את קרבן הפסח. החכמים התנגדו לכך, ולפיכך עלינו להישמר מכל פעולה שעלולה להיתפס כניסיון להעניק מעמד מיוחד לעצם המסמלת את קרבן הפסח.

מגביה את המצות ואומר:

# מַצָּה זוֹ

שֶׁאָנוּ אוֹכְלִים, עַל שׁוּם מָה
עַל שׁוּם שֶׁלֹּא הִסְפִּיק בְּצֵקָם שֶׁל אֲבוֹתֵינוּ לְהַחֲמִיץ
עַד שֶׁנִּגְלָה עֲלֵיהֶם מֶלֶךְ מַלְכֵי הַמְּלָכִים
הַקָּדוֹשׁ בָּרוּךְ הוּא, וּגְאָלָם
שֶׁנֶּאֱמַר
וַיֹּאפוּ אֶת־הַבָּצֵק אֲשֶׁר הוֹצִיאוּ מִמִּצְרַיִם שמות יב
עֻגֹת מַצּוֹת, כִּי לֹא חָמֵץ

---

**מצה**

התורה מכנה את חג הפסח דרך קבע בשם "חג המצות" (הצירוף "חג הפסח" שמור בתורה לי"ד בניסן, היום שלפני ליל הסדר, שבו הוקרב קרבן הפסח). רבי לוי יצחק מברדיצ'ב נתן הסבר יפה לכפל המושגים הזה. השם "פסח" מסמל את גדולתו של אלוהים שפסח על בתי העברים. השם "חג המצות" מלמד על גדולתם של בני־ישראל, שהיו מוכנים ללכת אחר אלוהים אל המדבר ללא אספקה כלשהי. בתורה מכנה אלוהים את החג "חג המצות" כדי לדבר בשבחם של ישראל. אבל ישראל מכנים את החג "חג הפסח" כדי לדבר בשבחו של אלוהים.

**מצה**

במחנה הריכוז ברגן בלזן בשנת 1944 לא היו לאסירים מצות. הרבנים במחנה התירו להם לאכול לחם, כי אלמלא כן היו מתים. הם חיברו את הברכה הבאה:

> אבינו שבשמים, הנה גלוי וידוע לפניך שרצוננו לעשות רצונך ולחוג את חג הפסח באכילת מצה ובשמירת איסור חמץ, אך על זאת דאבה לבנו שהשעבוד מעכב אותנו ואנחנו נמצאים בסכנת נפשות. הננו מוכנים ומזומנים לקיים מצוותך "וחי בהם" ולא שימות בהם, וליזהר מאוד...
> על כן תפילותינו לך שתחיינו ותקיימנו ותגאלנו במהרה לשמור חוקיך ולעשות רצונך ולעבדך בלבב שלם, אמן.

כִּי־גֹרְשׁוּ מִמִּצְרַיִם
וְלֹא יָכְלוּ לְהִתְמַהְמֵהַּ
וְגַם־צֵדָה לֹא־עָשׂוּ לָהֶם:

מגביה את המרור ואומר:

# מָרוֹר זֶה

שֶׁאָנוּ אוֹכְלִים עַל שׁוּם מָה
עַל שׁוּם שֶׁמֵּרְרוּ הַמִּצְרִים אֶת חַיֵּי אֲבוֹתֵינוּ בְּמִצְרַיִם
שֶׁנֶּאֱמַר
וַיְמָרְרוּ אֶת־חַיֵּיהֶם בַּעֲבֹדָה קָשָׁה שמות א
בְּחֹמֶר וּבִלְבֵנִים
וּבְכָל־עֲבֹדָה בַּשָּׂדֶה
אֵת כָּל־עֲבֹדָתָם אֲשֶׁר־עָבְדוּ בָהֶם בְּפָרֶךְ:

---

**לא יכלו להתמהמה**
הפועל "להתמהמה" מזכיר את לוט, שעליו מסופר שהתמהמה כשנדרש לעזוב את סדום. אלוהים הביא לכך שבני־ישראל "יגורשו" ממצרים. אילו התמהמהו, היו עלולים שלא לצאת לעולם. עבדים, כפי שאמרו רוסו ומרקס, מתרגלים לשלשלאותיהם.

**מרור**
השלטון הקומוניסטי גזר על יהודי להישלח לסיביר מפני שקיים רשת חינוך יהודי בשנים שבהן דוכאה היהדות בברית־המועצות. כשהושבה לו סוף־סוף חירותו, סיפר לחבריו: "קשה היה לקיים את הפסח במחנה העבודה. שנה אחת לא היו לנו מצות. שנה אחרת לא היה לנו יין. אבל במרור לא היה מחסור אף פעם". הסיפור סופר לי מפי בנו.

# בְּכָל דּוֹר וָדוֹר

פסחים קטז: חַיָּב אָדָם לִרְאוֹת אֶת עַצְמוֹ כְּאִלּוּ הוּא יָצָא מִמִּצְרַיִם

שֶׁנֶּאֱמַר

שמות יג וְהִגַּדְתָּ לְבִנְךָ בַּיּוֹם הַהוּא

לֵאמֹר

בַּעֲבוּר זֶה עָשָׂה יהוה לִי בְּצֵאתִי מִמִּצְרָיִם:
לֹא אֶת אֲבוֹתֵינוּ בִּלְבָד גָּאַל הַקָּדוֹשׁ בָּרוּךְ הוּא
אֶלָּא אַף אוֹתָנוּ גָּאַל עִמָּהֶם

שֶׁנֶּאֱמַר

דברים ו וְאוֹתָנוּ הוֹצִיא מִשָּׁם
לְמַעַן הָבִיא אֹתָנוּ
לָתֶת לָנוּ אֶת־הָאָרֶץ
אֲשֶׁר נִשְׁבַּע לַאֲבֹתֵינוּ:

---

**בכל דור ודור**

רוב נוסחי ההגדה מביאים את לשון המשנה: "בכל דור ודור חייב אדם לראות את עצמו כאלו הוא יצא ממצרים". אבל הרמב"ם כותב כי כל אדם חייב להראות את עצמו כאילו הוא יצא ממצרים. הרמב"ם סבור כי בסיפור ההגדה יש שתי מצוות נפרדות: (1) לספר את הסיפור לעצמנו, (2) לספר את הסיפור לילדינו. "לראות" – זהו חלק מהמצווה הראשונה, ו"להַראות" – חלק מהמצווה השנייה. כדי שנחוש את הדרמה במלוא עוצמתה עלינו להפנימה. כדי שנראה אותה לאחרים, עלינו להחצינה, למשל בתנועת ההסבה כשאנו שותים את היין. ככלל, היהדות הופכת את הסדר המקובל של רגש ופעולה. בתרבויות אחרות ההרגשה מביאה לעשייה. ביהדות העשייה מביאה להרגשה. אנחנו מצווים לפעול בדרכים מסוימות כדי שבסופו של דבר נרגיש הרגשות מסוימות. לפיכך, אחת הדרכים הטובות ביותר לראות בעצמנו את חירותנו היא להראות אותה לאחרים.

מכסה את המצות ואוחז את הכוס ואומר:

לְפִיכָךְ אֲנַחְנוּ חַיָּבִים
לְהוֹדוֹת לְהַלֵּל לְשַׁבֵּחַ
לְפָאֵר לְרוֹמֵם לְהַדֵּר
לְבָרֵךְ לְעַלֵּה וּלְקַלֵּס
לְמִי שֶׁעָשָׂה לַאֲבוֹתֵינוּ וְלָנוּ אֶת כָּל הַנִּסִּים הָאֵלֶּה
הוֹצִיאָנוּ מֵעַבְדוּת לְחֵרוּת
מִיָּגוֹן לְשִׂמְחָה
מֵאֵבֶל לְיוֹם טוֹב
וּמֵאֲפֵלָה לְאוֹר גָּדוֹל
וּמִשִּׁעְבּוּד לִגְאֻלָּה
וְנֹאמַר לְפָנָיו שִׁירָה חֲדָשָׁה
הַלְלוּיָהּ.

מניח את הכוס מידו.

---

**לפיכך אנחנו חייבים להודות**

זהו אחד מרגעי המעבר בהגדה, ובו אנו עוברים מסיפור לשיר, מפרוזה לשירה, ממגיד להלל. סיפרנו את סיפור יציאת מצרים. עתה, כפי שעשו בני־ישראל לפני 3,300 שנה, אנחנו שרים שיר הלל. בשלב זה אנו מגביהים את הכוס כדי לקיים מה שנאמר בתהלים: "כּוֹס יְשׁוּעוֹת אֶשָּׂא וּבְשֵׁם ה' אֶקְרָא" (תהלים קטז, יג).

השיר ממלא תפקיד חיוני ביהדות. לקראת סוף ימיו נתן משה לבני־ישראל את המצווה האחרונה – שבכל דור ודור עלינו לכתוב ספר תורה חדש. הוא משתמש שם במילה בלתי־רגילה. הוא מכנה את התורה "השירה הזאת" (דברים לא, יט). מילים הן שפת התודעה. מוסיקה היא שפת הנשמה. כאשר הדיבור רווי רגש עמוק, הוא שואף למצב השיר. לפיכך איננו אומרים את תפילותינו, אלא שרים אותן. איננו קוראים את התורה, אלא מזמרים אותה. איננו לומדים תלמוד, אלא מנגנים אותו. כל סוג של טקסט, וכל תקופה בשנה היהודית, יש להם מנגינה משלהם. משה אמר אפוא: כדי להעביר את התורה

תהלים קיג

# הַלְלוּיָהּ
## הַלְלוּ עַבְדֵי יהוה, הַלְלוּ אֶת־שֵׁם יהוה:

---

כדבר חי מדור לדור עליה להיות לא רק גוף של מצוות אלא גם שירת העם היהודי.

**הלל**

הלל (תהלים, קיג־קיח) הוא שירת הגאולה הגדולה שהושרה, על פי התלמוד, בכל הניצחונות הגדולים בהיסטוריה היהודית. בימינו נוספו שני אירועים שבהם אנחנו אומרים הלל: יום העצמאות ויום ירושלים.

הרב יוסף סולובייצ׳יק ז״ל שאל פעם שאלה מעניינת על אמירת הלל בשולחן הסדר. בתלמוד נאמר שאין אומרים הלל בפורים שכן קריאת המגילה כמוה כאמירת הלל. מדוע אפוא אין נוקטים אותו היגיון לגבי ליל הסדר? קראנו את ההגדה, שהיא מקבילתה של המגילה בפורים, ואמירת ההלל היא אפוא מיותרת.

התשובה שאני מבקש לתת היא שיש שתי מצוות שונות לומר הלל (זוהי השקפתם של המגיד משנה ושל הנצי״ב). הראשונה היא הלל לרגל נס, והשנייה – אזכור הנס ביום השנה שלו. לפיכך בימי החנוכה אמרו המכבים הלל ברגע הניצחון. בשנה שלאחר מכן קבעו זאת כחובה שנתית. שתי צורות ההלל נובעות ממצבים פסיכולוגיים שונים. הראשון מבטא, האחר מזכיר. הראשון נותן ביטוי לרגש שאנו חשים ממילא, והשני יוצר את הרגש הזה באמצעות אזכור, באמצעות העלאת אירוע שקרה בעבר.

סיפור מעשה הנס, כפי שאנחנו עושים בפורים, מקביל לצורת ההלל השנייה. זהו אזכור. אבל בפסח איננו מספרים סיפור סתם, אלא חיים אותו מחדש. אנו אוכלים את לחם העוני ואת המרור. אנו טועמים את יין החירות. אנו מסֻבִּים כבני־חורין. ״בכל דור ודור חייב אדם לראות את עצמו כאילו הוא יצא ממצרים״. ההלל שאנו אומרים בליל הסדר הוא אפוא מהסוג הראשון, לא מהסוג השני. הוא נובע מן הרגשות שאנו חשים לאחר שאנו חווים את האירוע בשנית. זוהי ״שירה חדשה״. סוג זה של הלל אינו מתבטל בשל קריאת הסיפור.

**הללו עבדי ה׳**

על כך אמרו חכמים: ״ולא עבדי פרעה״. המעבר ממצב של עבד, שהוא רכושו של אדם אחר, למצב של עבד ה׳, אינו מעבר מצורת שעבוד אחת לאחרת. זהו

יְהִי שֵׁם יהוה מְבֹרָךְ, מֵעַתָּה וְעַד־עוֹלָם:
מִמִּזְרַח־שֶׁמֶשׁ עַד־מְבוֹאוֹ, מְהֻלָּל שֵׁם יהוה:
רָם עַל־כָּל־גּוֹיִם יהוה, עַל הַשָּׁמַיִם כְּבוֹדוֹ:
מִי כַּיהוה אֱלֹהֵינוּ, הַמַּגְבִּיהִי לָשָׁבֶת:
הַמַּשְׁפִּילִי לִרְאוֹת, בַּשָּׁמַיִם וּבָאָרֶץ:
מְקִימִי מֵעָפָר דָּל, מֵאַשְׁפֹּת יָרִים אֶבְיוֹן:
לְהוֹשִׁיבִי עִם־נְדִיבִים, עִם נְדִיבֵי עַמּוֹ:
מוֹשִׁיבִי עֲקֶרֶת הַבַּיִת, אֵם־הַבָּנִים שְׂמֵחָה

# הַלְלוּיָהּ:

---

המעבר מעבדות לחירות. רק בריבונותו של אלוהים נוכל להיות חופשיים כך שחירותנו לא תפגע בחירותו של הזולת.

**ממזרח שמש עד מבואו מֻהלל שם ה׳**

הנביא מלאכי (א, יא) אומר מפי ה׳: ״כִּי מִמִּזְרַח שֶׁמֶשׁ וְעַד מְבוֹאוֹ גָּדוֹל שְׁמִי בַּגּוֹיִם״. אלוהי ישראל הוא אלוהי האנושות כולה.

**רם על כל גוים ה׳... מקימי מעפר דל**

רבי יוחנן אמר: ״כל מקום שאתה מוצא גבורתו של הקב״ה, אתה מוצא ענוותנותו״ (מגילה לא ע״א). גדולתו של אלוהים טמונה בדאגתו לדל, לחלש, לשולי ולמנושל. המוסר, כניגודו של הכוח, מוצג באמצעות ההתחשבות בחסרי האונים.

**מקימי מעפר דל**

שורות אלו מזכירות את תפילת חנה עם הולדת בנה שמואל:

עַד עֲקָרָה יָלְדָה שִׁבְעָה וְרַבַּת־בָּנִים אֻמְלָלָה.
ה׳ מוֹרִישׁ וּמַעֲשִׁיר, מַשְׁפִּיל אַף מְרוֹמֵם.
מֵקִים מֵעָפָר דָּל, מֵאַשְׁפֹּת יָרִים אֶבְיוֹן,
לְהוֹשִׁיב עִם נְדִיבִים וְכִסֵּא כָבוֹד יַנְחִלֵם. (שמואל א׳ ב, ה–ח)

תהלים קיד

בְּצֵאת יִשְׂרָאֵל מִמִּצְרָיִם, בֵּית יַעֲקֹב מֵעַם לֹעֵז:
הָיְתָה יְהוּדָה לְקָדְשׁוֹ, יִשְׂרָאֵל מַמְשְׁלוֹתָיו:
הַיָּם רָאָה וַיָּנֹס, הַיַּרְדֵּן יִסֹּב לְאָחוֹר:
הֶהָרִים רָקְדוּ כְאֵילִים, גְּבָעוֹת כִּבְנֵי־צֹאן:
מַה־לְּךָ הַיָּם כִּי תָנוּס, הַיַּרְדֵּן תִּסֹּב לְאָחוֹר:
הֶהָרִים תִּרְקְדוּ כְאֵילִים, גְּבָעוֹת כִּבְנֵי־צֹאן:
מִלִּפְנֵי אָדוֹן חוּלִי אָרֶץ, מִלִּפְנֵי אֱלוֹהַּ יַעֲקֹב:
הַהֹפְכִי הַצּוּר אֲגַם־מָיִם, חַלָּמִישׁ לְמַעְיְנוֹ־מָיִם:

אוחז את הכוס ואומר:

בָּרוּךְ אַתָּה יהוה אֱלֹהֵינוּ מֶלֶךְ הָעוֹלָם
אֲשֶׁר גְּאָלָנוּ, וְגָאַל אֶת אֲבוֹתֵינוּ מִמִּצְרַיִם
וְהִגִּיעָנוּ הַלַּיְלָה הַזֶּה, לֶאֱכֹל בּוֹ מַצָּה וּמָרוֹר.
כֵּן יהוה אֱלֹהֵינוּ וֵאלֹהֵי אֲבוֹתֵינוּ
יַגִּיעֵנוּ לְמוֹעֲדִים וְלִרְגָלִים אֲחֵרִים

---

ביהדות הדת איננה "אופיום להמונים", ההגנה על הסדר הקיים. זוהי קריאה מתמדת לבחינת הסדר הקיים על פי אמות מידה של צדק וחמלה. היהדות אינה מכירה במושג "זכותם האלוהית של המלכים". גם השליט האדיר ביותר יושפל אם יהיה רשע. והאדם המושפל ביותר ירומם, אם יהיה צדיק.

**בצאת ישראל ממצרים**

"אחד המזמורים היפים ביותר בספרות. אין תמונה נפלאה יותר של השחרור ממצרים, ואין ייצוג פיוטי יותר של לידת עם ישראל. מילותיו מתארות בצורה חיה מאין כמוה את שלושת האירועים המופלאים ביותר בתולדות עם ישראל: יציאת מצרים, מעמד הר סיני וקיום ישראל במדבר" (הרב יוסף הרמן הרץ).

בשיא נשגב זה אנו חותמים את חלקו הראשון של ליל הסדר. סיפרנו את הסיפור, שרנו את השירה והקמנו לתחייה את עברו של עמנו.

הַבָּאִים לִקְרָאתֵנוּ לְשָׁלוֹם
שְׂמֵחִים בְּבִנְיַן עִירֶךָ
וְשָׂשִׂים בַּעֲבוֹדָתֶךָ
וְנֹאכַל שָׁם מִן הַזְּבָחִים וּמִן הַפְּסָחִים
/במוצאי שבת: מִן הַפְּסָחִים וּמִן הַזְּבָחִים/
אֲשֶׁר יַגִּיעַ דָּמָם עַל קִיר מִזְבַּחֲךָ לְרָצוֹן
וְנוֹדֶה לְּךָ
שִׁיר חָדָשׁ
עַל גְּאֻלָּתֵנוּ וְעַל פְּדוּת נַפְשֵׁנוּ
בָּרוּךְ אַתָּה יהוה, גָּאַל יִשְׂרָאֵל.

**הנני מוכן ומזומן לקיים מצוות כוס שני של ארבע כוסות.**
**לשם ייחוד קודשא בריך הוא ושכינתיה על ידי ההוא טמיר ונעלם בשם כל ישראל.**

בָּרוּךְ אַתָּה יהוה אֱלֹהֵינוּ מֶלֶךְ הָעוֹלָם
בּוֹרֵא פְּרִי הַגָּפֶן.

שותים בהסבת שמאל.

---

**ברוך אתה... גאל ישראל**

קטע זה, ברכה על העבר ותפילה על העתיד, חובר בידי שניים מגדולי החכמים של תקופת המשנה. את החלק הראשון חיבר רבי טרפון ואת השני חיבר רבי עקיבא. רבי עקיבא פעל לשימור התקווה בימים הקודרים ביותר בהיסטוריה היהודית. התלמוד (מכות כד ע"ב) מספר שפעם הילכו הוא וחבריו על הר הצופים וראו שועל שיצא מבית קודש הקודשים שחרב. האחרים בכו, אבל רבי עקיבא ניחמם ואמר: הואיל וכל נבואות החורבן התגשמו, גם נבואות הנחמה תתגשמנה. יום יבוא ובו, כדברי זכריה, "עֹד יֵשְׁבוּ זְקֵנִים וּזְקֵנוֹת בִּרְחֹבוֹת יְרוּשָׁלָם... וּרְחֹבוֹת הָעִיר יִמָּלְאוּ יְלָדִים וִילָדוֹת מְשַׂחֲקִים בִּרְחֹבֹתֶיהָ" (זכריה ח, ד). נדרשו לכך כמעט אלפיים שנה, אבל זה קרה בימינו. תקוותו של רבי עקיבא – שבאה כאן לידי ביטוי בחזון הימים הבאים לקראתנו לשלום – היא שחיזקה את העם היהודי בגלות.

**רחצה** נוטלים את הידיים לסעודה ומברכים:

**בָּרוּךְ אַתָּה יהוה אֱלֹהֵינוּ מֶלֶךְ הָעוֹלָם**
**אֲשֶׁר קִדְּשָׁנוּ בְּמִצְוֹתָיו, וְצִוָּנוּ עַל נְטִילַת יָדָיִם.**

**מוציא מצה** נוטל את שלוש המצות:

הנני מוכן ומזומן לקיים מצוות אכילת מצה. לשם ייחוד קודשא בריך הוא ושכינתיה על ידי ההוא טמיר ונעלם בשם כל ישראל.

**בָּרוּךְ אַתָּה יהוה אֱלֹהֵינוּ מֶלֶךְ הָעוֹלָם**
**הַמּוֹצִיא לֶחֶם מִן הָאָרֶץ.**

מניח את המצה התחתונה מידו ואוחז את העליונה ואת האמצעית ומברך:

**בָּרוּךְ אַתָּה יהוה אֱלֹהֵינוּ מֶלֶךְ הָעוֹלָם**
**אֲשֶׁר קִדְּשָׁנוּ בְּמִצְוֹתָיו, וְצִוָּנוּ עַל אֲכִילַת מַצָּה.**

נוטל לעצמו ונותן לכל אחד מן המסובים כזית מן המצה העליונה וכזית מן האמצעית, ואוכלים בהסבת שמאל.

---

**מוציא מצה**

על המצה מברכים שתי ברכות. הראשונה, ברכת המוציא, היא ברכה על הלחם. זו אחת מברכות הנהנין, הברכות שנאמרות על מאכל ומשקה. השנייה, "אשר קדשנו", היא סוג אחר של ברכה, אחת מברכות המצוות, הברכות הנאמרות על מעשים שנצטווינו לעשות.

לשם הברכה הראשונה יש להגביה את כל המצות. לשם הברכה השנייה אנו מפנים את תשומת הלב אל המצה האמצעית, החצויה, שהיא ייחודית לליל הסדר. אנחנו מניחים את המצה התחתונה ומברכים רק על המצה העליונה ועל המצה האמצעית.

מחלקים משתי המצות הללו למסובים. כל אחד צריך לאכול "כזית" – כשני שלישים מהגודל הרגיל של מצת־מכונה. הואיל והכמות המחולקת מהמצה העליונה והמצה התחתונה לא תספיק לכך, צריך כל אחד להשלים את הכמות המינימלית באכילה מהמצות האחרות המונחות על השולחן.

המנהג האשכנזי הוא שלא להמליח את המצה. המהר"ל מסביר זאת בחיבתנו היתרה לטעם המצה בליל הסדר, שאינה מצריכה תוספת של טעם

**מרור** נוטל כזית מרור לעצמו ולכל המסובים וטובלו בחרוסת:

**הנני מוכן ומזומן לקיים מצוות אכילת מרור. לשם ייחוד קודשא בריך הוא ושכינתיה על ידי ההוא טמיר ונעלם בשם כל ישראל.**

**בָּרוּךְ אַתָּה יהוה אֱלֹהֵינוּ מֶלֶךְ הָעוֹלָם**
**אֲשֶׁר קִדְּשָׁנוּ בְּמִצְוֹתָיו, וְצִוָּנוּ עַל אֲכִילַת מָרוֹר.**

**כורך** בוצע את המצה התחתונה, נוטל ממנה כזית וכורך עמה כזית מן המרור, מחלק למסובים (או שכל אחד מהם נוטל מן המצה השמורה שלפניו וכורך) ואומר:

**זֵכֶר לְמִקְדָּשׁ כְּהִלֵּל.**
**כֵּן עָשָׂה הִלֵּל בִּזְמַן שֶׁבֵּית הַמִּקְדָּשׁ הָיָה קַיָּם**
**הָיָה כּוֹרֵךְ פֶּסַח, מַצָּה וּמָרוֹר, וְאוֹכֵל בְּיַחַד**
**לְקַיֵּם מַה שֶּׁנֶּאֱמַר: עַל־מַצּוֹת וּמְרֹרִים יֹאכְלֻהוּ:** במדבר ט

אוכלים בהסבת שמאל.

**שלחן עורך** אוכלים ושותים כברכת ה'.

---

כלשהו. יש לאכול את המצה בהסבה, הואיל וזהו אחד הביטויים המרכזיים של החירות בערב זה.

**מרור**

אנו טובלים את המרור בחרוסת ומברכים "על אכילת מרור". איננו מברכים גם "בורא פרי האדמה" מפני שכבר בירכנו זאת על הכרפס.

יש מנהגים שונים לגבי המרור. בימי המשנה נהגו להשתמש בחסה. בצפון אירופה ובמזרחה, שם היה קשה להשיג ירק זה, התפתח המנהג להשתמש בשורש חזרת. כיום נוהגים רבים להשתמש בשניהם – בחסה כאשר המרור נאכל לבדו ובחזרת כאשר כורכים כמנהג הִלֵּל. יש לאכול "כזית" (כ־50 סמ"ק). את המרור אין אוכלים בהסבה, כי הוא סמל לעבדות ולא לחירות.

**כורך**

עתה נוטלים את המצה התחתונה. כל אחד מהמסובים לוקח שתי חתיכות ומכניס ביניהן מרור שהוטבל בחרוסת. הפעם אין מברכים, כי הברכה כבר נאמרה על המצה ועל המרור לחוד.

**צפון** בגמר הסעודה מוציא את פרוסת המצה שהצפין לאפיקומן, נוטל כשני זיתים ונותן גם למסובים (או שהם נוטלים מן המצה השמורה שלפניהם), ואומרים:

**הנני מוכן ומזומן לקיים מצוות אכילת אפיקומן. לשם ייחוד קודשא בריך הוא ושכינתיה על ידי ההוא טמיר ונעלם בשם כל ישראל.**

---

נראה שהייתה מחלוקת בין הלל הזקן לבני־דורו בשאלה אם יש לאכול את המצה והמרור ביחד או לחוד. הדעה שיש לאכלם בנפרד רואה בהם שתי מצוות מובחנות, שאף אחת מהן אינה צריכה לגרוע דבר מזולתה. המצה מסמלת את החירות, והמרור – את העבדות. טעמיהם שונים. אלו הן חוויות הפוכות. אין לצרפן זו לזו.

אבל הלל חשב אחרת, ומתוך כבוד לדעתו אנו עושים גם כדבריו. הלל הבין מתוך הפסוק המקראי שיש לאכול את קרבן הפסח "על מצות ומרורים" – כי יש לאכול את כל השלושה יחד. ייתכן שגם ביקש להזכיר לנו את תפיסת ההיסטוריה ביהדות. בתוך מרורי העבדות הייתה גם תקווה והבטחה לחירות. בתוך החירות אנו מצווים מדי שנה לא לשכוח את טעם העבדות, כדי שלא נקבל את החירות כמובנת מאליה, וגם לא נשכח את מי שטרם נגאל מעבדותו.

**צפון – האפיקומן**

בסוף הארוחה אוכלים את מחצית המצה השבורה. היא מסמלת את קרבן הפסח, שבזמן שבית המקדש היה קיים נאכל לקראת סוף הארוחה. יש לאכול אותו לפני חצות.

המסורת העניקה למצה הזאת את השם "אפיקומן". המשנה – בתשובה לשאלת הבן החכם – מורה שאין לאכול דבר אחרי האפיקומן. רוב החוקרים הסיקו מכך שמקור המילה הוא במילה היוונית אֶפִּיקוֹמוֹן, שפירושה מסיבת שתייה. היוונים נהגו לסיים ארוחה חגיגית בביקור אצל חברים ובבילוי לילה של שתייה ושיחה. אפלטון מתאר אירוע כזה בדיאלוג **המשתה**. חכמים פסקו שפעילויות חברתיות כאלה אסורות בפסח. יש לסיים את הארוחה כשטעם המזון המקודש על לשוננו. לפיכך הפך החלק האחרון של המצה לאפיקומן היהודי, אות להבדל בין התרבות היהודית לתרבות היוונית, בין קדושה להדוניזם. לא מקרה הוא שהתרבות היוונית התפוררה חיש מהר אחרי אלכסנדר מוקדון, ואילו היהדות המשיכה לקיים את האנרגיות הרוחניות והמוסריות שלה לכל אורך המשברים הרבים שפקדו אותה.

**ברך** מוזגים כוס שלישי ונוטלים מים אחרונים. אוחז את הכוס בימינו ואומר:

**הנני מוכן ומזומן לקיים מצוות עשה של ברכת המזון, כמו שכתוב בתורה ואכלת ושבעת וברכת את יהוה אלהיך על הארץ הטובה אשר נתן לך. לשם ייחוד קודשא בריך הוא ושכינתיה על ידי ההוא טמיר ונעלם בשם כל ישראל.**

שִׁיר הַמַּעֲלוֹת תהלים קכו

בְּשׁוּב יהוה אֶת־שִׁיבַת צִיּוֹן, הָיִינוּ כְּחֹלְמִים:

אָז יִמָּלֵא שְׂחוֹק פִּינוּ וּלְשׁוֹנֵנוּ רִנָּה

אָז יֹאמְרוּ בַגּוֹיִם הִגְדִּיל יהוה לַעֲשׂוֹת עִם־אֵלֶּה:

הִגְדִּיל יהוה לַעֲשׂוֹת עִמָּנוּ, הָיִינוּ שְׂמֵחִים:

שׁוּבָה יהוה אֶת־שְׁבִיתֵנוּ, כַּאֲפִיקִים בַּנֶּגֶב:

הַזֹּרְעִים בְּדִמְעָה, בְּרִנָּה יִקְצֹרוּ:

הָלוֹךְ יֵלֵךְ וּבָכֹה נֹשֵׂא מֶשֶׁךְ־הַזָּרַע

בֹּא־יָבֹא בְרִנָּה נֹשֵׂא אֲלֻמֹּתָיו:

יש מוסיפים:

תְּהִלַּת יהוה יְדַבֶּר פִּי תהלים קמה

וִיבָרֵךְ כָּל־בָּשָׂר שֵׁם קָדְשׁוֹ, לְעוֹלָם וָעֶד:

וַאֲנַחְנוּ נְבָרֵךְ יָהּ מֵעַתָּה וְעַד־עוֹלָם, הַלְלוּיָהּ: תהלים קטו

הוֹדוּ לַיהוה כִּי־טוֹב, כִּי לְעוֹלָם חַסְדּוֹ: תהלים קלו

מִי יְמַלֵּל גְּבוּרוֹת יהוה, יַשְׁמִיעַ כָּל־תְּהִלָּתוֹ: תהלים קו

שלושה שאכלו כאחד חייבים לזמן:

---

**ברך**

הברכה הנאמרת בתום הארוחה היא אחד מיסודות הליטורגיה היהודית שנקבעו עוד במקרא. מקורה בציווי: "וְאָכַלְתָּ וְשָׂבָעְתָּ וּבֵרַכְתָּ אֶת ה' אֱלֹהֶיךָ עַל הָאָרֶץ הַטֹּבָה אֲשֶׁר נָתַן לָךְ" (דברים ח, י). אכילה היא אחד התפקודים הביולוגיים

המזמן: **רַבּוֹתַי, נְבָרֵךְ.**

תהלים קיג המסובים: **יְהִי שֵׁם יהוה מְבֹרָךְ מֵעַתָּה וְעַד־עוֹלָם:**

המזמן: **יְהִי שֵׁם יהוה מְבֹרָךְ מֵעַתָּה וְעַד־עוֹלָם:**
**בִּרְשׁוּת** (אָבִי מוֹרִי / אִמִּי מוֹרָתִי / כֹּהֲנִים / מוֹרֵנוּ הָרַב / בַּעַל הַבַּיִת הַזֶּה / בַּעֲלַת הַבַּיִת הַזֶּה)
**מָרָנָן וְרַבָּנָן וְרַבּוֹתַי**
**נְבָרֵךְ** (במניין: אֱלֹהֵינוּ) **שֶׁאָכַלְנוּ מִשֶּׁלּוֹ.**

המסובים: **בָּרוּךְ** (במניין: אֱלֹהֵינוּ) **שֶׁאָכַלְנוּ מִשֶּׁלּוֹ וּבְטוּבוֹ חָיִינוּ.**

המזמן: **בָּרוּךְ** (במניין: אֱלֹהֵינוּ) **שֶׁאָכַלְנוּ מִשֶּׁלּוֹ וּבְטוּבוֹ חָיִינוּ.**
**בָּרוּךְ הוּא וּבָרוּךְ שְׁמוֹ.**

---

שלנו. ולכן היהדות – המדגישה תמיד את קידוש הגשמי – מקפידה במיוחד להפוך את מעשה האכילה לרגע של חיוב רוחני.

על אברהם ושרה נאמר שקירבו אנשים לעבודת האל האחד באמצעות הכנסת האורחים שלהם. אחרי שאורחיהם אכלו, הם פנו להודות למארחיהם, ואברהם ענה: "אל תודו לנו, ברכו את מי שהמזון שלו". "איך נברך?" שאלו האורחים. "אִמרו: ברוך ה' המבורך. ברוך הוא הנותן לחם ומזון לכל חי". יש כאן יותר מסתם מסורת יפה. זהו מוטיב בסיסי ביהדות. בתוך הגשמי אנחנו מוצאים את הרוחני. אלוהים ברא את העולם, ולפיכך אנחנו מוצאים את אלוהים בעולם.

המפרשים שואלים מדוע ברכת המזון היא מצווה מן התורה ואילו את הברכה שלפני המזון קבעו חז"ל בדרך ההיסק. התשובה היא שטבעי להודות לאלוהים כשאנחנו רעבים, אבל קשה יותר להודות לו כשאנחנו שבעים. דווקא כשאנחנו עלולים יותר מכול לשכוח, אנחנו זקוקים לתזכורת – שכל מה שיש לנו בא מאלוהים, הבורא את הכול וזן את הכול.

**בָּרוּךְ** אַתָּה יהוה אֱלֹהֵינוּ מֶלֶךְ הָעוֹלָם
הַזָּן אֶת הָעוֹלָם כֻּלּוֹ בְּטוּבוֹ
בְּחֵן בְּחֶסֶד וּבְרַחֲמִים
הוּא נוֹתֵן לֶחֶם לְכָל בָּשָׂר כִּי לְעוֹלָם חַסְדּוֹ.
וּבְטוּבוֹ הַגָּדוֹל, תָּמִיד לֹא חָסַר לָנוּ
וְאַל יֶחְסַר לָנוּ מָזוֹן לְעוֹלָם וָעֶד
בַּעֲבוּר שְׁמוֹ הַגָּדוֹל.
כִּי הוּא אֵל זָן וּמְפַרְנֵס לַכֹּל
וּמֵטִיב לַכֹּל
וּמֵכִין מָזוֹן לְכָל בְּרִיּוֹתָיו אֲשֶׁר בָּרָא.
כָּאָמוּר, פּוֹתֵחַ אֶת־יָדֶךָ וּמַשְׂבִּיעַ לְכָל־חַי רָצוֹן: תהלים קמה
בָּרוּךְ אַתָּה יהוה
הַזָּן אֶת הַכֹּל.

---

**ברכת המזון**

שלוש הברכות הראשונות – צורתה המקורית של הברכה – מייצגות שלושה מעגלי קדושה זה לפנים מזה. הברכה הראשונה היא עבור העולם, השנייה – עבור ארץ ישראל, והשלישית – עבור ירושלים, ביתה של השכינה. בראשונה אנו מודים לאלוהים על שזן את האנושות כולה. בשנייה אנו מודים לו על השגחתו המיוחדת על ארץ ישראל. בשלישית אנחנו מאזכרים את נוכחותו בעיר הקודש, המקום היחיד בעולם שממנו לא גלתה שכינה מעולם, לדברי חכמים.

סדר הברכות הללו מייצג את טבעה המשולש של הזהות היהודית. תחילה, אנחנו אזרחי העולם, צאצאי נוח ויורשי הברית עם אלוהים. אנחנו חלק מהמפעל הקיבוצי של האנושות. שנית, אנחנו יהודים, נאמנים לעמנו, הפוסעים – כמו אבות אבותינו מאז ימי אברהם ושרה – במסע הארוך אל ארץ ישראל. אם אנחנו חיים שם ואם לאו, אנחנו מתפללים למענה ושותפים במשבריה ובהישגיה. שלישית, חלק מאתנו שייך לירושלים. עם חורבן בית

# נוֹדֶה לְּךָ:

יהוה אֱלֹהֵינוּ
עַל שֶׁהִנְחַלְתָּ לַאֲבוֹתֵינוּ

אֶרֶץ חֶמְדָּה טוֹבָה וּרְחָבָה
וְעַל שֶׁהוֹצֵאתָנוּ יהוה אֱלֹהֵינוּ מֵאֶרֶץ מִצְרַיִם
וּפְדִיתָנוּ מִבֵּית עֲבָדִים
וְעַל בְּרִיתְךָ שֶׁחָתַמְתָּ בִּבְשָׂרֵנוּ
וְעַל תּוֹרָתְךָ שֶׁלִּמַּדְתָּנוּ
וְעַל חֻקֶּיךָ שֶׁהוֹדַעְתָּנוּ
וְעַל חַיִּים חֵן וָחֶסֶד שֶׁחוֹנַנְתָּנוּ
וְעַל אֲכִילַת מָזוֹן
שָׁאַתָּה זָן וּמְפַרְנֵס אוֹתָנוּ תָּמִיד
בְּכָל יוֹם וּבְכָל עֵת וּבְכָל שָׁעָה.

וְעַל הַכֹּל, יהוה אֱלֹהֵינוּ
אֲנַחְנוּ מוֹדִים לָךְ וּמְבָרְכִים אוֹתָךְ
יִתְבָּרַךְ שִׁמְךָ בְּפִי כָּל חַי תָּמִיד לְעוֹלָם וָעֶד
כַּכָּתוּב: וְאָכַלְתָּ וְשָׂבָעְתָּ, וּבֵרַכְתָּ אֶת־יהוה אֱלֹהֶיךָ דברים ח
עַל־הָאָרֶץ הַטֹּבָה אֲשֶׁר נָתַן־לָךְ:
בָּרוּךְ אַתָּה יהוה, עַל הָאָרֶץ וְעַל הַמָּזוֹן.

---

המקדש, אמרו חכמים, חדר רסיס מאבניה ללבות בני העם היהודי. הרסיס הזה נשאר שם והוא עדיין מוקד עולם המחשבה והרגש היהודי, ביתה של הגאולה לעתיד לבוא. כשאנו אומרים את שלוש הברכות אנו נעים אפוא פנימה, מהיסוד האוניברסלי אל היסוד הפרטיקולרי בזהות היהודית.

**רַחֶם נָא** יהוה אֱלֹהֵינוּ עַל יִשְׂרָאֵל עַמֶּךָ
וְעַל יְרוּשָׁלַיִם עִירֶךָ
וְעַל צִיּוֹן מִשְׁכַּן כְּבוֹדֶךָ
וְעַל מַלְכוּת בֵּית דָּוִד מְשִׁיחֶךָ
וְעַל הַבַּיִת הַגָּדוֹל וְהַקָּדוֹשׁ שֶׁנִּקְרָא שִׁמְךָ עָלָיו.
אֱלֹהֵינוּ, אָבִינוּ
רְעֵנוּ, זוּנֵנוּ, פַּרְנְסֵנוּ וְכַלְכְּלֵנוּ
וְהַרְוִיחֵנוּ, וְהַרְוַח לָנוּ יהוה אֱלֹהֵינוּ
מְהֵרָה מִכָּל צָרוֹתֵינוּ.
וְנָא אַל תַּצְרִיכֵנוּ, יהוה אֱלֹהֵינוּ
לֹא לִידֵי מַתְּנַת בָּשָׂר וָדָם
וְלֹא לִידֵי הַלְוָאָתָם
כִּי אִם לְיָדְךָ הַמְּלֵאָה, הַפְּתוּחָה, הַקְּדוֹשָׁה וְהָרְחָבָה
שֶׁלֹּא נֵבוֹשׁ וְלֹא נִכָּלֵם לְעוֹלָם וָעֶד.

---

**רחם... ועל ירושלים עירך**

בכל פעם שירושלים נזכרת בתפילותינו, אנחנו מקשרים אותה למילה רחמים. מושג הרחמים ביהדות אינו מופשט. המילה עצמה נגזרת מהמילה רחם. האהבה העמוקה ביותר והבלתי־מותנית ביותר בבריאה היא אהבת אם לילדיה. בטבע האימהות מוכנות תמיד לסכן את חייהן כדי להגן על צאצאיהן. כזו היא גם אהבת אלוהים לבניו, וביתר שאת: "הֲתִשְׁכַּח אִשָּׁה עוּלָהּ, מֵרַחֵם בֶּן בִּטְנָהּ? גַּם אֵלֶּה תִשְׁכַּחְנָה, וְאָנֹכִי לֹא אֶשְׁכָּחֵךְ" (ישעיה מט, טו). ירושלים היא הרחם, התשתית, של הקשר בין אלוהים לעם היהודי. כאן הוא בחן לראשונה את אהבתו של אברהם בעקידת יצחק. כאן הוא בנה את ביתו – בית המקדש. לפיכך ירושלים היא בית רחמיו של אלוהים, מולדת הברית, המקום היחיד עלי אדמות שבו מומחשת יותר מכול נוכחותו של אלוהים – בורא העולם.

בשבת מוסיפים:

**רְצֵה** וְהַחֲלִיצֵנוּ
יהוה אֱלֹהֵינוּ, בְּמִצְוֹתֶיךָ
וּבְמִצְוַת יוֹם הַשְּׁבִיעִי
הַשַּׁבָּת הַגָּדוֹל וְהַקָּדוֹשׁ הַזֶּה
כִּי יוֹם זֶה גָּדוֹל וְקָדוֹשׁ הוּא לְפָנֶיךָ
לִשְׁבָּת בּוֹ, וְלָנוּחַ בּוֹ בְּאַהֲבָה כְּמִצְוַת רְצוֹנֶךָ
וּבִרְצוֹנְךָ הָנִיחַ לָנוּ, יהוה אֱלֹהֵינוּ
שֶׁלֹּא תְהֵא צָרָה וְיָגוֹן וַאֲנָחָה בְּיוֹם מְנוּחָתֵנוּ
וְהַרְאֵנוּ, יהוה אֱלֹהֵינוּ,
בְּנֶחָמַת צִיּוֹן עִירֶךָ
וּבְבִנְיַן יְרוּשָׁלַיִם עִיר קָדְשֶׁךָ
כִּי אַתָּה הוּא בַּעַל הַיְשׁוּעוֹת וּבַעַל הַנֶּחָמוֹת.

אֱלֹהֵינוּ וֵאלֹהֵי אֲבוֹתֵינוּ

**יַעֲלֶה וְיָבוֹא** וְיַגִּיעַ
וְיֵרָאֶה וְיֵרָצֶה וְיִשָּׁמַע
וְיִפָּקֵד וְיִזָּכֵר זִכְרוֹנֵנוּ וּפִקְדוֹנֵנוּ, וְזִכְרוֹן אֲבוֹתֵינוּ
וְזִכְרוֹן מָשִׁיחַ בֶּן דָּוִד עַבְדֶּךָ
וְזִכְרוֹן יְרוּשָׁלַיִם עִיר קָדְשֶׁךָ
וְזִכְרוֹן כָּל עַמְּךָ בֵּית יִשְׂרָאֵל
לְפָנֶיךָ, לִפְלֵיטָה לְטוֹבָה,
לְחֵן וּלְחֶסֶד וּלְרַחֲמִים
לְחַיִּים וּלְשָׁלוֹם בְּיוֹם
חַג הַמַּצּוֹת הַזֶּה.

זָכְרֵנוּ יהוה אֱלֹהֵינוּ בּוֹ לְטוֹבָה
וּפָקְדֵנוּ בוֹ לִבְרָכָה
וְהוֹשִׁיעֵנוּ בוֹ לְחַיִּים טוֹבִים.
וּבִדְבַר יְשׁוּעָה וְרַחֲמִים,
חוּס וְחָנֵּנוּ וְרַחֵם עָלֵינוּ, וְהוֹשִׁיעֵנוּ
כִּי אֵלֶיךָ עֵינֵינוּ, כִּי אֵל מֶלֶךְ חַנּוּן וְרַחוּם אָתָּה.

וּבְנֵה יְרוּשָׁלַיִם עִיר הַקֹּדֶשׁ בִּמְהֵרָה בְיָמֵינוּ.
בָּרוּךְ אַתָּה יהוה, בּוֹנֶה בְרַחֲמָיו יְרוּשָׁלָיִם, אָמֵן.

**בָּרוּךְ** אַתָּה יהוה אֱלֹהֵינוּ מֶלֶךְ הָעוֹלָם
הָאֵל אָבִינוּ, מַלְכֵּנוּ, אַדִּירֵנוּ
בּוֹרְאֵנוּ, גּוֹאֲלֵנוּ, יוֹצְרֵנוּ, קְדוֹשֵׁנוּ, קְדוֹשׁ יַעֲקֹב
רוֹעֵנוּ, רוֹעֵה יִשְׂרָאֵל, הַמֶּלֶךְ הַטּוֹב וְהַמֵּיטִיב לַכֹּל
שֶׁבְּכָל יוֹם וָיוֹם
הוּא הֵיטִיב, הוּא מֵיטִיב, הוּא יֵיטִיב לָנוּ
הוּא גְמָלָנוּ, הוּא גוֹמְלֵנוּ, הוּא יִגְמְלֵנוּ לָעַד
לְחֵן וּלְחֶסֶד וּלְרַחֲמִים, וּלְרֶוַח, הַצָּלָה וְהַצְלָחָה
בְּרָכָה וִישׁוּעָה, נֶחָמָה, פַּרְנָסָה וְכַלְכָּלָה
וְרַחֲמִים וְחַיִּים וְשָׁלוֹם וְכָל טוֹב
וּמִכָּל טוּב לְעוֹלָם אַל יְחַסְּרֵנוּ.

---

**ברוך אתה... אל יחסרנו**

הברכה הזאת, הרביעית במספר בברכת המזון, נוספה בימי התנאים במאה השנייה לספירה. התלמוד מייחס אותה לתקופה שאחרי מפלת בר כוכבא

הָרַחֲמָן הוּא יִמְלֹךְ עָלֵינוּ לְעוֹלָם וָעֶד.

הָרַחֲמָן הוּא יִתְבָּרַךְ בַּשָּׁמַיִם וּבָאָרֶץ.

הָרַחֲמָן הוּא יִשְׁתַּבַּח לְדוֹר דּוֹרִים
וְיִתְפָּאַר בָּנוּ לָעַד וּלְנֵצַח נְצָחִים
וְיִתְהַדַּר בָּנוּ לָעַד וּלְעוֹלְמֵי עוֹלָמִים.

הָרַחֲמָן הוּא יְפַרְנְסֵנוּ בְּכָבוֹד.

הָרַחֲמָן הוּא יִשְׁבֹּר עֻלֵּנוּ מֵעַל צַוָּארֵנוּ
וְהוּא יוֹלִיכֵנוּ קוֹמְמִיּוּת לְאַרְצֵנוּ.

הָרַחֲמָן הוּא יִשְׁלַח לָנוּ בְּרָכָה מְרֻבָּה בַּבַּיִת הַזֶּה
וְעַל שֻׁלְחָן זֶה שֶׁאָכַלְנוּ עָלָיו.

הָרַחֲמָן הוּא יִשְׁלַח לָנוּ אֶת אֵלִיָּהוּ הַנָּבִיא זָכוּר לַטּוֹב
וִיבַשֶּׂר לָנוּ בְּשׂוֹרוֹת טוֹבוֹת יְשׁוּעוֹת וְנֶחָמוֹת.

הָרַחֲמָן הוּא יְבָרֵךְ אֶת מְדִינַת יִשְׂרָאֵל
רֵאשִׁית צְמִיחַת גְּאֻלָּתֵנוּ.

הָרַחֲמָן הוּא יְבָרֵךְ אֶת חַיָּלֵי צְבָא הַהֲגָנָה לְיִשְׂרָאֵל
הָעוֹמְדִים עַל מִשְׁמַר אַרְצֵנוּ.

---

בביתר. היא מייצגת רגע של הודיה באחת התקופות האפלות ביותר בתולדות עם ישראל, כשהצבא הרומי התיר לקהילה היהודית לקבור את מתיה. ברבות השנים התרחבה ברכת המזון ונוספו לה עוד דברי שבח ובקשה.

בעל הבית ובעלת הבית אומרים:

הָרַחֲמָן הוּא יְבָרֵךְ אוֹתִי (וְאֶת אִשְׁתִּי / וְאֶת בַּעֲלִי / וְאֶת אָבִי מוֹרִי / וְאֶת אִמִּי מוֹרָתִי / וְאֶת זַרְעִי) וְאֶת כָּל אֲשֶׁר לִי

ילדים האוכלים על שולחן הוריהם אומרים:

הָרַחֲמָן הוּא יְבָרֵךְ אֶת אָבִי מוֹרִי (בַּעַל הַבַּיִת הַזֶּה), וְאֶת אִמִּי מוֹרָתִי (בַּעֲלַת הַבַּיִת הַזֶּה), אוֹתָם וְאֶת בֵּיתָם וְאֶת זַרְעָם וְאֶת כָּל אֲשֶׁר לָהֶם

אורח אומר:

הָרַחֲמָן הוּא יְבָרֵךְ אֶת בַּעַל הַבַּיִת הַזֶּה, וְאֶת בַּעֲלַת הַבַּיִת הַזֶּה, אוֹתָם וְאֶת בֵּיתָם וְאֶת זַרְעָם וְאֶת כָּל אֲשֶׁר לָהֶם

אם יש אורחים נוספים, מוסיפים:

וְאֶת כָּל הַמְסֻבִּין כָּאן אוֹתָם וְאֶת בֵּיתָם וְאֶת זַרְעָם וְאֶת כָּל אֲשֶׁר לָהֶם

אוֹתָנוּ וְאֶת כָּל אֲשֶׁר לָנוּ כְּמוֹ שֶׁנִּתְבָּרְכוּ אֲבוֹתֵינוּ<br>
אַבְרָהָם יִצְחָק וְיַעֲקֹב, בַּכֹּל, מִכֹּל, כֹּל<br>
כֵּן יְבָרֵךְ אוֹתָנוּ כֻּלָּנוּ יַחַד בִּבְרָכָה שְׁלֵמָה, וְנֹאמַר אָמֵן.

**בַּמָּרוֹם** יְלַמְּדוּ עֲלֵיהֶם וְעָלֵינוּ זְכוּת<br>
שֶׁתְּהֵא לְמִשְׁמֶרֶת שָׁלוֹם<br>
וְנִשָּׂא בְרָכָה מֵאֵת יהוה וּצְדָקָה מֵאֱלֹהֵי יִשְׁעֵנוּ<br>
וְנִמְצָא חֵן וְשֵׂכֶל טוֹב בְּעֵינֵי אֱלֹהִים וְאָדָם.

בשבת: הָרַחֲמָן הוּא יַנְחִילֵנוּ יוֹם שֶׁכֻּלּוֹ שַׁבָּת וּמְנוּחָה לְחַיֵּי הָעוֹלָמִים.

הָרַחֲמָן הוּא יַנְחִילֵנוּ יוֹם שֶׁכֻּלּוֹ טוֹב.
יוֹם שֶׁכֻּלּוֹ אָרֹךְ
יוֹם שֶׁהַצַּדִּיקִים יוֹשְׁבִים וְעַטְרוֹתֵיהֶם בְּרָאשֵׁיהֶם
וְנֶהֱנִים מִזִּיו הַשְּׁכִינָה וִיהִיֶה חֶלְקֵנוּ עִמָּהֶם

הָרַחֲמָן הוּא יְזַכֵּנוּ לִימוֹת הַמָּשִׁיחַ וּלְחַיֵּי הָעוֹלָם הַבָּא
מִגְדּוֹל יְשׁוּעוֹת מַלְכּוֹ שמואל ב׳ כב
וְעֹשֶׂה־חֶסֶד לִמְשִׁיחוֹ לְדָוִד וּלְזַרְעוֹ עַד־עוֹלָם:
עֹשֶׂה שָׁלוֹם בִּמְרוֹמָיו
הוּא יַעֲשֶׂה שָׁלוֹם עָלֵינוּ וְעַל כָּל יִשְׂרָאֵל וְאִמְרוּ אָמֵן.

**יִרְאוּ**: אֶת־יהוה קְדֹשָׁיו כִּי־אֵין מַחְסוֹר לִירֵאָיו: תהלים לד
כְּפִירִים רָשׁוּ וְרָעֵבוּ
וְדֹרְשֵׁי יהוה לֹא־יַחְסְרוּ כָל־טוֹב:
הוֹדוּ לַיהוה כִּי־טוֹב כִּי לְעוֹלָם חַסְדּוֹ: תהלים קיח
פּוֹתֵחַ אֶת־יָדֶךָ וּמַשְׂבִּיעַ לְכָל־חַי רָצוֹן: תהלים קמה
בָּרוּךְ הַגֶּבֶר אֲשֶׁר יִבְטַח בַּיהוה וְהָיָה יהוה מִבְטַחוֹ: ירמיה יז
נַעַר הָיִיתִי גַּם־זָקַנְתִּי תהלים לז
וְלֹא־רָאִיתִי צַדִּיק נֶעֱזָב וְזַרְעוֹ מְבַקֶּשׁ־לָחֶם:
יהוה עֹז לְעַמּוֹ יִתֵּן יהוה יְבָרֵךְ אֶת־עַמּוֹ בַשָּׁלוֹם: תהלים כט

---

**נער הייתי גם זקנתי ולא ראיתי צדיק נעזב וזרעו מבקש לחם**

שורה זו, הלקוחה מתהלים לז כה, התמיהה רבים. ודאי היו בהיסטוריה תקופות

**הנני מוכן ומזומן לקיים מצוות כוס שלישי של ארבע כוסות.**
**לשם ייחוד קודשא בריך הוא ושכינתיה על ידי ההוא טמיר ונעלם בשם כל ישראל.**

## בָּרוּךְ אַתָּה יהוה אֱלֹהֵינוּ מֶלֶךְ הָעוֹלָם, בּוֹרֵא פְּרִי הַגָּפֶן.

*שותים כוס שלישי בהסבת שמאל.*

---

שבהן הצדיקים נעזבו. זוהי אחת השאלות ששאל משה על פי התלמוד את אלוהים: "צדיק ורע לו?" המשורר האנגלי אדמונד בלנדן כתב על הנושא הזה שיר בשם "דיווח על ניסיון חיים":

נער הייתי, וגם עתה אינני זקן מדי;
וראיתי צדיק נעזב,
בריאותו נלקחת ממנו, כבודו, כישוריו.
לא כך אמרו לנו תמיד.

שמעתי פעם הסבר יפה מפיו של הרב משה פוירשטיין מבוסטון. הפועל המרכזי בפסוק הוא "ראיתי" – והוא מופיע פעמיים במגילת אסתר במשמעות שונה מאוד. "כִּי אֵיכָכָה אוּכַל וְרָאִיתִי בָּרָעָה אֲשֶׁר יִמְצָא אֶת עַמִּי וְאֵיכָכָה אוּכַל וְרָאִיתִי בְּאָבְדַן מוֹלַדְתִּי?" (אסתר ח, ו). "ראיתי" אין פירושו ראייה סתם אלא "איך אוכל לעמוד מנגד, לצפות מן הצד, להתנתק ממה שעיניי רואות?" אסתר ומשורר תהלים כאחד אינם מסוגלים לכך מבחינה מוסרית. לא נוכל לעמוד על דם רענו, כי שומרי אחינו אנחנו.

בקריאה כזאת משתנה אפוא משמעות הפסוק: "נער הייתי וגם זקנתי ולא עמדתי מנגד וצפיתי בצדיק נעזב וזרעו מבקש לחם". קריאה זו לא די שהיא הגיונית; היא נובעת מלב לבה של הרגישות היהודית. היא מסיימת את ברכת המזון במחויבות מוסרית. כן, אכלנו ושבענו, אבל זה לא הפך אותנו אדישים לצורכי הזולת.

סיום הארוחה ברוח זו הוא הד לפתיחת סדר הפסח בהזמנת הרעבים להצטרף לסעודה: "כל דכפין ייתי וייכול, כל דצריך ייתי ויפסח". הרמב"ם כותב כך על המצווה "ושמחת בחגך": "וכשהוא אוכל ושותה, חייב להאכיל לגר ליתום ולאלמנה עם שאר העניים האמללים. אבל מי שנועל דלתות חצרו ואוכל ושותה הוא ובניו ואשתו, ואינו מאכיל ומשקה לעניים ולמרי נפש – אין זו שמחת מצוה, אלא שמחת כריסו... ושמחה כזו קלון היא להם" (**משנה תורה**, הלכות שביתת יום טוב ו יח).

מוזגים כוסו של אליהו, פותחים את הדלת ואומרים:

תהלים עט

**שְׁפֹךְ** חֲמָתְךָ אֶל־הַגּוֹיִם אֲשֶׁר לֹא־יְדָעוּךָ
וְעַל מַמְלָכוֹת אֲשֶׁר בְּשִׁמְךָ לֹא קָרָאוּ:
כִּי אָכַל אֶת־יַעֲקֹב וְאֶת־נָוֵהוּ הֵשַׁמּוּ:

---

**שפֹך חמתך אל הגוים**

פסקה זו, שאיננה חלק מהגרסאות המוקדמות של ההגדה, נוספה בימי הביניים, באחת התקופות שבהן התחוללו הרדיפות הקשות ביותר נגד היהודים. התקופה החלה במסע הצלב הראשון (1096), שבו טבחו הצלבנים בדרכם לארץ הקודש בקהילות היהודיות של וורמייזא, שפירא ומגנצה. זו הייתה תחילתן של מאות שנים של רדיפות, הרבה מהן בשם הדת.

אחד האירועים החוזרים ונשנים שהפכו את חג הפסח למועד מלא אימה היה עלילת הדם. מקורה של עלילת הדם בעיר האנגלית נוריץ׳ בשנת 1144, ולימים היא התפשטה לכל רחבי אירופה. זה היה אחד המקרים הספורים שבהם הרדיפות הותירו את רישומן על ההלכה היהודית. פוסקים אחדים קבעו כי אמנם רצוי שהיין שאנו שותים בפסח יהיה אדום, אבל בקהילות הצפויות לסכנה של עלילת דם אפשר להשתמש ביין לבן.

בתוספת זו להגדה יש לציין דווקא את איפוקה. מאות שנים ספגו היהודים שורה של מהלומות הרסניות – מעשי טבח, פרעות, המרת דת כפויה, אינקוויזיציה, גטאות, מסי עונשין וגירוש, ששיאם בשואה, בלב לבה של אירופה ה״נאורה״. אבל הפסוקים הללו, שניים מתהלים ואחד ממגילת איכה, הם כמעט השריד היחיד שהותירה חוויה זו בנוסח ההגדה, בערב שבו אנו נזכרים בעברנו.

אלברט איינשטיין דיבר פעם על ״אהבת הצדק הפנאטית כמעט״ כאחד מ״תווי ההיכר של המסורת היהודית, הגורם לי להודות למזלי הטוב על השתייכותי אליה״. היהדות היא דת של צדק. היא גם דת של אהבה, רחמים, מחילה, נדיבות ושלום. אבל מלכתחילה היה עליה להתמודד עם השאלה כיצד להוריד את השכינה ארצה, אל המבנים והמוסדות של החברה. התנאי המוקדם ההכרחי הוא הצדק. כאשר יש צדק, יש מקום למידות הרבות האחרות ההופכות את עולמנו למקום אנושי. אבל בלעדי הצדק חסר משהו מהותי. ״שפוך חמתך״ איננו קריאה לנקמה. הוא איננו בכלל קריאה למעשים מצד בני־האדם, אלא תפילה לצדק אלוהי.

שְׁפָךְ־עֲלֵיהֶם זַעְמֶךָ וַחֲרוֹן אַפְּךָ יַשִּׂיגֵם: תהלים סט
תִּרְדֹּף בְּאַף וְתַשְׁמִידֵם מִתַּחַת שְׁמֵי יהוה: איכה ג

---

בשלב זה של הסדר, כשאנו פונים מן העבר אל העתיד, אנו מהרהרים בטרגדיה של העם היהודי בעבר, באלפים הרבים ובמיליונים מבני־עמנו שנרצחו, לפעמים בשם אלוהי האהבה. אנחנו מבקשים מאלוהים לגלות לנו, באחרית הימים, את משמעותו של כל הסבל הזה. הפסוקים הללו הם קריאת כאב הבוקעת אלינו מאחד הלילות האפלים של הנפש היהודית, כמבקשת לומר: "תן לנו להבין, ביום מן הימים גם אם לא עתה, את הצדק בעולמך, שופט כל הארץ".

**שְׁפֹךְ חמתך אל הגוים**

באחד מכתבי היד מוורמייזא משנת 1521 נוספה פסקה ייחודית להגדה לצד "שפוך חמתך". זוהי תפילת הודיה על חסידי אומות העולם בהיסטוריה, שלא רק נמנעו מרדיפת יהודים אלא אף התיידדו אתם והגנו עליהם בשעת סכנה:

שפוך אהבתך על הגויים אשר ידעוך,
ועל ממלכות אשר בשמך קוראים.
בגלל חסדים שהם עושים עם זרע יעקב
ומגינים על עמך ישראל מפני אוכליהם.
יזכו לראות בסוכת בחיריך ולשמוח בשמחת גוייך.

**שְׁפֹךְ חמתך אל הגוים**

בשלב זה יש נוהגים להוסיף את התפילה הבאה לזכר קרבנות השואה ואומץ לבם של לוחמי גטו ורשה, שהתקוממו בערב פסח 1943 נגד הנאצים שתכננו להרוס את הגטו ולהרוג את כל תושביו ביום הראשון של חג הפסח:

בליל שימורים זה נעלה בדחילו ורחימו את זכר ששת מיליוני אחינו בגלות אירופה, אשר נספו בידי עריץ ומזיד אשר הרע לעמנו שבעתיים מפרעה. וזה דבר העריץ לשליחי מזימתו: לכו ונכחידם מגוי ולא ייזכר שם ישראל עוד. ויהרגו תמימים וטהורים, אנשים נשים וטף, באדי רעל ובמשרפות כבשן. ולא נרבה לספר ברוע מעלליהם פן נחלל את צלם אלוקים אשר בו נברא אדם. ופליטת עמנו בגיטאות ובמחנות ההשמד מסרו נפשם על קידוש השם, ורבים מהם לבשו רוח גבורה ויתקוממו נגד הרשעים ויפילו בהם חללים. ובליל התקדש חג הפסח

## הלל

מוזגים כוס רביעי וגומרים עליו את ההלל:

תהלים קטו

לֹא לָנוּ יהוה לֹא לָנוּ
כִּי־לְשִׁמְךָ תֵּן כָּבוֹד עַל־חַסְדְּךָ עַל־אֲמִתֶּךָ׃
לָמָּה יֹאמְרוּ הַגּוֹיִם אַיֵּה־נָא אֱלֹהֵיהֶם׃
וֵאלֹהֵינוּ בַשָּׁמָיִם, כֹּל אֲשֶׁר־חָפֵץ עָשָׂה׃
עֲצַבֵּיהֶם כֶּסֶף וְזָהָב, מַעֲשֵׂה יְדֵי אָדָם׃
פֶּה־לָהֶם וְלֹא יְדַבֵּרוּ, עֵינַיִם לָהֶם וְלֹא יִרְאוּ׃
אָזְנַיִם לָהֶם וְלֹא יִשְׁמָעוּ, אַף לָהֶם וְלֹא יְרִיחוּן׃
יְדֵיהֶם וְלֹא יְמִישׁוּן, רַגְלֵיהֶם וְלֹא יְהַלֵּכוּ, לֹא־יֶהְגּוּ בִּגְרוֹנָם׃
כְּמוֹהֶם יִהְיוּ עֹשֵׂיהֶם, כֹּל אֲשֶׁר־בֹּטֵחַ בָּהֶם׃
יִשְׂרָאֵל בְּטַח בַּיהוה, עֶזְרָם וּמָגִנָּם הוּא׃
בֵּית אַהֲרֹן בִּטְחוּ בַיהוה, עֶזְרָם וּמָגִנָּם הוּא׃
יִרְאֵי יהוה בִּטְחוּ בַיהוה, עֶזְרָם וּמָגִנָּם הוּא׃

יהוה זְכָרָנוּ יְבָרֵךְ
יְבָרֵךְ אֶת־בֵּית יִשְׂרָאֵל
יְבָרֵךְ אֶת־בֵּית אַהֲרֹן׃
יְבָרֵךְ יִרְאֵי יהוה, הַקְּטַנִּים עִם־הַגְּדֹלִים׃

---

קמו שרידי הגיטו בוורשה וילחמו עם הטמאים כיהודה המכבי בשעתו, הנאהבים והנעימים בחייהם ובמותם לא נפרדו. ואת כבוד ישראל על נס הרימו.

וממעמקים פתחו קדושים את פיהם בשירת אני מאמין בביאת המשיח.

[שרים:] אני מאמין באמונה שלמה בביאת המשיח. ואף על פי שיתמהמה, עם כל זה אחכה לו בכל יום שיבוא.

יֹסֵף יהוה עֲלֵיכֶם, עֲלֵיכֶם וְעַל־בְּנֵיכֶם:
בְּרוּכִים אַתֶּם לַיהוה, עֹשֵׂה שָׁמַיִם וָאָרֶץ:
הַשָּׁמַיִם שָׁמַיִם לַיהוה, וְהָאָרֶץ נָתַן לִבְנֵי־אָדָם:
לֹא הַמֵּתִים יְהַלְלוּ־יָהּ, וְלֹא כָּל־יֹרְדֵי דוּמָה:
וַאֲנַחְנוּ נְבָרֵךְ יָהּ, מֵעַתָּה וְעַד־עוֹלָם

# הַלְלוּיָהּ:

אָהַבְתִּי, כִּי־יִשְׁמַע יהוה, אֶת־קוֹלִי תַּחֲנוּנָי: תהלים קטז
כִּי־הִטָּה אָזְנוֹ לִי, וּבְיָמַי אֶקְרָא:
אֲפָפוּנִי חֶבְלֵי־מָוֶת, וּמְצָרֵי שְׁאוֹל מְצָאוּנִי, צָרָה וְיָגוֹן אֶמְצָא:
וּבְשֵׁם־יהוה אֶקְרָא, אָנָּה יהוה מַלְּטָה נַפְשִׁי:
חַנּוּן יהוה וְצַדִּיק, וֵאלֹהֵינוּ מְרַחֵם:
שֹׁמֵר פְּתָאִים יהוה, דַּלּוֹתִי וְלִי יְהוֹשִׁיעַ:
שׁוּבִי נַפְשִׁי לִמְנוּחָיְכִי, כִּי־יהוה גָּמַל עָלָיְכִי:
כִּי חִלַּצְתָּ נַפְשִׁי מִמָּוֶת
אֶת־עֵינִי מִן־דִּמְעָה
אֶת־רַגְלִי מִדֶּחִי:
אֶתְהַלֵּךְ לִפְנֵי יהוה, בְּאַרְצוֹת הַחַיִּים:
הֶאֱמַנְתִּי כִּי אֲדַבֵּר, אֲנִי עָנִיתִי מְאֹד:
אֲנִי אָמַרְתִּי בְחָפְזִי, כָּל־הָאָדָם כֹּזֵב:

מָה־אָשִׁיב לַיהוה, כָּל־תַּגְמוּלוֹהִי עָלָי:
כּוֹס־יְשׁוּעוֹת אֶשָּׂא, וּבְשֵׁם יהוה אֶקְרָא:

נְדָרַי לַיהוה אֲשַׁלֵּם, נֶגְדָה־נָּא לְכָל־עַמּוֹ:
יָקָר בְּעֵינֵי יהוה, הַמָּוְתָה לַחֲסִידָיו:
אָנָּה יהוה כִּי־אֲנִי עַבְדֶּךָ
אֲנִי־עַבְדְּךָ בֶּן־אֲמָתֶךָ, פִּתַּחְתָּ לְמוֹסֵרָי:
לְךָ־אֶזְבַּח זֶבַח תּוֹדָה, וּבְשֵׁם יהוה אֶקְרָא:
נְדָרַי לַיהוה אֲשַׁלֵּם, נֶגְדָה־נָּא לְכָל־עַמּוֹ:
בְּחַצְרוֹת בֵּית יהוה, בְּתוֹכֵכִי יְרוּשָׁלָםִ

# הַלְלוּיָהּ:

תהלים קיז

הַלְלוּ אֶת־יהוה כָּל־גּוֹיִם, שַׁבְּחוּהוּ כָּל־הָאֻמִּים:
כִּי גָבַר עָלֵינוּ חַסְדּוֹ, וֶאֱמֶת־יהוה לְעוֹלָם

# הַלְלוּיָהּ:

תהלים קיח

הוֹדוּ לַיהוה כִּי־טוֹב    כִּי לְעוֹלָם חַסְדּוֹ:
יֹאמַר־נָא יִשְׂרָאֵל    כִּי לְעוֹלָם חַסְדּוֹ:
יֹאמְרוּ־נָא בֵית־אַהֲרֹן    כִּי לְעוֹלָם חַסְדּוֹ:
יֹאמְרוּ־נָא יִרְאֵי יהוה    כִּי לְעוֹלָם חַסְדּוֹ:

מִן־הַמֵּצַר קָרָאתִי יָּהּ, עָנָנִי בַמֶּרְחָב יָהּ:
יהוה לִי לֹא אִירָא, מַה־יַּעֲשֶׂה לִי אָדָם:
יהוה לִי בְּעֹזְרָי, וַאֲנִי אֶרְאֶה בְשֹׂנְאָי:

טוֹב לַחֲסוֹת בַּיהוה, מִבְּטֹחַ בָּאָדָם:
טוֹב לַחֲסוֹת בַּיהוה, מִבְּטֹחַ בִּנְדִיבִים:
כָּל־גּוֹיִם סְבָבוּנִי, בְּשֵׁם יהוה כִּי אֲמִילַם:
סַבּוּנִי גַם־סְבָבוּנִי, בְּשֵׁם יהוה כִּי אֲמִילַם:
סַבּוּנִי כִדְבֹרִים, דֹּעֲכוּ כְּאֵשׁ קוֹצִים, בְּשֵׁם יהוה כִּי אֲמִילַם:
דָּחֹה דְחִיתַנִי לִנְפֹּל, וַיהוה עֲזָרָנִי:
עָזִּי וְזִמְרָת יָהּ, וַיְהִי־לִי לִישׁוּעָה:
קוֹל רִנָּה וִישׁוּעָה בְּאָהֳלֵי צַדִּיקִים, יְמִין יהוה עֹשָׂה חָיִל:
יְמִין יהוה רוֹמֵמָה, יְמִין יהוה עֹשָׂה חָיִל:
לֹא־אָמוּת כִּי־אֶחְיֶה, וַאֲסַפֵּר מַעֲשֵׂי יָהּ:
יַסֹּר יִסְּרַנִּי יָּהּ, וְלַמָּוֶת לֹא נְתָנָנִי:
פִּתְחוּ־לִי שַׁעֲרֵי־צֶדֶק, אָבֹא־בָם אוֹדֶה יָהּ:
זֶה־הַשַּׁעַר לַיהוה, צַדִּיקִים יָבֹאוּ בוֹ:

אוֹדְךָ כִּי עֲנִיתָנִי, וַתְּהִי־לִי לִישׁוּעָה:
אוֹדְךָ כִּי עֲנִיתָנִי, וַתְּהִי־לִי לִישׁוּעָה:

אֶבֶן מָאֲסוּ הַבּוֹנִים, הָיְתָה לְרֹאשׁ פִּנָּה:
אֶבֶן מָאֲסוּ הַבּוֹנִים, הָיְתָה לְרֹאשׁ פִּנָּה:

מֵאֵת יהוה הָיְתָה זֹּאת, הִיא נִפְלָאת בְּעֵינֵינוּ:
מֵאֵת יהוה הָיְתָה זֹּאת, הִיא נִפְלָאת בְּעֵינֵינוּ:

זֶה־הַיּוֹם עָשָׂה יהוה, נָגִילָה וְנִשְׂמְחָה בוֹ:
זֶה־הַיּוֹם עָשָׂה יהוה, נָגִילָה וְנִשְׂמְחָה בוֹ:

אָנָּא יהוה הוֹשִׁיעָה נָּא:
אָנָּא יהוה הוֹשִׁיעָה נָּא:
אָנָּא יהוה הַצְלִיחָה נָא:
אָנָּא יהוה הַצְלִיחָה נָא:

בָּרוּךְ הַבָּא בְּשֵׁם יהוה, בֵּרַכְנוּכֶם מִבֵּית יהוה:
בָּרוּךְ הַבָּא בְּשֵׁם יהוה, בֵּרַכְנוּכֶם מִבֵּית יהוה:

אֵל יהוה וַיָּאֶר לָנוּ, אִסְרוּ־חַג
בַּעֲבֹתִים עַד־קַרְנוֹת הַמִּזְבֵּחַ:
אֵל יהוה וַיָּאֶר לָנוּ, אִסְרוּ־חַג בַּעֲבֹתִים עַד־קַרְנוֹת הַמִּזְבֵּחַ:

אֵלִי אַתָּה וְאוֹדֶךָּ, אֱלֹהַי אֲרוֹמְמֶךָּ:
אֵלִי אַתָּה וְאוֹדֶךָּ, אֱלֹהַי אֲרוֹמְמֶךָּ:

הוֹדוּ לַיהוה כִּי־טוֹב, כִּי לְעוֹלָם חַסְדּוֹ:
הוֹדוּ לַיהוה כִּי־טוֹב, כִּי לְעוֹלָם חַסְדּוֹ:

יְהַלְלוּךָ יהוה אֱלֹהֵינוּ כָּל מַעֲשֶׂיךָ פסחים קיח.
וַחֲסִידֶיךָ צַדִּיקִים עוֹשֵׂי רְצוֹנֶךָ,
וְכָל עַמְּךָ בֵּית יִשְׂרָאֵל
בְּרִנָּה יוֹדוּ וִיבָרְכוּ וִישַׁבְּחוּ
וִיפָאֲרוּ וִירוֹמְמוּ וְיַעֲרִיצוּ
וְיַקְדִּישׁוּ וְיַמְלִיכוּ אֶת שִׁמְךָ מַלְכֵּנוּ
כִּי לְךָ טוֹב לְהוֹדוֹת וּלְשִׁמְךָ נָאֶה לְזַמֵּר
כִּי מֵעוֹלָם וְעַד עוֹלָם אַתָּה אֵל.

הוֹדוּ לַיהוה כִּי־טוֹב כִּי לְעוֹלָם חַסְדּוֹ: תהלים קלו
הוֹדוּ לֵאלֹהֵי הָאֱלֹהִים כִּי לְעוֹלָם חַסְדּוֹ:
הוֹדוּ לַאֲדֹנֵי הָאֲדֹנִים כִּי לְעוֹלָם חַסְדּוֹ:
לְעֹשֵׂה נִפְלָאוֹת גְּדֹלוֹת לְבַדּוֹ כִּי לְעוֹלָם חַסְדּוֹ:
לְעֹשֵׂה הַשָּׁמַיִם בִּתְבוּנָה כִּי לְעוֹלָם חַסְדּוֹ:
לְרֹקַע הָאָרֶץ עַל־הַמָּיִם כִּי לְעוֹלָם חַסְדּוֹ:
לְעֹשֵׂה אוֹרִים גְּדֹלִים כִּי לְעוֹלָם חַסְדּוֹ:
אֶת־הַשֶּׁמֶשׁ לְמֶמְשֶׁלֶת בַּיּוֹם כִּי לְעוֹלָם חַסְדּוֹ:
אֶת־הַיָּרֵחַ וְכוֹכָבִים לְמֶמְשְׁלוֹת בַּלָּיְלָה כִּי לְעוֹלָם חַסְדּוֹ:
לְמַכֵּה מִצְרַיִם בִּבְכוֹרֵיהֶם כִּי לְעוֹלָם חַסְדּוֹ:
וַיּוֹצֵא יִשְׂרָאֵל מִתּוֹכָם כִּי לְעוֹלָם חַסְדּוֹ:
בְּיָד חֲזָקָה וּבִזְרוֹעַ נְטוּיָה כִּי לְעוֹלָם חַסְדּוֹ:
לְגֹזֵר יַם־סוּף לִגְזָרִים כִּי לְעוֹלָם חַסְדּוֹ:
וְהֶעֱבִיר יִשְׂרָאֵל בְּתוֹכוֹ כִּי לְעוֹלָם חַסְדּוֹ:
וְנִעֵר פַּרְעֹה וְחֵילוֹ בְיַם־סוּף כִּי לְעוֹלָם חַסְדּוֹ:
לְמוֹלִיךְ עַמּוֹ בַּמִּדְבָּר כִּי לְעוֹלָם חַסְדּוֹ: תהלים קלו
לְמַכֵּה מְלָכִים גְּדֹלִים כִּי לְעוֹלָם חַסְדּוֹ:
וַיַּהֲרֹג מְלָכִים אַדִּירִים כִּי לְעוֹלָם חַסְדּוֹ:
לְסִיחוֹן מֶלֶךְ הָאֱמֹרִי כִּי לְעוֹלָם חַסְדּוֹ:
וּלְעוֹג מֶלֶךְ הַבָּשָׁן כִּי לְעוֹלָם חַסְדּוֹ:
וְנָתַן אַרְצָם לְנַחֲלָה כִּי לְעוֹלָם חַסְדּוֹ:
נַחֲלָה לְיִשְׂרָאֵל עַבְדּוֹ כִּי לְעוֹלָם חַסְדּוֹ:
שֶׁבְּשִׁפְלֵנוּ זָכַר לָנוּ כִּי לְעוֹלָם חַסְדּוֹ:
וַיִּפְרְקֵנוּ מִצָּרֵינוּ כִּי לְעוֹלָם חַסְדּוֹ:
נֹתֵן לֶחֶם לְכָל־בָּשָׂר כִּי לְעוֹלָם חַסְדּוֹ:
הוֹדוּ לְאֵל הַשָּׁמָיִם כִּי לְעוֹלָם חַסְדּוֹ:

# נִשְׁמַת

כָּל חַי תְּבָרֵךְ אֶת שִׁמְךָ, יהוה אֱלֹהֵינוּ
וְרוּחַ כָּל בָּשָׂר תְּפָאֵר וּתְרוֹמֵם זִכְרְךָ מַלְכֵּנוּ תָּמִיד
מִן הָעוֹלָם וְעַד הָעוֹלָם אַתָּה אֵל.
וּמִבַּלְעָדֶיךָ אֵין לָנוּ מֶלֶךְ גּוֹאֵל וּמוֹשִׁיעַ
פּוֹדֶה וּמַצִּיל וּמְפַרְנֵס וְעוֹנֶה וּמְרַחֵם
בְּכָל עֵת צָרָה וְצוּקָה אֵין לָנוּ מֶלֶךְ עוֹזֵר וְסוֹמֵךְ אֶלָּא אָתָּה.
אֱלֹהֵי הָרִאשׁוֹנִים וְהָאַחֲרוֹנִים
אֱלוֹהַּ כָּל בְּרִיּוֹת
אֲדוֹן כָּל תּוֹלָדוֹת הַמְהֻלָּל בְּרֹב הַתִּשְׁבָּחוֹת
הַמְנַהֵג עוֹלָמוֹ בְּחֶסֶד וּבְרִיּוֹתָיו בְּרַחֲמִים.
וַיהוה עֵר
הִנֵּה לֹא יָנוּם וְלֹא יִישָׁן
הַמְעוֹרֵר יְשֵׁנִים וְהַמֵּקִיץ נִרְדָּמִים
וְהַמֵּשִׂיחַ אִלְּמִים וְהַמַּתִּיר אֲסוּרִים
וְהַסּוֹמֵךְ נוֹפְלִים וְהַזּוֹקֵף כְּפוּפִים וְהַמְפַעְנֵחַ נֶעְלָמִים
וּלְךָ לְבַדְּךָ אֲנַחְנוּ מוֹדִים
וְאִלּוּ פִינוּ מָלֵא שִׁירָה כַּיָּם
וּלְשׁוֹנֵנוּ רִנָּה כַּהֲמוֹן גַּלָּיו
וְשִׂפְתוֹתֵינוּ שֶׁבַח כְּמֶרְחֲבֵי רָקִיעַ
וְעֵינֵינוּ מְאִירוֹת כַּשֶּׁמֶשׁ וְכַיָּרֵחַ
וְיָדֵינוּ פְרוּשׂוֹת כְּנִשְׁרֵי שָׁמָיִם
וְרַגְלֵינוּ קַלּוֹת כָּאַיָּלוֹת

אֵין אֲנַחְנוּ מַסְפִּיקִים לְהוֹדוֹת לְךָ
יהוה אֱלֹהֵינוּ וֵאלֹהֵי אֲבוֹתֵינוּ
וּלְבָרֵךְ אֶת שְׁמֶךָ, מַלְכֵּנוּ
עַל אַחַת מֵאֶלֶף אֶלֶף אַלְפֵי אֲלָפִים וְרִבֵּי רְבָבוֹת פְּעָמִים
הַטּוֹבוֹת, נִסִּים וְנִפְלָאוֹת שֶׁעָשִׂיתָ עִם אֲבוֹתֵינוּ וְעִמָּנוּ
מִלְּפָנִים מִמִּצְרַיִם גְּאַלְתָּנוּ, יהוה אֱלֹהֵינוּ
וּמִבֵּית עֲבָדִים פְּדִיתָנוּ
בְּרָעָב זַנְתָּנוּ וּבְשָׂבָע כִּלְכַּלְתָּנוּ
מֵחֶרֶב הִצַּלְתָּנוּ וּמִדֶּבֶר מִלַּטְתָּנוּ
וּמֵחֳלָיִים רָעִים וְרַבִּים וְנֶאֱמָנִים דִּלִּיתָנוּ.
עַד הֵנָּה עֲזָרוּנוּ רַחֲמֶיךָ וְלֹא עֲזָבוּנוּ חֲסָדֶיךָ, יהוה אֱלֹהֵינוּ
וְאַל תִּטְּשֵׁנוּ, יהוה אֱלֹהֵינוּ, לָנֶצַח.
עַל כֵּן אֵבָרִים שֶׁפִּלַּגְתָּ בָּנוּ
וְרוּחַ וּנְשָׁמָה שֶׁנָּפַחְתָּ בְּאַפֵּנוּ
וְלָשׁוֹן אֲשֶׁר שַׂמְתָּ בְּפִינוּ
הֵן הֵם יוֹדוּ וִיבָרְכוּ וִישַׁבְּחוּ וִיפָאֲרוּ וִישׁוֹרְרוּ
וִירוֹמְמוּ וְיַעֲרִיצוּ וְיַקְדִּישׁוּ וְיַמְלִיכוּ אֶת שִׁמְךָ מַלְכֵּנוּ תָּמִיד
כִּי כָל פֶּה לְךָ יוֹדֶה
וְכָל לָשׁוֹן לְךָ תִשָּׁבַע
וְכָל עַיִן לְךָ תְצַפֶּה
וְכָל בֶּרֶךְ לְךָ תִכְרַע
וְכָל קוֹמָה לְפָנֶיךָ תִשְׁתַּחֲוֶה
וְכָל הַלְּבָבוֹת יִירָאוּךָ
וְכָל קֶרֶב וּכְלָיוֹת יְזַמְּרוּ לִשְׁמֶךָ

כַּדָּבָר שֶׁכָּתוּב

כָּל עַצְמֹתַי תֹּאמַרְנָה יהוה מִי כָמוֹךָ תהלים לה
מַצִּיל עָנִי מֵחָזָק מִמֶּנּוּ, וְעָנִי וְאֶבְיוֹן מִגֹּזְלוֹ:
שַׁוְעַת עֲנִיִּים אַתָּה תִשְׁמַע
צַעֲקַת הַדַּל תַּקְשִׁיב וְתוֹשִׁיעַ.
מִי יִדְמֶה לָּךְ וּמִי יִשְׁוֶה לָּךְ וּמִי יַעֲרָךְ לָךְ
הָאֵל הַגָּדוֹל, הַגִּבּוֹר וְהַנּוֹרָא, אֵל עֶלְיוֹן, קוֹנֵה שָׁמַיִם וָאָרֶץ.
נְהַלֶּלְךָ וּנְשַׁבֵּחֲךָ וּנְפָאֶרְךָ וּנְבָרֵךְ אֶת שֵׁם קָדְשֶׁךָ

כָּאָמוּר

לְדָוִד, בָּרְכִי נַפְשִׁי אֶת־יהוה תהלים קג
וְכָל־קְרָבַי אֶת־שֵׁם קָדְשׁוֹ:
הָאֵל בְּתַעֲצוּמוֹת עֻזֶּךָ
הַגָּדוֹל בִּכְבוֹד שְׁמֶךָ
הַגִּבּוֹר לָנֶצַח וְהַנּוֹרָא בְּנוֹרְאוֹתֶיךָ
הַמֶּלֶךְ הַיּוֹשֵׁב עַל כִּסֵּא.
רָם וְנִשָּׂא
שׁוֹכֵן עַד מָרוֹם וְקָדוֹשׁ שְׁמוֹ

וְכָתוּב

רַנְּנוּ צַדִּיקִים בַּיהוה, לַיְשָׁרִים נָאוָה תְהִלָּה: תהלים לג

בְּפִי יְשָׁרִים תִּתְרוֹמָם
וּבְשִׂפְתֵי צַדִּיקִים תִּתְבָּרַךְ
וּבִלְשׁוֹן חֲסִידִים תִּתְקַדָּשׁ
וּבְקֶרֶב קְדוֹשִׁים תִּתְהַלָּל

וּבְמַקְהֲלוֹת רִבְבוֹת עַמְּךָ בֵּית יִשְׂרָאֵל
בְּרִנָּה יִתְפָּאַר שִׁמְךָ מַלְכֵּנוּ בְּכָל דּוֹר וָדוֹר
שֶׁכֵּן חוֹבַת כָּל הַיְצוּרִים
לְפָנֶיךָ יהוה אֱלֹהֵינוּ וֵאלֹהֵי אֲבוֹתֵינוּ
לְהוֹדוֹת, לְהַלֵּל, לְשַׁבֵּחַ, לְפָאֵר, לְרוֹמֵם
לְהַדֵּר וּלְנַצֵּחַ, לְבָרֵךְ לְעַלֵּה וּלְקַלֵּס
עַל כָּל דִּבְרֵי שִׁירוֹת וְתִשְׁבְּחוֹת
דָּוִד בֶּן יִשַׁי עַבְדְּךָ מְשִׁיחֶךָ.

וּבְכֵן יִשְׁתַּבַּח שִׁמְךָ לָעַד מַלְכֵּנוּ
הָאֵל, הַמֶּלֶךְ, הַגָּדוֹל וְהַקָּדוֹשׁ בַּשָּׁמַיִם וּבָאָרֶץ
כִּי לְךָ נָאֶה, יהוה אֱלֹהֵינוּ וֵאלֹהֵי אֲבוֹתֵינוּ
שִׁיר וּשְׁבָחָה, הַלֵּל וְזִמְרָה
עֹז וּמֶמְשָׁלָה, נֶצַח, גְּדֻלָּה וּגְבוּרָה
תְּהִלָּה וְתִפְאֶרֶת, קְדֻשָּׁה וּמַלְכוּת
בְּרָכוֹת וְהוֹדָאוֹת לְשִׁמְךָ הַגָּדוֹל וְהַקָּדוֹשׁ
וּמֵעוֹלָם וְעַד עוֹלָם אַתָּה אֵל.
בָּרוּךְ אַתָּה יהוה
אֵל מֶלֶךְ גָּדוֹל וּמְהֻלָּל בַּתִּשְׁבָּחוֹת
אֵל הַהוֹדָאוֹת
אֲדוֹן הַנִּפְלָאוֹת
בּוֹרֵא כָּל הַנְּשָׁמוֹת, רִבּוֹן כָּל הַמַּעֲשִׂים
הַבּוֹחֵר בְּשִׁירֵי זִמְרָה, מֶלֶךְ, יָחִיד
אֵל, חֵי הָעוֹלָמִים.

הנני מוכן ומזומן לקיים מצוות כוס רביעי של ארבע כוסות.
לשם ייחוד קודשא בריך הוא ושכינתיה על ידי ההוא טמיר ונעלם בשם כל ישראל.

**בָּרוּךְ אַתָּה יהוה אֱלֹהֵינוּ מֶלֶךְ הָעוֹלָם**
**בּוֹרֵא פְּרִי הַגָּפֶן.**

שותים כוס רביעי בהסבת שמאל.

בָּרוּךְ אַתָּה יהוה אֱלֹהֵינוּ מֶלֶךְ הָעוֹלָם
עַל הַגֶּפֶן וְעַל פְּרִי הַגֶּפֶן
וְעַל תְּנוּבַת הַשָּׂדֶה
וְעַל אֶרֶץ חֶמְדָּה טוֹבָה וּרְחָבָה
שֶׁרָצִיתָ וְהִנְחַלְתָּ לַאֲבוֹתֵינוּ לֶאֱכֹל מִפִּרְיָהּ וְלִשְׂבֹּעַ מִטּוּבָהּ.
רַחֵם נָא יהוה אֱלֹהֵינוּ עַל יִשְׂרָאֵל עַמֶּךָ
וְעַל יְרוּשָׁלַיִם עִירֶךָ וְעַל צִיּוֹן מִשְׁכַּן כְּבוֹדֶךָ
וְעַל מִזְבְּחֶךָ וְעַל הֵיכָלֶךָ.
וּבְנֵה יְרוּשָׁלַיִם עִיר הַקֹּדֶשׁ בִּמְהֵרָה בְיָמֵינוּ
וְהַעֲלֵנוּ לְתוֹכָהּ וְשַׂמְּחֵנוּ בְּבִנְיָנָהּ
וְנֹאכַל מִפִּרְיָהּ וְנִשְׂבַּע מִטּוּבָהּ,
וּנְבָרֶכְךָ עָלֶיהָ בִּקְדֻשָּׁה וּבְטָהֳרָה.
(בשבת: וּרְצֵה וְהַחֲלִיצֵנוּ בְּיוֹם הַשַּׁבָּת הַזֶּה)
וְשַׂמְּחֵנוּ בְּיוֹם חַג הַמַּצּוֹת הַזֶּה
כִּי אַתָּה יהוה טוֹב וּמֵטִיב לַכֹּל, וְנוֹדֶה לְּךָ
עַל הָאָרֶץ וְעַל פְּרִי גַפְנָהּ.
בָּרוּךְ אַתָּה יהוה
עַל הָאָרֶץ וְעַל פְּרִי גַפְנָהּ.

## נרצה

חֲסַל סִדּוּר פֶּסַח כְּהִלְכָתוֹ, כְּכָל מִשְׁפָּטוֹ וְחֻקָּתוֹ
כַּאֲשֶׁר זָכִינוּ לְסַדֵּר אוֹתוֹ, כֵּן נִזְכֶּה לַעֲשׂוֹתוֹ
זָךְ שׁוֹכֵן מְעוֹנָה, קוֹמֵם קְהַל עֲדַת מִי מָנָה
קָרֵב נַהֵל נִטְעֵי כַנָּה, פְּדוּיִם לְצִיּוֹן בְּרִנָּה.

**לַשָּׁנָה הַבָּאָה בִּירוּשָׁלַיִם הַבְּנוּיָה.**

---

**חסל סידור פסח**

פסקה זו, החותמת את הסדר בייחול שנזכה לחגוג אותו שוב בעתיד, לקוחה מתוך פיוט שחובר במאה האחת־עשרה בידי רבי יוסף טוב עלם. מלכתחילה נהגו לומר את הפיוט הזה בבית הכנסת בשבת הגדול, השבת הקודמת לפסח, והוא הועתק להגדה במאה הארבע־עשרה.

**לשנה הבאה בירושלים**

כמו בנעילת התפילות ביום כיפור, גם כאן – בשני הרגעים הנעלים ביותר בשנה היהודית – אנחנו מתפללים "לשנה הבאה בירושלים".

שום דבר בעולם הרגש של העמים בכל רחבי העולם לא ישווה לאהבה שאנו היהודים רוחשים לירושלים ולקשר העמוק שלנו עמה. אחד ממזמורי תהלים מלמד במילים בלתי־נשכחות על רגשותיהם של גולי בבל לפני 2,500 שנה:

> עַל נַהֲרוֹת בָּבֶל, שָׁם יָשַׁבְנוּ, גַּם בָּכִינוּ, בְּזָכְרֵנוּ אֶת צִיּוֹן. עַל עֲרָבִים בְּתוֹכָהּ תָּלִינוּ כִּנֹּרוֹתֵינוּ. כִּי שָׁם שְׁאֵלוּנוּ שׁוֹבֵינוּ דִּבְרֵי שִׁיר וְתוֹלָלֵינוּ שִׂמְחָה: שִׁירוּ לָנוּ מִשִּׁיר צִיּוֹן! אֵיךְ נָשִׁיר אֶת שִׁיר ה' עַל אַדְמַת נֵכָר? אִם אֶשְׁכָּחֵךְ יְרוּשָׁלָםִ, תִּשְׁכַּח יְמִינִי. תִּדְבַּק לְשׁוֹנִי לְחִכִּי אִם לֹא אֶזְכְּרֵכִי, אִם לֹא אַעֲלֶה אֶת יְרוּשָׁלַםִ עַל רֹאשׁ שִׂמְחָתִי. (תהלים קלז, א–ו)

היהודים שימרו תמיד את זכר ירושלים, בכל אשר היו. הם התפללו לעברה. הם דיברו עליה ללא הרף. בחתונות הם שברו כוס לזכרה. בתשעה באב הם ישבו והתאבלו על חורבנה כאילו היה אסון שהתרחש לא מכבר. הם ערגו אליה באהבת נצח.

## וּבְכֵן וַיְהִי בַּחֲצִי הַלַּיְלָה

אָז רֹב נִסִּים הִפְלֵאתָ בַּלַּיְלָה
בְּרֹאשׁ אַשְׁמוּרוֹת זֶה הַלַּיְלָה
גֵּר צֶדֶק נִצַּחְתּוֹ, כְּנֶחֱלַק לוֹ לַיְלָה
וַיְהִי בַּחֲצִי הַלַּיְלָה

---

ההיסטוריון הצרפתי שאטובריאן, שביקר בירושלים בראשית המאה התשע־עשרה, הוצף בהתרגשות כשראה לראשונה את הקהילה היהודית הקטנה בעיר הממתינה בסבלנות לבוא המשיח. העם הזה, כתב,

> ראה את ירושלים נחרבת שבע־עשרה פעמים, ובכל זאת אין דבר בעולם שיוכל לרפות את ידיו או למנוע ממנו לשאת את עיניו לציון. הרואה את היהודים נפוצים על כל פני האדמה, על פי הבטחת האל, תוהה ומשתאה. אבל תדהמה צפויה, כלמראה נס, למי שמגלה כי הם עדיין בירושלים ותופס כי אלה שעל פי החוק והצדק הם אדוני יהודה מתקיימים כעבדים וכנכרים על אדמתם; כי למרות ההתעללויות הם ממתינים למלך שיושיעם.

הוא מציין עוד כי "אומה קטנה" זו שרדה בעוד האימפריות הגדולות שביקשו את חורבנה נמחקו, ומוסיף: "אם יש בין אומות העולם משהו שחותם הנס טבוע בו, כאן מצוי הנס הזה, לדעתנו".

מספרים כי פעם אחת חלף נפוליאון על פני בית כנסת בתשעה באב ונדהם לשמע קולות הקינה הבוקעים ממנו. "על מה בוכים היהודים?" שאל את אחד מקציניו. "על ירושלים", השיב לו הקצין. "לפני כמה זמן איבדו את ירושלים?" "לפני יותר מאלף ושבע מאות שנה". נפוליאון שתק רגע ואז אמר: "עם שיכול לזכור זמן כה רב את ירושלים יזכה שהיא תשוב אליו ביום מן הימים". וכך קרה בימינו.

**ויהי בחצי הלילה**

יניי, שכתב את הפיוט הזה, היה אחד הפייטנים הקדומים והשפעתו הייתה רבה. חלק גדול מפיוטיו התגלו מחדש במאה העשרים בממצאים מן הגניזה הקהירית. הוא חי במאה השישית לספירה או לפניה.

דַּנְתָּ מֶלֶךְ גְּרָר בַּחֲלוֹם הַלַּיְלָה
הִפְחַדְתָּ אֲרַמִּי בְּאֶמֶשׁ לַיְלָה
וַיִּשְׂרָאֵל יָשַׁר לָאֵל, וַיּוּכַל לוֹ לַיְלָה
וַיְהִי בַּחֲצִי הַלַּיְלָה

זֶרַע בְּכוֹרֵי פַתְרוֹס מָחַצְתָּ בַּחֲצִי הַלַּיְלָה
חֵילָם לֹא מָצְאוּ בְּקוּמָם בַּלַּיְלָה
טִיסַת נְגִיד חֲרֹשֶׁת סִלִּיתָ בְכוֹכְבֵי לַיְלָה
וַיְהִי בַּחֲצִי הַלַּיְלָה

יָעַץ מְחָרֵף לְנוֹפֵף אִוּוּי, הוֹבַשְׁתָּ פְגָרָיו בַּלַּיְלָה
כָּרַע בֵּל וּמַצָּבוֹ בְּאִישׁוֹן לַיְלָה
לְאִישׁ חֲמוּדוֹת נִגְלָה רָז חֲזוֹת לַיְלָה
וַיְהִי בַּחֲצִי הַלַּיְלָה

---

הואיל וסדר פסח הוא אחד הטקסים הספורים הנערכים בלילה, מונה ינאי אירועי הצלה אחרים שקרו בלילה. אברהם ניצח במלחמתו נגד ארבעת המלכים (בראשית יד, טו). אבימלך מלך גרר שלקח לו את שרה שמע מפי אלוהים כי גזל את אשתו של אברהם (בראשית כ, ב-ג). לבן ראה את אלוהים בחלום ושמע מפיו שאסור לו לפגוע בחתנו יעקב (בראשית לא, כט). יעקב נאבק במלאך (בראשית לב, כד). סיסרא שר צבא כנען הובס בידי דבורה וברק (שופטים ה). סנחריב מלך אשור השעה את איומו לתקוף את חזקיהו משום שחלק גדול מצבאו מת באופן מסתורי בלילה (מלכים ב׳ יט). דניאל זכה בהתגלות שהבהירה לו את משמעות חלומו של נבוכדנאצר וניצל מגוב האריות (דניאל ב, יט; ו, יט-כא). בלשאצר, ששדד את כלי המקדש, מת (דניאל ה, ל). אחשוורוש, ששנתו נדדה, ציווה על עבדו לקרוא לו מדברי הימים ונזכר כי מרדכי הציל את חייו (אסתר ו, א) – ראשיתם של האירועים שהביאו למפלתו של המן ולישועה שאנחנו מזכירים בפורים. אלה הם רבים מהדי ליל השימורים, הלילה שבו אלוהים שומר עלינו.

מִשְׁתַּכֵּר בִּכְלֵי קֹדֶשׁ נֶהֱרַג בּוֹ בַּלַּיְלָה
נוֹשַׁע מִבּוֹר אֲרָיוֹת, פּוֹתֵר בִּעֲתוּתֵי לַיְלָה
שִׂנְאָה נָטַר אֲגָגִי, וְכָתַב סְפָרִים בַּלַּיְלָה
וַיְהִי בַּחֲצִי הַלַּיְלָה

עוֹרַרְתָּ נִצְחֲךָ עָלָיו בְּנֶדֶד שְׁנַת לַיְלָה
פּוּרָה תִדְרוֹךְ לְשׁוֹמֵר מַה מִּלַּיְלָה
צָרַח כַּשּׁוֹמֵר, וְשָׂח אָתָא בֹקֶר וְגַם לַיְלָה
וַיְהִי בַּחֲצִי הַלַּיְלָה

קָרֵב יוֹם אֲשֶׁר הוּא לֹא יוֹם וְלֹא לַיְלָה
רָם הוֹדַע כִּי לְךָ הַיּוֹם אַף לְךָ הַלַּיְלָה
שׁוֹמְרִים הַפְקֵד לְעִירְךָ כָּל הַיּוֹם וְכָל הַלַּיְלָה
תָּאִיר כְּאוֹר יוֹם חֶשְׁכַת לַיְלָה
וַיְהִי בַּחֲצִי הַלַּיְלָה

וּבְכֵן וַאֲמַרְתֶּם זֶבַח פֶּסַח

אֹמֶץ גְּבוּרוֹתֶיךָ הִפְלֵאתָ בַּפֶּסַח
בְּרֹאשׁ כָּל מוֹעֲדוֹת נִשֵּׂאתָ פֶּסַח
גִּלִּיתָ לְאֶזְרָחִי חֲצוֹת לֵיל פֶּסַח
וַאֲמַרְתֶּם זֶבַח פֶּסַח

---

**ואמרתם זבח פסח**

פיוט זה נכתב בידי תלמידו של ינאי, הפייטן אלעזר הקליר. הפזמון החוזר לקוח משמות יב, כז: כאשר ישאלך בנך למשמעות טקסי הפסח, "וַאֲמַרְתֶּם: זֶבַח פֶּסַח הוּא לַה'".

הקליר מקבץ יחדיו את האירועים הרבים שקרו על פי המסורת בפסח.

דְּלָתָיו דָּפַקְתָּ כְּחֹם הַיּוֹם      בַּפֶּסַח
הִסְעִיד נוֹצְצִים עֻגוֹת מַצּוֹת      בַּפֶּסַח
וְאֶל הַבָּקָר, רָץ זֵכֶר לְשׁוֹר עֵרֶךְ      פֶּסַח
וַאֲמַרְתֶּם זֶבַח פֶּסַח

זֹעֲמוּ סְדוֹמִים, וְלֹהֲטוּ בָּאֵשׁ      בַּפֶּסַח
חֻלַּץ לוֹט מֵהֶם, וּמַצּוֹת אָפָה בְּקֵץ      פֶּסַח
טִאטֵאתָ אַדְמַת מֹף וְנֹף בְּעָבְרְךָ      בַּפֶּסַח
וַאֲמַרְתֶּם זֶבַח פֶּסַח

יָהּ, רֹאשׁ כָּל אוֹן מָחַצְתָּ בְּלֵיל שִׁמּוּר      פֶּסַח
כַּבִּיר, עַל בֵּן בְּכוֹר פָּסַחְתָּ בְּדַם      פֶּסַח
לְבִלְתִּי תֵּת מַשְׁחִית לָבֹא בִּפְתָחַי      בַּפֶּסַח
וַאֲמַרְתֶּם זֶבַח פֶּסַח

---

אברהם בברית בין הבתרים צפה כי צאצאיו יסבלו גלות ועינויים (בראשית טו, יב-טז). המלאכים שפקדו אותו אמרו לו ששרה תלד בן (בראשית יח). גם לוט זכה לביקורם של המלאכים שהצילו אותו מחורבן סדום (בראשית יט). אלוהים הגן על בני־ישראל והמיט חורבן על המצרים במכה האחרונה, מכת בכורות (שמות יב, כט-לב). על יריחו הוטל מצור והיא נהרסה בידי יהושע אחרי שבני־ישראל חגגו את הפסח (יהושע ה-ו). גדעון הביס את המדיינים (שופטים ו-ז), וסנחריב, האשורים והבבלים ניגפו בתקופה זו של השנה. אסתר צמה בפסח והמן נתלה בו.

פסח היה אפוא תקופה של ישועה – לא ישועה אחת כי אם ישועות רבות. כמה אופייני לתחושת הזמן של חז״ל לשלב את זיכרון האירועים הרבים ליום אחד. כך הפך תשעה באב ליום שבו אנו נזכרים בטרגדיות הרבות של ההיסטוריה היהודית. פסח היה הרגע המתאים לזכור בו את הישועות הרבות. באופן כזה נארג הזמן עצמו בתוך טקסט שעיקרו – גלות, סבל, גאולה, חירות, שיבה – חקוק במבנה ההיסטוריה היהודית והופך לנראטיב־העל שבאמצעותו אנחנו מבינים מי אנחנו ומהו הסיפור שאנחנו חלק ממנו.

מְסֻגֶּרֶת סֻגָּרָה בְּעִתּוֹתֵי פֶּסַח
נִשְׁמְדָה מִדְיָן בִּצְלִיל שְׂעוֹרֵי עֹמֶר פֶּסַח
שֹׂרְפוּ מִשְׁמַנֵּי פּוּל וְלוּד, בִּיקַד יְקוֹד פֶּסַח
וַאֲמַרְתֶּם זֶבַח פֶּסַח

עוֹד הַיּוֹם בְּנֹב לַעֲמֹד, עַד גָּעָה עוֹנַת פֶּסַח
פַּס יָד כָּתְבָה לְקַעְקֵעַ צוּל בַּפֶּסַח
צָפֹה הַצָּפִית עָרוֹךְ הַשֻּׁלְחָן בַּפֶּסַח
וַאֲמַרְתֶּם זֶבַח פֶּסַח

קָהָל כִּנְּסָה הֲדַסָּה, צוֹם לְשַׁלֵּשׁ בַּפֶּסַח
רֹאשׁ מִבֵּית רָשָׁע מָחַצְתָּ בְּעֵץ חֲמִשִּׁים בַּפֶּסַח
שְׁתֵּי אֵלֶּה, רֶגַע תָּבִיא לְעוּצִית בַּפֶּסַח
תָּעֹז יָדְךָ, תָּרוּם יְמִינֶךָ, כְּלֵיל הִתְקַדֵּשׁ חַג פֶּסַח
וַאֲמַרְתֶּם זֶבַח פֶּסַח

כִּי לוֹ נָאֶה, כִּי לוֹ יָאֶה
אַדִּיר בִּמְלוּכָה בָּחוּר כַּהֲלָכָה גְּדוּדָיו יֹאמְרוּ לוֹ
לְךָ וּלְךָ, לְךָ כִּי לְךָ, לְךָ אַף לְךָ, לְךָ יהוה הַמַּמְלָכָה
כִּי לוֹ נָאֶה, כִּי לוֹ יָאֶה

---

**לך ולך**

פיוט זה, כמו הבאים אחריו, אינו שייך ישירות לחג הפסח. ייתכן שנכתב בידי הרב יעקב חזן מלונדון, והוא מופיע בספרו **עץ חיים**. הוא בנוי סביב המילה "לְךָ" – המופיעה בפסוקים כמו "לְךָ יוֹם אַף לְךָ לָיְלָה" (תהלים עד, טז), "לְךָ שָׁמַיִם אַף לְךָ אָרֶץ" (תהלים פט, יב), "לְךָ ה׳ הַגְּדֻלָּה וְהַגְּבוּרָה" (דברי הימים א׳ כט, יא), "כִּי לְךָ יָאָתָה" (ירמיה י, ז). אברבנאל אומר כי החזרה בת שבעת החלקים על המילה "לך" מסמלת את שבעת הרקיעים, שבע קבוצות הכוכבים ושבעת ימות השבוע. ייתכן שיש כאן גם רמיזה לשבע הפעמים במקרא שבה המילה "לך"

דָּגוּל בִּמְלוּכָה הָדוּר כַּהֲלָכָה וָתִיקָיו יֹאמְרוּ לוֹ
לְךָ וּלְךָ, לְךָ כִּי לְךָ, לְךָ אַף לְךָ, לְךָ יהוה הַמַּמְלָכָה
כִּי לוֹ נָאֶה, כִּי לוֹ יָאֶה

זַכַּאי בִּמְלוּכָה חָסִין כַּהֲלָכָה טַפְסְרָיו יֹאמְרוּ לוֹ
לְךָ וּלְךָ, לְךָ כִּי לְךָ, לְךָ אַף לְךָ, לְךָ יהוה הַמַּמְלָכָה
כִּי לוֹ נָאֶה, כִּי לוֹ יָאֶה

יָחִיד בִּמְלוּכָה כַּבִּיר כַּהֲלָכָה לִמּוּדָיו יֹאמְרוּ לוֹ
לְךָ וּלְךָ, לְךָ כִּי לְךָ, לְךָ אַף לְךָ, לְךָ יהוה הַמַּמְלָכָה
כִּי לוֹ נָאֶה, כִּי לוֹ יָאֶה

מֶלֶךְ בִּמְלוּכָה נוֹרָא כַּהֲלָכָה סְבִיבָיו יֹאמְרוּ לוֹ
לְךָ וּלְךָ, לְךָ כִּי לְךָ, לְךָ אַף לְךָ, לְךָ יהוה הַמַּמְלָכָה
כִּי לוֹ נָאֶה, כִּי לוֹ יָאֶה

עָנָו בִּמְלוּכָה פּוֹדֶה כַּהֲלָכָה צַדִּיקָיו יֹאמְרוּ לוֹ
לְךָ וּלְךָ, לְךָ כִּי לְךָ, לְךָ אַף לְךָ, לְךָ יהוה הַמַּמְלָכָה
כִּי לוֹ נָאֶה, כִּי לוֹ יָאֶה

קָדוֹשׁ בִּמְלוּכָה רַחוּם כַּהֲלָכָה שִׁנְאַנָּיו יֹאמְרוּ לוֹ
לְךָ וּלְךָ, לְךָ כִּי לְךָ, לְךָ אַף לְךָ, לְךָ יהוה הַמַּמְלָכָה
כִּי לוֹ נָאֶה, כִּי לוֹ יָאֶה

תַּקִּיף בִּמְלוּכָה תּוֹמֵךְ כַּהֲלָכָה תְּמִימָיו יֹאמְרוּ לוֹ
לְךָ וּלְךָ, לְךָ כִּי לְךָ, לְךָ אַף לְךָ, לְךָ יהוה הַמַּמְלָכָה
כִּי לוֹ נָאֶה, כִּי לוֹ יָאֶה

---

באה להורות שהכוח והשבח הם לאלוהים ולו בלבד. מילות הפתיחה, "אדיר במלוכה", אפשר שהן מרמזות על קשר לפסח, כי במפלת פרעה הוכחה לראשונה ריבונותו של אלוהים על כל העוצמה האנושית, ונקבעה כעיקר אמונה.

# אַדִּיר הוּא

יִבְנֶה בֵּיתוֹ בְּקָרוֹב
בִּמְהֵרָה בִּמְהֵרָה, בְּיָמֵינוּ בְּקָרוֹב
אֵל בְּנֵה אֵל בְּנֵה
בְּנֵה בֵּיתְךָ בְּקָרוֹב

בָּחוּר הוּא גָּדוֹל הוּא דָּגוּל הוּא
הָדוּר הוּא וָתִיק הוּא זַכַּאי הוּא
חָסִיד הוּא טָהוֹר הוּא יָחִיד הוּא
כַּבִּיר הוּא לָמוּד הוּא מֶלֶךְ הוּא
נוֹרָא הוּא סַגִּיב הוּא עִזּוּז הוּא
פּוֹדֶה הוּא צַדִּיק הוּא קָדוֹשׁ הוּא
רַחוּם הוּא שַׁדַּי הוּא תַּקִּיף הוּא

יִבְנֶה בֵּיתוֹ בְּקָרוֹב
בִּמְהֵרָה בִּמְהֵרָה
בְּיָמֵינוּ בְּקָרוֹב
אֵל בְּנֵה אֵל בְּנֵה
בְּנֵה בֵּיתְךָ בְּקָרוֹב

---

**אדיר הוא, יבנה ביתו בקרוב**

פיוט זה, שהושר באביניון בימי הביניים בכל החגים, נכנס להגדה של פסח במאה הארבע־עשרה. זהו ביטוי למסורת שלפיה, אף שבית המקדש הראשון והשני נבנו בידי אדם ונחרבו, בית המקדש השלישי ייבנה בידי אלוהים עצמו ויעמוד על מכונו לעולם.

# אֶחָד מִי יוֹדֵעַ
# אֶחָד אֲנִי יוֹדֵעַ
# אֶחָד אֱלֹהֵינוּ שֶׁבַּשָּׁמַיִם וּבָאָרֶץ

שְׁנַיִם מִי יוֹדֵעַ
שְׁנַיִם אֲנִי יוֹדֵעַ
שְׁנֵי לוּחוֹת הַבְּרִית
אֶחָד אֱלֹהֵינוּ שֶׁבַּשָּׁמַיִם וּבָאָרֶץ

שְׁלוֹשָׁה מִי יוֹדֵעַ
שְׁלוֹשָׁה אֲנִי יוֹדֵעַ
שְׁלוֹשָׁה אָבוֹת
שְׁנֵי לוּחוֹת הַבְּרִית
אֶחָד אֱלֹהֵינוּ שֶׁבַּשָּׁמַיִם וּבָאָרֶץ

---

**אחד מי יודע**

שיר זה, כמוהו כ"חד גדיא", מופיע לראשונה בהגדת פראג משנת 1590, אם כי יש סימוכין לכך שהיה ידוע ומושר כבר מאות שנים קודם לכן. באביניון בימי הביניים נהגו לשיר אותו בחג הסוכות. בקוצ'ין הוא הושר בחתונות, אחרי שכנראה הובא להודו בידי סוחרים יהודים מספרד או מפורטוגל. כאן, כמו בהרבה תוספות אחרות שצורפו להגדה בימי הביניים, ניתן לאתר את התפשטות המנהגים מעולם יהודי אחד לעולמות יהודיים אחרים – עדות לעובדה שלמרות הסכנות הכרוכות במסעות מארץ לארץ, היהודים שמרו על קשר עם קהילות אחרות גם במקומות המרוחקים שנפוצו בהם וראו את עצמם כעם בינלאומי.

**אַרְבַּע מִי יוֹדֵעַ**
**אַרְבַּע אֲנִי יוֹדֵעַ**
**אַרְבַּע אִמָּהוֹת**
**שְׁלוֹשָׁה אָבוֹת שְׁנֵי לוּחוֹת הַבְּרִית**
**אֶחָד אֱלֹהֵינוּ שֶׁבַּשָּׁמַיִם וּבָאָרֶץ**

---

כמעט ודאי ש"אחד מי יודע?" הוא שיר שמקורו בכיתת לימוד והוא מרמז על עולם החינוך היהודי המרשים בתקופה שבה יתר ארצות אירופה היו שקועות במידה רבה בבערות ובבורות. היהודים הקימו בתי ספר בכל מקום שאליו הגיעו, בדרך כלל בעזרת מסי הקהילה, כדי להבטיח שכל ילד יזכה לחינוך. בראשית ימי הביניים ציין אָבֶּלָאר, ההוגה הנוצרי הגדול: "יהודי, עני ככל שיהיה, אם יש לו עשרה בנים הוא ילמד את כולם קרוא וכתוב, לא למען הרווח שבדבר, כמו הנוצרים, אלא כדי להבין את חוקי האל – ולא רק את בניו אלא גם את בנותיו".

ההיסטוריה של החינוך היהודי מיוחדת במינה. יותר מאלף שנה לפני הספירה, בימי השופטים, אנו קוראים על גדעון הפוגש נער בעיר סוכות ומבקש ממנו לכתוב לו את שמותיהם של זקני העיר. הנער עושה כדבריו, ומגיש לו רשימה של שבעים ושבעה שמות (שופטים ח, יד). פרשה זו מלמדת כי עוד לפני שלושת אלפים שנה רווחה האוריינות בקרב היהודים. בקרב עמי אירופה היא הפכה לתופעה מקובלת רק בשלהי המאה התשע־עשרה.

"אחד מי יודע?" הוא כנראה השיר שבאמצעותו למדו ילדים יהודים לספור. אנו למדים כי גם ההשכלה הכללית, כמו למשל לימוד החשבון, הייתה ספוגה במשמעות דתית. לכל אחד מהמספרים הייתה משמעות בחיים הרוחניים של היהדות. טקסט מלבב ששרד מימי הביניים באשכנז, שם חובר השיר, מתאר ילד יהודי המובא ליומו הראשון בבית הספר:

> כשאדם מכניס את בנו לתלמוד תורה, מרחיצין אותו ומלבישים אותו בגדים נקיים, ולשים לו שלוש חלות של סולת בדבש, ובתולה לשה את העיסה. ומבשלים לו ג' ביצים, ומביאים לו תפוחים ומיני פירות, ומחזרין אחר חכם וחשוב להוליכו לבית הספר, ומכסהו תחת כנפיו ומעלהו לבית הכנסת. ומקרין לו את האותיות, ואחר כך מחפים אותו בדבש, ואומרים לו לחוך, ומחזירים אותו לאמו מכוסה. (מחזור ויטרי 628)

חֲמִשָּׁה מִי יוֹדֵעַ
חֲמִשָּׁה אֲנִי יוֹדֵעַ
חֲמִשָּׁה חֻמְשֵׁי תוֹרָה
אַרְבַּע אִמָּהוֹת    שְׁלוֹשָׁה אָבוֹת    שְׁנֵי לוּחוֹת הַבְּרִית
אֶחָד אֱלֹהֵינוּ שֶׁבַּשָּׁמַיִם וּבָאָרֶץ

שִׁשָּׁה מִי יוֹדֵעַ
שִׁשָּׁה אֲנִי יוֹדֵעַ
שִׁשָּׁה סִדְרֵי מִשְׁנָה
חֲמִשָּׁה חֻמְשֵׁי תוֹרָה    אַרְבַּע אִמָּהוֹת    שְׁלוֹשָׁה אָבוֹת
שְׁנֵי לוּחוֹת הַבְּרִית
אֶחָד אֱלֹהֵינוּ שֶׁבַּשָּׁמַיִם וּבָאָרֶץ

שִׁבְעָה מִי יוֹדֵעַ
שִׁבְעָה אֲנִי יוֹדֵעַ
שִׁבְעָה יְמֵי שַׁבַּתָּא
שִׁשָּׁה סִדְרֵי מִשְׁנָה    חֲמִשָּׁה חֻמְשֵׁי תוֹרָה
אַרְבַּע אִמָּהוֹת    שְׁלוֹשָׁה אָבוֹת
שְׁנֵי לוּחוֹת הַבְּרִית
אֶחָד אֱלֹהֵינוּ שֶׁבַּשָּׁמַיִם וּבָאָרֶץ

---

הטקס העביר לילד בצורה גרפית את התפיסה שהלימוד מתוק, שהקהילה כולה שמחה בתחילת לימודיו, ושהוא עומד עתה בפתחם של חיים שעתידים בסופו של דבר להטיל עליו אחריות להמשכת המסורת ולהעברתה הלאה, בתורו, לילדיו. שום ציביליזציה אחרת לא שיוותה לצד הלימודי בחיי הילד כל כך הרבה יופי פשוט, ושום ציביליזציה לא ליוותה את ראשית הלימוד בדרמה דתית רבת־עוצמה. כשאנו מביאים ילד לראשונה לתלמוד תורה, כך אמרו בימים ההם, כאילו הבאנו אותו למעמד הר סיני.

שְׁמוֹנָה מִי יוֹדֵעַ
שְׁמוֹנָה אֲנִי יוֹדֵעַ
שְׁמוֹנָה יְמֵי מִילָה
שִׁבְעָה יְמֵי שַׁבְּתָא    שִׁשָּׁה סִדְרֵי מִשְׁנָה
חֲמִשָּׁה חֻמְשֵׁי תוֹרָה    אַרְבַּע אִמָּהוֹת
שְׁלוֹשָׁה אָבוֹת
שְׁנֵי לוּחוֹת הַבְּרִית
אֶחָד אֱלֹהֵינוּ שֶׁבַּשָּׁמַיִם וּבָאָרֶץ

תִּשְׁעָה מִי יוֹדֵעַ
תִּשְׁעָה אֲנִי יוֹדֵעַ
תִּשְׁעָה יַרְחֵי לֵדָה
שְׁמוֹנָה יְמֵי מִילָה    שִׁבְעָה יְמֵי שַׁבְּתָא
שִׁשָּׁה סִדְרֵי מִשְׁנָה    חֲמִשָּׁה חֻמְשֵׁי תוֹרָה
אַרְבַּע אִמָּהוֹת    שְׁלוֹשָׁה אָבוֹת
שְׁנֵי לוּחוֹת הַבְּרִית
אֶחָד אֱלֹהֵינוּ שֶׁבַּשָּׁמַיִם וּבָאָרֶץ

עֲשָׂרָה מִי יוֹדֵעַ
עֲשָׂרָה אֲנִי יוֹדֵעַ
עֲשָׂרָה דִבְּרַיָּא
תִּשְׁעָה יַרְחֵי לֵדָה    שְׁמוֹנָה יְמֵי מִילָה
שִׁבְעָה יְמֵי שַׁבְּתָא    שִׁשָּׁה סִדְרֵי מִשְׁנָה
חֲמִשָּׁה חֻמְשֵׁי תוֹרָה    אַרְבַּע אִמָּהוֹת    שְׁלוֹשָׁה אָבוֹת
שְׁנֵי לוּחוֹת הַבְּרִית
אֶחָד אֱלֹהֵינוּ שֶׁבַּשָּׁמַיִם וּבָאָרֶץ

אַחַד עָשָׂר מִי יוֹדֵעַ
אַחַד עָשָׂר אֲנִי יוֹדֵעַ
אַחַד עָשָׂר כּוֹכְבַיָּא
עֲשָׂרָה דִבְּרַיָּא  תִּשְׁעָה יַרְחֵי לֵדָה
שְׁמוֹנָה יְמֵי מִילָה  שִׁבְעָה יְמֵי שַׁבַּתָּא
שִׁשָּׁה סִדְרֵי מִשְׁנָה  חֲמִשָּׁה חֻמְשֵׁי תוֹרָה
אַרְבַּע אִמָּהוֹת  שְׁלוֹשָׁה אָבוֹת  שְׁנֵי לוּחוֹת הַבְּרִית
אֶחָד אֱלֹהֵינוּ שֶׁבַּשָּׁמַיִם וּבָאָרֶץ

שְׁנֵים עָשָׂר מִי יוֹדֵעַ
שְׁנֵים עָשָׂר אֲנִי יוֹדֵעַ
שְׁנֵים עָשָׂר שִׁבְטַיָּא
אַחַד עָשָׂר כּוֹכְבַיָּא  עֲשָׂרָה דִבְּרַיָּא  תִּשְׁעָה יַרְחֵי לֵדָה
שְׁמוֹנָה יְמֵי מִילָה  שִׁבְעָה יְמֵי שַׁבַּתָּא
שִׁשָּׁה סִדְרֵי מִשְׁנָה  חֲמִשָּׁה חֻמְשֵׁי תוֹרָה
אַרְבַּע אִמָּהוֹת  שְׁלוֹשָׁה אָבוֹת  שְׁנֵי לוּחוֹת הַבְּרִית
אֶחָד אֱלֹהֵינוּ שֶׁבַּשָּׁמַיִם וּבָאָרֶץ

שְׁלוֹשָׁה עָשָׂר מִי יוֹדֵעַ
שְׁלוֹשָׁה עָשָׂר אֲנִי יוֹדֵעַ
שְׁלוֹשָׁה עָשָׂר מִדַּיָּא
שְׁנֵים עָשָׂר שִׁבְטַיָּא  אַחַד עָשָׂר כּוֹכְבַיָּא  עֲשָׂרָה דִבְּרַיָּא
תִּשְׁעָה יַרְחֵי לֵדָה  שְׁמוֹנָה יְמֵי מִילָה  שִׁבְעָה יְמֵי שַׁבַּתָּא
שִׁשָּׁה סִדְרֵי מִשְׁנָה  חֲמִשָּׁה חֻמְשֵׁי תוֹרָה  אַרְבַּע אִמָּהוֹת
שְׁלוֹשָׁה אָבוֹת  שְׁנֵי לוּחוֹת הַבְּרִית
אֶחָד אֱלֹהֵינוּ שֶׁבַּשָּׁמַיִם וּבָאָרֶץ

# חַד גַּדְיָא חַד גַּדְיָא

דִּזְבַן אַבָּא בִּתְרֵי זוּזֵי
חַד גַּדְיָא חַד גַּדְיָא

וַאֲתָא שׁוּנְרָא וְאָכְלָה לְגַדְיָא
דִּזְבַן אַבָּא בִּתְרֵי זוּזֵי
חַד גַּדְיָא חַד גַּדְיָא

וַאֲתָא כַלְבָּא וְנָשַׁךְ לְשׁוּנְרָא דְּאָכְלָה לְגַדְיָא
דִּזְבַן אַבָּא בִּתְרֵי זוּזֵי
חַד גַּדְיָא חַד גַּדְיָא

---

**חד גדיא**

העובדה שאנחנו מסיימים את אחד הטקסים המקודשים ביותר ביהדות בשיר ילדים אומרת רבות על מה שקיים את היהדות כאמונה, בנסיבות קשות מאין כמותן, יותר מכל מורשת אחרת במערב. אהבת הילדים ביהדות פירושה שהיהודים מצפים לעתיד אפילו יותר משהם מסתכלים לאחור, אל העבר. כפי שאנחנו פותחים את ליל הסדר בשאלות של ילד, כן אנחנו מסיימים אותו בשיר ילדים, ובכך מזכירים לעצמנו שמה שמקיים את האמונה איננו העוצמה או הכוח כי אם יכולתה להאציל מרוחה על דורות ילדים בזה אחר זה וללמדם לצרף את קולם לשירה עמנו.

השיר עצמו, המקסים בפשטותו, מלמד את האמת הגדולה של התקווה היהודית: אף על פי שעמים רבים (שהחתול, הכלב ושאר המוטיבים מסמלים אותם) תקפו את עם ישראל (ה"גדי"), כל אחד מהם נבלע בתהום הנשייה. באחרית הימים ימגר אלוהים גם את מלאך המוות ויחנוך עולם של חיים ושלום, שתי האהבות היהודיות הגדולות.

ייתכן שהסמליות כאן עמוקה עוד יותר. הגדי שהחתול טורף אותו מזכיר לנו את סיפור יוסף, שנמכר לעבדות. אחיו טובחים גדי וטובלים את כותנתו של יוסף בדמו, ואז מראים אותה לאביו כדי לשכנעו שחיית בר טרפה את יוסף. כלפי חוץ יעקב מקבל את סיפורם, אבל, כדברי התורה, הוא ממאן להינחם. ההלכה קובעת כי יש גבול לתקופת האבל. מדוע אפוא אומר יעקב שלא יינחם לעולם?

וַאֲתָא חֻטְרָא וְהִכָּה לְכַלְבָּא דְּנָשַׁךְ לְשׁוּנְרָא
דְּאָכְלָה לְגַדְיָא
דִּזְבַן אַבָּא בִּתְרֵי זוּזֵי
חַד גַּדְיָא חַד גַּדְיָא

וַאֲתָא נוּרָא וְשָׂרַף לְחֻטְרָא דְּהִכָּה לְכַלְבָּא
דְּנָשַׁךְ לְשׁוּנְרָא דְּאָכְלָה לְגַדְיָא
דִּזְבַן אַבָּא בִּתְרֵי זוּזֵי
חַד גַּדְיָא חַד גַּדְיָא

וַאֲתָא מַיָּא וְכָבָה לְנוּרָא דְּשָׂרַף לְחֻטְרָא
דְּהִכָּה לְכַלְבָּא דְּנָשַׁךְ לְשׁוּנְרָא דְּאָכְלָה לְגַדְיָא
דִּזְבַן אַבָּא בִּתְרֵי זוּזֵי
חַד גַּדְיָא חַד גַּדְיָא

וַאֲתָא תוֹרָא וְשָׁתָה לְמַיָּא דְּכָבָה לְנוּרָא
דְּשָׂרַף לְחֻטְרָא דְּהִכָּה לְכַלְבָּא
דְּנָשַׁךְ לְשׁוּנְרָא דְּאָכְלָה לְגַדְיָא
דִּזְבַן אַבָּא בִּתְרֵי זוּזֵי
חַד גַּדְיָא חַד גַּדְיָא

---

פירוש עמוק של חז"ל מסביר שיש מגבלת זמן לאבל רק כאשר האדם בטוח שמישהו מת. אלא שיעקב לא ויתר מעולם על האמונה שיש סיכוי, קלוש ככל שיהיה, שיוסף עדיין חי. סירובו להינחם היה סירוב לוותר על התקווה, ובסופו של דבר הצדק היה אתו. יוסף אכן חי, והוא ואביו התאחדו בסופו של דבר.

הפיוט "חד גדיא" מבטא את סירובם של היהודים לוותר על התקווה. ההיסטוריה מלאה במעשים בלתי־אנושיים שהאדם עושה נגד רעהו – כלב טורף חתול, מקל מכה בכלב – אבל זה איננו סוף הסיפור. ההגדה מסתיימת במות המוות בחיי הנצח, סיום הולם לסיפורו של עם שדבק בנאמנות בציווי הגדול של משה, "וּבָחַרְתָּ בַּחַיִּים" (דברים ל, יט).

וַאֲתָא הַשּׁוֹחֵט   וְשָׁחַט לְתוֹרָא   דְּשָׁתָא לְמַיָּא
דְּכָבָה לְנוּרָא   דְּשָׂרַף לְחֻטְרָא
דְּהִכָּה לְכַלְבָּא   דְּנָשַׁךְ לְשׁוּנְרָא
דְּאָכְלָה לְגַדְיָא
דִּזְבַן אַבָּא בִּתְרֵי זוּזֵי
חַד גַּדְיָא   חַד גַּדְיָא

וַאֲתָא מַלְאַךְ הַמָּוֶת   וְשָׁחַט לְשׁוֹחֵט   דְּשָׁחַט לְתוֹרָא
דְּשָׁתָא לְמַיָּא   דְּכָבָה לְנוּרָא
דְּשָׂרַף לְחֻטְרָא   דְּהִכָּה לְכַלְבָּא
דְּנָשַׁךְ לְשׁוּנְרָא   דְּאָכְלָה לְגַדְיָא
דִּזְבַן אַבָּא בִּתְרֵי זוּזֵי
חַד גַּדְיָא   חַד גַּדְיָא

וַאֲתָא הַקָּדוֹשׁ בָּרוּךְ הוּא   וְשָׁחַט לְמַלְאַךְ הַמָּוֶת
דְּשָׁחַט לְשׁוֹחֵט   דְּשָׁחַט לְתוֹרָא   דְּשָׁתָא לְמַיָּא
דְּכָבָה לְנוּרָא   דְּשָׂרַף לְחֻטְרָא   דְּהִכָּה לְכַלְבָּא
דְּנָשַׁךְ לְשׁוּנְרָא   דְּאָכְלָה לְגַדְיָא
דִּזְבַן אַבָּא בִּתְרֵי זוּזֵי
חַד גַּדְיָא   חַד גַּדְיָא

# מאמרים לחג הפסח

מאמר א

# סיפור הסיפורים

זכר ימות עולם, בינו שנות דר ודה. שאל אביך ויגדך, זקניך ויאמרו לך. (דברים לב, ז)

סדר פסח הוא הטקס הקדום ביותר ששרד בעולם המערבי. שורשיו נעוצים בלילה אחד, לפני כ־3,300 שנה, אולי בימי שלטונו של רעמסס השני, שבו סעדו בני־ישראל את סעודתם האחרונה במצרים ועמדו לצאת למסעם אל החירות. מאפיינים אחדים נותרו מימי המקרא ועד ימינו: המצה והמרור, הזֵכֶר לקרבן הפסח (שיישאר זכר בלבד עד שייבנה בית המקדש מחדש), הקושיות שאחד הילדים שואל וההסברים שאחד המבוגרים מסביר. בקהילות אחדות, בייחוד ממוצא מזרחי, עדיין נהוג להתלבש כפי שבני־ישראל נהגו להתלבש באותם ימים: "מָתְנֵיכֶם חֲגֻרִים, נַעֲלֵיכֶם בְּרַגְלֵיכֶם וּמַקֶּלְכֶם בְּיֶדְכֶם" (שמות יב, יא).

סדר פסח הוא כמובן יותר מטקס סתם. זהו אקט של זכירה, של סיפור מעשה – ההגדה – שנשמר וקוים בחיבה רבה מאין כמוה. כל דור ודור הוסיף נופך משלו. במהלך ערב אחד אנו פוגשים, לצד פסוקים מן המקרא, את הלל הזקן מימי בית שני, את חכמי המאה השנייה לספירה המסובים לסדר פסח בבני ברק, דברי אמוראים מהמאה השלישית וממאות מאוחרות יותר, פיוטים שכתבו יניי והקליר

מהתקופה הבתר־תלמודית, תוספת שמקורה באשכנז של ימי מסע הצלב הראשון שהמיט סבל נורא על הקהילות היהודיות, ושירי ילדים מגרמניה של ימי הביניים. לכל מילה שאנו אומרים יש היסטוריה. אפילו ה"מה נשתנה" שהילדים שואלים קיים זה כאלפיים שנה. אריגת כל המרכיבים הללו לכלל סיפור אחד היא הישג של מחבר בלתי־רגיל. זהו קולו הקיבוצי של העם היהודי במהלך הדורות ועל פני היבשות, המקבל את דבר האל ומגיב אליו. באמצעות ההגדה מסרו יותר ממאה דורות של יהודים את הסיפור לילדיהם. המילה "הגדה" עצמה נגזרת מהפועל "הגיד" שפירושו "סיפר, דיבר, הביע". אבל השורש נג"ד, על פי התלמוד, משמש גם במשמעות של קישור, חיבור. בסיפור ההגדה מעניקים היהודים לילדיהם תחושה של חיבור ליהודים ברחבי העולם ולעם היהודי על ציר הזמן. ההגדה מחברת אותם אל העבר ואל העתיד, אל ההיסטוריה ואל הייעוד, והופכת אותם לדמויות בדרמה שלה. כל עם אחר הידוע לאנושות התאחד מפני שחי במקום אחד, דיבר שפה אחת, היה חלק מתרבות אחת. רק היהודים לבדם, הפזורים על פני היבשות, הדוברים שפות שונות ויש להם חלק בתרבויות שונות, כרוכים יחדיו בזכות סיפור, סיפור הפסח, שהם מספרים באותה דרך ובאותו ערב. יותר משההגדה הייתה סיפורו של העם, היו היהודים עם של סיפור.

בראשית תולדותיו של עם ישראל – בתקופת המקרא – גילם סיפור יציאת מצרים את זיכרונו הקיבוצי כעם שחושל בשעבוד והוצא בדרך נס מעבדות לחירות. זה לא היה רק תיעוד עברם, אלא תבנית האידיאלים שלהם לעתיד לבוא, שאיפתם ליצור חברה המוקדשת לחירות בריבונותו של אלוהים. אבל כוחו של הסיפור לא תש עם קריסת הריבונות היהודית בארץ ישראל. אדרבה, במהלך מאות השנים הארוכות שבהן נפוצו היהודים בכל רחבי תבל, השפעתו נעשתה ניכרת עוד יותר. הוא קִיים זהות יהודית, יצר חיבור בין דור לדור באמצעות זיקות של זיכרון משותף. בתקופות של סבל – וכאלה היו רבות – הוא קיים את התקווה, התקווה הבאה לידי ביטוי ממש בתחילת ההגדה, "הַשַּׁתָּא הָכָא, לְשָׁנָה הַבָּאָה בְּאַרְעָא דְיִשְׂרָאֵל. הַשַּׁתָּא

עֲבְדֵי, לְשָׁנָה הַבָּאָה בְּנֵי־חוֹרִין": השנה כאן, בשנה הבאה בארץ ישראל. השנה עבדים, בשנה הבאה בני־חורין. בתקופות של שגשוג הפך הסיפור לשיעור באחריות הדדית. הוא לימד את הלקח הגדול של האחווה האנושית: לא נוכל ליהנות מלחם השפע בעוד אחרים אוכלים לחם עוני. לא נהיה חופשיים לחלוטין בשעה שאחרים סובלים דיכוי.

השפעת הסיפור לא הוגבלה ליהודים בלבד. בדרך ארוכה ופתלתלה החל סיפור יציאת מצרים להשפיע לא רק על היהודים אלא על הציביליזציה המערבית כולה. במאות השבע־עשרה והשמונה־עשרה, באמצעות אישים כמו ג'ון לוק ותומס ג'פרסון, הוא הוליד תפיסה חדשה של החירות. הוא סיפר כיצד עם עשוי לשחרר את עצמו משלטון עריץ ולבנות חברה שבה "כל בני־האדם נבראו שווים", ולרשותם עומדות זכויות שאי־אפשר לשלול מהם וחירות קיבוצית. הוא ביטא את הדרמה האנושית כמסע ארוך אל הגאולה, לא בשמים אלא עלי אדמות, במסגרות חיינו הרגילים. שום סיפור אחר לא הצליח יותר ממנו להפיח רוח של מהפכה או של התפתחות לקראת חברה צודקת והומנית. זהו המטא־נראטיב המערבי הגדול של החירות.

ומה שמרתק עוד יותר, במאה התשע־עשרה הלכה לאורו שורה של דמויות, מהן דתיות, מהן חילוניות, שהוקסמו מעוצמתו של הנראטיב הקדמוני הזה, וחתרו להוציא לפועל יציאת מצרים חדשה – את שיבת העם היהודי לביתו. תהליך זה נפתח במצרים חדשה – עליית האנטישמיות הגזענית והפרעות שפרצו בעקבותיה ברוסיה, ותכנית הפעולה האנטי־יהודית של הנאצים, שהתקדמה ללא רחם לעבר "הפתרון הסופי", הפשע המתועד החמור ביותר שביצע אדם נגד רעהו. שיאו של תהליך זה היה מעשה גאולה מופלא יותר מכל גאולה אחרת בהיסטוריה שלאחר המקרא: הפעם היחידה שבה עם, שנפוץ בכל קצוות תבל אלפיים שנה, שב לארצו כדי להתחיל מחדש את ההיסטוריה שלו כגוף ריבוני. דוד בן־גוריון, בנאומו בעצרת האו"ם ב־1947, טען בעד הקמתה של מדינת ישראל והסתמך בטיעונו על חג הפסח ועל ההגדה:

לפני כשלוש מאות שנה הפליגה לעולם החדש אנייה ושמה מייפלאואר. זה היה מאורע גדול בתולדות אנגליה ואמריקה. אבל תאב אני לדעת אם יש אנגלי אחד, היודע בדיוק אימתי הפליגה אנייה זו; וכמה אמריקאים יודעים זאת? היודעים הם כמה אנשים היו באותה אנייה? ומה היה טיבו של הלחם שאכלו בצאתם? והנה, לפני יותר משלושת אלפים ושלוש מאות שנה, לפני הפלגת "מייפלאואר", יצאו היהודים ממצרים, וכל יהודי בעולם, ואף באמריקה וברוסיה הסובייטית, יודע בדיוק באיזה יום יצאו: בחמישה־עשר בניסן. וכולם יודעים בדיוק איזה לחם אכלו היהודים: מצות. ועד היום הזה אוכלים יהודים בכל העולם כולו מצה זו בחמישה־עשר בניסן; באמריקה, ברוסיה ובארצות אחרות, ומספרים ביציאת מצרים ובצרות שבאו על היהודים מיום שיצאו לגולה. והם מסיימים בשני מאמרים: השתא עבדי, לשנה הבאה בני־חורין. השתא הכא, לשנה הבאה בירושלים. זהו טיבם של היהודים.

ההיסטוריה חזרה אפוא על עצמה ופרק חדש נכתב בסיפור היהודי של גלות ושיבה, יותר משלושת אלפי שנים אחרי הסיפור הראשון. סיפורה של מדינת ישראל המודרנית, על חידוש הריבונות היהודית, קיבוץ גלויות מ־103 ארצות ומ־82 שפות, לידתה מחדשה של העברית, שפת המקרא, והקמתה מחדש של ירושלים, בירתו הקדומה של עם ישראל, הוא דוגמה ומופת לאחת האמיתות האופטימיות ביותר של היהדות: חזון יכול לעצב את גורלו של עם. בכוחם של רעיונות, כאשר חיים אותם, לשנות את העולם.

המסר הגדול של חג הפסח הוא שההיסטוריה איננה מה שג׳וזף הלר אמר עליה פעם: "שקית אשפה של צירופי מקרים אקראיים שהתפזרה לכל רוח". היא מסע – היא יכולה להפוך למסע – לעבר מקום שבו בני־האדם נחשבים לא בזכות עושרם או הכוח שבידיהם אלא בזכות מה שהם: משהו מן האלוהי בעולם שבו נוכחות האל מוכחשת פעמים רבות מדי. שורה שלמה של אנשים – ראשיתה

באברהם, שיאה במשה והיא ממשיכה ברצף כמעט בלתי־נגמר של נביאים, אנשי חזון, חכמים, קדושים, הוגים, משוררים, אנשי משפט ופרשנים – שאבה, בדרכים עלומות ובכל זאת נאדרות־הוד, מחזון של חברה שבה מעשים פשוטים, יחסים רגילים וחיי יומיום יכולים להפוך כלי ביטוי לנוכחות האלוהית.

כשאנו יושבים סביב שולחן הסדר וקוראים על מסע אבותינו מלחם העוני אל יין החירות, אנחנו מתחייבים להנחה רבת־חשיבות: להיסטוריה יש משמעות. לא נגזרה עלינו חזרה אינסופית על הטרגדיות של העבר. לא בכל מקום קיימת מצרים; הפוליטיקה אינה בהכרח ניצול של רבים בידי מעטים; לחיים יש פוטנציאל להיות שונים ונאצלים הם לא רק חיים של רדיפה סתמית אחר הכוח והעוצמה. טרם זכינו להקים את הסדר החברתי המושלם וימות המשיח המבשרים את שלטון השלום עדיין נמצאים מעבר לאופק, אבל לא טעינו בכיוון המסע, גם אם יידרש לנו זמן רב להגיע ליעדנו. פול ג'ונסון בספרו **תולדות היהודים** היטיב לבטא את טיבו של המסע היהודי:

> שום עם אחר לא עמד ביתר תוקף מן היהודים על כך שלהיסטוריה יש תכלית ולאנושות יש ייעוד. בשלב מוקדם מאוד בקיומם הקיבוצי הם האמינו שהבחינו בתכנית אלוהית למין האנושי, תכנית שהחברה שלהם הייתה אמורה להיות ההתנסות הראשונה בה. הם עיבדו את תפקידם לפרטי פרטים. הם דבקו בו בעקשנות הרואית, על אף ייסורים פראיים... החזון היהודי הפך אב־טיפוס להרבה תכניות גדולות דומות לאנושות, תכניות אלוהיות וגם תכניות מעשי ידי אדם. היהודים ניצבים אפוא ממש בלב הניסיון הנצחי לנטוע בחיי האדם תכלית המביאה להם כבוד.

"תכלית המביאה להם כבוד": עד היום זוהי תקווה רדיקלית. לאורך ההיסטוריה כולה לא חסרו אנשים שטענו כי אידיאלים אינם אלא אשליה, והתקווה היא צורה של היבריס שנועדה לכישלון. כיום סביר שהשקפה זו תסתמך על המדע (ובמיוחד על ה"מדעיזם", האמונה

שהמדע הוא חזות הכול). על פי השקפה זו איננו אלא שרשרת של כימיקלים, אבק קוסמי על פני־השטח של האינסוף, חיים את חיינו שאינם אלא הפרעות זעירות ביקום עיוור וחסר תכלית, שהתהווה ללא כל סיבה, וללא כל סיבה גם יחדל להיות בעוד מיליארדי שנים.

היהדות עתה היא כפי שהייתה מאז ימיה הראשונים, מחאה נגד ייאוש כזה בשם האנושות ובשמו של אלוהים שאת רוחו אנו נושמים ואת קולו, אם רק נקשיב, נוכל עדיין לשמוע מעבר להדי הזמן. הקיום אינו עיוור לתקוותינו, אינו חירש לתפילותינו. אי שם בלב ההוויה יש נוכחות אישית, "אתה" נשגב, שברא את העולם באהבה, שהביאנו לכלל קיום כפי שהורה מביא ילד לכלל קיום, שדיבר עם אברהם ועם שרה, שביקש מהם ומצאצאיהם לקבל על עצמם מסע ארוך וחשוב, והוא הולך אתנו בדרך. פסח הוא חג האמונה, אמונת אבות אבותינו שהלכו בעקבות הקול הזה דרך מדבר המרחב והזמן, וביקשו חירות המכבדת את נוכחותו של האל בענייני האנושות.

אין הרבה טקסטים שזכו לתשומת לב רבה יותר מן ההגדה. קיימים אלפי פירושים להגדה, ופירושים נוספים מתפרסמים מדי שנה בשנה. כל מי שמהרהר באפשרות לתרום פירוש משלו חייב לשאול את עצמו לא "מה נשתנה הלילה הזה?" אלא "מה נשתנתה המהדורה הזאת?" תשובתי היא, שכתבתי את הפירוש הזה מפני שבין כל הפירושים הרבים שקראתי לא הצלחתי למצוא פירוש שיסביר את מלוא עושרם והיקפם של המוטיבים הבסיסיים המופיעים בסיפור הפסח: התפיסה היהודית של החברה החופשית, תפקיד הזיכרון בעיצוב הזהות היהודית, והקשר הייחודי בין רוחניות לחברה המתקיים ביהדות, קשר שממנו נובעת הדרך שבמקום אחר כיניתי "הפוליטיקה של התקווה". לא הצלחתי גם למצוא הגדה שתספר לי בפרוטרוט על תפקידו של חג הפסח בעיצוב הזהות היהודית לאורך אלפי השנים, או על השפעתו על ההגות המערבית בכללותה.

הפירושים המסורתיים הם בדרך כלל קריאה דקדקנית של מילים וביטויים, ולא מחשבות על משמעות המכלול. זוהי קריאה יהודית קלאסית, ולא היססתי (במאמרים המאוחרים יותר ובפרשנות

לטקסט) לפעול ברוח זו. בכמה מן המאמרים ("החכמים בבני ברק" הוא המאמר החביב עליי ביותר) ניסיתי לומר דברים שלא שמעתי קודם לכן. זהו הציווי לחדֵש, להוציא ישן מפני חדש. אבל הנושאים הגדולים, העקרונות הכוללים, הם שנזנחים בדרך כלל – או נתפסים כמובנים מאליהם – וראוי לומר מדוע.

חג הפסח הוא חג פוליטי לפניי ולפנים. עניינו הוא המיזם היהודי המרכזי: בניית חברה שתהיה שונה מן הקצה אל הקצה מכל חברה שהתקיימה לפניה ומרוב החברות שנוצרו מאז ואילך. הוא מציג שאלה בסיסית: האם נוכל להקים כאן, עלי אדמות, סדר חברתי שאינו מבוסס על עסקאות של כוח אלא על כבוד לאדם האנושי – לכל אדם – בהיותו "צלם אלוהים"? חג הפסח, כמוהו כיהדות בכלל, אינו עוסק בישועה, בדרמה הפרטית של הנפש, אלא בגאולה, בחיים המשותפים לנו כאזרחים בריבונותו של אלוהים. הוא עוסק בחירות, בצדק, בשוויון, באתיקה של כיכר השוק ובשימוש האחראי בכוח להבטחת שלומם של הרבים. עוד לפני **המדינה** של אפלטון, **לוויתן** של הובס ו**האמנה החברתית** של רוסו, סיפור יציאת מצרים סלל את הדרך החלוצית להקמת חברה צודקת ונדיבה. אני סבור שהוא מגלם לא רק חזון דתי יותר מאותן יצירות, אלא גם חזון הומני יותר. במרכזו עומד הרעיון ששום רעיון אחר לא התעלה מעליו: שאלוהים החופשי מבקש את הפולחן החופשי של בני־אדם חופשיים, ומזמין את הנענים לקריאתו ליצור יחד אתו את המצב החברתי שהרב אהרן ליכטנשטיין מכנה "societal beatitude".

חלק גדול מן האירועים שבמקרא, המשתרעים לאורך תקופה של כמעט אלפיים שנה, עוסק באופן שבו התמודד עַם הברית עם האתגר הזה; לעתים הוא הצליח ולעתים לא, אך תמיד הציב לנגד עיניו את המשימה, את הקריאה, את החלום. אלא שהאתגר התבסס על ההנחה שליהודים יש כוח פוליטי – ארץ, אומה, מדינה, שבתוכה יוכלו להקים חברה חופשית שתכבד את חבריה ותשמש דוגמה ומופת לאחרים. מעולם לא הייתה זו משימה פשוטה. ארץ ישראל הייתה ארץ קטנה במיקום אסטרטגי, מוקפת מעצמות גדולות. היא חוותה

מלחמות רבות ומתחים פנימיים ובסופו של דבר התפצלה לשתי מדינות. במאה השישית לפנה"ס כבשו הבבלים את הממלכה הדרומית שנותרה, ממלכת יהודה, החריבו את בית המקדש ולקחו רבים מבני־העם לגלות. דור לאחר מכן שבו אחדים מגולי בבל, ואחר כך נבנה בית המקדש בשנית. אבל אחרי שתי מרידות הרות אסון נגד הרומאים, בשנת 66 ובשנת 132 לספירה, חרב המקדש שנית, ירושלים חרבה והיהודים יצאו לגלותם הממושכת ביותר.

אלף ושמונה מאות שנה, מחורבן בית שני עד האמנציפציה באירופה, הם חיו בגלות, נפוצו לכל עבר ללא ארגון מדיני. בכל מקום שאליו הגיעו הם ניהלו בעצמם את קהילותיהם, הקימו תשתיות מרשימות של סעד והשכלה ופסקו בענייניהם הפנימיים, אבל לא נהנו מריבונות או מזכויות אזרח. הייתה להם אוטונומיה מקומית, אבל בכל הנוגע לחיים הפוליטיים של האומות שבתוכן חיו, לא היה להם קול ולא הייתה להם זכות הצבעה. הם לא היו אזרחים בארצות הנוצריות או בארצות האיסלאם. עד לאחרונה, אפוא, סיפור חג הפסח היה רק זיכרון ותקווה: זיכרון של מסע אחד אל החירות בעבר הרחוק, והתקווה שמסע זה יקרה שוב. "הַשַּׁתָּא עַבְדֵי, לְשָׁנָה הַבָּאָה..."

התפילה הזאת החלה להישמע. במדינת ישראל זכו היהודים מחדש לריבונות ושבו לפעול בזרם המרכזי של ההיסטוריה. בתפוצות ישראל, בכל מקום שבו הם חיים בדמוקרטיות ליברליות ופלורליסטיות, הם נהנים מזכות הצבעה ומזכות ביטוי. היהודים שבים אל הזירה הפוליטית אחרי הפסקה של אלף ושמונה מאות שנה. הם יכולים לעשות זאת בשתי דרכים: באמצעות הגנה על האינטרסים היהודיים או באמצעות ביטוי עקרונות יהודיים. אשר לדרך הראשונה, אין הבדל מהותי בין היהודים ובין כל קבוצה אתנית או דתית אחרת. כל קבוצה כזאת נאבקת על זכויותיה ומגוננת על המרחב שלה. אבל אשר לדרך השנייה, יש הבדל גדול מאוד. היהודים יכולים לתרום לתחום הציבורי משהו מובהק מאוד. הם נושאים עמם את החזון הפוליטי הקדום ביותר במערב, חזון שמבחינות רבות הוא גם המרשים ביותר. במובן זה כל יהודי הוא יורש האידיאלים של

משה ושל הנביאים. שלא כמו בשנים עברו, סיפור פסח אינו עוסק עוד בְּעיקר בעבר רחוק ובעתיד שגם הוא רחוק לא פחות. הוא עוסק בהווה ובערכים שלאורם עלינו להתאמץ לחיות.

אפשר לומר כי ההגות היהודית הדתית לא הדביקה את ההתפתחות הזאת במלואה. ואין פלא. העידן המודרני התייצב בפני היהודים כשורה של מתקפות טראומטיות – תחילה דרישות ההתבוללות של האמנציפציה האירופית, אחר כך גל האנטישמיות הגזענית, אחריו סיוט השואה, ולבסוף האתגר של בניית אומה חדשה במדינת ישראל מתוך התמודדות עם לחצים מבית ומחוץ שהיו מביסים בקלות עם פחות מחושל. המצוקה, אומרים חז"ל והרמב"ם, מעכבת את הנבואה מפני שהיא גורמת לאנשים להיסגר בתוך עצמם במקום לפנות החוצה, אל העולם ואל אלוהים. אבל עלינו להתחיל עתה ללמוד את התורה, ובייחוד את סיפור חג הפסח, בצורה חדשה, כמעצבי ההיסטוריה ולא כקרבנותיה. פירוש הדבר הוא שיבה אל העקרונות הראשונים וקריאה רעננה בסיפור המקראי.

בשנים האחרונות אני מנסה ללמוד, ללמד ולכתוב בדרך ישנה־חדשה. אני מכנה אותה "תורה וחכמה", כדי להבחין בינה ובין גישות אחרות. חסידיו של הרב שמשון רפאל הירש בגרמניה של המאה התשע־עשרה נהגו לדבר על "תורה עם דרך ארץ", ובארצות־הברית מקובל העיקרון "תורה ומדע". אלא ששתי הקטגוריות הללו אינן מועילות במיוחד לענייננו. הצירוף "תורה עם דרך ארץ" הוא ציטוט מדברי רבן גמליאל השלישי (בן המאה השלישית לספירה), שהשתמש בה במשמעות שונה מזו שאני רוצה לבטא בדרך הלימוד שהזכרתי: תורה לצד עיסוק מעשי. "תורה ומדע" הוא מטבע לשון מודרני שאינו מתייחס למקור מסורתי. "חכמה", לעומת זאת, היא מושג מקראי. ספר שלם, משלי, מוקדש לה, וספרים נוספים – בעיקר איוב וקהלת – משתייכים למה שמכונה "ספרות החכמה". החכמה היא מושג שיש לו גוני משמעות רבים, אבל מובנו הראשוני הוא חכמת האדם באשר היא: היסודות האוניברסליים של מסע החיפוש האינטלקטואלי של האנושות.

חכמה היא האמת שאנו מגלים; תורה היא האמת שקיבלנו בירושה. חכמה היא המורשת המשותפת לכל האנושות; תורה היא מורשתו המסוימת של העם היהודי. חכמה היא העולם כפי שהוא, עולם המעשה; תורה היא עולם הציווי, העולם של מה שאמור להיות. חכמה היא המקום שבו אנחנו פוגשים את אלוהים באמצעות הבריאה; תורה היא האופן שבו אנו שומעים את אלוהים באמצעות התגלות. השתיים אינן שוות בחשיבותן אצל היהודים – התורה קדושה באופן שהחכמה אינה יכולה להיות – אבל לשתיהן יש חשיבות, כי אם אנו מבקשים ליישם את התורה בעולם, עלינו להבין את העולם שבו היא מיושמת. אלוהי הבריאה הוא גם אלוהי ההתגלות, ולכן קיימת ביניהם הרמוניה – גם אם הבנתנו הפגומה בשתיהן גורמת שההרמוניה אינה ניכרת בכל רגע נתון. לדעתי חייב להתקיים ביניהן שיח מתמיד, שאם לא כן תישאר התורה מערכת סגורה, ללא אחיזה, ללא השפעה על העולם שמחוץ לכתליה. המצב הזה היה בלתי־נמנע במאות השנים שבהן היהודים והיהדות לא קיימו שיח ושיג עם העולם שמחוץ להם, אבל כיום הוא אינו בלתי־נמנע, וגם אינו רצוי. אם חזרנו מחדש אל הזירה הפוליטית, כמדינת לאום בישראל וכאזרחיהן של דמוקרטיות ליברליות במקומות אחרים, אנו זקוקים לביטחון ולשפה שיחזירו לנו את קולנו בשיחה עם האנושות, שיישאו את האמיתות הייחודיות שלנו אל המרחב הציבורי. אם כך נעשה, נגלה רבדים חדשים של משמעות בתורה עצמה. נגלה גם שהתורה – ובמיוחד סיפור יציאת מצרים – מילאה תפקיד גדול מכפי שחשבנו בהולכת המערב אל גרסאות החברה החופשית שנוצרו בו.

את המאמרים אפשר לחלק לשלושה חלקים. הראשון עוסק ביחסים שבין חג הפסח, הזהות היהודית וההיסטוריה היהודית – בתפקידו של הסיפור בקיום עַם בתהפוכות הזמן. החלק השני עוסק בחג הפסח ובמקומו בתפיסה הפוליטית המערבית. רוב הכותבים על תולדות המחשבה הפוליטית החלו בהוגים הגדולים של יוון הקדומה. אני טוען, לעומת זאת, שרעיון החירות נולד דווקא בעם ישראל הקדום, ומבחינות רבות הוא עדיין מתווה דרך ברורה יותר

לחירות מאשר הדמוקרטיה קצרת הימים של אתונה. בחלק השלישי אביא כמה פירושים חדשים לטקסטים העתיקים.

אבל אפתח בזיכרון אישי מאירוע שבו נקרתה לי הזדמנות בלתי־רגילה לדבר על משמעותו של סיפור חג הפסח בעינינו, היהודים, ולספר מדוע סיפור זה הוא בשבילי סיפור הסיפורים. האירוע התרחש בטירת וינדזור, ביתם של מלכי אנגליה ומלכותיה והטירה העתיקה ביותר בעולם המשמשת למגורים ללא הפסקה. בשנת 2000 הוזמנתי לשאת את הרצאת סנט ג'ורג', הרצאה שנתית הנערכת בטירה בנוכחות הנסיך פיליפ. בהיותי היהודי הראשון המתכבד להרצות באירוע הזה, הקדשתי מחשבה רבה לדברים שאומר. חשבתי על היהודים באירופה, שבמשך מאות רבות נדחקו מארץ לארץ ללא זכויות, ללא כוח פוליטי וללא בית. מצאתי את עצמי גולש לאורך השנים, אל תקופה קדומה וכאובה בהיסטוריה הבריטית: עלילת הדם הראשונה בנוריץ' בשנת 1144, הטבח ביורק בשנת 1190, וגירוש היהודים בידי המלך אדוארד הראשון בשנת 1290. אירועים אלו יצרו דפוס שחזר ונשנה במאתיים השנים הבאות במדינה אחר מדינה באירופה. מה יכלו לומר אבותינו הרדופים והמיוסרים אילו יכלו לחזות שיום אחד יוזמן אחד מהם לביתו של המלך שגירש אותם לגלות? נזכרתי בפסוק מתהלים (קיט, מו), "וַאֲדַבְּרָה בְעֵדֹתֶיךָ נֶגֶד מְלָכִים וְלֹא אֵבוֹשׁ", וגמרתי אומר להיות נאמן לדברים אלו.

רציתי לחלוק כבוד לזכרם של אותם יהודים בני המאות שקדמו לנו, לספר על אומץ לבם ועל עקשנותם, ובכך לומר משהו על המשמעות של היות יהודי, אז וגם היום. במהלך דבריי אמרתי כך:

> אני מנסה להעלות בדעתי איזו הרגשה יש לאדם היורש מבנה כמו טירת וינדזור. לחיות במקום כזה, הרווי בכל כך הרבה היסטוריה, פירושו לרצות לדעת את ההיסטוריה הזאת – כיצד נוצר המבנה הזה ומדוע. בשעה שהייתי בוחן את השאלה הזאת הייתי לומד על ראשיתו של המבנה, הרחק בימיו של ויליאם הכובש, באתר האגדי של השולחן העגול של המלך ארתור. הייתי

מגלה כי במהלך המאות הבאות המבנה הורחב, נבנה מחדש, הוגדל והשתנה פעמים רבות, בידי הנרי השני, הנרי השלישי, אדוארד השלישי ויורשיהם.

לימוד ההיסטוריה הזאת איננו גילוי עובדות סתם. המבנה הזה יהיה ההיסטוריה שלי מפני שירשתי אותו. לא הייתי בוחר בו. הוא היה בוחר בי. אבל בלית ברירה הייתי מקבל עליי מערכת של מחויבויות, יחסים מוסריים עם העבר ועם העתיד. הייתי נעשה חלק מההיסטוריה של הטירה ושל יורשיה. עצם העובדה שהוא עדיין ניצב כאן, עדיין חולש על סביבתו, עדיין חלק מהמורשת ההיסטורית של בריטניה, היה אומר לי משהו שיש לו חשיבות רבה לחיי. מעט־מעט הייתי מבין שדור אחר דור של מלכי אנגליה ומלכותיה התאמצו לשמר את הטירה ולהעבירה ללא פגע לדורות הבאים. הם נתנו את מבטחם באלה העתידים לבוא אחריהם והאמינו שגם הם יעשו כמותם. ועתה, משהגיעה הטירה לידי, אהיה בטוח מעל לכל ספק שגם לי יש מחויבות מוסרית להגן עליה, ושאם אכשל בתפקידי זה, אבגוד באמונם של אותם דורות קודמים, וכן אכשל בחובה לכבד את חובתי כלפי אנגליה ככלל. התוצאה תהיה שבבוא אסון – דוגמת השריפה הגדולה שפרצה ב־1992 – אדע שעליי לשקם את המבנים שניזוקו, לא בהכרח בדיוק כפי שהיו קודם, אבל לפחות ברוח המכלול השלם. זהו פירושם של חיים בהקשר היסטורי.

היהודים לא יהיו לעולם בעלים של מבנים כמו טירת וינדזור. לא זה סוג העם שלנו. אבל אנו בעליו של משהו שהודו אינו נופל מהודם של הבניינים האלה והזמן קידש אותו עוד יותר משקידש אותם. הטירה היהודית אינה בנויה לבנים או אבנים, כי אם מילים. אבל גם היא נשמרה מאות בשנים, נמסרה מדור לדור, גם אותה הרחיבו וביצרו תקופה אחר תקופה, נצרוה וקיימוה באהבה. כילד ידעתי שיום אחד אירש אותה מהוריי, כפי שהם ירשו אותה מהוריהם. אין זה מבנה, ובכל זאת זהו בית,

מקום שאפשר לחיות בו. יותר משהוא שייך לנו, אנחנו שייכים לו; וגם הוא חלק ממורשת האנושות. מה שיש לנו איננו מבנה גשמי אלא משהו אחר – סיפור.

הסיפור הזה נמסר לי מהוריי כשהייתי ילד. קיבלתי אותו בחג הפסח. זהו סיפור מרגש מאין כמוהו. הוא מספר על אבות אבותינו שהיו עבדים, ובעקבות רצף של אירועים נִסיים זכו בחירותם. הם יצאו אז למסע של ארבעים שנה שבו חצו את המדבר, ואחר כך חצו במשך אלפיים שנה את מדבר הפזורה, וחיפשו בית, ארץ מובטחת, מקום של חסד וצדק וחירות וכבוד. לפעמים נדמה היה שיעדם מסתתר הרחק מעבר לאופק והתקווה רחוקה מאוד, אבל הם לא אמרו נואש. הם לא הפסיקו מעולם את מסעם. ואני חלק מהמסע הזה. לא בחרתי להיות חלק ממנו, כפי שבן לשושלת כלשהי אינו בוחר להיוולד בה; אבל זוהי מורשתי, זו מנת חלקי. היא מגדירה מי אני.

אני יודע, בדיוק כפי שיודע יורש של טירה, שאני חוליה בשלשלת הדורות, ושאני חב חוב של נאמנות לעבר ולעתיד. לכך התכוון אדמונד בֶּרק כשכינה את החברה שותפות 'לא רק בין החיים אלא בין החיים, המתים והעתידים להיוולד'. אני חלק מסיפור שפרקיו הראשונים נכתבו בידי אבות אבותיי ואת הפרק הבא שלו אני נקרא עתה לכתוב. ובבוא השעה עליי להעבירו לילדיי, והם לילדיהם, כך שהסיפור היהודי, לא פחות מטירת וינדזור, יוכל להמשיך להתקיים.

זה היה הסיפור שסיפרתי באותו ערב, וזהו הסיפור שכל אחד מאתנו מספר בליל הסדר. המסר שלו, שלא התעמעם עם השנים, עדיין מסוגל להפעים ולעורר התלהבות. הוא מלמד כי להיות יהודי פירושו להיות חלק מהיסטוריה שחוותה, בדרך מסתורית אך נעלה מכל ספק, את יד ההשגחה העליונה. היהודים אינם סתם עם חילוני, קבוצה אתנית, אחת מאינספור תרבויות בלקסיקון האנתרופולוגי של האנושות. אילו

זו הייתה כל משמעותה של הזהות היהודית, לא היו נותרים יהודים בעולם היום. שום תרבות ושום עדה לא שרדו אלפיים שנה של פזורה ומעמד של מיעוט. אלמלא החזון הדתי שהניע את בני־ישראל בימי קדם, הם היו נטמעים בקרב המצרים. אלמלא נשאו עמם את התורה לארץ ישראל, היו זוכים אולי בעצמאות אך היום היו מופיעים לצד הכנענים, היבוסים, הפריזים והעממים האחרים של המזרח הקרוב, הזכורים כיום, אם בכלל, כמוצגים במוזיאונים. אנחנו מי שאנחנו בזכות אמונה גדולה וחשובה, אמונה שההגדה היא אחד מביטוייה הנעלים ביותר. אנחנו עם שחווה את נוכחות האל.

לא פעם אנחנו מודעים פחות מדי להוד ולייחוד של המורשת היהודית. משה, בניסוח חכם ועמוק, אמר "לֹא בַשָּׁמַיִם הִיא... וְלֹא מֵעֵבֶר לַיָּם... כִּי קָרוֹב אֵלֶיךָ הַדָּבָר מְאֹד בְּפִיךָ וּבִלְבָבְךָ לַעֲשֹׂתוֹ" (דברים ל, יב-יד). אחת התובנות הגדולות של היהדות היא שאמת דתית איננה אקזוטית. איננו נדרשים לחפשה באשראם בהודו או באקסטזה הפרטית של הנפש. אין דת שסגדה לאל נשגב יותר, אבל אין גם דת שקירבה את אלוהים אליה במידה רבה כמו היהדות. השכינה חיה בעצם מרקמם של המעשים והיחסים היומיומיים, אם רק נכשיר את עצמנו לשמוע את מנגינתם ולפקוח את עינינו לקרינתם. הם נמצאים כאן, ביופיו של הבית היהודי, בהד הטקסים הדתיים שלנו, בדרמה ובתנופה של ההיסטוריה היהודית, בעצם התמדתם של בני־עמנו ובנחישותם של דורות על גבי דורות של יהודים לחיות את אמונתם ולהעבירה לילדיהם, בשעה שבקלות רבה כל כך יכלו לנהוג אחרת. וזה החל בפסח, כשעם למוד סבל יצא למסעו הארוך על פני המרחב והזמן בתגובה לקריאה אלוהית.

אנחנו יהודים כדי להראות לעצמנו ולאחרים מה פירושו של דבר להכניס את הנוכחות האלוהית לחיי היומיום, ליחסים שבין אדם לחברו, לקשר הנישואים, למשפחה, לבתים ולקהילות, ובכך להתחיל לבנות חברה המכבדת את צלם אלוהים שבאדם, חברה שהיא בת־חורין במובן העמוק והרחב ביותר של המילה. בחג הפסח, בעודנו משחזרים את מסענו מלחם העוני אל יין החירות, אנו נעשים חלק

מאותו מסע. כשאנו הופכים אותו למסענו שלנו, אנחנו נמשכים אל תוך סיפור שהוא בעת ובעונה אחת אינטימי ואדיר, בדיוק כמו סדר הפסח עצמו. זהו עמנו וזהו סיפורנו. הוא היה אתגר בעבר, והיום הוא מאתגר לא פחות.

## מאמר ב

# בין שתי ציביליזציות

"ושמתי את זרעך כעפר הארץ" (בראשית יג, טז). מה עפר הארץ מסוף העולם ועד סופו, כך בניך יהיו מפוזרים מסוף העולם ועד סופו. ומה עפר הארץ אינו מתברך אלא במים, אף ישראל אינן מתברכין אלא בזכות התורה, שנמשלה למים. ומה עפר מבלה את כלי מתכות והוא קיים לעולם, כך ישראל – כל עובדי כוכבים בטלים, והם קיימים.
(בראשית רבה פרשה מא)

המסייר כיום במצרים יכול עדיין לראות את מקדשי הענק שנבנו בידי רעמסס השני, הנחשב בעיני רוב החוקרים לפרעה של ספר שמות. לוקסור, כרנך, אבו סימבל: הם ממשיכים לעמוד על תלם גם כעבור שלושת אלפי שנים, זוהרם הועם מעט אך עדיין הם עדות להישגים מדהימים וקוראים תיגר על הזמן עצמו. לעומת זאת הציביליזציה שיצרה אותם איננה עוד. מצרים הפרעונית הייתה אחת האימפריות הגדולות והיציבות ביותר של העולם העתיק, אבל היא הגיעה לשיא פריחתה בימי רעמסס השני וזמן קצר אחר כך החלה בדעיכתה הממושכת. בימי אלכסנדר מוקדון נותר ממנה רק צל של תפארת העבר והיא נפלה בידי היוונים. כמעצמות אימפריאליות אחרות, היא

דרכה כמין קולוסוס "על גבול עולם מְצֵער" (על פי **יוליוס קיסר** לשייקספיר, מערכה 1, תמונה 2, תרגום אלתרמן) ואז שקעה בתהום הנשייה. המבנים השתמרו, אבל התרבות שהולידה אותם הייתה בת־תמותה.

בין בוני המבנים האלה היה עם קטן של מהגרים שנודע למצרים בשם "עברים", שפירושו נוודים, אנשים שנדדו ממקום למקום בלא להשתקע במקום אחד. בשלהי המאה התשע־עשרה התגלה בכפר מצרי בשם אל־עמארנה מטמון ובו כ־350 לוחות טין מהמאה החמש־עשרה לפנה"ס. הגילוי עורר עניין עצום. בלוחות, שנכתבו בשפה האכדית, נזכרה קבוצה שכונתה חבירו, שכמה קווי דמיון התקיימו בינה ובין בני־ישראל של אותם ימים. גם החבירו היו קבוצת נוודים שצצה מעת לעת ועוררה חששות בלב תושביה האחרים של ארץ כנען. קיים אפילו תיעוד, על גבי שני פפירוסים מימי שלטונו של רעמסס השני, של פועלים מבני החבירו שהעבירו חומרים למפעלי הבנייה של השליט.

החוקרים היום אינם נוטים לזהות את החבירו של מכתבי אל־עמארנה עם העברים של המקרא. מסתבר ש"חבירו" אינו שמה של קבוצה מסוימת, אלא מונח גנרי המתאר קבוצות נוודים שעסקו בפשיטות. אבל קיומן של קבוצות כאלה עשוי להסביר מדוע אימפריה חזקה כמו מצרים ראתה בבני־ישראל סכנה. כמה מאות שנים קודם לכן ידעה מצרים פלישה ממזרח של קבוצה המכונה בשם היקסוס, שהשתלטה על הארץ למשך 160 שנה, והזיכרון הזה לא נמחה. מצרים למדה להישמר מפני זרים.

העובדה שאברהם וצאצאיו היו מוכרים לבני־דורם בשם "עברים" מלמדת כי גם הם נתפסו כ"חבירו", כגורם העלול לסכן את שלומם של יושבי הקבע באזור. אברהם עצמו, למרות שהותו הממושכת בכנען, נאלץ לתאר את עצמו כ"גֵר וְתוֹשָׁב" בבואו לרכוש מקום קבורה לאשתו שרה מידי החִתים תושבי המקום. המצרים עצמם לא חיבבו זרים. טקסט מאותם ימים מתלונן כי "זרים מבחוץ באו למצרים... נכרים נעשו אנשים בכל מקום". סביר מאוד אפוא שהמצרים חשו

בקיומה של סכנה אפשרית לנוכח גידול מספרם של הרועים השמיים שהגיעו מארץ כנען.

אין בידינו אישור בלתי־תלוי לאירועים המסופרים בספר שמות, אבל די במידע הרקע הקיים כדי להבין את ההקשר שבו עשוי שליט מצרי לומר: "הִנֵּה עַם בְּנֵי־יִשְׂרָאֵל רַב וְעָצוּם מִמֶּנּוּ. הָבָה נִתְחַכְּמָה לוֹ, פֶּן יִרְבֶּה, וְהָיָה כִּי תִקְרֶאנָה מִלְחָמָה וְנוֹסַף גַּם הוּא עַל שֹׂנְאֵינוּ וְנִלְחַם בָּנוּ וְעָלָה מִן הָאָרֶץ" (שמות א, ט-י). דברים אלו מובנים היטב לאור התנאים ששררו אז. ובדברים הללו נפתחת דרמה גדולה, העתידה להותיר חותם בל יימחה על חייה של הקבוצה שצאצאיה הם היהודים של היום.

הניגוד בין שני העמים גדול מאין כמותו. מצרים של אותם ימים הייתה מעצמה עשויה ללא חת. היא הפעילה את השפעתה על כל המזרח הקרוב הקדום. רעמסס השני ערך מסעות מלחמה מוצלחים נגד החתים ונגד הלובים והורה על פשיטות עונשין נגד אדום ומואב. הוא ניצל את יכולתה הטכנית של מצרים ואת שגשוגה כדי ליזום שורה של מפעלי בנייה מונומנטליים שאין להם כמעט אח ורע בעולם העתיק. הוא הורה להציב ברחבי הארץ פסלי ענק של דמותו. הקידומת "רע" שבשמו מלמדת כי נתפס כאל השמש, יצור אלוהי ששלטונו נגזר בידי שמים ודבריו מחייבים ציות מוחלט.

בני־ישראל, לעומת זאת, היו קבוצה חסרת ארץ שהייתה נתונה לחלוטין לחסדי המצרים. לא היה להם שום כוח, ובתחילה גם לא הנהגה יעילה. הם גויסו בקלות לעבודות כפייה. התורה מספרת לנו כי הועסקו בשניים ממפעלי הבנייה הגדולים של רעמסס השני, הערים פיתום (פִּי־אָתוּם) ורעמסס (כנראה פֶּר־רעמסס־מֶרִי־אימֶן). קשה למצוא קבוצה מתאימה פחות מהם להפוך לעם הנצח.

אילו העלה מישהו באותם ימים את האפשרות שמצרים הפרעונית תאבד ודווקא קבוצה של עבדים עבריים תשרוד ותשנה את הנוף המוסרי של העולם, היה הרעיון נחשב מופרך לחלוטין. המצרים האמינו שבני־ישראל כבר על סף ההכחדה. האזכור המוקדם ביותר של ישראל הידוע לנו, מחוץ למקרא, הוא כתובת שנכתבה בימי

יורשו של רעמסס, מרנפתח, במאה השלוש־עשרה לפנה"ס. מצבת מרנפתח, לוח שחם שחור וענק הניצב כיום במוזיאון של קהיר, כולל את המילים הבאות: "ישראל הוּשָׁם, אין זרע לו".

ההתנגשות בין משה לרעמסס לא הייתה מפגש רגיל. במבט לאחור ראוי לראות בה את אחד העימותים המכוננים בהיסטוריה. במפגש בין האימפריה החזקה ביותר של העולם הקדום ובין קבוצה חסרת כוח של עבדים קמה ועמדה שאלה אדירה: מה יתקיים ומה יאבד? מה ישרוד ומה ידעך? מצרים הקדומה וישראל הקדומה היו שני עמים שהעלו את השאלה הגדולה של הזמן: בעולם של שינוי בלתי פוסק, כיצד אפשר ליצור משהו שיוכל לעמוד בפני המוות? המצרים נתנו תשובה אחת, תשובה שקסמה זה מכבר ללבם של קיסרים ומלכים: נוכל להביס את הזמן באמצעות בניית מבנים שיגברו על רוחות הזמן ועל חולות הזמן. עם ישראל הקדום נתן תשובה שונה ומפתיעה. אפשר לזהות את הרגע המדויק שבו זה קרה. הוא מופיע בפרקים יב ויג של ספר שמות.

בני־ישראל עמדו לצאת לחופשי. תשע מעשר המכות כבר הונחתו על מצרים. העשירית, ידעו בני־ישראל, עתידה להיות האחרונה. על פי הסיפור המקראי אסף משה את העם והורה להם להתכונן ליציאה. היה זה רגע גדול ודרמטי בכל קנה מידה. בני־ישראל חיו בגלות מאתיים ועשר שנים. הם ידעו סבל, עבדות וניסיון לרצח עם. עתה עמדו לצאת למסע שההיסטוריה עתידה לכנותו בשם יציאת מצרים. מה יאמר משה? הוא היה עשוי לדבר על חירות, או על הגורל המובטח, על "ארץ זבת חלב ודבש". הוא היה עשוי לדבר על תלאות המסע הצפויות, על מה שנלסון מנדלה כינה "הדרך הארוכה אל החירות". כל אחד מאלה היה עשוי להיות נאום גדול של מנהיג גדול.

אלא שמשה לא בחר באף אחת מן האפשרויות האלה. הוא בחר לדבר על ילדים, ועל העתיד הרחוק, ועל החובה להעביר את הזיכרון לדורות שטרם באו לעולם. שלוש פעמים חזר על הרעיון הזה:

וְהָיָה כִּי יֹאמְרוּ אֲלֵיכֶם בְּנֵיכֶם: מָה הָעֲבֹדָה הַזֹּאת לָכֶם? וַאֲמַרְתֶּם... (שמות יב, כו–כז)

וְהִגַּדְתָּ לְבִנְךָ בַּיּוֹם הַהוּא לֵאמֹר: בַּעֲבוּר זֶה עָשָׂה ה׳ לִי בְּצֵאתִי מִמִּצְרָיִם (שמות יג, ח)

וְהָיָה כִּי יִשְׁאָלְךָ בִנְךָ מָחָר לֵאמֹר: מַה זֹּאת? וְאָמַרְתָּ אֵלָיו... (שמות יג, יד)

על סף חירותם שומעים בני־ישראל שהם עתידים להפוך לעם של מחנכים. וזה מה שהפך את משה לא רק למנהיג גדול אלא גם למנהיג ייחודי. החירות – משתמע מדבריו – אינה מושגת בשדה הקרב וגם לא בזירה הפוליטית, אלא בעולם המחשבה האנושי וברצון האנושי. את הרעיון הזה ביטא השופט האמריקני לֶרנד הֶנד: ״החירות טמונה בלבותיהם של גברים ונשים; כשהיא גוועת שם, לא יוכלו להצילה שום חוקה, חוק או בית משפט; שום חוקה, חוק או בית משפט לא יוכלו לעשות הרבה גם כדי לסייע לה״. כדי להגן על ארץ נחוץ צבא, אבל כדי להגן על החירות נחוץ חינוך. נחוצים הורים, משפחות ובתים ושיח מתמיד בין הדורות. ומעל לכול נחוץ זיכרון – סוג הזיכרון שאינו שוכח לעולם את לחם העוני ואת מרור השעבוד.

החירות היא יותר ממהפכה. דפי ההיסטוריה זרועים עמים שזכו בחירותם ואחר כך איבדו אותה. ״חוקת החירות״ היא אחד ההישגים האנושיים הרעועים ביותר. חירות אישית היא דבר פשוט. חירות קיבוצית – חברה המוקירה את כבודם השווה של כל בני־האדם – תלויה בערנות מתמדת, במאמץ חינוכי מתמשך. אם נשכח מִנַּיִן באנו, אם נשכח את המאבקים שערכו אבותינו ואת המסע הארוך שאליו נאלצו לצאת, הרי בסופו של דבר נשוב ונאבד אותה.

משה הוליך אפוא את עמו בשביל הפחות מבטיח אל הנצח. בני־ישראל הפכו לבנאים, אבל הם לא בנו מבני אבן, אלא דרך חיים שנסללה לאור צמד האידיאלים צדק ורחמים. הלבֵנים היו מעשים של קדושה; הטיח – הלימוד וחיי הרוח. משה לימד, והעם היהודי

למד לגַלות, שהדרך אל האלמוות אינה עוברת בהקמת פירמידות או פסלים – הדרך אל האלמוות היא לחקוק את ערכיך בלבות ילדיך, והם בלבות ילדיהם, ואז אבותינו ימשיכו לחיות בתוכנו ואנו נמשיך לחיות בתוך ילדינו, וכך עד קץ כל הדורות.

זו הייתה תובנה מדהימה, שונה כל כך מכל מה שהכיר העולם העתיק, עד שבבואנו להרהר בה קשה שלא להרגיש שאנו נמצאים במחיצת הנשגב, ברגע בלתי־צפוי לחלוטין שבו אחת האמיתות הגדולות של המצב האנושי מופיעה לראשונה. בעברו הקרוב של העם ששרד והיה עתיד להפוך לעם של חוזים ונביאים, מלומדים וחכמים, לא היו דברים רבים שיכלו לבשר את גדולתו העתידית, פרט לדבר אחד: קול שנשמע לסירוגין מאז ימי האבות, קול שקרא להם לפנות לדרך חיים שונה מאוד מדרכם של שכניהם. הוא הורה להם שאלוהים איננו הכוח המשעבד אלא הכוח המשחרר. במקום לסגוד לשליטים אדירים הוא לימד כי הדרך לעבוד את האל עוברת בשמירת כבודם של האלמנה, היתום, הגר, החלש, הפגיע והנטוש. הקדושה אינה מצויה במבנים ארכיטקטוניים אדירים כי אם במילים ובחינוך, ויותר מכול בהוראה המתרחשת בבית. "אל תקרי בָּנַיִךְ אלא בּוֹנַיִךְ", אמרו חז"ל, והתובנה הזאת לא נשכחה מלב היהודים. כי העם היהודי הפך לאומה, אומה שהקדישה את עצמה ליצירת דורות חדשים ולהעברת מורשת העבר לידיהם. כתוצאה מכך לא גוועה מעולם הזהות היהודית, ואתה החלום היהודי. כאשר משה הורה לבני־ישראל להפוך לעם של מחנכים, הוא הפך קבוצה של עבדים לעם של נצח.

## מאמר ג

# פסח, פרויד וזהות יהודית

> ויאמרו אליו: הגידה נא לנו... מה מלאכתך ומאין תבוא, מה ארצך ואי מזה עם אתה? ויאמר אליהם: עברי אנכי ואת ה׳ אלהי השמים אני ירא, אשר עשה את הים ואת היבשה. (יונה א, ח–ט)

השאלה הראשונה ששואל משה את אלוהים היא: ״מִי אָנֹכִי?״ וזוהי השאלה שהיהודים שואלים לאורך הדורות. לא היה עם שהתחבט בשאלת זהותו לעומק ולאורך זמן כפי שעשו היהודים, ואולי היה זה בלתי־נמנע. לאורך חלק גדול מההיסטוריה היו היהודים מיעוט בארצות לא להם. גם כשהייתה להם מדינה ריבונית הם היו מוקפים אימפריות אדירות ומעצמות בלתי־מנוצחות. כמעט תמיד בלטה שונותם. הם סיפרו סיפור שונה, הם שמעו מוסיקה שונה, הם אימצו דרך חיים ייחודית שנגדה את תרבות שכניהם.

במקרא נושאת המילה ״קדוש״ בין היתר את המובן ״מובחן״, ״נבדל״. חז״ל אמרו שאברהם כונה ״עברי״ מפני שכל העולם היה מעבר אחד והוא מהעבר האחר. לגבי היהודים לא הייתה הזהות דבר מובן מאליו. בין היתר היא הייתה כרוכה באומץ לשחות נגד הזרם, לעמוד מול הצייטגייסט, רוח הזמן. מתחת לשאלת הילד התמימה

"מה נשתנה הלילה הזה?" מונחת שאלה שונה ועמוקה יותר: "מה נשתנה העם הזה?" או "מי אני?" אנחנו משיבים לילד באמצעות סיפור – הסיפור של אבותינו הקדומים, שהוא גם הסיפור שאנחנו חלק ממנו. פסח הוא חג הזהות היהודית. ליל הסדר הוא הערב שבו אנו מספרים לילדינו מי אנחנו.

בקריאה שטחית של המקרא שואל משה: "מִי אָנֹכִי כִּי אֵלֵךְ אֶל פַּרְעֹה?" אין זו שאלה לגבי זהותו, אלא השאלה אם ראוי הוא לקבל עליו משימה כזאת. משה, רומזת לנו התורה, לא היה משוכנע במקומו בהיסטוריה. הוא לא ביקש לעצמו עמדת הנהגה – אדרבה, הוא סירב לקבלה. "וְהֵן לֹא יַאֲמִינוּ לִי וְלֹא יִשְׁמְעוּ בְּקֹלִי... כִּי כְבַד פֶּה וּכְבַד לָשׁוֹן אָנֹכִי... שְׁלַח נָא בְּיַד תִּשְׁלָח" (שמות ד). באישיותו, כפי שמספר לנו הכתוב מאוחר יותר, היה משה "עָנָו מְאֹד מִכֹּל הָאָדָם אֲשֶׁר עַל פְּנֵי הָאֲדָמָה" (במדבר יב, ג). הוא קיבל על עצמו את השליחות האלוהית לא בשל דעתו הטובה על עצמו אלא מפני שהמשימה הייתה אמיתית, הצורך היה גדול, השעה דחקה ולא היה מנוס מהתפקיד. משה הוא מאותם אנשים שהגדולה נופלת עליהם, כלשונו של שייקספיר.

עם זאת, ברובד עמוק יותר, משה שואל שאלה של זהות. הוא ניצב בפני בעיה שנעשתה חריפה בכל מקום שבו הפכו היהודים חלק מתרבות רחבה יותר – בתפוצות, ואפילו במדינת ישראל עצמה. ביוגרף שיתאר את משה ברגע שבו שמע לראשונה את קריאתו של אלוהים יתקשה לדעת מי היה ולמי היה נאמן. הוא היה אדם שנסיכה מצרית הצילה אותו בינקותו ואימצה אותו, אדם שגדל בבית פרעה וחונך כנסיך מצרי. כשנמלט למדיין והציל את בנות יתרו על שפת הבאר, הן חזרו הביתה וסיפרו לאביהן: "אִישׁ מִצְרִי הִצִּילָנוּ". בהופעתו, בהליכותיו, בלבושו ובדיבורו נראה משה מצרי, לא עברי.

שאלתו של משה "מי אנכי?" הייתה אפוא אמיתית וחריפה – משבר קיומי. מי היה ומה היה ייעודו? האם היה מצרי או עברי, נסיך או עבד, בן למשפחה השלטת באימפריה הגדולה ביותר של אותם ימים או בן לעם שנאנק תחת עול הדיכוי? הבחירה אינה פשוטה. לפני משה השתרעו שני עתידים חלופיים: באחד מהם נכונו לו חיי

שלווה במדיין, עם משפחת חותנו, רעיית צאן בשדות מרעה רחוקים, הרחק משאון הפוליטיקה והכוח. באחר נכונו לו חיי מאבק ואתגר כמעט בלתי־אפשרי: להוציא עם מעבדות וללמד את אנשיו להיות בני־חורין – אנשים העובדים רק את אלוהים לבדו.

משה, המתהלך לבדו עם צאנו על ההר, מגלה שיש בחירות שאי־אפשר להסתתר מפניהן. המילים הראשונות כמעט שאלוהים אומר לו הן: "אָנֹכִי אֱלֹהֵי אָבִיךָ, אֱלֹהֵי אַבְרָהָם, אֱלֹהֵי יִצְחָק וֵאלֹהֵי יַעֲקֹב". בשלב זה אין אלוהים אומר למשה מיהו אלוהים. את זה הוא עתיד לומר לו במילים המסתוריות והמפורסמות "אֶהְיֶה אֲשֶׁר אֶהְיֶה". בינתיים הוא אומר למשה מי הוא משה: בנם של אברהם, יצחק ויעקב, שלושה אנשים שנטשו את מקומם הבטוח, את ארץ מולדתם ואת בית אביהם, כדי לצאת למסע אל יעד בלתי־ידוע, ומשענתם היחידה הייתה קולו של אלוהים. משה, אומר אלוהים, אינו נסיך מצרים אלא בנם של אבות אבותיו, ולפיכך אחיהם של האנשים הטועמים באותו רגע ממש את טעמה המר של העבדות. מצוקתם היא אחריותו. גורלם הוא גורלו.

בלב לבו משה יודע זאת. סמוך לתחילת הסיפור יש פסוק מרתק: "וַיְהִי בַּיָּמִים הָהֵם, וַיִּגְדַּל מֹשֶׁה וַיֵּצֵא אֶל אֶחָיו וַיַּרְא בְּסִבְלֹתָם" (שמות ב, יא). כבר אז יודע משה שהוא אחד מהם. כשהוא רואה איש מצרי מכה איש עברי, הוא מתערב. להיות יהודי פירושו לדעת שאינך יכול לעמוד מנגד כשעמך סובל. "עם ישראל", אמר רבי שמעון בר יוחאי, "כגוף אחד ונפש אחת... לקה אחד מהן, כולן מרגישין" (מכילתא דרשב"י שמות יט, ו).

גילוי עצמי דומה השפיע על כמה אנשים במאה התשע־עשרה, ובהם משה הס ותיאודור הרצל, שהפכו לאבות הציונות. יהודים מתבוללים אלו הזדהו למרות הכול עם מצוקת עמם לנוכח האנטישמיות – אצל הס קרה הדבר בעקבות עלילת הדם בדמשק (1840), ואצל הרצל בעקבות משפט דרייפוס (1894–1895). ברגע האמת הם ידעו שהיות יהודי פירושו להיות חלק מברית הגורל שבגינה "כל ישראל ערבים זה לזה".

זהות יהודית היא תלוית־לידה, כי בסופו של דבר אנחנו נושאים עמנו לא רק את הגֵנים של אבותינו אלא גם את תקוותיהם, דמעותיהם, מחויבויותיהם וחלומותיהם. אלוהינו הוא אלוהי אברהם ושרה ואלוהי מאות הדורות של צאצאיהם, שמהם נולדנו. זה מה שמגלה הילד בחג הפסח, אף על פי שאולי תעבורנה שנים רבות עד שיתחיל לבטא את הגילוי במונחים אלו: אנחנו חלק מסיפור שהחל זמן רב לפני הולדתנו ויימשך אחרי שלא נהיה עוד. אין אנו בוחרים את זהותנו – זהותנו היא שבוחרת בנו. להיות יהודי פירושו לשמוע קול מן העבר, הקורא לנו לצאת אל עתיד שלעתים הוא סוער ותמיד הוא תובעני, ולדעת בהכרח שזהו הנראטיב שאנו חלק ממנו. זה מה שגילה משה כשעמד לבדו על ההר, כשהביט בסנה הבוער ואיננו אוכל.

לקראת סוף ימיו כתב זיגמונד פרויד יצירה יוצאת דופן ושמה **משה והמונותיאיזם**. לימים נחקר ספר זה בדקדקנות רבה מאין כמוה כמפתח לזהותו של פרויד. אפשר שזו הייתה כוונתו, כי זה היה הספר האחרון שכתב, וכאשר ראה אור, בשנת 1939, כבר חי פרויד כפליט בלונדון. באותם ימים הותקפו יהודים ברחובות וינה, שבה חי ועבד קודם לכן. האוסטרים קיבלו בברכה את סיפוחה של ארצם לגרמניה של היטלר במרס 1938, וכמעט מיד שללו את כל זכויות האזרח מיהודי וינה, שהיו כשישית מאוכלוסייתה של העיר: הזכות להחזיק ברכוש, הזכות לתעסוקה, הזכות להחזיק במקצוע חופשי ולהיכנס למסעדות ולגנים ציבוריים. זקיפי אס־אס תפסו אישים בכירים בקהילה היהודית, ובהם הרב הראשי של וינה ד"ר ישראל טאגליכט, שהיה אז בן שבעים וחמש, ואילצו אותם לרחוץ את מדרכות העיר לנגד עיניהם של העוברים ושבים, שצפו בנעשה במבטים משועשעים ומזלזלים. בתוך חודש התאבדו יותר מחמש מאות מיהודי אוסטריה, מתוך ידיעה ברורה שהגרוע מכול עוד לפניהם. מה שנעשה ליהודים לא היה טירוף רגעי. ב־1897 בחרה וינה להעמיד בראשה את שונא היהודים המוצהר קרל לואגר, ושם, בשנים 1913-1908, למד אדולף היטלר הצעיר את השיעורים הראשונים והמשפיעים ביותר באנטישמיות.

**משה והמונותיאיזם**, דבריו האחרונים של פרויד, הוא יצירה יוצאת דופן. פרויד מנסה להוכיח בה שמשה היה מצרי שהפנה את תשומת לבו אל בני־ישראל אחרי כישלונו של אמנחותפ הרביעי, שנודע לימים בשם אחנאתון, להנהיג במצרים צורה מוקדמת ופרימיטיבית של מונותיאיזם (למעשה, פולחן השמש). ספרים רבים נכתבו בניסיון להבין מה ניסה פרויד להשיג באמצעות ההשערה הזאת, שרבים מפקפקים בה, ומה ניסה לומר, במודע או שלא במודע, לגבי זהותו כיהודי. לא בכך אני מבקש לעסוק כאן. בשלב מוקדם בספר מופיע פרט מוזר, שמשמעותו לא הובנה או לא נתבארה במידה מספקת. אני מכנה זאת הטעות הפרוידיאנית הגדולה והמרתקת של פרויד.

ההקשר שבו היא מופיעה הוא הערת אגב שבה פרויד מציין כי סיפורי אגדה רבים העוסקים בגיבורי העת העתיקה מבוססים על מבנה עלילתי משותף: לידתו של הגיבור זרועה סכנות. כילד הוא נחשף לאיתני הטבע באופן שהיה מביא בדרך הטבע למותו, אלא שהוא ניצל וגדל בביתם של הורים מאמצים. רק בשלב מאוחר הרבה יותר הוא מגלה את זהותו האמיתית. כזהו סיפורו של הגיבור הבבלי סרגון, ודומים לו גם סיפוריהם של כורש, אדיפוס, רומולוס, קארנה, פריס, פרסאוס, הרקולס וגילגמש, ועוד אחרים. זהו גם סיפורו של משה.

אלא שבשלב זה מציין פרויד כי מבחינה מסוימת סיפור משה שונה מן הקצה אל הקצה מסיפורם של האחרים. בכל הסיפורים האחרים הגיבור הוא ממוצא אצילי; הוא גדל אצל משפחה פשוטה ורק לימים מגלה שבעורקיו זורם דם מלכים. אצל משה קורה ההפך הגמור. הוא גדל כנסיך. זהותו האמיתית היא שהוא שייך לעם של עבדים.

פרויד מפנה את תשומת הלב לעובדה זו, אבל – על סמך הנחה שאינני יכול להיות שותף לה, שהסיפור המקראי הוא תבנית אנושית, מיתוס – מגיע מיד למסקנה שסיפור הולדתו של משה הוא בדותה שנועדה להסוות את הצורה המקורית של סיפור הלידה. בגרסה מוקדמת יותר זו משה הוא באמת נסיך מצרי, שחייו נתונים

בסכנה כי פרעה שמע חלום נבואי שבישר לו כי ילד שנולד בתוך ביתו עתיד להיות סכנה לשלום כיסאו וממלכתו. על פי הגרסה הזאת, פרעה מורה להשליך את התינוק למי היאור, וזוג עברים – עמרם ויוכבד – מצילים אותו ומגדלים אותו כאילו היה בנם. פרויד מודע לעובדה שקיומו של סיפור כזה אינו מתקבל כלל על הדעת. שהרי מי יכול היה לספרו? לא המצרים, מפני שהסיפור מהלל אדם שהפך לאויבם. לא בני־ישראל, מפני שהוא מתאר את מושיעם כבן לעם שייסר אותם. ולכן, אומר פרויד, הסיפור שונה – אך אינו מסביר את ההיפותזה שלו, שלסיפור במקורו הייתה צורה שונה, ואולי אין לכך הסבר.

אלא שפרויד, אף שהראיה נמצאה לנגד עיניו, לא נוכח שסיפורו של משה איננו מיתוס אלא אנטי־מיתוס, מחאה נגד ההנחות החברתיות והרוחניות של העידן המיתי. מיתוסים מספרים על אנשים שנולדו לגדולה. היקום הוא היירכי. יש מי שנולד לשלוט, ואחרים – והם הרוב הגדול – נולדים להישלט. היהדות מכחישה את ההשקפה הזאת, שהייתה משותפת לכל התרבויות האליליות והייתה מקובלת גם על אפלטון ואריסטו. הגבורה אינה נובעת מעובדת הלידה; היא שאלה של אומץ מוסרי. היא אינה מצויה אך ורק אצל מלכים או נסיכים, ואפילו לא בעיקר אצלם. אברהם ושרה, יצחק ורבקה, יעקב, רחל ולאה – אלה הם אנשים פשוטים החיים חיים רגילים וחייהם משתנים רק בעקבות חזון, קול קורא.

שאול, מלכה הראשון של ישראל, נראה מתאים לתפקידו. הוא גבוה "משכמו ומעלה" מכל בני־דורו. אלא שמתגלה כי חסרה לו העוצמה המוסרית הנחוצה למנהיג. דוד, שליטו הגדול של עם ישראל, הוא הצעיר מבין שמונה אחים, והוא נתפס כחסר חשיבות כל כך עד שכאשר שמואל בא לבקר את המשפחה במצוות האל, איש אינו זוכר אותו עד שהנביא, אחרי שדחה את כל האחים, שואל אם תמו הנערים. המלך האמיתי, מרמז המקרא, אינו מצטיין בכוח פיזי, במראה חיצוני או בשושלת אצילית. לא במקרה חייו של משה עומדים בסתירה לסיפוריהם של גיבורים אחרים מן העת העתיקה.

הוא איננו נסיך בתחפושת. גדולתו טמונה דווקא בעובדה שהוא בנם של עבדים שדבר האלוהים נגע בחייהם ושינה אותם.

פרויד חש רגשות מעורבים כלפי זהותו. הוא התפעל מיהודים ומעולם לא התנער מעובדת היותו יהודי, אבל אוזנו הייתה ערלה למוסיקה של היהדות בפרט ושל הדת בכלל. עם השתלטות הנאציזם על וינה, כשנוכח בהשתחררות הכוחות האפלים האינסטינקטיביים הללו, שעל קיומם ממש מתחת לפני השטח של הציביליזציה ידע היטב, מי יודע אם לא ניסה להעביר את עול המונותיאיזם מן היהודים אל המצרים שכבר עברו מן העולם, כאילו ביקש לומר: "אין להאשים אותנו בדיכוי האינסטינקטים הללו השבים אלינו עתה בזעם רצחני". תהיה הסיבה אשר תהיה, אין ספק שפרויד החמיץ כאן את אחת האמיתות רבות־הכוח ביותר של המקרא, שנמסרה בפרטים של סיפור משה שציין ואחר כך פירש בצורה שגויה. את אשר העולם מתעב, אלוהים אוהב. בן־עבדים יכול להיות נאצל יותר מנסיך. אמות המידה של אלוהים אינן כוח או זכויות־יתר. אלוהים עצמו אומר זאת לשמואל ממש לפני שהוא רואה לראשונה את דוד: "כִּי לֹא אֲשֶׁר יִרְאֶה הָאָדָם, כִּי הָאָדָם יִרְאֶה לַעֵינַיִם וַה׳ יִרְאֶה לַלֵּבָב" (שמואל א׳ טז, ז). האמונה, כפי שהיהדות מבינה אותה, פירושה לזהות את צלם אלוהים בחלש, בחסר האונים, במעונה, בסובל, ואז להילחם למענם. אילו הבין זאת כך, היה פרויד מעביר מסר שונה מאוד של אומץ לבני־עמו שעמדו בפתחו של הלילה האפל ביותר בחייהם כעם. אנחנו לפחות יכולים להבין מה שפרויד לא הבין: שמשה, היודע שייעודו איננו בארמון המלך המצרי אלא עם עמו, עזר לכתוב את אחד הפרקים הגדולים ביותר של התקווה בספרות המין האנושי.

מאמר ד

# בנייתה של חברה בת־חורין

אמר ר׳ יוחנן: כל מקום שאתה מוצא גבורתו של הקב״ה אתה מוצא ענוותנותו... דבר זה כתוב בתורה: ״כי ה׳ אלהיכם הוּא אלהי האלהים ואדֹנֵי האדֹנים האל הגדֹל הגִּבֹּר והנורא אשר לא ישא פנים ולא יקח שחד״, וכתיב בתריה ״עֹשֶׂה משפט יתום ואלמנה ואהב גר לתת לו לחם ושמלה״ (דברים י, יז–יח). (מגילה לא ע״א)

איננו יודעים מדוע דווקא בעם ישראל, עם קטן וחסר ייחוד מכל בחינה אחרת, נשמעה הקריאה האלוהית שהייתה עתידה לשנות לא רק אותו אלא גם את האופקים המוסריים של המין האנושי. השרידים הארכיאולוגיים שנותרו מאותם ימים דלים מכדי לשפוך אור על רצף אירועים זה. רק מעט יכול היה לשרוד, כי מטבע הדברים אין מדובר כאן בניצחונות צבאיים גדולים שתועדו בכתובות ניצחון על גבי בניינים מונומנטליים, אלא על מהפכה תודעתית. טעות היא גם לחשוב שדתו של עם ישראל הקדום התקיימה במנותק מכל הקשר היסטורי. מערכות חוקים התקיימו בעולם עוד לפני מערכת החוקים שהציג משה – חוקי חמורבי הם רק הדוגמה המפורסמת ביותר ששרדה מהעת העתיקה. מסמכים ממסופוטמיה, מצרים וממלכת

החִתים מייחסים למלכים מעשים של צדק וטוב לב. הברית – המושג החשוב ביותר במקרא ובהגות היהודית בכלל – היא מוסד קדום, חלק מאוצר המילים הדיפלומטי של המזרח הקרוב בימי האבות, במיוחד כצורה של הסכם שלום בין עמים. אפילו המונותיאיזם עצמו, כפי שצוין במאמר הקודם, אמנם החל בעם ישראל אבל לפחות צורה מוקדמת שלו הופיעה ברפורמות הדתיות הכושלות של אמנחותפ הרביעי, שביקש לצמצם את מספר האלים בפנתיאון המצרי. לא נעשֶׂה צדק עם מקוריותה של אמונת ישראל אם ננסה לנתקה כליל מההיסטוריה, כי דווקא בתוך ההיסטוריה ובאמצעותה חש עם ישראל בהשגחה העליונה.

עם זאת אין ספק שדת ישראל הקדומה הייתה אחת התמורות המדהימות ביותר שהתחוללו בתפיסות המוסריות של האנושות, ויותר מכול במעשה יציאת מצרים עצמו. בעת העתיקה עמדו האלים תמיד לצד הכוח הממוסד. הם ערבו לשלטונם של מלכים, קיסרים ונסיכים – רעיון שקם לתחייה באירופה של ימי הביניים בדמות הדוקטרינה "זכותם האלוהית של מלכים". השליטים שלטו מפני שהיו אלים, או בני אלים, או מתווכים מרכזיים בין האלים לבני־האדם. הם משלו עלי אדמות מאותה סיבה שהשמש משלה בשמים: עלי אדמות ובשמים שרר סדר, שעל פיו החזק שלט בחלש והכוח הבטיח את קיום הסדר. האפשרות שאלוהים, בורא שמים וארץ, עשוי להתערב במהלך ההיסטוריה כדי לשחרר עבדים לא עלתה כלל על הדעת. כך נולד הפרדוקס שעורר מאז ואילך אנשים ונשים לנתק את שלשלאות הדיכוי: הכוח האמיתי ניכר דווקא בדאגה לחסרי הכוח, הגדולה נמדדת על פי יכולתה לשמוע את זעקתם של אלה שאינם נשמעים בדרך כלל – החלשים, הפגיעים, "האלמנה, היתום והגר" – והחירות ראויה להיקרא כך רק אם פירושה חירות לכול.

גם כאן אנו חייבים תודה להיסטוריון פול ג'ונסון על אחד התיאורים המשובחים של תרומת היהדות להיסטוריה של תורת המוסר:

כל התגליות המושגיות הגדולות של האינטלקט נראות בדיעבד מובנות מאליהן ובלתי־נמנעות, אבל נדרש כשרון מיוחד כדי לנסחן לראשונה. והיהודים ניחנו במתת זו. אנו חבים להם את רעיון השוויון בפני החוק, הן החוק האלוהי הן החוק האנושי; את רעיון קדושת החיים ויחס הכבוד לאדם באשר הוא אדם; את המצפון האינדיבידואלי ולפיכך את הגאולה האישית; את המצפון הקיבוצי ולפיכך את האחריות החברתית; את השלום כאידיאל מופשט ואת האהבה כיסודו של הצדק, ועוד רעיונות רבים אחרים שהם המצע המוסרי הבסיסי של התודעה האנושית. בלעדי היהודים היה נותר שם הרבה מקום ריק.

לעולם לא נדע בבירור מה אִפשר דווקא לעברים הקדמונים לשמוע קול משמים שקרא להם לקבל תפיסה חדשה לחלוטין של החיים הדתיים. אך בוודאי לא מקרה הוא שההיסטוריה היהודית מתחילה בשני מסעות גדולים, מסעם של אברהם ושרה מארם נהריים ומסעם של משה ובני־ישראל ממצרים הפרעונית. ארם נהריים ומצרים היו שתי המעצמות הגדולות ביותר בדורן, מרכזי הציביליזציה הראשונים – שהישגיהן הטכנולוגיים עדיין מעוררים בנו יראת כבוד. אבל מה שניכר בין השורות במקרא הוא שעוצמתן המוסרית נפלה בהרבה מיכולתן הטכנית. אלה היו חברות שהתאפיינו בריבוד חברתי ניכר, שבהן העושר והכוח התרכזו בידיים מעטות יחסית ורבים חיו חיים של ייאוש שקט.

ודאי לא מקרה הוא שהאבות – וגם משה עצמו בעת ההתגלות – היו רועים שעשו תקופות ארוכות לבדם, רועים את עדריהם בדממת הגבעות והשדות. ואל האנשים הללו התגלה אלוהים לא כמשהו נראה אלא כנוכחות נשמעת – קול, קריאה. היה זה אל שונה לגמרי מהאלוהויות המיתיות, שברובן הגדול היו האנשה של איתני הטבע: השמש, הים, הגשם, הסערה. אלוהי אברהם ומשה ברא את הטבע, ולפיכך התעלה מעליו. הוא היה אפוא בן־חורין, במובן הצרוף ביותר של המילה, וקרא למין האנושי ליהנות מחירות דומה. לא להיות

קשורים עוד, כפי שהיו אלי המיתוסים, למקום מסוים, לתרבות מסוימת או לסדר חברתי מסוים. הוא לימד את מי ששמע את קולו לתפוס, לראשונה, כי המבנים החברתיים הקיימים אינם חקוקים במבנה היקום. אלו הן יצירות אנושיות, ולפיכך, בהדרכה אלוהית, אפשר להמירן במערכת צודקת ושוויונית יותר. ויותר מכול, ההבנה שאלוהים הוא אחד ויחיד נתנה כבוד חסר תקדים לאדם הפרטי, האחד והיחיד. לראשונה עלה על הדעת הרעיון שחייו של כל אדם הם מקודשים, שכולנו נושאים בתוכנו שמץ מן האלוהי.

הלהט הדתי של העולם הקדום חתר יותר מכול ליצירת סדר בעיצומו של תוהו ובוהו מתמיד ומאיים, אם בצורת שיטפונות ובצורת אם בצורת פלישות מבחוץ או מאבקי שליטה פנימיים הרסניים. דפוס החשיבה של המיתוס שמרני במהותו ומבקש לקדש את המצב הקיים. טקסט מצרי קדום המיוחס לנֶפֶר־רוֹחוּ מבטא את האימה מפני השינוי שחוללה התסיסה החברתית: "אראה לך ארץ [שרויה] באבל ובמצוקה. הגבר שזרועו חלשה [עכשיו] יש לו זרוע [חזקה]... אראה לך איך הנחות מכול נעשה הגבוה מכול". השוו זאת לשיר ההודיה ששרה חנה כשהיא יולדת את הבן שציפתה לו כל כך: "ה' מוֹרִישׁ וּמַעֲשִׁיר, מַשְׁפִּיל אַף מְרוֹמֵם. מֵקִים מֵעָפָר דָּל, מֵאַשְׁפֹּת יָרִים אֶבְיוֹן, לְהוֹשִׁיב עִם נְדִיבִים וְכִסֵּא כָבוֹד יַנְחִלֵם" (שמואל א' ב, ז–ח). לראשונה נקשר מושג האל עם שינוי, תמורה, מהפכה. בנוף האנושי שום דבר אינו מקובע פרט לכללי המוסר עצמם – דברו הנצחי של האל הדורש צדק, שוויון ורחמים וקורא תיגר ללא הרף, מפי רצף של נביאים, על הכוח המשחית ועל ניצול החלשים.

יציאת מצרים הפכה לקו פרשת מים בתולדות ישראל והיא נזכרת שוב ושוב בספרי משה (מחומש שמות עד חומש דברים). היא פתחה את ההתגלות והברית במעמד הר סיני: "אָנֹכִי ה' אֱלֹהֶיךָ אֲשֶׁר הוֹצֵאתִיךָ מֵאֶרֶץ מִצְרַיִם, מִבֵּית עֲבָדִים" (שמות כ, ב). היא הייתה ההיגיון המאחד של המצוות. היא לא רק הסבירה מדוע בני־ישראל חייבים לשמור אמונים לאל שהצילם והעניק להם את חירותם – חשובה לא פחות העובדה שהיא הייתה תזכורת מתמדת למה שחברה יכולה להיות

כשבני־האדם שוכחים את אלוהים וסוגדים במקומו למושגים אנושיים, דוגמת הכוח עצמו. המחשבה על ניסיון אבותיהם במצרים עתידה להזכיר תמיד לבני־ישראל מה פירושו של דבר לסבול מרדיפות, והדבר הביא אותם לפתח תחושה של אחווה עם החלשים. משימתם בארץ המובטחת הייתה לבנות את היפוכה של מצרים, את האנטיתזה לאימפריה, חברה חלופית המיוסדת על עקרונות הצדקה והמשפט ועל סגולות החסד והרחמים שבברית. אלוהי החירות דורש מעם הברית עיצוב סדר חברתי של חירות אוניברסלית, שבו יזכו הכול ליהנות מהדרישות הבסיסיות של כבוד האדם; הוא אינו מסתפק בפחות מזה.

בניין החירות המקראית מעוצב בפרטי פרטים, אבל אפשר לסכמו בקצרה ולהעמידו על שלושה עיקרים. הראשון הוא הדאגה ההומנית לעניים – העמידה העיקשת על העיקרון שאנשים לא יסבלו לעולם רעב ולא יחושו השפלה בשל מצבם הכלכלי:

כִּי תַשֶּׁה בְרֵעֲךָ מַשַּׁאת מְאוּמָה, לֹא תָבֹא אֶל בֵּיתוֹ לַעֲבֹט עֲבֹטוֹ. בַּחוּץ תַּעֲמֹד, וְהָאִישׁ אֲשֶׁר אַתָּה נֹשֶׁה בוֹ יוֹצִיא אֵלֶיךָ אֶת הַעֲבוֹט הַחוּצָה. וְאִם אִישׁ עָנִי הוּא, לֹא תִשְׁכַּב בַּעֲבֹטוֹ. הָשֵׁב תָּשִׁיב לוֹ אֶת הַעֲבוֹט כְּבוֹא הַשֶּׁמֶשׁ, וְשָׁכַב בְּשַׂלְמָתוֹ... לֹא תַעֲשֹׁק שָׂכִיר, עָנִי וְאֶבְיוֹן מֵאַחֶיךָ אוֹ מִגֵּרְךָ אֲשֶׁר בְּאַרְצְךָ בִּשְׁעָרֶיךָ. בְּיוֹמוֹ תִתֵּן שְׂכָרוֹ וְלֹא תָבוֹא עָלָיו הַשֶּׁמֶשׁ, כִּי עָנִי הוּא וְאֵלָיו הוּא נֹשֵׂא אֶת נַפְשׁוֹ... לֹא תַטֶּה מִשְׁפַּט גֵּר, יָתוֹם וְלֹא תַחֲבֹל בֶּגֶד אַלְמָנָה. וְזָכַרְתָּ כִּי עֶבֶד הָיִיתָ בְּמִצְרַיִם וַיִּפְדְּךָ ה׳ אֱלֹהֶיךָ מִשָּׁם, עַל כֵּן אָנֹכִי מְצַוְּךָ לַעֲשׂוֹת אֶת הַדָּבָר הַזֶּה.

כִּי תִקְצֹר קְצִירְךָ בְשָׂדֶךָ וְשָׁכַחְתָּ עֹמֶר בַּשָּׂדֶה, לֹא תָשׁוּב לְקַחְתּוֹ. לַגֵּר, לַיָּתוֹם וְלָאַלְמָנָה יִהְיֶה, לְמַעַן יְבָרֶכְךָ ה׳ אֱלֹהֶיךָ בְּכֹל מַעֲשֵׂה יָדֶיךָ. כִּי תַחְבֹּט זֵיתְךָ, לֹא תְפַאֵר אַחֲרֶיךָ. לַגֵּר, לַיָּתוֹם וְלָאַלְמָנָה יִהְיֶה. כִּי תִבְצֹר כַּרְמְךָ, לֹא תְעוֹלֵל אַחֲרֶיךָ. לַגֵּר, לַיָּתוֹם וְלָאַלְמָנָה יִהְיֶה. וְזָכַרְתָּ כִּי עֶבֶד הָיִיתָ בְּאֶרֶץ מִצְרָיִם, עַל כֵּן אָנֹכִי מְצַוְּךָ לַעֲשׂוֹת אֶת הַדָּבָר הַזֶּה. (דברים כד, י–כב)

יש משהו הומני להפליא בחוקים הללו, ואף על פי שהם מתייחסים לסדר חברתי אגררי, הקשור לאדמה חקלאית, שהתקיים לפני יותר משלושת אלפי שנים, העיקרון שהם מתווים נותר נכון ומשכנע עד היום. החירות, כפי שמזכיר לנו הכלכלן חתן פרס נובל אַמַרְטְיָה סֶן, אינה מתמצה בהעדר אילוצים בלבד. "הפועל הכבול, שנולד לתוך עבדות למחצה, הילדה המשועבדת הנחנקת תחת לחציה של חברה דכאנית, הפועל חסר האונים וחסר האדמה שאין לו אמצעי מחיה של ממש – כל אלה עשוקים לא רק מבחינת רווחתם אלא גם מבחינת יכולתם לנהל חיים של אחריות, התלויים בכך שייהנו מכמה חירויות יסוד". על פי אמות המידה של המקרא, חברה שבה העושר מוחזק בידי מעטים ורבים חיים בה על סף רעב איננה חברה חופשית.

העיקר השני, הרדיקלי לא פחות וקשור במהותו לחוויית הגלות של עם ישראל, הוא הדאגה לזכויותיו ולרווחתו של הגר, הזר. ספרי התורה חוזרים ללא לאות על המוטיב הזה – חכמים הצביעו על כך שהתורה מצווה במקום אחד בלבד לאהוב את הרֵעַ, אבל אהבה לגר היא תובעת בשלושים ושישה מקומות. "וְגֵר לֹא תִלְחָץ וְאַתֶּם יְדַעְתֶּם אֶת נֶפֶשׁ הַגֵּר, כִּי גֵרִים הֱיִיתֶם בְּאֶרֶץ מִצְרָיִם" (שמות כג, ט). בעולם העתיק בכלל, אפילו אצל אנשים כמו אפלטון ואריסטו, הזר נחשב ליצור נכרי, המצוי מחוץ למעגל הדאגה ואינו זכאי לזכויות אזרח או למעמד של אזרח. הם לא היו מסוגלים כלל לתפוס את העיקרון שבפסוק "חֻקָּה אַחַת לָכֶם וְלַגֵּר הַגָּר... כָּכֶם כַּגֵּר יִהְיֶה לִפְנֵי ה'" (במדבר טו, טו). זוהי המהפכה השנייה של יציאת מצרים, וחלק מהמאבק המוסרי של עם ישראל נגד השבטיות וממשיכתה המודרנית, הלאומנות הקסנופובית, שונאת הזרים. גם לזרים יש זכויות וגם הם זכאים לתבוע מאתנו יחס הומני, שהרי כולנו נחשבים זרים בעיני מישהו אחר. את העיקרון הזה אמור עם ישראל לא רק לדעת באופן מופשט אלא גם לחוש בעומק זיכרונו הקיבוצי. "כִּי גֵרִים הֱיִיתֶם בְּאֶרֶץ מִצְרָיִם".

הרעיון השלישי והמשכנע ביותר שנטלו עמם בני־ישראל לדרך בהשפעת חייהם במצרים הוא מימוש החירות בממד הזמן: המבנה

המשולש של זמני השבתון – היום השביעי, השנה השביעית והיובל, השנה המציינת את השלמתם של שבעה מחזורים של שבע שנים. למרות ניסיונותיהם של היסטוריונים לאתר את מקורו של רעיון זה בלוח השנה הבבלי, מושג השבת היה חידוש חסר תקדים. משמעותו היא שיום אחד בכל שבעה ימים מושעות כל היירכיות העושר והכוח. אי־אפשר לאלץ איש לעבוד: לא שכירים, לא עבדים, אפילו לא את בהמות הבית. בשנה השביעית נשמטים חובות ועבדים יוצאים לחופשי. בשנת היובל, עם הישמע קול השופר המבשר "דְּרוֹר בָּאָרֶץ לְכָל יֹשְׁבֶיהָ" (ויקרא כה, י), שבות האדמות לבעליהן המקוריים. ההיגיון העומד בבסיס החוקים הללו הוא פשוט: "כִּי לִי בְנֵי יִשְׂרָאֵל עֲבָדִים, עֲבָדַי הֵם, אֲשֶׁר הוֹצֵאתִי אוֹתָם מֵאֶרֶץ מִצְרָיִם" (ויקרא כה, נה). ועבדי האל אינם רשאים להיות עבדים לאדם.

החוק המקראי לא שם קץ לעבדות. זו בוטלה במערב רק במאה התשע־עשרה, ובארצות־הברית רק אחרי מלחמת אזרחים. אבל הוא שם קץ לעבדות כעובדה נתונה מלידה, כעובדה אונטולוגית. על פי החוק המקראי היא הפכה למצב זמני, למשהו המושעה בכל יום שביעי ומסתיים בתום שבע שנים. השבת, שנת השמיטה ושנת היובל היו לתרומתה המקורית ביותר של היהדות לחיים הפוליטיים. בהיסטוריה של המחשבה האנושית הופיעו אוטופיות רבות, גני עדן מדומיינים. אף אחת מהן לא התממשה. המילה "אוטופיה" עצמה פירושה "שום מקום". אוטופיות אינן מתגשמות לעולם כי הן אינן מצוידות במפה ריאליסטית המראה איך להגיע מכאן לשם. הן מנותקות מן ההווה. הן יכולות להתרחש רק בעקבות מהפכה, אלא שכל מהפכה, כמעט ללא יוצא מן הכלל, מחליפה עוול בעוול ואי־שוויון שקדם לה באי־שוויון משלה. הרעיון המיוחד ליהדות הוא רעיון השבת כ"אוטופיה עכשיו", חזרה הנשנית מדי שבעה ימים ומדי שבע שנים על סדר חברתי אידיאלי, שבו המנוחה היא חלק מהתחום הציבורי והיא זמינה לכול במידה שווה. השבת היא המימוש החי של ימות המשיח, עולם של שלום שבו כל סכסוך ומאבק מגיעים לקצם (הזמני) והבריאה כולה שרה שיר של הוויה לבוראה.

ניתוחו הארוך והמפורט של נורמן גוטוולד על עם ישראל הקדום מסתיים במסקנה – הנכונה, לדעתי – שאמונת ישראל היא "המודעות העצמית המובהקת של חברה שהכול בה שווים". עם ישראל, הוא אומר, "חשב שהוא שונה מפני שאכן היה שונה: הוא היווה מערכת חברתית שוויונית שהתקיימה בלבן של חברות מרובדות". אמנם, השוויון הזה בוודאי לא היה שלם, ותמיד נשקפה לו סכנה. זהו החרוז החוזר הנשמע שוב ושוב מפי הנביאים – שהם עצמם, בנכונותם להתעמת עם מלכים ו"לדבר אמת באוזני השלטון", מעידים על השוויוניות המהותית הנהוגה ביהדות. אבל היהודים, יותר מכל עם אחר, הצליחו לקיים בקרבם את עקרון הכבוד בתנאים של מצוקה ועוני. אפשר ללמוד רבות מאנקדוטה שמביא מלווין אורופסקי כשהוא מספר על פגישתו הראשונה של השופט לואיס ברנדייס עם מהגרים יהודים שהגיעו לארצות-הברית ממזרח אירופה, במסגרת תפקידו כבורר בשביתת עובדי ענף הטקסטיל בניו יורק בשנת 1910:

> בשעה ששוטט בין בתי המלאכה שמע כמה וכמה מריבות בין פועלים ומעבידיהם ונדהם לראות שהם מתייחסים זה אל זה כשווים אל שווים ולא כנחותים אל נעלים מהם. באחד הוויכוחים צעק עובד אחד על הבעלים: "איר דארפט זיך שעמען! פאסט דאס פאר א יידן?" ("תתבייש לך! כך מתנהג יהודי?") ומפעיל מכונה אחר הטיף למעבידו באמצעות פסוק מישעיה: "וְאַתֶּם בִּעַרְתֶּם הַכֶּרֶם, גְּזֵלַת הֶעָנִי בְּבָתֵּיכֶם. מַה לָּכֶם תְּדַכְּאוּ עַמִּי וּפְנֵי עֲנִיִּים תִּטְחָנוּ? נְאֻם אֲדֹנָי ה' צְבָאוֹת" (ישעיה ג, יד).

בעיני התורה, ולפחות באותה המידה גם ביהדות הפוסט-מקראית, החברה היא תבנית מוסרית, מקום שבו החירות היא מציאות קיבוצית שהכול תורמים לה והיא מעניקה לכול גישה שווה, אם לא לעושר ולכוח הרי לפחות לכבוד אנושי בצורותיו המוחשיות ביותר: לחם לאכול, בגד ללבוש, מקור פרנסה עצמאי וקורת גג. הנביא מיכה מדבר בחזונו המפורסם על עולם שבו יֵשבו הכול "אִישׁ תַּחַת גַּפְנוֹ

וְתַחַת תְּאֵנָתוֹ וְאֵין מַחֲרִיד". אין זו הגרסה היחידה של חברה שוויונית, אבל זוהי הגרסה העתיקה ביותר, הגרסה שמומשה בצורה העקבית ביותר, והגרסה ההומנית ביותר. היא לא הופיעה במקרה. קיומה היה מיוסד על זיכרון קיבוצי. פעם בשנה, מדי שנה בשנה, מצווּה כל יהודי לחיות מחדש את חוויית מצרים כתזכורת מתמדת ללחם העוני ולמרור העבדות – לדעת כי הקרב על החירות אינו מסתיים לעולם, יש להיאבק למענה בכל דור ודור.

## מאמר ה

# היסטוריה וזיכרון

בכל דור ודור חייב אדם לראות את עצמו כאילו הוא יצא ממצרים, שנאמר: ...בעבור זה עשה ה׳ לי בצאתי ממצרים. (פסחים י, ה)

"כל היהודים שיש בהם שמץ של מודעות לזהותם כיהודים", כתב סר ישעיה ברלין המנוח, "ספוגים כל כולם בהיסטוריה". והוא המשיך:

יש להם זיכרון ארוך יותר, הם מודעים לרצף ארוך יותר כקהילה לעומת כל קהילה אחרת ששרדה... יהיו אשר יהיו הגורמים שהצטרפו לתרכובת הייחודית, שגם אם לא תמיד היו יהודים בעצמם אבל שאר העולם זיהה אותם מניה וביה כעם היהודי, בין החזקים שבהם נמנית מודעות היסטורית – תחושת ההמשכיות עם העבר.

פעם, בסעודת ערב, מצאתי את עצמי יושב ליד זמר אופרה נודע. "אצלכם [הוא התכוון ליהודים] יש משהו מעורר קנאה", אמר, "והוא הכשרון שלכם להיסטוריה. אני אינני יודע דבר על הורי סבי, אבל לכם יש היסטוריה שמגיעה הרחק הרחק לאחור". כה עז הוא החוש

ההיסטורי הזה, עד שבנימין דישראלי (שנולד כיהודי אך אביו הטבילו לנצרות בילדותו) ביטא אותו באחת מתשובותיו המפורסמות ביותר בפרלמנט. בשנת 1835 השמיע הפוליטיקאי האירי־קתולי דניאל אוקונל הערה מעליבה בדבר מוצאו היהודי של דישראלי. דישראלי השיב: "כן, אני יהודי, וכשאבות אבותיו של האדון הנכבד הזה היו פראי אדם באי לא־ידוע, אבות אבותיי היו כוהנים במקדש שלמה".

מה מקורה של אותה מודעות יהודית לעבר? נביאי ישראל היו הראשונים שראו את אלוהים בתוך ההיסטוריה. העולם העתיק – עולם המיתוסים – ראה את נוכחות האלים בטבע, במקצב הבלתי־משתנה של העונות ובמקרים החריגים והמבהילים של שיטפונות, רעב וסערות. המהפכה שעם ישראל הקדום חולל הייתה ראיית האלוהים לא בטבע אלא מעליו – אלוהים שהוא נשגב ובכל זאת מתגלה לאנושות בדרך של קריאה לבנות חברה מסוג חדש שכמוהו טרם נודע.

המונותיאיזם לא היה התגלית הגדולה היחידה של בני־ישראל. משמעותית עוד יותר הייתה ההכרה שאלוהים אינו רק היוצר אלא גם הגואל. כפי שמציין יהודה הלוי **בספר הכוזרי**, עשרת הדיברות אינם מתחילים במילים "אנכי ה׳ אלוהיך אשר יצר שמים וארץ", אלא "אָנֹכִי ה׳ אֱלֹהֶיךָ אֲשֶׁר הוֹצֵאתִיךָ מֵאֶרֶץ מִצְרַיִם". מציאותו ניכרת לא רק בתחושה שוורדסוורת כינה אותה (ביצירתו "טִינטֶרן אֶבִּי") "תחושה נשגבת" של "דבר מה אשר שזור עמֹק יותר, שמעונו באור שמשות שוקעות, בים עגֹל ובאויר החי" אלא גם באירועים הגדולים של ההיסטוריה, ויותר מכול בשחרורו של עם עבדים קטן מלפיתתה של האימפריה האדירה ביותר של העולם העתיק, מצרים הפרעונית.

משחר ההיסטוריה ידע עם ישראל כי קרה משהו חסר תקדים שמשמעותו תכה גלים הרבה מעבר לתקופת חייו של הדור שחווה אותו. כאשר משה מדבר אל הדור העתיד לחצות את הירדן ולהיכנס לארץ המובטחת, הוא מזכיר להם את האופי הייחודי של החוויה שחוו:

> שְׁאַל נָא לְיָמִים רִאשֹׁנִים אֲשֶׁר הָיוּ לְפָנֶיךָ, לְמִן הַיּוֹם אֲשֶׁר בָּרָא אֱלֹהִים אָדָם עַל הָאָרֶץ, וּלְמִקְצֵה הַשָּׁמַיִם וְעַד קְצֵה הַשָּׁמָיִם, הֲנִהְיָה

כַּדָּבָר הַגָּדוֹל הַזֶּה אוֹ הֲנִשְׁמַע כָּמֹהוּ... הֲנִסָּה אֱלֹהִים לָבוֹא לָקַחַת לוֹ גוֹי מִקֶּרֶב גּוֹי בְּמַסֹּת, בְּאֹתֹת וּבְמוֹפְתִים וּבְמִלְחָמָה וּבְיָד חֲזָקָה וּבִזְרוֹעַ נְטוּיָה וּבְמוֹרָאִים גְּדֹלִים, כְּכֹל אֲשֶׁר עָשָׂה לָכֶם ה׳ אֱלֹהֵיכֶם בְּמִצְרַיִם לְעֵינֶיךָ? (דברים ה, לב-לד)

עם ישראל הכיר את אלוהים לא מתוך התבוננות בשמש ובכוכבים אלא ישירות בזכות עברו. כאשר דתות אחרות, עתיקות ומודרניות, ראו בדת מפלט מן ההיסטוריה בתוך עולם נטול זמן, היהדות ראתה בזמן עצמו את הזירה שבה נפגשים אלוהים ואדם. סיפורים היסטוריים תופסים שלושה רבעים מן המקרא. היהודים היו הראשונים שהשמיעו את הטענה הכבירה שלהיסטוריה יש משמעות. היא איננה רצף של אירועים מנותקים, אלא הסיפור הארוך של תגובת האנושות לקול האלוהים המהדהד במצפון האנושות, או מרידתה בו.

ודווקא משום כך מרתקת העובדה שבמקרא אין מילה המציינת היסטוריה. העברית המודרנית שאלה את המילה מן הלטינית. מילת המפתח במקרא איננה היסטוריה אלא זיכרון. הציווי לזכור מופיע שוב ושוב בתורה:

זְכֹר יְמוֹת עוֹלָם. (דברים לב, ז)
זָכוֹר אֵת אֲשֶׁר עָשָׂה לְךָ עֲמָלֵק. (דברים כה, יז)
עַמִּי, זְכָר נָא מַה יָּעַץ בָּלָק מֶלֶךְ מוֹאָב. (מיכה ו, ה)

ובתקיפות לא פחותה ניתנת המצווה שלא לשכוח:

הִשָּׁמֶר לְךָ פֶּן תִּשְׁכַּח אֶת ה׳ אֱלֹהֶיךָ... וְרָם לְבָבֶךָ וְשָׁכַחְתָּ אֶת ה׳ אֱלֹהֶיךָ הַמּוֹצִיאֲךָ מֵאֶרֶץ מִצְרַיִם... וְהָיָה אִם שָׁכֹחַ תִּשְׁכַּח אֶת ה׳ אֱלֹהֶיךָ... הַעִדֹתִי בָכֶם הַיּוֹם כִּי אָבֹד תֹּאבֵדוּן. (דברים ח, יא-יט)

השורש זכ״ר בהטיותיו השונות מופיע במקרא לא פחות מ־169 פעמים. כפי שמציין יוסף חיים ירושלמי, ״רק בעם ישראל, ולא אצל שום עם

אחר, המצווה לזכור נתפסה כציווי דתי לעם שלם". זו הייתה המצווה שלימד משה לדורות הבאים: "רַק הִשָּׁמֶר לְךָ וּשְׁמֹר נַפְשְׁךָ מְאֹד, פֶּן תִּשְׁכַּח אֶת הַדְּבָרִים אֲשֶׁר רָאוּ עֵינֶיךָ וּפֶן יָסוּרוּ מִלְּבָבְךָ כֹּל יְמֵי חַיֶּיךָ, וְהוֹדַעְתָּם לְבָנֶיךָ וְלִבְנֵי בָנֶיךָ" (דברים ד, ט). היהודים עתידים להיות לעם של זיכרון.

המילה "זָכָר" נגזרת אף היא מהשורש זכ"ר, רמז לכך שבזהות היהודית יש שני ממדים – הממד הביולוגי, שהאם מעניקה, והממד התרבותי, שהאב מעניק בתוקף תפקידו כמספר סיפורים, כאפוטרופוס על עברו של העם, שאותו מוטל עליו להעביר הלאה, לבניו. יש זהות שאנו רוכשים מתוקף לידתנו. אנחנו בני אברהם, יצחק ויעקב, שרה, רבקה, רחל ולאה. אנחנו חלק ממשפחת הברית. זוהי מתנת האם. אבל יש זהות נוספת, ששורשיה נעוצים לא בימי האבות והאימהות אלא במעמד הר סיני, ואת תוכנה אנחנו לומדים ומפנימים רק בהדרגה. זהו התפקיד המיוחס באופן מסורתי לאבות, שעליהם מוטל להעניק לילדיהם את הזהות הנקנית באמצעות הזיכרון.

הציווי "זכור" מסמל יותר ממודעות לעבר. קודמי בתפקיד הרב הראשי של אנגליה, הלורד יעקובוביץ, ציין כי המילה "יזכור", שמה המסורתי של התפילה למען המתים, נקשרת בתורה עם העתיד. "וַיִּזְכֹּר אֱלֹהִים אֶת נֹחַ", ואז הוא מעלה אותו ליבשה. "וַיִּזְכֹּר אֱלֹהִים אֶת אַבְרָהָם" ואז הוא מציל את אחיינו לוט מחורבן ערי הכיכר. "וַיִּזְכֹּר אֱלֹהִים אֶת רָחֵל" ואז הוא נותן לה בן. אנחנו זוכרים למען העתיד ולמען החיים.

יש הבדל תהומי בין היסטוריה לזיכרון. היסטוריה היא סיפור של אירוע שקרה בזמן אחר למישהו אחר. זיכרון הוא סיפור של אירוע שקרה לי והוא חלק ממי שהנני. היסטוריה היא מידע. זיכרון, לעומת זאת, הוא חלק מזהות. ביכולתי ללמוד את ההיסטוריה של עמים אחרים, של תרבויות וציביליזציות אחרות. לימוד העבר מעמיק את ידיעותיי ומרחיב את אופקיי, אבל אינו דורש ממני דבר. זהו עבר כעבר. זיכרון הוא עבר כהווה, כפי שהוא ממשיך לחיות בי. בלא זיכרון אין מקום לזהות. מחלת אלצהיימר, שבה מתנוונת יכולת

הזיכרון, היא גם התפוררות האישיות. וכמו הפרטים כך גם העם: יש לו זהות מתמשכת רק במידה שהוא יכול לזכור מניין בא ומי היו אבותיו.

אבל קיים פרדוקס בעצם הרעיון של זיכרון קיבוצי. איך אוכל לזכור מה שלא קרה לי – אירוע שקרה זמן רב לפני שבאתי לעולם? התשובה הניתנת בסדר הפסח היא: באמצעות העלאת הזיכרון הזה אל פני השטח, באמצעות התנסות מחדש באירועי הימים הקדומים ההם כאילו הם קורים עתה. זו כוונת דברי החכמים, שאמרו "בכל דור ודור חייב אדם לראות את עצמו כאילו הוא יצא ממצרים". בתחילת הסדר, כשאנו מרימים את המצה ואומרים: "הָא לַחְמָא עַנְיָא דִי אֲכָלוּ אַבְהָתָנָא בְּאַרְעָא דְמִצְרָיִם" – זה לחם העוני שאכלו אבותינו בארץ מצרים – אנו קופצים בזמן והופכים "אז" ל"עתה". "בַּעֲבוּר זֶה עָשָׂה ה' לִי בְּצֵאתִי מִמִּצְרָיִם" (שמות יג, ח). במילים הללו נשמע ההווה המתמשך, העבר הממשיך להתקיים, האירוע המדבר אליי בגוף ראשון יחיד.

יש משהו ייחודי מאוד בגישה המקראית אל הזמן. הספרים ההיסטוריים של המקרא הם ראשונים מסוגם, והם מקדימים את זמנם בכמה מאות שנים: הם קודמים בהרבה לסופר היווני הרודוטוס (בן המאה החמישית לפנה"ס), הידוע כ"אבי ההיסטוריה". אבל הסיפור המקראי לעולם איננו היסטוריה בלבד, תיעוד של מה שקרה מפני שזה קרה, כדי לבדר או כדי ללמד. הוא גם אינו מיתוס, ניסיון קדם־מדעי להסביר מדוע העולם הנו כפי שהנו. זהו ניסיון מתמשך לבחון אירועים מבעד לעדשת האמונה, כפעילות הגומלין המתמשכת בין שמים לארץ, בין פקודה לתגובה, בין דבר האל להצלחת האדם לשמוע ולעשות כפי שנצטווה או כישלונו במשימה זו. הוא רווי ברעיון הברית כשותפות, שנוצרה ביזמת אלוהים ושזכתה להשתתפותו של האדם, ולפיכך האדם שותף במעשה הגאולה.

בסיפור הזה אין שום דבר שנגזר מראש. אלוהים העניק לאנושות בחירה חופשית ולפיכך נעשו בני־האדם שותפיו בכתיבת תסריט ההיסטוריה. אבל ההיסטוריה גם איננה עניין פתוח, "מעשייה מפִּה של

מפגר, כולה הומה סופות ורעש, והמשמעות – לא כלום" (**מתוך מקבת** לשייקספיר, מערכה 5, תמונה 5, תרגום דורי פרנס). ההיסטוריה, כפי שהיא נתפסת בעיני התורה, היא הסיפור על בני־האדם, היוצאים בעקבות קול, קריאה, למסע ארוך שטרם נשלם אל ארץ מובטחת ועידן משיחי, שם יכוננו חברה המכבדת את צלם אלוהים בזולת, המקדשת את החיים, הבונה משפחות של אהבה ואמון, המעצבת קהילות על פי עקרונות הצדק והרחמים, וחיה בשלום עם שכניה. שום דת אחרת לא הטילה אחריות גדולה מזו על בני־האדם. על פי הנראטיב הזה לא נגזר עלינו להיכשל בשל חטא הגאווה או בשל "החטא הקדמון". איננו מוגבלים לכניעה צרופה לרצון האל. אדרבה, אלוהים הפקיד בידינו את מעשה הבריאה הגדול כולו, ואף על פי שהמקרא מספר לנו על כישלונותיו התכופים של העם, הוא גם מספר לנו שאלוהים לא איבד מעולם את האמון בנו, גם אם אנו איבדנו לפעמים את האמון בו.

מושג הברית קשור קשר הדוק לרעיון הזמן. "כִּי יְדַעְתִּיו", אומר אלוהים על אברהם, "לְמַעַן אֲשֶׁר יְצַוֶּה אֶת בָּנָיו וְאֶת בֵּיתוֹ אַחֲרָיו, וְשָׁמְרוּ דֶּרֶךְ ה' לַעֲשׂוֹת צְדָקָה וּמִשְׁפָּט" (בראשית יח, יט). כינון חברה חופשית וצודקת איננו הישג רגעי אלא מלאכתם של דורות רבים. ישראל חייב לחוות גלות בטרם יוכל להבין את מושג הבית במלוא עומקו. כדי לערוג בכל נימי נפשו אל החירות עליו לחוות שעבוד. כדי לדעת בתוך תוכו את קדושת החיים עליו ללכת בגיא צלמוות. לפיכך הברית קשורה במהותה אל החינוך ואל הזיכרון, כי המסע ארוך – ארוך יותר מאורך חייהם של אנשים רבים – ורק כשכל דור מעביר לדור הבא אחריו את מה ששמע ולמד והתפלל, המסע נמשך; ורק אם המסע נמשך, ההיסטוריה נגאלת. להיסטוריה יש משמעות רק בעיני אלה המאמינים שיש לה משמעות. בלעדי האמונה הזאת אין היא אלא מה שהרולד מקמילן כינה "התרחשויות, נערי היקר, התרחשויות".

בספרו **זָכוֹר: היסטוריה יהודית וזיכרון יהודי**, מביא יוסף חיים ירושלמי את ההבחנה המרתקת שעם ישראל, לאחר שראה את אלוהים

בהיסטוריה וכתב ספרייה שלמה של יצירות היסטוריות, חדל פתאום לכתוב היסטוריה עם חורבן בית שני. ההיסטוריון היהודי הגדול האחרון היה יוסף בן־מתתיהו, שכתב את ספריו במאה הראשונה לספירה. מאז ואילך, לכל אורך ספרות חז"ל ותקופות המשנה, התלמוד וימי הביניים, לא התקיימה למעשה כל כתיבה היסטורית פרט למאה השש־עשרה, שבה הופיעו ספרי היסטוריה אחדים בתגובה לגירוש ספרד, כניסיון להעניק משמעות לגורלם הטרגי של היהודים בתפוצות.

הכתיבה ההיסטורית קמה לתחייה בראשית המאה התשע־עשרה, כשהוקמה בגרמניה "האגודה לתרבות ומדע של היהודים" ויצירותיהם הגדולות של צונץ, גרץ ואחרים החלו לראות אור. ירושלמי מציין כי מפעל למדני חדש זה נולד לא מתוך הזדהות עם העבר, אלא דווקא מתוך תחושת ניכור. היהדות, בעיני אבות המפעל הזה, הייתה אנרגיה מבוזבזת, שריד מעבר שלא היה לו עתיד באירופה שלאחר הנאורות. מה שנותר, כדבריו של שטיינשניידר, היה "להעניק לה קבורה ראויה". מסופר כי צונץ, שהתוודע בזקנתו למשורר יהודי אורח מרוסיה, שאל אותו: "אמור לי, מתי חיית?" ההיסטוריה היא העבר המת שרק הזיכרון יכול להקימו לתחייה.

את הביקורת המפוכחת ביותר על ההיסטוריה כתחליף לזיכרון כתב דווקא רבי שמשון רפאל הירש:

> משה והסיודוס, דוד וסַפּוֹ, דבורה וטירטאיוס, ישעיהו והומרוס, דלפי וירושלים, המשולש הפיתי וקודש הקודשים, הנביאים והאורקלים, תהלים וקינות – בשבילנו כולם טמונים לבטח בקופסה אחת, כולם נחים בשלום בקבר אחד, כולם נובעים ממקור אנושי אחד ויחיד, לכולם אותה משמעות, אנושית, בת־חלוף, נחלת העבר... אנחנו מניחים ליהודים הישנים לצום בתשעה באב, אנחנו מניחים להם לומר סליחות וקינות. אבל בתמורה אנחנו יודעים הרבה יותר טוב מהם באיזו מאה פרחו ה"משוררים" הללו, באיזה מקצב כתבו ה"משוררים" הללו... האם

רוחם של שוכני העפר הללו שמחה בהכרת הטובה הספרותית של דורנו הנוכחי? במי יכירו כיורשיהם האמיתיים? האם באלה המשננים את תפילותיהם אך שכחו את שמותיהם, או באלה ששכחו את תפילותיהם אך זוכרים את שמותיהם?

להיות יהודי פירושו לדעת שמעל ומעבר להיסטוריה ניצבת משימת הזכירה. יעקב ניוזנר היטיב לבטא את הרעיון הזה: "הציביליזציה תלויה, מדור לדור, על קור הזיכרון הדק. אם מחזור אחד בלבד של אימהות ואבות לא יעביר לילדיו את מה שלמד הוא מהוריו, תתנתק שלשלת הלמידה והחכמה הגדולה. אם שומרי הידע האנושי ימעדו אפילו פעם אחת, נפילתם תמוטט את כל מבנה הידע וההבנה". יותר מכל אמונה אחרת הפכה היהדות את הדבר הזה לעניין של מחויבות דתית. פסח הוא המועד שבו העבר אינו מת כי אם חי, בפרק שאנו כותבים באמצעות חיינו אנו ובסיפור שאנו מספרים לילדינו.

מאמר ו

# שלא אחד בלבד

שלא אחד בלבד עמד עלינו לכלותנו, אלא שבכל דור ודור עומדים עלינו לכלותנו והקדוש ברוך הוא מצילנו מידם.
(הגדה של פסח)

האזכור הראשון של היהודים כעם מופיע בתורה כהקדמה לרדיפות. "וַיָּקָם מֶלֶךְ חָדָשׁ עַל מִצְרָיִם, אֲשֶׁר לֹא יָדַע אֶת יוֹסֵף. וַיֹּאמֶר אֶל עַמּוֹ: הִנֵּה עַם בְּנֵי־יִשְׂרָאֵל רַב וְעָצוּם מִמֶּנּוּ. הָבָה נִתְחַכְּמָה לוֹ..." (שמות א, ח–י). ההתחכמות בהקשר זה היא עבודת כפייה ואחריה שעבוד, ולימים – התכנית לרצוח כל בן זכר. זהו הניסיון הראשון לרצח עם המופיע במקרא, אם כי לא האחרון. חג פורים מנציח ניסיון נפל שני, הפעם ביזמתו של המן המשכנע את מלך פרס לפרסם צו "לְהַשְׁמִיד, לַהֲרֹג וּלְאַבֵּד אֶת כָּל הַיְּהוּדִים, מִנַּעַר וְעַד זָקֵן, טַף וְנָשִׁים – בְּיוֹם אֶחָד" (אסתר ג, יג).

מעניין שדווקא שתי ההתייחסויות הראשונות לעם ישראל מחוץ למקרא הן הספד לעם היהודי. כפי שצוין במאמר קודם, במצבת מרנפתח ממצרים של המאה השלוש־עשרה לפנה"ס נכתב: "ישראל הוּשַׁם, אין זרע לו". מצבת מישע, לוח בזלת שתוארך למאה התשיעית לפנה"ס, מוצב כיום בלובר שבפריז. בכתובת המופיעה עליו מודה

מישע מלך מואב לאל כמוש על ניצחונותיו במלחמה. במצבה נכללים הפסוקים הבאים: "עָמְרִי מֶלֶךְ יִשְׂרָאֵל, וַיְעַנּוּ אֶת מֹאָב יָמִן רַבִּן [=ימים רבים], כִּי יֶאֱנַף כְּמֹשׁ בְּאַרְצֹה. וַיַּחֲלִיפֹה בְּנֹה [הוא אחאב] וַיֹּאמֶר גַּם הְא: אֲעַנֵּו אֶת מֹאָב. בְּיָמַי אָמַר כֵּ[ן]. וָאֵרֶא בֹּה [=במפלתו] וְבְבֵתֹה. וְיִשְׂרָאֵל אָבֹד אָבַד עֹלָם [=לְעולמים]". לפעמים קשה לדעת מה הפלא ההיסטורי הגדול יותר: ההישרדות היהודית או ניסיונותיהם של אחרים להבטיח שעם ישראל לא ישרוד.

ההיסטוריון רוברט ויסטריך מכנה את האנטישמיות "השנאה הממושכת ביותר", ובמובן מסוים היא אכן כזאת, אף על פי שהיא לבשה צורות רבות מכדי שאפשר יהיה לתארה כתופעה יחידה בעלת שם אחד. רבים מן הסופרים היווניים והלטיניים של העת העתיקה הקלאסית גילו עוינות כלפי היהודים והאשימו אותם בכיתתיות, במנהגים מוזרים ובאמונות תפלות. הורציוס מגנה אותם על ניסיונם לגייר אנשים. אפיון מבקר אותם על שאינם סוגדים לאלים שבני־אלכסנדריה סוגדים להם. סנקה טען כי הם נחים ביום השביעי מפני שהם עצלנים. הגרוע מכל הפולמוסנים הקדם־נוצרים היה הכוהן המצרי מַנֶתוֹן (בן המאה השלישית לפנה"ס), שתיאר את העברים כגזע מצורעים שסולקו ממצרים. רבות מן ההשמצות הללו החזיקו מעמד לאורך השנים ושבו והועלו במאות מאוחרות יותר. זהו גורלם של המיתוסים נגד היהודים: לפעמים הם נמים לתקופה ארוכה, אך לעולם אינם מתים. עם זאת, נטעה אם נאמר כי בעת העתיקה כל התגובות ליהודים היו עוינות. יש ראיות המלמדות כי אלכסנדר הגדול העריך מאוד את היהודים וגמל להם על נאמנותם. אריסטו דיבר עליהם בחיוב, וכמוהו ממשיכו תיאופראסטוס. זאת ועוד, העולם הקדום לא הצטיין באהבת זרים מכל סוג שהוא.

משהו חדש נכנס לעולם עם הנצרות ועם ההחלטה המוקדמת, בעקבות ועידת ירושלים, שהנצרות לא תהיה דת המכוונת אל היהודים כי אם דת המחפשת את חסידיה בקרב הגויים. שורה של קביעות גורליות נכללה בטקסטים המוקדמים של הנצרות ופותחה בידי אבות הכנסייה: בין אלה הייתה הקביעה שהנצרות היא "ישראל החדש",

שאלוהים דחה את ישראל ה"ישן", ושהיהודים אשמים בעיוורון עיקש אם לא למעלה מזה מפני שדחו את המשיח הנוצרי. הצעתו של מַרקיון, להפריד את הנצרות כליל מן היהדות ולקבוע שהברית החדשה היא הספר הקדוש היחיד לנצרות – לא התקבלה. מאז ואילך נקלעה הנצרות ליחסי עימות עם היהדות, ויחסים אלו משתקפים היטב בברית החדשה ובכתביהם של הוגים נוצרים מהמאה השנייה עד המאה הרביעית, ובהם יוסטינוס העד, אוריגנס, מֶליטו מסרדיס, טֶרטוליאנוס, אאוזביוס, גרגוריוס מניסָה ויוחנן כריסוסטומוס. מסורת כתיבה זו, המכונה "נגד היהודים", התאפיינה לא פעם ברטוריקה משולחת רסן והטביעה את חותמה על התפתחותה של הנצרות, עובדה שחשיבותה גברה לאין־שיעור עם התנצרותו של הקיסר הרומי קונסטנטינוס בשנת 313, שבעקבותיה נעשתה הנצרות לגורם בעל השפעה עמוקה על העולם כולו, גורם ששמר על כוחו כמעט 1,500 שנה.

העוינות העמיקה והתבטאה בטבח במסע הצלב הראשון (1096), שבמהלכו טבחו נוצרים בדרכם לארץ הקודש בקהילות היהודיות של צפון צרפת וגרמניה. באותם ימים החל להופיע בהגדות שונות המשפט "שפך חמתך אל הגוים אשר לא ידעוך", התיעוד היחיד למחאתם של היהודים נגד הנוצרים הטובחים בהם בשם האל. מכאן ואילך החלה האנטי־יהודיות הדתית של הכנסייה ללבוש אופי שטני יותר ושכלתני פחות. בימי הביניים הואשמו יהודים ברצח פולחני, בהרעלת בארות, בחילול לחם הקודש, בגרימת המגפה השחורה ובקשירת קשר עם השטן. העם היהודי ידע המרות דת כפויות, ויכוחים פומביים, שריפת ספרים, משפטי ראווה, שריפת אנשים על המוקד, התקפות אספסוף וטבח. רק בשנים שלאחר המגפה השחורה (1350–1347) נחרבו כמאתיים קהילות יהודיות. יהודים גורשו מבּרֶטאן ב־1240–1239, מאַנז'ו וממֵין ב־1289, מאנגליה ב־1290, מצרפת בתקופות שונות מ־1182 עד 1394, ומאזורים שונים בגרמניה לכל אורך המאה החמש־עשרה. בספרד, שבה נהנו היהודים מתור זהב נדיר, נערכה עליהם מתקפה בשנת 1391 ובה נשרפו בתי כנסת ובתי מגורים, בתי עסק נבזזו ויהודים רבים נרצחו. מאז ואילך נחשפו יהודי ספרד לעוינות הולכת

וגוברת עד לגירושם בשנת 1492. והטרגדיה שלהם לא הסתיימה אז. עדיין חיכו להם השתלחותו של לותר ביהודים ("את בתי הכנסיות שלהם יש להעלות באש... את בתיהם יש לנתץ ולהחריב... יש לשלול מהם את ספרי התפילה והתלמוד שלהם"), המצאת הגטו (רומא 1555, בעקבות צו של האפיפיור פאולוס הרביעי) ופרעות חמיילניצקי (1648–1658), שבמהלכן נספו כמאה אלף יהודים. חייהם של היהודים באירופה הנוצרית היו מסכת ממושכת של טרגדיות אנושיות.

גם התנסותם בשלטון האיסלאם לא הייתה חיובית ביותר. דומה כי המוסלמים הראשונים ציפו שהיהודים יאמצו מרצונם את הדת החדשה שטענה, בדומה לנצרות, כי היא כוללת את כל ההתגלויות הקודמות ותופסת את מקומן. משלא קרה הדבר, ספגו היהודים עונשים קשים. האיסלאם החל בטבח יהודים במֶדינה, וכמו הנצרות כלל בכתבי הקודש שלו אמירות חריפות נגד היהודים. היו תקופות, במיוחד בשלב המוקדם של התפשטות האיסלאם, שבהן רווח יחס סובלני, אם כי בגבולות מסוימים. היהודים קיבלו מעמד של ד'ימי ונחשבו לאזרחים סוג ב', כלומר הוטלו עליהם מסים מיוחדים והם נצטוו ללבוש בגדים שייחדו אותם (שורשי הטלאי הצהוב שאולצו היהודים לענוד באירופה הנאצית מגיעים עד בגדאד של ימי הביניים). נאסר עליהם לכהן בשירות המדינה ומעת לעת נכפו עליהם השפלות פומביות. לעתים נעשו חייהם בלתי־נסבלים בשל כיתות איסלאמיות קיצוניות. בשנת 1066 הותקפה הקהילה היהודית בגרנדה ושלושת אלפי יהודים נהרגו. בשנת 1090 הותקפה שוב אותה קהילה בידי כת המוראביטון האיסלאמית, ובמהלך מאה השנים הבאות הם סבלו מנחת זרועה של קבוצה חדשה, האל־מוואחידון.

אך אין ספק כי ככלל, גורלם של היהודים בימי הביניים בשלטון האיסלאם היה טוב יותר מגורלם בארצות הנוצריות. עם זאת, ראויה לציון הדרך שבה מיתוסים נוצריים, שלא היו להם מקבילות במונחים איסלאמיים, השתרשו באיסלאם והזינו צורות חדשות וזרות מעיקרן של עוינות אנטי־יהודית. הבולטת מכל אלה היא עלילת הדם. ראשיתה של מתקפה זו בנוריץ' שבאנגליה בשנת 1144, ומשם היא

הועתקה לכל רחבי אירופה. היהודים הואשמו שהם רוצחים ילדים נוצרים כדי לשתות את דמם או להשתמש בו לצרכים פולחניים. המיתוס הזה אמנם נדחה רשמית בידי הוותיקן, אך המשיך להתקיים גם במאה העשרים. מנקודת מבטה של היהדות זוהי עלילה אבסורדית: ההלכה אוסרת באופן חד־משמעי כל שימוש בדם לצורכי אכילה. בתוך הנצרות, לעומת זאת, יש בה היגיון, שהרי היין הנלגם בטקס הקומוניון מייצג את דמו של ישו. (המחזאי ארנולד וֶסקֶר כתב מחזה בשם **עלילת דם** לרגל השנה ה־850 לעלילת הדם של נוריץ׳, ושלח לי עותק ממנו. קראתי אותו ושאלתי אותו מדוע אין במחזהו כל דמות של יהודי – כל היהודים נמצאים מחוץ לבמה. הוא השיב כי עלילת הדם הייתה תופעה נוצרית, שבה היהודים היו אובייקטים, ולא משתתפים פעילים.) עלילת הדם, המושרשת בתיאולוגיה הנוצרית, הצליחה בכל זאת להכות שורשים גם באיסלאם, והופיעה בחלב (1811, 1853), בביירות (1824), באנטיוכיה (1826), בחמת (1829), בטריפולי (1834), בדיר אל־קמר (1847), בדמנהור (1877) ובדמשק (ההתפרצות הידועה ביותר הייתה ב־1840, אך התפרצויות נוספות היו ב־1848 וב־1890). בשנת 1983 כתב שר ההגנה הסורי מוסטפה טלאס ספר בשם **המצה של ציון**, שנועד להוכיח כי העלילה הייתה אמת לאמיתה ("היהודי יכול להרוג אותך ולקחת את דמך כדי להכין את לחמו הציוני"), וב־1991 דחק הנציג הסורי בוועדה לזכויות האדם של האו"ם בחברי הוועדה לקרוא את הספר כדי להיטיב לעמוד על טיבה של "הגזענות הציונית".

אלה הם פרקים מחרידים בתולדות הרוח האנושית. אין פלא אפוא שעם בוא הנאורות, שהבטיחה להביס את הדעה הקדומה בשם התבונה ולהביא שחר חדש של סובלנות, פיתחו היהודים ציפיות מרחיקות לכת מאוד – בכמה מקרים ציפיות משיחיות ממש. אלא שההבטחה לא קוימה. כבר בשלב מוקדם בהתפתחות הנאורות הופיעו סימנים מדאיגים. בשנות החמישים של המאה השמונה־עשרה תיאר וולטיר, דוברה הגדול של החירות, את היהודים כ"עם בור וברברי, שבו מתאחדים מאז ומתמיד החמדנות המסואבת ביותר עם האמונות

התפלות הנתעבות ביותר", אם כי הואיל בטובו להוסיף: "יחד עם זאת, אל לנו לשרוף אותם". בשנת 1789, השנה שבה פרסמה האסיפה הלאומית הצרפתית את מגילת זכויות האדם, פרצו מהומות נגד יהודים בחבל אלזס.

ההוגים הגדולים של העת החדשה אף הם לא הצטיינו ברוח נדיבה. עמנואל קאנט דיבר על היהודים כ"מוצצי הדם של החברה" וקרא ל"המתת חסד" של היהדות. פיכטה טען שאין לתת ליהודים זכויות אזרח. הגל הציג את היהדות כמודל למוסר עבדים. שופנהאואר הגדיר את היהודים כ"לא טובים יותר מבקר". ניטשה האשים את היהודים ב"עיוות" הערכים. הלוגיקן הדגול גוטלוב פְרֶגֶה כתב ב־1924 כי לצערו הרב "יש יהודים רבים כל כך בגרמניה". מרטין היידגר, הפילוסוף הגרמני הדגול ביותר במאה העשרים, היה חבר נלהב במפלגה הנאצית, וגם לאחר המלחמה לא התנצל על הערצתו להיטלר או על בגידתו בעמיתיו היהודים. לא ראיתי הסבר הולם – אם כי ייתכן שהדבר מעיד על בורותי בספרות – לכך שהפילוסופיה, שנשאה בכנפיה את התקוות הגדולות של עידן התבונה, לא הצליחה לעמוד מול האנטישמיות. אפילו ספרו של ז'אן־פול סארטר, **הרהורים בשאלה היהודית**, שנכתב ב־1946, אחרי תום המלחמה, הוא יצירה פגומה ביותר שאינה מייחסת כבוד עצמאי לקיום היהודי (טענתו היא שהיהודים אינם יוצרים את האנטישמיות – האנטישמיות היא שיוצרת את היהודים).

לאור ההיסטוריה הזאת עולה בבירור כי האנטישמיות איננה תופעה המהווה שלמות אחת, אמונה או אידיאולוגיה לכידה. היהודים היו שנואים מפני שהיו עשירים ומפני שהיו עניים; מפני שהיו קפיטליסטים ומפני שהיו קומוניסטים; מפני שהאמינו במסורת ומפני שהיו קוסמופוליטיים חסרי שורשים; מפני שהסתגרו בתוך עצמם ומפני שחדרו לכל מקום. האנטישמיות איננה אמונה אלא נגיף. לגוף האדם יש מערכת חיסונית מתוחכמת להפליא המפתחת הגנות מפני נגיפים. אבל הנגיפים חודרים אליו מפני שהם יוצרים מוטציות. האנטישמיות יוצרת מוטציות.

בזמנים שקדמו לנצרות נדרשה צורה פשוטה יחסית של עוינות כלפי זרים, התנכרות לנכרי. במאות הראשונות של הנצרות הפכה צורה זו לתופעה דתית: אנטי־יהודיות. בימי הביניים היא הייתה לשורה של מיתוסים שהמשותף לכולם היה התפיסה שהיהודים הם מקור כל רע. בעקבות הנאורות לא יכלו עוד להתקבל בשיח הציבורי החילוני הצדקות דתיות או מיתיות, וכך נולדה האנטישמיות הגזעית (המושג "אנטישמיות" עצמו נטבע רק ב־1879 בידי העיתונאי הגרמני וילהלם מאר). היוקרה שהעניקו כתבים מקודשים לדעה הקדומה הוחלפה בגורם החדש המבטיח אמת: המדע. כך בא לעולם פסבדו־מדע חדש, מדע הגזע, שנועד להוכיח כי היהודים הם מין נחות. עוד תחומי ידע מדעיים־כביכול גויסו למשימה: אנתרופולוגיה שזיהתה את ה"ישן" עם ה"פרימיטיבי"; קריאה דרוויניסטית של ההיסטוריה שראתה את "הברירה הטבעית" כחיסול חסר רחמים של החלשים בידי החזקים; וגישה מדעית לחברה (הנדסה חברתית), שחלק ממנה היו האאוגניקה ורעיונות רפואיים אחרים, שסייעו להבניית הרעיון שאפשר לשפר את החברה באמצעות הרחקת פרטים וקבוצות "נגועים" באמצעות ניתוח. הפילוסופיה הכזיבה את היהודים, וכמוה גם המדע: מעט מדי מחאות נשמעו לנוכח הטירוף הזה. האנטישמיות הגזענית התגלתה, באופן בלתי־נמנע, כצורה קטלנית יותר מכל קודמותיה, מפני שאמונות דתיות אפשר להוקיע, אבל גזעים אפשר רק להשמיד.

קשה לדעת מה לומר מול רוע שכזה, שכן מדובר ברוע, גם אם הוא מולבש במחלצות של קדושה או אידיאלים או מושגים פסבדו־מדעיים. אלוהים לבדו יודע אם היהודים היו טובים או רעים מאחרים, אבל אין עם שראוי לשנאה כזאת ולרדיפות כאלה. וסופן טרם בא.

הערה אוטוביוגרפית: אני גדלתי בבריטניה הנוצרית ולמדתי בבתי ספר נוצריים (באותם ימים לא היו כמעט בתי ספר יהודיים). חוויתי בהם רק יחס טוב מצד מוריי וחבריי. אותם ימים הותירו בי רושם בל יימחה. הם נטעו בי הערצה כלפי דת שלא הייתה שלי ולעולם לא תהיה. הם לימדו אותי שסובלנות עמוקה ומתמשכת היא דבר אפשרי ויפה מאין כמוהו. בהמשך חיי הם עזרו לי לקשור קשרי

חברות עם מנהיגים נוצרים ועם בני דתות אחרות – מוסלמים, הינדים, סיקים, בודהיסטים, ג׳ייניסטים, זורואסטרים ובהאים – שאני מוקיר אותם עד היום. כילד, כשהגענו לקטע בהגדה המספר על שנאת ישראל לאורך הדורות – "שלא אחד בלבד עמד עלינו לכלותנו" – הרגשתי בחוש שהמילים האלה מתייחסות לעידן שעבר מן העולם. הן תיארו אולי את חוויית הדור של הוריי, אבל לא את חוויית הדור שלי. ככל שהתבגרתי הלכה תחושה זו והתעצמה. האמנתי כי השואה לימדה את האנושות את המילים "לעולם לא עוד".

טעיתי. האנטישמיות בלבוש חדש וארסי – המתמקדת כיום בקיום היהודי הקיבוצי במדינת ישראל אך תוקפת יהודים ומבנים יהודיים גם בתפוצות – שבה והרימה את ראשה. במהירות ובקלות מדהימות היא עקפה את מנגנוני החיסון שנבנו במערב במהלך יותר מחצי מאה של הוראת השואה, דיאלוג בין־דתי וחקיקה אנטי־גזענית. כיצד קרה הדבר הזה?

נגיפים פועלים ביעילות כשהם משכנעים את המערכת החיסונית של הגוף שהם חלק מהגוף עצמו. נגיפים מפתחים מוטציות כדי שייראו כאילו יש בהם תאים שאינם אויבים אלא ידידים. כה עצום היה הרושם של השואה עד שמיני רוע מסוימים נעשו טאבו: גזענות, טיהור אתני, פשעים נגד האנושות וניסיונות לרצח עם. הדרך היחידה שבה יכלה האנטישמיות לחדור דרך מנגנוני ההגנה הללו הייתה הפנייתם נגד היהודים. התהליך החל עם החלטת האו"ם הידועה לשמצה משנת 1975, שהשוותה את הציונות לגזענות, והגיע לשיאו בוועידת האו"ם נגד גזענות בדרבן בספטמבר 2001, שבה דווקא מדינת ישראל – הדמוקרטיה היחידה במזרח התיכון – היא שהואשמה בכל הרעות החולות הללו.

הניסיון נכשל אבל השפה והנראטיב התבססו כצורות מקובלות של שיח בזירה הציבורית. נולד מיתוס חדש, חזק לא פחות מהמיתוסים של ימי הביניים, מיתוס שעל פיו קיומה של מדינה יהודית, קטנה ככל שתהיה, הוא הגורם לכל שיבוש בסדר העולמי, מהרס מגדלי התאומים פחות משבוע לאחר ועידת דרבן ועד "התנגשות הציביליזציות"

המסכנת את סיכויי השלום במאה העשרים ואחת. האנטישמיות הגזענית יצרה אפוא את המוטציה של האנטי־ציונות המיתולוגית בתוספת נופך חדש שלפיו כל היהודים הם ציונים ולפיכך הם מטרה לגיטימית לאלימות. אל תוך התבנית החדשה הזאת נוצקו מחדש וניעורו לחיים חדשים כל הפנטזיות הישנות של השנאה, מעלילת הדם ועד **הפרוטוקולים של זקני ציון**, אותו זיוף משלהי המאה התשע־עשרה.

מועד אחד מקשר בין כל ביטויי העוינות – הימי־ביניימית, המודרנית והפוסט־מודרנית: חג הפסח עצמו. בחג זה התמקדו תמיד עלילות הדם, כי ההמונים, לפחות, האמינו שהיהודים זקוקים לדם להכנת המצות. זהו גם המועד שהנאצים בחרו לחסל בו את גטו ורשה ב־1943 (הנאצים בחרו במכוון במועדי ישראל לביצוע רציחותיהם האכזריות ביותר: הדבר נודע בשם "לוח השנה של גבלס"). ב־2002 בחרו מחבלים לבצע בנתניה ביום זה מתקפת התאבדות שבה נהרגו 29 איש ונפצעו מאות, בעודם מתכוננים לחגוג את ליל הסדר. משהו בחג החירות המקראי מעורר את זעמם של אלה המאמינים – לפעמים בשם אלוהים, לפעמים בשם ציביליזציה נעלה יותר מבחינה מוסרית – כי היהודים אינם רשאים להיות חלק מהחירות מעצם הגדרתה.

מדוע קיימת אנטישמיות? על כך הועלו תלי תלים של השערות. היו שהסבירו זאת במונחים פסיכולוגיים: העתקת פחד, החצנת סכסוך פנימי, השלכת אשמה, יצירת שעיר לעזאזל. אחרים נתנו לכך הסבר סוציו־פוליטי: היהודים הם קבוצה שנוח להאשימה בבעיות כלכליות, בתסיסה חברתית, בסכסוכים מעמדיים או בשינוי מערער עולם. אבל היו גם שבחנו את האנטישמיות מבעד לעדשת התרבות והזהות: היהודים היו הגורם הזר הסטריאוטיפי שלעומתו יכולה קבוצה להגדיר את עצמה. בתוך המסורת היהודית נשמעו קולות שטענו כי השנאה הזאת היא בלתי־נמנעת: "עֵשָׂו שונא ליעקב" או "הר סיני, שמשם ירדה שנאה לעולם". אחרים, שהבחינו בריכוז האנטישמיות דווקא בדתות המתייחסות למונותיאיזם של אברהם – הנצרות והאיסלאם – מאמצים

הסבר פרוידיאני הנתלה במיתוס של אדיפוס: אנו מבקשים להרוג את מולידנו. אכן, מוזר היה אילו תופעה מורכבת כמו האנטישמיות לא הייתה מולידה הסברים רבים.

השקפתי האישית, שאינה סותרת במהותה אף אחת מההשערות הללו, היא שהיהודים נשנאו מפני שהיו שונים. אמנם ברור שכל עם, גזע ואמונה שונים זה מזה, אלא שאף אחד מאלה לא נצמד בדבקות שכזאת לזכות להיות שונה, לחובה להיות שונה. מקרב כל עמי האימפריה של אלכסנדר הגדול והאימפריה הרומית, רק היהודים התמרדו – לא על רקע פוליטי אלא פשוט להגנת זכותם לקיים את דתם. באירופה הנוצרית, הם לבדם (כמעט) סירבו להתנצר (היו שהתנצרו, אבל הרוב לא) למרות הלחצים העצומים שהופעלו עליהם, לפעמים במחיר חייהם ממש. באירופה שאחרי הנאורות הם נותרו מובחנים. הם התבוללו, השתלבו, אך לא נעלמו. במזרח התיכון של ימינו, מדינת ישראל היא אי של חיים יהודיים בתוך ים איסלאמי. היהודים היו שונים. זו כזכור הייתה הסיבה שהמן המליץ על רצח עם: "יֶשְׁנוֹ עַם אֶחָד, מְפֻזָּר וּמְפֹרָד בֵּין הָעַמִּים... וְדָתֵיהֶם שֹׁנוֹת מִכָּל עָם" (אסתר ג, ח). אפשר אולי להיות שונה אם אתה אימפריה, ציביליזציה, מעצמה עולמית, אבל קשה להיות שונה כשאתה מיעוט, אם מיעוט היושב על אדמתו אם מיעוט בתפוצות. הקיום היהודי מעלה את בעיית השונות במלוא חריפותה, וכך היה מאז ומתמיד.

בדת היהודית יש משהו בלתי־רגיל, ואפילו ייחודי. זו הייתה הדת המונותיאיסטית הראשונה בעולם. אברהם, משה והנביאים היו הראשונים שהאמינו באל יחיד, בורא שמים וארץ, שריבונותו נשגבת מכל הגורמים הארציים. בדת היהודית גלומה התפיסה שאלוהים כרת ברית עם כל האנושות כולה (הברית עם נוח, אחרי המבול). הברית הזאת, העומדת על שלטון הצדק וקדושת החיים, היא הגילוי המוקדם ביותר של מה שמכונה היום זכויות אדם אוניברסליות (התורה עצמה מדברת על מצוות ואיסורים ולא על זכויות). אבל היהדות עצמה – דרך התורה – איננה מערכת חוקים אוניברסלית, ומעולם לא נתפסה כך. היא נחקקה באמצעות שורה של בריתות עם

האבות, ולימים עם עַם ישראל כולו במעמד הר סיני; זה היה ספר החוקים של עם מסוים – עם אחד, לא כולם. מכאן נובעת העובדה הידועה (והמרשימה) שהיהדות אינה רואה את עצמה כנתיב היחיד אל אלוהים. מלכיצדק, יתרו ובת פרעה שהצילה את משה הם חלק משורה של דמויות שחיו ופעלו מחוץ לברית התורה, ובכל זאת למדו להכיר את אלוהים ולירוא מפניו. "חסידי אומות העולם יש להם חלק לעולם הבא", אמרו חכמינו. אפשר לבטא בפשטות את הפרדוקס־לכאורה: אלוהי ישראל הוא אלוהי האנושות כולה, אבל דת ישראל איננה דת האנושות כולה, וגם לא נועדה להיות דת כזאת. זוהי תופעה הטעונה הסבר. להבין זאת פירושו להגיע למסקנה תיאולוגית בדבר האנטישמיות. זהו גם מפתח חיוני להבנת מקומו של חג הפסח בהשקפת עולמה של היהדות.

התורה עוסקת בעם אחד, עם ישראל, באמונתו, בתולדותיו ובארצו. אך היא אינה מתחילה בעם אחד. היא פותחת באנושות בכללותה: אדם וחווה, קין והבל, נוח והמבול. כל אחד מאלה מייצג מסר אוניברסלי. סיפורם של אדם וחווה מגלה לנו, כדברי רבי עקיבא, כי "חביב אדם שנברא בצלם". סיפורו של קין מלמדנו על הסכנה האוניברסלית הטמונה ביריבות בין אחים, באלימות וברצח. נוח, אחרי המבול, מייצג את האנושות כולה בברית עם אלוהים. אלה הם הכללים האוניברסליים של המצב האנושי. מכאן מתפתח סיפור המציין את המעבר מן האוניברסלי (נוח) אל הפרטיקולרי (אברהם): סיפור מגדל בבל. הוא נפתח באמירה דרמטית: "וַיְהִי כָל הָאָרֶץ שָׂפָה אֶחָת וּדְבָרִים אֲחָדִים" (בראשית יא, א). בבל – רמז לערי המדינה הגדולות של ארם נהריים – היא סמל לאימפריה, ציביליזציה יחידה שנכפתה בכוח על המוני אנשים פרטיים. ההיסטוריונים של העת העתיקה נוהגים היום לכנות ציביליזציה מסוג זה "ציביליזציה קוסמולוגית", ופירוש הדבר שהיא משליכה את ההיירכיה הארצית שלה על השמים. היא מאמינה שהמבנה החברתי שלה משקף את הקוסמוס. התורה מספרת לנו, בלי להסביר מיד את הסיבה לכך, שבסדר מסוג זה היה משהו משובש מעצם הווייתו. אלוהים בולל את שפתם של בוני המגדל

בבבל, ואז, בפרק הבא, קורא לאברהם לצאת למסעו הבודד אל עתיד לא נודע. מכאן ואילך, עד קץ כל הימים, לא יהיו שפה אוניברסלית, תרבות אוניברסלית וציביליזציה אוניברסלית. אמנם יהיה תקנון מוסרי אוניברסלי, שבע מצוות בני־נוח, אבל לא תהיה דת אוניברסלית.

קשה להפריז בחשיבות מקוריותו ועוצמתו של רעיון זה. אלוהים יצר את האנושות בצלמו וכרת ברית עם האנושות כולה, ואז פנה לאדם יחיד, למשפחה מורחבת אחת, לעם אחד, וביקש מהם להיות שונים ובכך לימד את האנושות כי יש לכבד את השונות. זהו בדיוק פירושה של המילה ״קדוש״ בתורה: שונה, מובחן, נבדל. הבעיה בציביליזציות אוניברסליות, הדיו של סיפור מגדל בבל לאורך הדורות, היא שהן מקריבות את הפרט לטובת הקולקטיב. הן מכפיפות את האדם למדינה במקום להכפיף את המדינה לאדם. הן כופות אחדות מלאכותית על שונות שנוצרה בידי שמים. אנושיותנו מתקיימת לא למרות ייחודיותנו האינדיבידואלית, אלא דווקא בזכותה. וכך נאמר במשנה באחת האמירות העמוקות ביותר של חז״ל, ״להגיד גדולתו של הקב״ה: שאדם טובע כמה מטבעות בחותם אחד, וכולן דומין זה לזה, ומלך מלכי המלכים הקב״ה טבע כל אדם בחותמו של אדם הראשון ואין אחד מהן דומה לחברו״ (סנהדרין ד, ו). היהדות היא ברית פרטיקולרית עם האל האוניברסלי, כי רק עם הפרטיקולריות הזאת ובאמצעותה אנחנו נעשים אנושיים לגמרי, ורק באמצעות מוסדותיה של הפרטיקולריות הזאת – משפחות, קהילות, שפות ומסורות, כל אחת ואופייה המקומי – אנחנו מגִנים על אנושיותנו ומקיימים אותה.

אם בבל היא הסמל הראשון לאימפריה במקרא, הרי מצרים היא הסמל השני. המצרים – כך מסופר לנו בתורה וכך אנו יודעים גם ממקורות בלתי־תלויים אחרים – חששו מפני זרים ובזו להם. פעם אחת כבשו את ארצם זרים, ההיקסוס, ואין פלא אפוא שהיו להם רגשות שליליים כלפי העברים. התורה נוקטת מילה רבת־עוצמה, ״תועבה״, כדי לתאר את יחסם של המצרים כלפי עמי הרועים הנוודים (בראשית מג, לב; מו, לד). הפרקים הפותחים את ספר שמות מספרים סיפור ריאליסטי בהחלט על המדרון המוליך בהדרגה מאפליה לרדיפה

ולבסוף לשעבוד. העברים היו שונים ולכן מאיימים, ולפיכך ראויים לתהליך פרוגרסיבי של שלילת אנושיותם, דפוס שהיהודים היו עתידים לחוות לא פעם ולא פעמיים במרוצת תולדותיהם. התורה אינה מותירה מקום לספק באשר ללקח שעם ישראל אמור ללמוד מחוויה מעצבת זו, והיא חוזרת עליו שלושים ושש פעמים שוב ושוב: עליך לאהוב את הגר, כי מי כמוך מכיר את תחושת הזרות. עליך להגן על השונה ולכבדו, כי אתה, יותר מכל עם אחר עלי אדמות, יודע היטב מה פירושו של דבר להיות שונה.

להיות יהודי – מימי אברהם ושרה ועד היום – פירושו אפוא לשאת בעול השונות ובאצילותה. היהודים לא הקימו מעולם אימפריה. הם לא שאפו מעולם להפוך למעצמה עולמית ולכפות את תרבותם על אחרים. אמנם הנביאים חזו את היום שבו כל האנושות תעבוד את האל האחד, אך מעולם לא חזו תקופה שבה כל העמים יקבלו עליהם את בריתו של עם ישראל, את התורה. משימתו של עם הברית – שנקבעה כבר בשעת קריאתו הראשונה של אלוהים לאברהם – היא להיות נאמן לאמונתו ובד בבד לתרום לטובת הכלל: "וְנִבְרְכוּ בְךָ כֹּל מִשְׁפְּחֹת הָאֲדָמָה" (בראשית יב, ג). אברהם נלחם ומתפלל למען תושביהן של ערי הכיכר, אף על פי שאמונתם אינה אמונתו. הגר התושב הנזכר במקרא, אותו לא־יהודי החי בתחום השיפוט של עם ישראל, זכאי לזכויות שוות מעצם העובדה שקיבל עליו את שבע מצוות בני־נוח, לא משום שנכנס בברית ישראל. היהדות מוכנה לקבל גרים, אבל אינה שואפת לכך. כאשר אלוהים מטיל על עם ישראל להיות מופת לאצילותה של השונות, הוא מציב אפוא שני אתגרים: האחד לעם ישראל, והאחר לאומות העולם. לגבי ישראל השאלה היא תמיד: האם יש לנו האומץ להיות שונים? לגבי אומות העולם השאלה היא: האם אנו מוכנים לפנות מקום לשונה? כישלון בנוגע לשאלה הראשונה מביא להתבוללות; כישלון בנוגע לשנייה, לאנטישמיות.

היהודים נרדפו מפני שהיו שונים. כשהיו כפופים לשלטונם של היוונים והרומאים הם התנגדו להלניזציה. בשלטון הנצרות והאיסלאם של ימי הביניים הם סירבו להמיר את דתם. בימי הלאומיות האירופית

של המאה התשע־עשרה הם נותרו קבוצה נבדלת. בכל אחת מחמש הציביליזציות הללו הם לא שאפו לזכויות מיוחדות, פרט לזכות להישאר הם עצמם, נאמנים לאמונת אבותיהם. בכל שלב ושלב ערקו כמה יהודים מן השורות, אבל הרוב שמרו אמונים. חזונם היה פשוט, והנביא מיכה מיטיב לנסחו:

> וְיָשְׁבוּ אִישׁ תַּחַת גַּפְנוֹ וְתַחַת תְּאֵנָתוֹ וְאֵין מַחֲרִיד,
> כִּי פִי ה' צְבָאוֹת דִּבֵּר.
> כִּי כָּל הָעַמִּים יֵלְכוּ אִישׁ בְּשֵׁם אֱלֹהָיו,
> וַאֲנַחְנוּ נֵלֵךְ בְּשֵׁם ה' אֱלֹהֵינוּ לְעוֹלָם וָעֶד. (מיכה ה, ד-ה)

אינני מכיר חזון רוחני מתאים יותר לטיבו של העולם הזה, על ריבוי אמונותיו, לשונותיו ותרבויותיו; אינני מכיר חזון נדיב יותר בהבנתו את אינספור הצורות שבהן בני־האדם מבקשים להגיע לאלוהים; אינני מכיר חזון המקפיד יותר להגן על הפרטיקולרי, על המקומי, על היחסים שבהם מבוטאת אנושיותנו באמצעות בריתות של אהבה ולא באמצעות כוח הכפייה של העוצמה. האנטישמיות – הדוגמה המובהקת לשנאת השונה – היא יותר מסתם מתקפה על היהודים. היא הבנה פגומה, הרת אסון, של היות בן־אנוש.

אם הצדק אתי, נובעות מכך שלוש מסקנות: האחת חשובה ליהודים, השנייה לאנטישמים, והשלישית לאנושות בכללותה.

אשר ליהודים, עליהם להיאבק באנטישמיות אבל אל להם להפנימה או לקבלה על פי תנאיה שלה. האנטישמיות הגזענית, תוצר אירופה של שלהי המאה התשע־עשרה, שראתה את עצמה כפסגת הציביליזציה, עלתה בסופו של דבר בחייהם של שישה מיליוני יהודים. אבל היא הותירה גם צלקת נוספת, בולטת פחות. אחת השגיאות של כמה יהודים טובים, נכבדים וחושבים הייתה האמונה שהואיל והיהודים נעשו מושא לפגיעתה של האנטישמיות, הם גם הגורם לה. הם טענו כי הואיל והיהודים נשנאו בגלל שונותם, עליהם לנסות בכל כוחם לא להיות שונים. היו שהתנצרו; אחרים התבוללו; והיו

שניסו לשוות ליהדות צורה חדשה כדי לסלק ממנה במידת האפשר כל מה שהופך את היהודים ואת היהדות לנבדלים. כשכל הניסיונות הללו נכשלו – לא רק בצרפת, גרמניה ואוסטריה של המאה התשע־עשרה אלא גם בספרד של המאה החמש־עשרה – היו שהפנימו את הכישלון. כך נולדה הפסיכולוגיה המעוותת המכונה שנאה עצמית של יהודים – יהודים שחדלו להגדיר את עצמם כעמו האהוב של אלוהים; תחת זאת הם ראו את עצמם כעם השנוא על הגויים. זו הייתה טעות טרגית. היהודים לא היו הגורם לאנטישמיות; הם רק היו יעדיה. כיום ידוע לנו שאנטישמיות יכולה להתקיים גם בארצות שאין בהן יהודים כלל. השנאה היא משהו שיכול לקרות לנו, אבל היא איננה מה שהננו. אי־אפשר לבסס זהות על שנאה.

סיפור ששמעתי מפי אחד מעמיתיי הרבנים העסיק אותי זמן רב. הוא קרה ברוסיה בראשית שנות התשעים, בעקבות נפילת הקומוניזם. לראשונה זה שבעים שנה היו היהודים חופשיים לחיות בגלוי כיהודים, אבל בה בעת צצו ועלו אל פני השטח רגשות אנטישמיים שדוכאו זמן רב. רב בריטי נסע לרוסיה כדי לסייע בבנייתם מחדש של החיים היהודיים, ויום אחד באה אליו אישה צעירה במצוקה. "כל חיי", סיפרה האישה, "הסתרתי את העובדה שאני יהודייה ואיש לא העיר דבר וחצי דבר על יהדותי. אבל עכשיו, כשאני עוברת ברחוב, אני שומעת את שכניי ממלמלים 'ז'ידובקה'. מה לעשות?" הרב השיב לה: "אלמלא סיפרת לי שאת יהודייה, לא הייתי יודע זאת. אבל אני, עם כובעי וזקני, אינני יכול להסתיר את העובדה שאני יהודי. ובכל זאת, בכל החודשים שהייתי כאן, איש לא צעק לעברי 'ז'יד'. מדוע זה כך, לדעתך?" הצעירה שתקה רגע ואז אמרה: "כי הם יודעים שאם יצעקו לעברי 'ז'יד', אני אראה בכך עלבון, אבל אם יצעקו 'ז'יד' לעברך, אתה תראה בכך מחמאה". זוהי תובנה עמוקה. מעבר לזהירות התמידית המתבקשת, הדרך הטובה ביותר להיאבק באנטישמיות היא לשאת בגאון את הזהות היהודית.

ולאנטישמים עצמם עלינו לומר כך: לעולם לא נשיב בשנאה על שנאה. להיות יהודי פירושו לפעול למען שלום וצדק; הנקמה שייכת

לאלוהים, לא לנו. אבל יש אמת שחייבים לבטא, והיא שהאנטישמיות היא שיבוש פסיכולוגי עמוק, מחלה המציגה את עצמה כמרפא. כשדברים רעים קורים לאדם או לקבוצה, אפשר לשאול שתי שאלות: "איך אפשר לתקן את המצב?" או "מי עשה לי את זה?" כשאני שואל את השאלה הראשונה אני מגדיר את עצמי כנושא, כסוכן מוסרי, כעצמי אחראי. כשאני שואל את השאלה השנייה, אני מזהה את עצמי כמושא, כקרבן; וקרבן יכול לחוש רק טינה וזעם.

בקרבנות יש קסם רב. הקרבן נהנה מאהדה ומהשעיית השיפוט המוסרי. אבל ההפסד גדול מן הרווח, כי כשאדם מגדיר את עצמו כקרבן – האנטישמים עושים זאת תמיד – הריהו שולל דרך קבע כל חובה לנהוג באחריות. דוסטויבסקי כתב פעם כי "אם אלוהים אינו קיים, הכול מותר". זה לא נכון. אבל אם אחריות אינה קיימת, הכול מותר; ואין כמעט תופעות ששחררו אנשים מאחריות יותר מן האמונה המיתית שקיימת קבוצה הגורמת לכל הרעות שבעולם, והידיעה המתקיימת בעת ובעונה אחת ברמת מודעות אחרת, שאותה קבוצה היא בעצם כה פגיעה עד שאפשר לתקוף אותה בלא לחשוש מעונש.

לא מקרה הוא שלכל אורך ההיסטוריה, וגם היום במידה לא פחותה, שימשה האנטישמיות נשק מועדף על עריצים, דיקטטורים, מחזיקי עוצמה לא־דמוקרטית ושליטיהן של מדינות טוטליטריות. היא מושכת את הלב מפני שהיא מסיטה את כיוון התסיסה הציבורית הנובעת מרעב, עוני, בורות, מחלות, פערים כלכליים, שוחד, שחיתות ושלילת זכויות אדם. היא מסיטה את הכעס ממי שנושא באחריות אל אויב מיתי המתואר כבעל כוח על־טבעי לשלוט בעולם. דווקא משום כך חייבים כל הדואגים לחירות, לדמוקרטיה ולשלטון החוק להזכיר לנו שוב ושוב כי בטווח הארוך האנטישמיות פוגעת באנטישמים עצמם לא פחות מכפי שהיא פוגעת ביהודים. תרבות הקרבנות האפנתית כל כך היום אינה משחררת את הקרבן, אלא מנציחה את מעמדו כקרבן.

כלפי האנושות חייב הטיעון להיות פשוט וישיר. אנטישמיות – שנאת השוני – אינה מתקפה על יהודים אלא על המצב האנושי באשר הוא. החיים מקודשים כי כל אדם – גם תאומים זהים בעלי

מטען גנטי שווה – הוא שונה, ולכן אין לו תחליף. כל שפה, תרבות וציביליזציה (בתנאי שהיא מקיימת את תנאֵי המינימום של כללים מוסריים אוניברסליים) ניחנה בשלמות משל עצמה, ומפני שכל אחת מהן שונה, כל אחת מוסיפה משהו ייחודי למורשת הקיבוצית של האנושות. השונות התרבותית מהותית לאקולוגיה החברתית שלנו כפי שהשונות הביולוגית חיונית לאקולוגיה הטבעית שלנו. עולם שאינו נותן מקום ליהודים הוא עולם שאינו נותן מקום לשוני, ועולם שאינו נותן מקום לשוני אינו נותן מקום לאנושיות עצמה.

מאמר ז

# חג הפסח והולדתו מחדש של עם ישראל

השתא הכא, לשנה הבאה בארעא דישראל. השתא עבדי, לשנה הבאה בני־חורין. (הגדה של פסח)

עיתונאי וינאי צעיר ושמו תיאודור הרצל, שדיווח לעיתונו מפריז על משפט דרייפוס, נדהם בינואר 1895 למראה ההמונים הזועקים "A mort les juifs" – מוות ליהודים. האנטישמיות, הוא נוכח לדעת, חיה ובועטת, לא רק במקומות כמו רוסיה, שבה השתוללו פרעות 1881 ביותר ממאה ערים, אלא גם בצרפת עצמה, ערש המהפכה, המדינה החילונית ומגילת זכויות האדם. ההכרה הזאת שינתה את הרצל. בתוך שנה הוא כתב את תשובתו, שאותה הכתיר בשם *Der Judenstaat*, **מדינת היהודים**. במסמך זה הוא סיכם את תהליך ההתפכחות של מאה שנות חיים יהודיים, מאה שבה נכזבו תקוות הנאורות והאמנציפציה האירופית:

בתום לבבנו ניסינו להתערב בגויים שכנינו בכל מקומות מושבותינו ולהיות כמוהם, לבלי השאר בידינו מכל אשר לנו

רק אמונת אבותינו בלבד; אך דחו אותנו בשתי ידיים. לשווא נעמול תמיד להיות אזרחים נאמנים, ולפעמים גם יתר על המידה; לשווא נקריב חלבנו ודמנו ככל יתר עם הארץ, לשווא נתאמץ להרים קרן ארצות מושבותינו בחוכמות ובמדעים ולהרבות כבוד עושרן במסחר וקניין. בארצות מולדתנו, שבהן אנו יושבים זה מאות בשנים, נחשבנו לזרים, לרוב גם בעיני אלה, אשר אבותיהם עוד לא נאחזו בארץ, בעת אשר אבותינו אנחנו כבר נאנחו בה.

לאנטישמיות יש פתרון אחד בלבד, טען הרצל. אם מדינות הלאום של אירופה עוינות כל כך ליהודים, שומה על היהודים שתהיה להם מדינה משלהם. הוא לא היה היהודי החילוני הראשון שהגיע למסקנה זו. יהודה לייב פינסקר אמר זאת עוד ב־1882, בעקבות הפרעות ברוסיה. משה הס, לשעבר ידידו ומורהו הרוחני של קרל מרקס, אמר זאת עוד קודם לכן, ב־1862. אבל בהרצל – גבר גבוה, מרשים ומשכנע – היה קסם מיוחד. הוא קפץ לתוך הים הסוער של הפעילות הפוליטית כאחוז דיבוק, נסע בכל רחבי אירופה, דיבר עם מדינאים, טען את טענותיו ברוב להט וקסם ולא היה מוכן אפילו לחשוב על תבוסה. בתוך שנה, ב־1897, הצליח לכנס את הקונגרס הציוני הראשון, וב־3 בספטמבר כתב ביומנו את המילים המפורסמות: "בבזל ייסדתי את מדינת היהודים. אילו אמרתי זאת היום בפומבי, היו מקדמים את פניי בצחוק כללי. אולי בעוד חמש שנים, ולכל היותר בעוד חמישים שנה, הכול יראו זאת". חמישים שנה אחר כך, ב־29 בנובמבר 1947, קיבלה העצרת הכללית של האומות המאוחדות החלטה להקים מדינה יהודית בארץ ישראל, וב־15 במאי 1948 נולדה מדינת ישראל.

הרצל נפטר ב־1904 בגיל ארבעים וארבע, מותש משמונה שנות פעילותו האינטנסיבית בשירות העניין הציוני. ב־1902 הוא פרסם רומן בשם **אלטנוילנד**, שבו צייר את דמותה של ישראל שבחלומותיו. באחת התמונות המרכזיות ברומן הוא מספר על ד"ר פרידריך לוונברג המתבולל – דיוקנו הברור למדי של הרצל עצמו – המגלה מחדש

את שורשיו הדתיים בשעה שהוא משתתף בסדר פסח. כך מתאר הרצל את האירוע:

וכן הלכה החגיגה הלוך והמשך, חצייה תפילה וחצייה שיחת מסיבה ומשפחה, מעוררת הדרת כבוד בלב כל איש חש מה נכבד ומה נשגב. כי החגיגה הזאת היהודיה ביהודיות היא כבירה לימים בקורות עולם, מכל שרידי מנהג וסדר שנשארו לפליטה מימי קדומים. כמו עתה כן היה הסדר נערך זה מאות רבות, רבות בשנים, ותבל שנתה מני אז, עמים שקעו, נבלו, אחרים נצצו, עלו על הבמה, תבל נושבת גדלה, חלקים חדשים נגלו בין הַיַמים, כוחות איתני טבע אשר איש לא שיערם באו להנעים ולהאדיר את החיים – רק העם הזה עוד ישנו כמאז, ועודנו שומר את חוקיו, נאמן לעצמו וזוכר את צרות אבותיו. עוד הוא מתפלל לה' אלוהיו במילים בנות אלפי שנים, עַם העבדות והחופש – ישראל!

מסיפור יציאת מצרים הראשונה נבטה אפוא שיבת ציון החדשה.

מהו לראות את נוכחות אלוהים בהיסטוריה? קשה מאוד להשיב על שאלה זו. החברות של העת העתיקה התעניינו בעבר. הן, כמונו, רצו לדעת איך הגענו לכאן, מדוע החברה היא כפי שהיא, כיצד נוצר העולם. אבל אף אחת מהן, לפני עם ישראל הקדום, לא ייחסה משמעות פנימית לדרך שבה נפרשים האירועים, לא ראתה בכך סיפור של גאולה. וכמעט כל החברות שקיבלו את התפיסה הזאת בהמשך הדרך קיבלו אותה בהשפעת המקרא. ההיסטוריון ג"ה פלאם מבטא את הרעיון הזה במילים אלו: "דומה כי התפיסה, שבתוך עצם ההיסטוריה האנושית פועל תהליך העתיד לעצב את דרכו של האדם ולהוליכו אל מצבים שונים לחלוטין מאלה שהכיר בעברו, באה לכלל ביטוי לראשונה אצל היהודים". בתפיסתם הדתית ובאמצעותה, "נעשה העבר יותר מאוסף של סיפורים, יותר מהשלכה של הניסיון האנושי ויותר ממערכת של דוגמאות מוסריות... הוא נעשה חלק אינטימי מן הייעוד ופרשנות של העתיד". יותר מבכל

דבר אחר אפשר לראות זאת באופן שבו עיצב סיפור יציאת מצרים את אופק הדמיון היהודי, לא רק של הדורות הבאים שדבקו באמונה היהודית, אלא אפילו של דמויות חילוניות מובהקות כמו הס, פינסקר והרצל.

דומה כי מלכתחילה היה רצף הגלות והשיבה, יציאת מצרים והגאולה, חלק מהמבנה הבסיסי של המודעות היהודית. אדם וחווה מגורשים מגן עדן. קין נידון לחיי גלות. בוני מגדל בבל נפוצים על פני כל הארץ. החטא – הפרת סדר היקום – גורר גלות ועקירה. כבר בפרקי הפתיחה הללו מצטיירת האפשרות לקץ הימים שבו האנושות תחזור בה מחטאיה ותחווה שיבה קיבוצית הביתה. כפי שאמר ישעיהו, "וְגָר זְאֵב עִם כֶּבֶשׂ וְנָמֵר עִם גְּדִי יִרְבָּץ... לֹא יָרֵעוּ וְלֹא יַשְׁחִיתוּ בְּכָל הַר קָדְשִׁי, כִּי מָלְאָה הָאָרֶץ דֵּעָה אֶת ה' כַּמַּיִם לַיָּם מְכַסִּים" (ישעיה יא, ו-ט) – במילים אחרות, גן עדן חדש, מבול מיטיב שיכסה את הארץ. זהו, בעיני המקרא, המבנה המטפיזי של ההיסטוריה בכללותה: הרמוניה שמעשי עוול מפֵרים אותה, הגלות הנובעת מכך, ואז ההכרה והכפרה, ובסופו של דבר שיבה אל ההרמוניה.

אלא שדווקא אצל אברהם ושרה וצאצאיהם לובש הדפוס הזה חיים בדרך היסטורית מסוימת. אחת העובדות הבולטות ביותר הנוגעות למשפחות האבות היא שכולן ידעו גלות. אברהם ויצחק נאלצים לנסוע לארץ פלשתים מחמת הרעב. יעקב יוצא לגלות פעמיים, בראשונה כשהוא נמלט מפני עשיו ובשנייה כדי להיפגש מחדש עם בנו יוסף. אף לא אחת מהגלויות הללו היא תוצאה של חטא, והגלות הראשונה נותנת בידינו רמז המסייע לפרש את כל השאר. הרמז מופיע בפרק יב בספר בראשית, כמעט מיד אחרי קריאתו של אלוהים לאברהם ללכת מארצו, ממולדתו ומבית אביו. מיד אחרי שהוא עושה זאת, אנו קוראים: "וַיְהִי רָעָב בָּאָרֶץ וַיֵּרֶד אַבְרָם מִצְרַיְמָה..." (בראשית יב, י). הוא חש בסכנה וחושש כי המצרים יהרגו אותו וייקחו את שרה אל הרמונו של פרעה. שרה אומרת שהיא אחותו של אברהם ואכן נלקחת לבית פרעה, ואז מתרחשת בבית פרעה שורה של נגעים. פרעה משלח את הזוג לדרכו.

דומה שהפרשה הזאת מקלקלת את שורת ההיגיון העלילתי של סיפור האבות. אם אלוהים רצה שאברהם יֵלך לארץ כנען, מדוע אילץ אותו לעזוב את הארץ ההיא כמעט מיד לאחר שהגיע אליה? מדרש רבה, פירוש מוקדם של חז"ל, נותן בידינו את התשובה הנכונה, ללא ספק, לשאלה זו:

אמר הקב"ה לאברהם אבינו: צא וכבוש את הדרך לפני בניך. אתה מוצא כל מה שכתוב באברהם, כתיב בבניו. באברהם כתיב (בראשית יב): ויהי רעב בארץ. בישראל כתיב (בראשית מח): כי זה שנתיים הרעב בקרב הארץ. באברהם כתיב (בראשית יב): וירד אברם מצרימה לגור שם. ובישראל כתיב (במדבר כ): וירדו אבותינו מצרימה. באברהם כתיב: לגור שם. ובישראל כתיב: לגור בארץ באנו. (בראשית רבה פרשה מ ו)

וכן הלאה, לאורך שורה ארוכה של הקבלות לשוניות ותוכניות בין גורלו של אברהם לגורלם של בני־ישראל בהמשך. במילים אחרות, הגלויות שחוו אברהם, יצחק ויעקב מבשרות את מה שעתיד לקרות לצאצאיהם. דומה שהאבות והאימהות של העם היהודי ערכו מראש חזרות על גורל ילדיהם. אפשר שהם לא ידעו כי הם עושים זאת, ובכל זאת הניחו את היסודות לתקווה עתידית. בני־ישראל, גולים ומשועבדים, ישוחררו וייגאלו, לא רק מפני שכך אמר אלוהים אלא מפני שכך עשה בעבר. הוא כבר הראה, פעמים אחדות ובצורות שונות, כי הוא עומד לצד אבות האומה, מגן עליהם ומחזיר אותם בשלום הביתה.

כשאנו פותחים את ספר שמות כבר ידוע לנו משהו בעל חשיבות עצומה. ההיסטוריה מלאה היפוכים בלתי־צפויים. יוסף נתן לבני־ישראל מקלט בארץ מצרים, אבל תמיד קיימת האפשרות שיָקום "מֶלֶךְ חָדָשׁ... אֲשֶׁר לֹא יָדַע אֶת יוֹסֵף". מיעוט מוגן עשוי להפוך למיעוט נרדף. במקרא ובדת היהודית אין שום דבר המלמד על התפתחות היסטורית בלתי־נמנעת. לחיות בזמן פירושו להיות חשוף לסכנות

הזמן. אבל עם ישראל ידע מתוך תולדותיו שלו שהגאולה, גם אם תתמהמה, בוא תבוא. אלוהים יביא את הישועה בעתיד מפני שכבר עשה זאת בעבר.

וזה הדבר שכונן, בשלב מאוחר יותר בתולדות ישראל, את הבסיס לחזון התקווה המשותף לכל הנביאים. עם ישראל עלול לצאת שוב לגלות, אבל הוא ישוב. "יֶחֶרְדוּ כְצִפּוֹר מִמִּצְרַיִם", מתנבא הושע, "וּכְיוֹנָה מֵאֶרֶץ אַשּׁוּר" (יא, יא). "וְשַׁבְתִּי אֶת שְׁבוּת עַמִּי יִשְׂרָאֵל", אומר עמוס בשם אלוהים. "וּבָנוּ עָרִים נְשַׁמּוֹת וְיָשָׁבוּ וְנָטְעוּ כְרָמִים וְשָׁתוּ אֶת יֵינָם וְעָשׂוּ גַנּוֹת וְאָכְלוּ אֶת פְּרִיהֶם" (ט, יד). משה עצמו, באחת מנבואותיו העגומות ביותר, מסיים בהבטחה בלתי־מעורערת: "וְאַף גַּם זֹאת, בִּהְיוֹתָם בְּאֶרֶץ אֹיְבֵיהֶם, לֹא מְאַסְתִּים וְלֹא גְעַלְתִּים לְכַלֹּתָם, לְהָפֵר בְּרִיתִי אִתָּם, כִּי אֲנִי ה׳ אֱלֹהֵיהֶם. וְזָכַרְתִּי לָהֶם בְּרִית רִאשֹׁנִים, אֲשֶׁר הוֹצֵאתִי אֹתָם מֵאֶרֶץ מִצְרַיִם לְעֵינֵי הַגּוֹיִם לִהְיוֹת לָהֶם לֵאלֹהִים. אֲנִי ה׳" (ויקרא כו, מד-מה). מיכה אמר זאת בפשטות: "כִּימֵי צֵאתְךָ מֵאֶרֶץ מִצְרָיִם אַרְאֶנּוּ נִפְלָאוֹת" (ז, טו). מה שהיה ישוב ויהיה.

יציאת מצרים לא הייתה רק אירוע־עבר. היא בישרה את הגאולה לעתיד לבוא. עם ישראל, כפי שהזהיר משה, לא ישכון לבטח בארצו. הוא ישכח את ייעודו המוסרי־רוחני. הוא יימשך אל התרבות האלילית של שכניו. בכך יאבד את הסיבה לקיומו וימצא בעתות משבר כי אין בכוחו לגייס את החזון המשותף ואת האנרגיה הקיבוצית הנחוצים כדי לגבור על המעצמות השכנות. הוא יסבול תבוסה וגלות; הוא יחווה את הלילה האפל של הנשמה; וכדברי הנביא יחזקאל הוא יבטא את המילים הגורליות "אָבְדָה תִקְוָתֵנוּ" (יחזקאל לז, יא). אבל הייאוש לא ינצח לעולם. בעבר הוציא אלוהים את עמו מעבדות לחירות ומגלות לחיי עם בארצו, ולפיכך יעשה זאת שוב. העם היהודי מעולם לא איבד כליל את אמונתו באלוהיו, מפני שנביאיו ידעו שאלוהים לא יאבֵד לעולם כליל את אמונתו בעמו. ההיסטוריה הכריזה על הייעוד. מה שקרה בעבר ישוב ויקרה. זה מה שטמון מאחורי מילות הפתיחה של ההגדה: "הַשַּׁתָּא הָכָא, לְשָׁנָה הַבָּאָה בְּאַרְעָא דְיִשְׂרָאֵל. הַשַּׁתָּא עַבְדֵי, לְשָׁנָה הַבָּאָה בְּנֵי־חוֹרִין" – השנה כאן, בשנה הבאה בארץ ישראל.

השנה עבדים, בשנה הבאה בני־חורין. העם היהודי שמר על חיותו של החזון הזה. ואין זה מופרז לומר שהחזון הזה שמר על חיותו של העם היהודי.

ממרחק זמן כה גדול קשה לתפוס את עומק המשבר שחוללו חורבן בית שני בשנת 70 לספירה ודיכוי המרד הרה האסון של בר כוכבא (132–135 לספירה). הקיום היהודי התערער מן היסוד. לא נותר מקדש וגם ריבונות יהודית לא נותרה. לא נותרו מלכים וכוהנים ונביאים. ירושלים נחרבה עד היסוד ונבנתה מחדש כעיר רומאית בשם איליה קפיטולינה, ועל היהודים נאסר לגור בה.

יותר משש מאות שנה קודם לכן, בעקבות חורבן הבית הראשון, היו היהודים על סף ייאוש. פרק תהלים מאותם הימים נותן בידינו תיעוד בלתי־נשכח של הלוך הרוח ששרר אז: "עַל נַהֲרוֹת בָּבֶל שָׁם יָשַׁבְנוּ גַּם בָּכִינוּ בְּזָכְרֵנוּ אֶת צִיּוֹן... אֵיךְ נָשִׁיר אֶת שִׁיר ה׳ עַל אַדְמַת נֵכָר?" (תהלים קלז, א–ד). אלא שהרגע ההוא הייתה בו גם נחמה. היו אז נביאים בעלי שיעור קומה כמו ירמיהו ויחזקאל שהבטיחו לעם כי ישוב לארצו. הגלות תימשך זמן מה, אך תהיה זמנית בלבד. היא תימשך לכל היותר כאורך חייו של אדם יחיד. ותחושתם הייתה נכונה. בשעת חורבן הבית השני לא הייתה הבטחה כזאת. היו אמנם אנשים כמו רבי עקיבא שהבטיחו כי הגאולה בוא תבוא, אבל רבי עקיבא תלה את תקוותיו בבר כוכבא, וכשההתקוממות הזאת נכשלה, בא הקץ לתקווה שגורלו של עם ישראל ישתפר בעתיד הנראה לעין.

מדרש העוסק בחלום יעקב, חלום הסולם והמלאכים, מגלה לנו משהו על הלוך הרוח של אותם ימים:

> ...הראה לו הקדוש ברוך הוא לאבינו יעקב שׂרהּ של בבל עולה שבעין עוקים [שלבים] ויורד, ושל מָדַי חמישים ושנים ויורד, ושל יוון מאה ויורד, ושל אדום [רומא] עלה ולא ידע כמה. באותה שעה נתיירא יעקב אבינו ואמר: שמא לזה אין לו ירידה? אמר לו הקדוש ברוך הוא: "ואתה אל תירא עבדי יעקב". (מדרש תנחומא, ויצא ב)

לכל אחת מהגלויות היה פרק זמן קבוע מראש, אבל בימי רומא דומה היה ששקיעתו של עם ישראל תימשך פרק זמן בלתי־מוגבל.

מה שקרה בהמשך הוא אחת הדרמות הגדולות של ההיסטוריה, דרמה שקטה. העם היהודי, הקשור כל כך לזמן ולמרחב – הרואה את אלוהים בהיסטוריה ואת ביתו בארץ מסוימת – המציא את עצמו מחדש כעם שמחוץ לזמן ולמרחב. התפילה תפסה את מקום הקרבנות. לימוד התורה החליף את הנבואה. החזרה בתשובה המירה את טקס הכפרה הגדול שערך הכוהן הגדול בקודש הקודשים. בית הכנסת – מבנה שאפשר להקימו בכל מקום – הפך לרסיס מבית המקדש בירושלים. העם היהודי עצמו, שחי פעם בארצו, הפך לקהילה וירטואלית המפוזרת במרחב, ומעתה הקשר המאחד אותה היה תחושה מיסטית של אחריות קיבוצית (עם ישראל, אמר רבי שמעון בר יוחאי, כמוהו כגוף אחד עם נשמה יחידה; כשנפגע אחד מישראל, הכול חשים בכאב). העם שהיה בגלות בכל מקום, הרגיש בבית בתוך הכתוב. התורה, אמר המשורר הגרמני היינריך היינה, הפכה למולדתו הניידת של היהודי.

התפתחויות אלו לא קרו בן לילה. במובן מסוים התכוננו היהודים לקראתן מאז גלות בבל. בתקופה זו, החל מימיו של עזרא הסופר, נפתח רצף של סופרים, חוקרים וחכמים שהחלו לעצב מחדש את עם ישראל ולהפכו מעם הארץ לעם הספר. התוצאה הייתה שהיהודים הצליחו לעשות מה ששום עם אחר לא הצליח לעשות: הם שימרו את זהותם ואת דרך חייהם לאורך כמעט אלפיים שנות גלות. למרות העוינות כלפיהם – מקס ובר כינה אותם פעם "עם מנודה" – הם המשיכו לנהוג באצילות ובכבוד עצמי. ובמהלך המצוקות הקשות ביותר שקבוצה כלשהי חוותה אי פעם, הם שימרו את התקווה: "לשנה הבאה בירושלים, לשנה הבאה בני־חורין". בהיסטוריה אין לכך מקבילה. זה היה ניצחון האמונה על הנסיבות.

אבל ניצחון זה נקנה במחיר גבוה – דה־פוליטיזציה כמעט מוחלטת של היהדות. מהמאה הראשונה ועד המאה התשע־עשרה היו ליהודים סמכויות של ניהול עצמי. הם ניהלו את קהילותיהם, הכריעו

בסכסוכים פנימיים והקימו לא רק בתי כנסת אלא גם מוסדות השכלה ורווחה מרשימים מאוד. אבל שתי המרידות ברומא, בשנת 66 ובשנת 132 לספירה, היו הרות אסון והותירו חותם בל יימחה. מאז ואילך חדלו היהודים להילחם על עצמאותם. הם לא התגייסו כדי לשוב לארץ ישראל. הם למדו במחיר גבוה שהיזמות האלה עלולות להביא תוצאות קשות ולהמיט עליהם חורבן והרס. הם בחרו לשמוע בקול הנביא ירמיהו ודרשו "אֶת שְׁלוֹם הָעִיר אֲשֶׁר הִגְלֵיתִי אֶתְכֶם שָׁמָּה" (כט, ז) והמתינו בסבלנות שאלוהים יחזיר את עמו לציון.

המתח שבאותה המתנה היה לפעמים בלתי־נסבל והוליד שורה של תנועות משיחיות שבהן הופיעו משיחים מטעם עצמם שהבטיחו ישועה. הידוע מכולם – שבתי צבי במאה השבע־עשרה – היה רק אחד מני רבים (רק בימי אביו של הרמב"ם פעלו כמה משיחים כאלה, שהרמב"ם מזכיר בכתביו). אבל התנועות הללו, שהחלו בתקווה קודחת והסתיימו בהתפכחות כואבת, רק הדגישו עד כמה מסוכן "לדחוק את הקץ". היהודים האמינו כי ישובו לארץ ישראל, אבל לא הייתה דרך טבעית ולא־נסית שתוביל אותם מכאן לשם. לכל אורך ימי הביניים היו יהודים שיצאו אל ארץ הקודש, ובהם רבי יהודה הלוי והרמב"ן. תמיד נשמרה נוכחות יהודית בארץ, אף כי לעתים הייתה קטנה והתקיימה בנסיבות קשות. במאה השמונה־עשרה ובראשית המאה התשע־עשרה עלו לארץ חסידים ומתנגדים במספר ניכר. אבל הם באו לכאן כדי להמתין לגאולה, לא כדי להוציא אותה לפועל.

שלושה גורמים שינו את גישתם של היהודים במהלך המאה התשע־עשרה. הראשון היה עלייתה של הלאומיות באירופה. אם האיטלקים יכולים לזכות בעצמאות, מדוע לא יעשו זאת היהודים? באוויר ריחפה תסיסה בעקבות המהפכה הצרפתית. נדמה היה שזהו שחר של עידן פוליטי חדש, בעל אפשרויות משיחיות. אדם בשיעור קומתו של נפוליאון, שיצא ב־1799 לכבוש את המזרח התיכון, פרסם קריאה ליהודים: "עם ישראל... חושו! זהו הרגע אשר ייתכן כי לא ישוב במשך אלפי שנים, לדרוש את השבת זכויות האזרח שלכם בין תושבי העולם, אשר נמנעו מכם באופן מביש במשך

אלפי שנים, את קיומכם המדיני כאומה בין האומות". לעולם לא נדע אם נפוליאון התכוון ברצינות לממש את הצעתו זו, שהרי הוא נאלץ לזנוח את המערכה הצבאית הזאת. אבל דבריו נחרתו בתודעה ועוררו הד, בין השאר בבריטניה, במהלך המאה התשע־עשרה. אנשים כמו הלורד שאפטסברי וקולונל צ'רצ'יל החלו לקרוא ליישוב יהודים בארץ הקודש, אולי כדרך לקדם את האינטרסים הבריטיים באזור, אבל באותה המידה לפחות גם מתוך אמונה עמוקה בנבואות המקראיות ומתוך תחושה שהשעה כשרה לכך. הסופרת הבריטית ג'ורג' אליוט הציבה את לידתה מחדש של הלאומיות היהודית במרכז ספרה **דניאל דירונדה** (1876). עלילת הדם בדמשק ב־1840, שבה התערבו בהצלחה סר משה מונטיפיורי ואדולף כרמיה, ממנהיגי יהדות בריטניה וצרפת, הראתה לראשונה שיש אפשרות להפעיל דיפלומטיה יהודית בינלאומית. על רקע זה החלו שני רבנים, רבי יהודה אלקלעי ורבי צבי הירש קלישר, להתוות תכנית לציונות דתית שהתבססה לאו דווקא על מדינה אלא על יישובים חקלאיים. החידוש בעבודתם היה הרעיון שאף על פי שהגאולה נתונה בסופו של דבר בידי אלוהים, הצעדים המקדימים צריכים להיעשות בידי היהודים עצמם.

ההתפתחות השנייה הייתה מידה מסוימת של חילון ההיסטוריה היהודית. אני משתמש במונח זה בחשש מסוים, אבל אין לו תחליף. תהליך זה החל אצל שפינוזה, יהודי שאמנם ניתק עצמו מהיהדות, אבל בספרו **מאמר תיאולוגי־מדיני** (1670) העלה לראשונה את האפשרות שהיהודים ייקחו את גורלם בידיהם ויקימו מחדש מדינה יהודית. שפינוזה לא האמין באלוהי ההיסטוריה ותפס אפוא את הדת במונחים טבעיים צרופים. גם ההיסטוריון היינריך גרץ בן המאה התשע־עשרה, שכתביו פעלו רבות לעורר ביהודים עניין בעברם וגאווה בו, השפיע השפעה עמוקה. הס, פינסקר והרצל היו חלק ממורשת התהליך הזה. מאחר שהם ראו עצמם כיהודים חילוניים, הם לא סברו שעליהם להסתפק בהמתנה ותפילה ללידתה מחדש של חירות יהודית. המוקדם שבהם, משה הס, גם היטיב מכולם לגבש תובנות. הוא שיער את מה שהרצל גילה לימים בעצמו, שהתמיכה

בלאומיות יהודית לא תבוא מהיהודים המתבוללים של המערב אלא מההמונים הדתיים של מזרח אירופה. מפגש זה בין הדתי לחילוני הוא שחולל מה שכל אחד מהם לא יכול לחולל לבדו.

אבל הגורם השלישי, והמכריע, היה התגברות האנטישמיות במחצית השנייה של המאה התשע־עשרה. גורם זה הוא שעשה את השיבה לא רק אפשרית אלא גם דחופה והכרחית. האירוניה היא שאפשר היה כנראה לצפות זאת מראש. עוד בבבל של המאה השישית לפנה"ס התנבא יחזקאל: "הָיוֹ לֹא תִהְיֶה אֲשֶׁר אַתֶּם אֹמְרִים: נִהְיֶה כַגּוֹיִם כְּמִשְׁפְּחוֹת הָאֲרָצוֹת... חַי אָנִי, נְאֻם אֲדֹנָי ה׳, אִם לֹא בְּיָד חֲזָקָה וּבִזְרוֹעַ נְטוּיָה וּבְחֵמָה שְׁפוּכָה אֶמְלוֹךְ עֲלֵיכֶם" (כ, לב-לג). החכם המשנאי רבי יהושע חזה כי יקום "מלך שגזרותיו קשות כהמן" ויחזיר את היהודים לאמונתם ולארצם. המשותף לשני המקורות הללו הוא האמונה שהיהודים לא ינסו לחזור לארץ מרצונם. ייתכן שינסו להתבולל, אבל הדבר לא יעלה בידם. אהבת הארץ לא יהיה די בה כדי להניעם לפעולה, אבל עוינות שכניהם תעשה זאת.

וכך נולדה הציונות. קשה למצוא תנועה כלשהי שקיבצה כל כך הרבה תפיסות חסרות התאמה וסותרות. היו ציונים דתיים בעלי תפיסה אוטופית דוגמת הרב קוק והיו ציונים דתיים מעשיים כמו הרב ריינס. בין החילונים היו ציונים פוליטיים דוגמת הרצל, ציונים תרבותיים דוגמת אחד העם, ציונים ניטשיאניים דוגמת ברדיצ׳בסקי, ציונים טולסטויאניים דוגמת אהרן דוד גורדון, ועשרות אחרים, שכל אחד מהם הביא עמו אוטופיה מגובשת משלו. התפיסות השונות הולידו התנגשויות, ולפעמים התנגשויות עזות. אבל מתוך המחלוקת הקולנית נולד אחד ההישגים המדהימים ביותר של כל הזמנים.

הקמתה של מדינת ישראל הייתה רצופה קשיים. למרות הצהרת בלפור (1917), שבה הבטיחה בריטניה, המעצמה המנדטורית החדשה בארץ ישראל, בית לאומי לעם היהודי, הייתה התנגדות עזה לרעיון – מצד העולם הערבי, מצד כוחות בינלאומיים אחרים, מצד פוליטיקאים בבריטניה ולפעמים גם מצד היהודים עצמם. במשך שלושים שנה הועלו הצעות פשרה שונות, שהיהודים היו מוכנים

לקבלן אבל יריביהם דחו אותן. ביום הכרזת העצמאות הותקפה המדינה החדשה בכל החזיתות בידי שכנותיה. מאז ואילך היא חיה בסכנה מתמדת של מלחמה, אלימות, טרור ודה־לגיטימציה. ובכל זאת הצליחה להגיע להישגים מפליאים.

באמצעותה נולדה מחדש העברית, שפת המקרא, כשפה חיה. קהילות יהודיות שחיו בסיכון ניצלו, לרבות יהודי אתיופיה שלא קיימו כמעט כל קשר עם יהודים אחרים זה מאות שנים. יהודים באו לישראל ממאה מדינות ויותר, המייצגות קשת רחבה של שונות תרבותית. השממה הופרחה. ירושלים נבנתה מחדש. עולם לימוד התורה, שספג מכה אנושה בשואה, קם לתחייה וקולות הלימוד מהדהדים ברחבי המדינה. מבחינה כלכלית, פוליטית, חברתית ותרבותית הגיעה ישראל להישגים שאין להם אח ורע בכל מדינה אחרת בגילה ובגודלה. חז״ל אמרו כי עם חציית ים סוף ראו הפחותים שביהודים נסים שגדולי הנביאים בדורות הבאים לא זכו לראות. ונסים כאלה ראה גם כל מי שהיה עד ללידתה מחדש של מדינת ישראל ולימי נעוריה. המשיח לא בא. ישראל עדיין אינה חיה בשלום. בית המקדש טרם נבנה. תקופתנו עדיין איננה הגאולה השלמה. אבל רבות מהתפילות שנאמרו אלפיים שנה נענו, גם אם לא כולן. כל מי שבוחן את ההיסטוריה הייחודית הזאת אינו יכול לפקפק בכוחה של האמונה: תולדות האומה מעוצבות בכוח הדברים שבהם היא מאמינה.

רבי יהודה הלוי השווה את העם היהודי לזרע. **בספר הכוזרי** מתקיים דיאלוג בין רב ובין מלך כוזר, והמלך שואל את הרב שאלה ממוקדת: אם אכן נבחרתם בידי אלוהים, איך ייתכן שבכל מקום שאתם נמצאים בו אתם סובלים השפלה ורדיפות? היכן גדולתכם? והרב משיב: כמונו כזרע של עץ גדול. כשהוא נטמן באדמה, דומה שהוא מתפורר. אבל למעשה כל אותו זמן הוא צובר כוח כדי לצמוח. בסופו של דבר הוא יכה שורשים ויעשה ענפים ויתחיל לעלות אל השמים.

וזה מה שהיה חג הפסח במהלך יותר מאלף ושמונה מאות שנות גלות ופיזור: זרע שנטמן בזיכרון היהודי, והוא ממתין לתורו

לפעול ולצמוח. בלעדיו בוודאי היו היהודים נעלמים. ללא התקווה לשוב – תקווה שינקה כוח מן האמונה והייתה לוודאות מחושלת כפלדה – הם היו משלימים עם מצבם, מתערים בסביבתם ובתרבויות שבתוכן חיו ונעלמים, ככל תרבות אחרת שמולדתה נשללה ממנה. חג הפסח, כאותו זרע שחייו נעצרו זמנית, נשא בתוכו את האנרגיה הכמוסה שהובילה את היהודים במאה העשרים ליצור את ההישג המרשים ביותר בהיסטוריה המודרנית: לידתה מחדש של ישראל, האדמה, המדינה, האומה והארץ. חזונם של מיכה, יחזקאל ומשה התגשם.

ההיסטוריון האירי קונור קרוז אובראיין ציין שלעתים יהודים הרואים עצמם לא־דתיים הם אנשים דתיים עד מאוד. אפשר לומר כך על הס, פינסקר, הרצל, חיים וייצמן, דוד בן־גוריון ועוד הרבה גיבורים וחלוצים של השיבה לציון. הם לא היו "רוחניים" וגם לא שמרו רבות מן המצוות. אבל בדמם זרמו חזון הנביאים וברית ההיסטוריה היהודית. אלוהים פועל באמצעות בני־אדם; לפעמים, כך מורים לנו הנביאים, גם בלא ידיעתם והסכמתם. קשה לבחון לעומק את לידתה מחדש של ישראל בלי לחוש את יד אלוהים שפעלה בתודעתם של רבים, והנחתה אותם למלא את תפקידיהם בדרמה גדולה ששום אדם יחיד לא היה מסוגל להוציא מן הכוח אל הפועל, דרמה ששום אדם יחיד לא היה מסוגל אפילו לראות בעיני רוחו. ההיסטוריונית ברברה טוכמן כותבת: "לנוכח ההיסטוריה המוזרה והייחודית הזאת אין מנוס מן המחשבה שוודאי יש לה חשיבות מיוחדת בקורות האנושות, שבאופן מסוים, אם נאמין בהשגחה העליונה ואם נתלה את הדבר בנסיבות מסתוריות, היהודים נבחרו לשאת את סיפורו של הגורל האנושי".

מי כתב אפוא את תסריט הדרמה היהודית? אלוהים או העם היהודי? ואולי, כפי שהורו חכמינו, שילוב בלתי־ניתן להתרה של השניים: אלוהים כפי שנשמע באוזני עמו, והעם כפי שהגיב לאלוהים? יצחק בשביס זינגר התקרב לפתרון כשאמר: "אלוהים הוא סופר ואנחנו הגיבורים והקוראים גם יחד". דבר אחד ברור: בלעדי חג הפסח,

שנחגג לאורך מאות בשנים, מדינת ישראל לא הייתה קמה. הצדק עם הנביאים: יציאת מצרים של העבר כללה בתוכה את יציאת מצרים של העתיד; ואני, שנולדתי בשנה שבה נולדה המדינה, יכול לומר רק: "ברוך אתה ה'... שהחיינו וקיימנו והגיענו לזמן הזה".

## מאמר ח

# אחר צהריים בירושלים

לשנה הבאה בירושלים. (הגדה של פסח)

זה קרה שבת אחת אחר הצהריים, בירושלים, לקראת סוף מלחמת המפרץ. משפחתנו באה לעיר הקודש כדי לנוח, ופתאום מצאנו את עצמנו בעיצומה של מלחמה. בתוך שבועות ספורים התברר שהמזרח התיכון עומד לצלול שוב לסכסוך דמים. עיראק פלשה לכוויית וכוח בינלאומי אדיר בהנהגת ארצות־הברית עמד הכן להתערבות בנעשה. ישראל לא הייתה מעורבת בסכסוך הזה, אבל ידענו שהיא תהיה היעד העיקרי לנשק העיראקי. וכך היה. שלושים ותשע פעמים במהלך אותם שבועות שמענו את יללת צופרי האזעקה המתריעים מפני טילי הסקאד. בכל פעם ופעם חבשנו את מסכות הגז ונכנסנו לחדרים האטומים, בלי לדעת היכן ינחת הטיל הבא ואם הוא נושא ראש נפץ כימי. זו הייתה תזכורת נוספת לכך שליהודי לא קל למצוא שלווה.

עם זאת, כשיצאנו אל אור השמש הירושלמית, מצאנו שלווה. דממת השבת נחה על העיר. השמש המאוחרת הפכה את בתי העיר, העשויים אבן ירושלמית, לזהב מלוטש. כשהשקפנו מעבר לעמק, אל חומות העיר העתיקה, הבנו מדוע נקראה העיר הזאת לפני שנים

רבות עיר שלום, ומדוע, גם כשהייתה לעיי חורבות, המשכנו להיות בטוחים שהשכינה לא נטשה אותה מעולם.

אחד משכנינו הזמין אותנו לסעודה שלישית, הארוחה המסמלת את האיחוד בין אלוהים לעם היהודי – "אתה אחד ושמך אחד, ומי כעמך ישראל גוי אחד בארץ?" כשהגענו, גילינו שהם הזמינו גם קבוצה של יהודים רומנים שעלו לא מכבר לישראל וקבעו בה את ביתם. הם הגיעו כקבוצה מפני שהיו מקהלה. ברומניה הם שרו את שירי התקווה והכמיהה היהודית. עתה, בירושלים, החלו לשיר שוב סביב השולחן; הם החלו במזמור כג בתהלים, שנהוג לזמר אותו בשבת אחר הצהריים: "ה' רֹעִי לֹא אֶחְסָר... גַּם כִּי אֵלֵךְ בְּגֵיא צַלְמָוֶת לֹא אִירָא רָע, כִּי אַתָּה עִמָּדִי" (תהלים כג, א–ד). המילים הללו, בנות אלפי שנים, היטיבו לתאר את האווירה. הייתה זו שלווה בעיצומה של מלחמה, רגע של דממה בתוך המולת העולם.

ואז קרה משהו מרגש מאוד. בעוד צלילי המקהלה מהדהדים בסמטאות השכונה הירושלמית השקטה שלנו, החלו להופיע אנשים מהבתים השכנים, נמשכים אל המוסיקה. בזה אחר זה הם התגנבו מבעד לדלת הפתוחה, ואז, תחילה בהיסוס ואחר כך ביתר ביטחון, הצטרפו לשירה. היה שם אמן ישראלי והיה עולה חדש מרוסיה, בנקאי השקעות אמריקאי ומשפחה מדרום אפריקה, ובפתח עמדה קבוצת תיירים שעברו במקרה ועצרו לראות מה קורה, ואז מצאו את עצמם לכודים באווירה המחבקת. איש לא דיבר; איש לא רצה להפר את הקסם. המשכנו לשיר משירי שעת מנחה של שבת. השמש החלה לשקוע מאחורי הגבעות והרגשתי כי השכינה שוכנת בינינו, מצרפת את מילותינו למילות מאה דורות של יהודים, מאחדת את כולנו לסימפוניה כוראלית אדירה, שיר האהבה של עם לאלוהיו; הרגשתי שמץ מהמסתורין וההוד של העם היהודי, וידעתי שבדיוק את הדבר הזה ביקשתי למצוא בירושלים.

כולנו היינו שם יחד, איש־איש בעקבות מסע ארוך, רוחני או פיזי, ובמקרים רבים גם זה וגם זה. לכל אחד מאתנו היה סיפור שסיפר איך הגיע לירושלים דווקא באותו אחר צהריים. אבל ממש כפי

שקולותינו האינדיבידואליים התאחדו כדי לשיר את שירי קדמונינו, כך סיפורינו היו חלק מסיפור גדול יותר. הדרך האישית של כל אחד מאתנו הייתה שלב במסע המרתק ביותר שעם קיבל על עצמו אי פעם, מסע המתפרש כמעט על פני כל הארצות ועל פני ארבעת אלפים שנה. אילו יכולנו, באותו רגע, להתחקות אחר תולדות הורינו והוריהם לאורך כל הדורות, הייתה אוחזת בנו יראת כבוד מעוצמת הדרמה וההיקף. האם יוכל משהו להשתוות, ולו בדוחק, למסע היהודי הארוך לירושלים? האין זו העדות החיה ביותר העולה על הדעת, חשבתי, לכוחה ולעוצמתה של האמונה?

הרהרתי בראשיתו של המסע, בדברים שאמר אלוהים לאברהם ולשרה כשקרא להם לצאת לארץ לא נודעת. ואז, מאות שנים לאחר מכן, כשבני־ישראל היו משועבדים במצרים, אלוהים קרא למשה והורה לו להנהיג את העם אל חירותו דרך המדבר, אל ארץ זבת חלב ודבש. הרהרתי בדוד שקבע את בירתו בירושלים והביא אליה את ארון הברית כשהוא מכרכר ומזמר, ועל שלמה שבנה את בית המקדש וביקש מאלוהים שיעשהו בית תפילה לכל העמים. חשבתי על ירמיהו שחזה את חורבנה ועל ישעיהו שאמר לבני־ישראל שיום אחד ישובו לכאן, ועל עזרא ונחמיה שהנהיגו את העם בשיבתו לציון. חשבתי על הבית השני ועל חילולו, על המכבים שהחזירו אותו לידיים יהודיות ועל החורבן הנורא שהמיטו עליו הרומאים. נזכרתי בסיפור על החכמים בני המאה הראשונה, שבכו בראותם שועל משוטט בין חורבות קודש הקודשים, ועל רבי עקיבא שניחמם והבטיח להם כי ירושלים תשוב ותיבנה.

במשך אלף ושמונה מאות שנה נפוצו היהודים בכל רחבי העולם, אבל מעולם לא שכחו את ירושלים. הם התפללו כשפניהם מכוונים אליה. הם התאבלו על חורבנה גם בשעת שמחה. מדי שנה בשנה, בתשעה באב, יום השנה לחורבן, הם ישבו ובכו כאילו התייתמו זה עתה. כמו ניצולי החורבן הראשון אמרו גם הם: "אִם אֶשְׁכָּחֵךְ יְרוּשָׁלָם – תִּשְׁכַּח יְמִינִי. תִּדְבַּק לְשׁוֹנִי לְחִכִּי אִם לֹא אֶזְכְּרֵכִי, אִם לֹא אַעֲלֶה אֶת יְרוּשָׁלַםִ עַל רֹאשׁ שִׂמְחָתִי" (תהלים קלז, ה-ו). מדי שנה,

בשיאו של ליל הסדר, הם אמרו "לשנה באה בירושלים". ובשנה הבאה אמרו זאת שוב.

חשבתי על יהודי ימי הביניים – ובהם רבי יהודה הלוי, הרמב"ם והרמב"ן – שנסעו לכאן, לא פעם מתוך סכנת נפשות. חשבתי על אבי סבי שהגיע לכאן בשנות השבעים של המאה התשע־עשרה מליטא כשספר תורה בזרועותיו, וכתב את אחד מספרי ההיסטוריה הגדולים על ירושלים. חשבתי על אלה שלחמו במלחמות ישראל, אלה שהגנו בתש"ח על המדינה החדשה מפני חורבן, ואלה שאיחדו במלחמת ששת הימים את העיר המחולקת. וחשבתי עלינו, המכונסים כאן יחדיו בשבת אחר הצהריים, שרים שירי אמונה ומוצאים שלווה בעיצומה של מלחמה, מתכנסים מארבע כנפות תבל במקום שאליו כיוונו היהודים את תפילותיהם שנים כה רבות. חשבתי אז שלהיות יהודי פירושו להיות חלק מהמסע הזה, המסע שהחל אצל אברהם ושרה ונמשך אצל ילדיהם מאז ואילך – לא רק אל מקום אלא אל שורה של אידיאלים, אל דרך חיים, אל מצב של חסד קיבוצי – והרהרתי בכך שזכיתי לראות כמה מבני עם הנצח מצרפים את קולותיהם על פני הזמן והמרחב ושרים את שירו, שיר המסע שאין לו סוף.

בכל נקודת זמן על פני המאות הארוכות הללו עלול היה המסע לבוא אל קצו. זה עשוי היה לקרות ממש בהתחלה, כשאברהם הגיע לארץ ומצא שהיא מוכת רעב ונאלץ לנסוע למצרים. זה עשוי היה לקרות חמש או שש פעמים במהלך תקופת מנהיגותו של משה, כשהעם, עייף ומבוהל מפני המסע, רצה לשוב על עקביו. המסע עלול היה להסתיים עם חורבן בית המקדש הראשון או השני, אלמלא היו שם נביאים וחכמים שחילצו את העם מתהומות הייאוש. במאות הרבות של שנות הגלות היו היהודים עלולים פשוט לזנוח את רעיון השיבה. אבל היהודים הם עם קשה עורף ומעולם לא השלימו עם אבדן ירושלים. הם נשאו עמם את הכאב ואת התקווה, את זכר החורבות ואת חזון העיר שתיבנה מחדש. לאחר אותן שעות של שבת אחר הצהריים, שוב לא יכולתי להתייחס בקלות ראש לזיכרון, לתפילה ולאמונה. היהודים לא שכחו מעולם את ירושלים. הם התפללו עליה.

הם האמינו שישובו. אילו חדל דור אחד בלבד לעשות זאת, המסע היה מגיע לקצו וחלק גדול מההיסטוריה היהודית היה מסתיים בלא כלום. האמונה הביאה אותנו אל הזמן הזה ואל המקום הזה כדי לראות בהגשמת חלומותיהם של אבות אבותינו.

ירושלים היא מקום, אבל היא יותר ממקום. היא נעשתה מטפורה לייעודו הקיבוצי של העם היהודי. עיר היא מה שאנחנו בונים יחד – באופן פרטי באמצעות בתינו, ובאופן קיבוצי באמצעות המרחבים הציבוריים שלנו. ירושלים נעשתה אפוא סמל לדברים שהיהודים נתבקשו לבנות באמצעות יצירת עיר של צדק הראויה להיות משכן לשכינה. אבניה יהיו מעשים טובים, והטיח המחבר ביניהן – יחסים של נדיבות ואמון. בתיה יהיו המשפחות, חומות המגן שלה – בתי הספר ובתי המדרש. השבת והחגים יהיו גניה הציבוריים וגינותיה. שכן יהודים האמינו כי גם בעולם אלים והרסני אפשר לכונן גן עדן עלי אדמות. זה היה חזונם הנועז ביותר. אדריכל העיר יהיה אלוהים. בוניה יהיו אנשים ונשים מן השורה. היא תהיה עיר יהודית אבל תפתח את שעריה לכול, ואנשים בני כל הדתות יבואו אליה ויתפעמו מיופייה.

כך הפכה ירושלים, "קריה נאמנה", ליעד מסעם של היהודים – המסע שהחל עם אברהם ושרה, המסע שיסתיים רק בקץ כל הימים. כך ראה זאת בחזונו הנביא ישעיהו, במילים המציתות את הדמיון האנושי זה אלפי שנים:

וְהָיָה בְּאַחֲרִית הַיָּמִים
נָכוֹן יִהְיֶה הַר בֵּית ה' בְּרֹאשׁ הֶהָרִים
וְנִשָּׂא מִגְּבָעוֹת
וְנָהֲרוּ אֵלָיו כָּל הַגּוֹיִם.
וְהָלְכוּ עַמִּים רַבִּים וְאָמְרוּ:
לְכוּ וְנַעֲלֶה אֶל הַר ה',
אֶל בֵּית אֱלֹהֵי יַעֲקֹב,
וְיֹרֵנוּ מִדְּרָכָיו

וְנֵלְכָה בְּאֹרְחֹתָיו.
כִּי מִצִּיּוֹן תֵּצֵא תוֹרָה
וּדְבַר ה׳ מִירוּשָׁלָם.
וְשָׁפַט בֵּין הַגּוֹיִם
וְהוֹכִיחַ לְעַמִּים רַבִּים
וְכִתְּתוּ חַרְבוֹתָם לְאִתִּים
וַחֲנִיתוֹתֵיהֶם לְמַזְמֵרוֹת.
לֹא יִשָּׂא גוֹי אֶל גּוֹי חֶרֶב
וְלֹא יִלְמְדוּ עוֹד מִלְחָמָה. (ישעיה ב, ב-ד)

המילים הללו, שהן מן המילים בעלות ההשפעה העמוקה ביותר שנכתבו אי פעם, מסכמות במידה רבה את האמונה היהודית. הן מסבירות בתמציתיות מהו "לתקן עולם במלכות שדי". במסעם לאורך המאות ועל פני היבשות נשאו עמם היהודים את החזון הזה והאמינו כי משימתם היא להיות נאמנים לאמונתם, לשמור אמונים לאלוהים, להראות את דרכיו לאנושות ולבנות עולם השרוי בשלום עם עצמו מתוך שהוא לומד ומלמד כיצד לכבד את חירותם וכבודם של אחרים.

וכשנזכרתי בכל הדברים הללו, התפעלתי מעקשנותם של אבותינו. לפעמים ודאי נדמה היה שזוהי תקוות שווא. כיצד המשיכו, לנוכח כל הסבל הממושך הזה, להאמין כי אפשר שתתקיים עיר שתיפדה במשפט, עיר ששמה הוא שלום? האם האמינו אמונה עיוורת, או שמא הייתה אמונתם כה עזה עד שיכלה לשרוד אסונות ועדיין להאמין שאנשים יוכלו להשתנות, ולפיכך העולם עצמו יוכל להשתנות? ייתכן שמעולם לא הייתה אמונה מהפכנית מזו. ובוודאי לא היה עם שדבק באמונותיו בעקשנות רבה מזו.

ועם סיום השירה, בהתקרב מוצאי השבת, הבנתי שלהיות יהודי פירושו להצטרף למסע של עמנו, לסיפור הפסח ולצעדה הארוכה על פני מאות ויבשות, החל בגלות וכלה בשיבה. אין סיפור כסיפור הזה, והמסע טרם נשלם.

## מאמר ט

# הסיפור האוניברסלי

ושמרתם ועשיתם [את המצוות הללו] כי היא חכמתכם ובינתכם לעיני העמים אשר ישמעון את כל החקים האלה ואמרו: רק עם חכם ונבון הגוי הגדול הזה. (דברים ד, ו)

בספרו **לבן־המקטורן** מ־1849 מבהיר הרמן מלוויל את החוב הגדול שחב החלום האמריקני לסיפורו של עם ישראל:

אנו האמריקנים הננו העם הנבחר המוזר – עם ישראל של תקופתנו; אנו נושאים את ארון־החירויות של העולם. אלוהים הועיד את גזענו לגדולות, והאנושות מצפה מאתנו לגדולות; ותחושות גדולות אנו חשים בנפשותינו. שאר האומות תתנהלנה עד מהרה בעקבותינו. אנו חלוצי העולם; חיל החלוץ, שנשלח אל מדבר הדברים שטרם נוסו, לפרוץ דרך חדשה בעולם החדש שהוא עולמנו.

סיפור חג הפסח הוא סיפור פרטיקולריסטי ביותר. הוא מספר על עם אחד, שלפני שנים רבות דוכא ושועבד והובל אל החירות במסע ארוך ומפרך במדבר. אבל אין סיפור שהשפיע יותר ממנו על ההתפתחות

הפוליטית במערב. משה ידע שאירועי תקופתו נושאים משמעות החורגת אל מעבר לתקופה המסוימת ולעם המסוים; הוא ידע שיום יבוא ועמים אחרים ילכו לאורו. ואכן כך היה. כאשר השחורים באמריקה שרו "שלח את עמי", כאשר התיאולוגים של שחרור דרום אמריקה בשנות השישים של המאה העשרים ביססו את תפיסותיהם על ספר שמות, כשנלסון מנדלה קרא לאוטוביוגרפיה שלו **ארוכה הדרך לחירות** (בעברית: **לוחם חירות**), כל אחד מהם אימץ את סיפורו של עם ישראל והפך אותו לסיפורו שלו. יותר מ**המדינה** של אפלטון ויותר מ**הפוליטיקה** של אריסטו, יותר מ**האמנה החברתית** של רוסו או מ**הקפיטל** של מרקס, סיפור חג הפסח הוא סיפור החירות שהשפיע על המערב יותר מכל סיפור אחר. "מאז יציאת מצרים", אמר היינריך היינה, "החירות מדברת במבטא עברי".

השפעתו החשובה הראשונה הייתה על הפוליטיקה של אנגליה במאה השבע־עשרה, והיא נולדה משילוב של שלושה גורמים. הראשון היה הרפורמציה, שהדגישה את מקומה של הביבליה כמקור הסמכות – לעומת הכנסייה בזרם הקתולי. הגורם השני היה המצאת הדפוס באמצע המאה החמש־עשרה בידי גוטנברג בגרמניה וקקסטון בבריטניה (הדפוס עצמו הומצא בסין כמה מאות שנים קודם לכן, אך לא התפשט). לראשונה נעשו הספרים זמינים במספרים גדולים ובמחיר שהיה לפי כיסם של אנשים מן השורה, וחלק ניכר מהספרים הראשונים שהודפסו היו ביבליות. עד 1640 כבר היו בבריטניה מיליון עותקים של הביבליה. הגורם השלישי היה תרגום הביבליה לשפת הדיבור המקומית, דבר שעד אז עורר התנגדות ואף נאסר על פי חוק. תרגומו החלוצי של טיינדייל ראה אור ב־1530 ובעקבותיו נוצרו תרגומים רבים אחרים עד להופעתו של תרגום המלך ג'יימס, אחד הגורמים שהשפיעו יותר מכול על השפה והספרות האנגלית, בשנת 1611.

כתוצאה מכך באו לראשונה במגע עם המקרא אנשים שלא היו כוהני דת, והשפעתו של המגע הזה הייתה אדירה. המקרא הורה כי כל אדם נברא בצלם אלוהים ולכן הוא זכאי לחופש מעריצות ולשוויון

בפני החוק. הוא סיפר על הנביאים שמתחו ביקורת חריפה על מלכים, ועל שליטי עוול שאיבדו את כיסאם. סיפור יציאת מצרים עצמו לימד על ההבדל המהותי שבין כוח לצדק, בין עוצמה למשפט, בין שלטון לסמכות. הוא הוסיף ממד מוסרי לפוליטיקה של הכוח.

למקרא הייתה השפעה מכרעת על הוגי דעות פוליטיים במאה השבע־עשרה. ג'ון מילטון כתב "שום שיר לא ישווה לשירי ציון; שום דרשה לא תשווה לדברי הנביאים; ושום פוליטיקה לא תשווה לדרכים שיורו לנו כתבי הקודש" וכינה את המקרא "הספר שבתוך הקשרו המקודש מקופלת כל החכמה כולה". ההוגים הפוליטיים הגדולים של המאה השבע־עשרה, תומס הובס וג'ון לוק, ציטטו בכתביהם ללא הרף מן המקרא. **בלוויתן** לבדו יש 657 מובאות מן המקרא. אבל האדם שפעל יותר מכל אדם אחר כדי להפוך את המקרא למציאות פוליטית היה אוליבר קרומוול, מנהיג תומכי הפרלמנט במלחמת האזרחים באנגליה. האנגלים, טען קרומוול שוב ושוב, הם "ישראל החדש", ובנאום הראשון שנשא בפרלמנט כפרוטקטור הכריז כי יציאת מצרים היא "המקבילה היחידה שאני מכיר להתנהלותו של אלוהים בענייננו".

בכיכר במרכז פילדלפיה, מול אולם העצמאות שבו נוסחו הכרזת העצמאות של ארצות־הברית וחוקתה, מוצב אחד הסמלים האמריקניים הגדולים, פעמון החירות, המושך יותר ממיליון תיירים מבקרים מדי שנה. סביב חלקו העליון של הפעמון חרותות מילים הלקוחות מפרק כה בספר ויקרא: "וּקְרָאתֶם דְּרוֹר בָּאָרֶץ לְכָל יֹשְׁבֶיהָ". נוכחותה של מובאה מקראית זו אינה מקרית. זוהי הוכחה ליחסים ההדוקים בין המקרא ובין מייסדיה של ארצות־הברית. ארצות־הברית, עוד יותר מאנגליה שבשלטון קרומוול, הייתה הניסיון הגדול להקים חברה ברוח המקרא, בעקבות משה.

עוד ב־1620 התחייבו האבות החלוצים, שראו את עצמם כ"המשכיות והרחבה של הכנסייה היהודית", ליצור ישות פוליטית בהשראת עם ישראל המקראי, ולנסח "חוקים צודקים ושוויוניים". ב־1776, שוב בפילדלפיה, נפגשו בנג'מין פרנקלין ותומס ג'פרסון כדי לעצב את החותם לארצות־הברית החדשה. פרנקלין הציע שהחותם

יישא את דמות משה המניף את מטהו כדי לבקוע את הים, ולצדו המוטו "מרד בעריצים הוא ציות לאל". ג'פרסון העדיף עיצוב תוקפני פחות: בני־ישראל במדבר, "יוֹמָם בְּעַמּוּד עָנָן לַנְחֹתָם הַדֶּרֶךְ וְלַיְלָה בְּעַמּוּד אֵשׁ" (שמות יג, כא). ב־1799, בנאום הודיה שנשא במסצ'וסטס, ביטא אביאל אבוט רעיון שהיה מקובל על רבים בשעתו: "לא פעם צוין כי העם של ארצות־הברית מקביל לעם ישראל הקדום יותר מכל עם אחר עלי אדמות. לפיכך 'עם ישראל האמריקני שלנו' הוא מונח שמרבים להשתמש בו; ובהסכמה משותפת הוא נראה ראוי והולם". אנגליה הייתה מצרים, אמריקה הייתה הארץ המובטחת וארצות־הברית הייתה הגשמת המסע החדש־ישן אל החירות.

איש לא היטיב מג'ון אדמס, נשיאה השני של ארצות־הברית, לבטא את החוב שחבה ארצות־הברית לסיפורו של עם ישראל. וכך כתב לידיד ב־1809:

> אני עומד בתוקף על דעתי שהעברים, יותר מכל עם אחר, עשו רבות להפוך את האדם לבן־תרבות. גם אילו הייתי אתיאיסט והאמנתי בגורל נצחי עיוור, עדיין הייתי מאמין שהגורל הועיד את היהודים להיות המכשיר המהותי ביותר לתִרבות העמים. גם אילו הייתי אתיאיסט בן הכת האחרת, המאמין או מתיימר להאמין שהכול נגזר בידי המקרה, עדיין הייתי מאמין שהמקרה הועיד את היהודים לשמר ולהפיץ באנושות כולה את דוקטרינת הריבון העליון, הנבון, החכם והכול־יכול של היקום, שהוא, לדעתי, העיקרון המהותי הגדול הקיים ביסוד כל מערכת מוסר, ולפיכך ביסודה של כל ציביליזציה.

הביטוי העליון לאמונה האמריקנית היה הכרזת העצמאות (1776), שנוסחה ברובה בידי ג'פרסון. באחת האמירות הפוליטיות הנודעות ביותר בהיסטוריה נאמר במסמך זה: "אנו מקבלים כמובן מאליו את האמיתות האלה שכל בני־האדם נבראו שווים, שהבורא העניק להם זכויות אחדות שאי־אפשר לשלול מהם, ובהן הזכות לחיים, לחירות

ולחתירה לאושר". הדבר המדהים ביותר במשפט זה הוא ש"האמיתות האלה" אינן מובנות מאליהן כלל וכלל. רוב החברות ברוב התקופות קיבלו כמובנת מאליה את התפיסה שבני־האדם נבראו דווקא לא־שווים. אחדים נולדו לשלוט ואחרים נולדו להישלט. כל מיתוס, דוגמה ואמונה מן העת העתיקה, פרט למקרא, היו הצדקה לאי־שוויון ולהיירכיה, לקנוניזציה של הסטטוס קוו. אפלטון סבר כי החברה מחולקת לשלושה מעמדות, שומרים (מלכים־פילוסופים), אנשי המגן (חיילים) וכל השאר; ושבין שהבחנות אלו הן נתון מלידה בין שלא, יש ללמד את האנשים שהן נתונות. אריסטו האמין שיש אנשים שנולדו להיות עבדים. המדרג החברתי חקוק במבנה המציאות עצמה. החזקים, העשירים והאצילים מלידה נועדו (בידי הטבע או אלוהים) לשלוט באחרים. ה"אמיתות" של ג'פרסון היו מובנות מאליהן רק לתרבות ספוגה במקרא העברי, מהצהרת הפתיחה בדבר האדם שנברא בצלם ועד מימושה בהיסטוריה ביציאת מצרים ובמעמד הר סיני.

את הרעיון שלארצות־הברית יש "דת אזרחית" – מערכת של תפיסות ונראטיב משותף, אמונה, שהם בסיס לחייה הציבוריים והפוליטיים – אנו חבים לרוברט בֶּלה. אחד ההבדלים הגדולים בין ארצות־הברית לאירופה הוא שהשיח הפוליטי, ובמיוחד הנשיאותי, ממשיך להיות דתי עד ימינו. כל נאום השבעה של נשיא אמריקני, פרט ליוצא מן הכלל אחד ויחיד בכהונתו השנייה של וושינגטון (שכלל שתי פסקאות בלבד וקשה לכנותו בכלל "נאום"), כולל התייחסות לאלוהים. אפשר אפוא לדבר על תיאולוגיה ציבורית שהיא מאז ומתמיד חלק מהתרבות הפוליטית של ארצות־הברית.

מרתק לראות שדת אזרחית זו שונה מבחינות חשובות מהחיים הקהילתיים של ארצות־הברית, שהם נוצריים ברובם המכריע. נשיאים אמריקנים אינם נוטים לדבר במונחים נוצריים מפורשים. הם מעדיפים להשתמש במונחים כמו ההשגחה העליונה וריבונות האל. הם מתייחסים אל הברית ואל הקשרים המוסריים המקיימים את החברה. החירות שהם מדברים עליה היא מקראית ולא ליברטריאנית: היא אינה מרבה לעסוק בזכויות ומתמקדת בחובות, לא החירות לעשות כאוות

נפשך אלא החירות לעשות את המעשה הנכון ובכך לתרום לטובת הכלל. הם מזכירים נראטיב מקראי בעיקרו המציג את אמריקה כארץ המובטחת שאליה באים דורות של מהגרים כדי למצוא בה חירות מדיכוי ולבנות "עיר על הגבעה", כמאמרו המפורסם של ג'ון וינתרופ.

רטוריקה אמריקנית מובהקת זו ראויה לתשומת לב רבה יותר מכפי שזכתה לקבל. אין זה רק אופן ביטוי, מוסכמה נבובה, אלא האופן שבו דורות רצופים של אזרחים הבינו את מפעלם המשותף והקדישו את עצמם למימושו. גם נשיאים אמריקניים שלא היו אנשים דתיים (על אייזנהאואר מסופר שאמר: "לממשלה שלנו אין כל משמעות אלא אם כן היא מבוססת על אמונה דתית עמוקה – ולא אכפת לי איזו") היו חייבים לנקוט את השפה הזאת כדי לשמור אמונים לעבר. קיים קשר ישיר בין זה ובין חג הפסח. הנאומים הפוליטיים האמריקניים הגדולים הם הניסיון הממושך ביותר בעולם המודרני להציב במרכז חיי הציבור את המוטיבים של יציאת מצרים, הגאולה ונוכחותו של האל בהיסטוריה.

את החזון הזה ניסח לראשונה ג'ון וינתרופ בשנת 1630 על סיפון הספינה "ארבלה" בדרכה לניו אינגלנד. וינתרופ, שחיקה במודע את דברי משה בסוף ימיו, הזמין את אחיו המתיישבים "לכרות ברית" עם אלוהים ו"לשמוע בקול מיכה, לעשות צדק, לאהוב את הרחמים ולהתהלך בענווה עם אלוהינו". אם לא יקיימו את הברית הזאת, התרה, "ישפוך עלינו ריבונו של עולם את זעמו", אך אם יקיימו את תנאי הברית, "יהיה ריבונו של עולם לאלוהינו וישמח לשכון בקרבנו, כעמו, ויצווה לנו ברכה בכל דרכינו". ואז הם יגלו "כי אלוהי ישראל נמצא בקרבנו".

נשיאי ארצות־הברית לא השתמשו בשפה מקראית מפורשת כל כך. מאה וחמישים שנה חלפו, ושלא כאבות החלוצים הם לא דיברו אל כת אלא אל אומה גדולה ועצמאית. אבל רגשותיהם לא השתנו. בנאום ההשבעה הראשון שלו ב־1789 הצהיר ג'ורג' וושינגטון: "יהיה זה בלתי־יאה בעליל להשמיט במעשה רשמי ראשון זה את תחנוניי הלוהטים לפני הכול־יכול המושל בעולם", והזהיר כי "לא נוכל לצפות

כי השמים ירעיפו חיוכים מבשרי טוב על אומה המתעלמת מחוקיו הנצחיים של הסדר והצדק שהורו השמים עצמם". ג'פרסון הזכיר בנאום ההשבעה השני שלו (1805) את יציאת מצרים: "אזדקק גם לחסדה של ההוויה שאנו נתונים בידיה, שהנחתה את אבותינו מארץ מולדתם, כישראל בימים עברו, ונטעה אותם בארץ זבת כל הנחוץ והנוח לחיים".

לכאורה הלם סוג התבטאות זה רק את שנות העצמאות הראשונות, שבהן עדיין רחפה באוויר תחושה עזה של משהו גדול, ואפילו פלאי, המתחולל באמריקה. אבל ג'ון פיצג'רלד קנדי עדיין השתמש באותם ביטויים מקראיים בשנת 1961:

נשבעתי לפניכם ולפני האל הכול־יכול אותה שבועה חגיגית שניסחו אבות אבותינו לפני כמעט מאה שבעים וחמש שנים. העולם של היום שונה מאוד, כי האדם מחזיק בידיו בנות־התמותה את הכוח להכחיד את כל צורות העוני האנושי ואת כל צורות החיים האנושיים. ועם זאת, אותן אמונות מהפכניות שלמענן לחמו אבות אבותינו עדיין שנויות במחלוקת ברחבי העולם – האמונה שזכויות האדם אינן נובעות מנדיבות לבה של המדינה אלא מידי אלוהים... כשמצפון נקי הוא גמולנו הוודאי היחיד, כשההיסטוריה היא השופט האחרון של מעשינו, הבה נצעד קדימה להנהיג את הארץ שאנו אוהבים. נבקש את ברכתו ואת עזרתו, אבל נדע שכאן, עלי אדמות, מלאכתו של אלוהים חייבת באמת ובתמים להיות מלאכתנו שלנו.

לינדון ביינס ג'ונסון, שהושבע לנשיא אחרי רצח קנדי, תרם תיאור מרשים במיוחד של "הברית האמריקנית":

הם באו לכאן – הגולה והזר, אמיצים אך מבוהלים – וגילו מקום שבו אדם יכול להיות אדון לעצמו. הם כרתו ברית עם הארץ הזאת. ברית זו, שנולדה במשפט, שנכתבה בחירות,

> שנכרכה באחדות, נועדה לעורר ביום מן הימים את תקוות האנושות כולה; והיא עדיין מחייבת אותנו. אם נקיים את תנאיה, נעשה חיל... מתוך ברית זו של משפט, חירות ואחדות נעשינו אומה – משגשגת, גדולה וחזקה. והמשכנו לקיים את חירותנו. אבל אין לנו כל הבטחה משמים כי גדולתנו תישאר לעד. אלוהים אִפשר לנו לבקש לנו גדולה בעמל ידינו ובעוצם רוחנו.

בשנת 2001 עדיין הנחה החזון הזה את ג׳ורג׳ ו׳ בוש, שהתחייב לפעול למען אומה של משפט והזדמנויות, והוסיף:

> אני יודע שבידנו הדבר הזה, כי אנחנו הולכים לאורו של כוח גדול מעצמנו, שברא אותנו שווים בצלמו. אנו בני ארצות־הברית נדיבים וחזקים והגונים, לא מפני שאנחנו מאמינים בעצמנו אלא מפני שאנו מחזיקים באמונות שמעבר לעצמנו... לא אנו כותבי סיפורה של אומה זו, סיפור הממלא בתכליתו את הזמן ואת הנצח. אבל תכליתו מושגת מתוך חובתנו, וחובתנו מתמלאת כשאנו משרתים זה את זה.

אין עוד ארץ מערבית אחרת המשתמשת באוצר מילים כה דתי במהותו. הדבר מרשים במיוחד לנוכח העובדה שחוקת ארצות־הברית, בתיקון הראשון שלה, מפרידה רשמית בין דת למדינה.

הסופר הצרפתי הדגול אלכסיס דה־טוקוויל הסביר את הפרדוקס הזה בשנות השלושים של המאה התשע־עשרה, בספרו הקלאסי **הדמוקרטיה באמריקה**. בארצות־הברית יש הפרדה בין דת למדינה, אבל לא בין דת לחברה. ״הדת באמריקה״, כתב טוקוויל, ״אינה משתתפת באופן ישיר בניהול החברה, אבל יש לראות בה את הראשון מכל מוסדותיהם הפוליטיים״. כוונתו לכך שהדת, אף על פי שאין לה כוח, יש לה השפעה אדירה. הדת קיימה משפחות. הדת ליכדה קהילות. הדת דרבנה אנשים להצטרף לארגוני התנדבות כדי לקדם את טובת הכלל. היא הייתה בסיסה של מערכת מוסר משותפת שדגלה

באמונה הדתית ודווקא משום כך לא היה צורך לאכוף אותה ללא הרף בעזרת החוק. ״בצרפת״, ציין טוקוויל, ״ראיתי כמעט תמיד את רוח הדת ורוח החירות צועדות בכיוונים מנוגדים. באמריקה גיליתי שהן מאוחדות לבלי הפרד ושולטות במשותף על אותה ארץ״.

היחסים בין הדת האזרחית לארצות־הברית דומים באופן מוזר ליחסים בין חג הפסח לעם היהודי. בראש ובראשונה אין זו פילוסופיה אלא סיפור. הוא מספר על קבוצה נרדפת שנמלטה מהעולם הישן ויצאה למסע הרה סכנות אל ארץ לא־נודעת, שם הקימה חברה חדשה, חברה אשר, כהגדרתו המפורסמת של אברהם לינקולן, ״נולדה בחירות והוקדשה לרעיון שכל בני־האדם נבראו שווים״. בדומה לסיפור הפסח, יש לחזור על הסיפור הזה שוב ושוב, וכך עושים בכל נאום השבעה. הוא מגדיר את האומה לא רק מבחינת עברהּ אלא גם כמחויבות מוסרית־רוחנית לעתיד. לא מקרה הוא שהאבות המייסדים של ארצות־הברית שאבו מן המקרא, וגם לא שנשיאי ארצות־הברית בזה אחר זה עשו כמותם, כי בספרות המערבית כולה אין טקסט אחר שיכול לכרוך את המוטיבים הללו – היסטוריה, השגחה עליונה, ברית, אחריות, ״הגולה והזר״, הצורך להיאבק על החירות בכל דור ודור – לכלל חזון שהוא פוליטי ורוחני בעת ובעונה אחת. עם ישראל, הקדמון והמודרני, וארצות־הברית, הם שתי דוגמאות מובהקות של חברות שנבנו מתוך ניסיון מודע להגשים רעיון.

בעת החדשה התחוללו במערב ארבע מהפכות: הבריטית, האמריקנית, הצרפתית והרוסית. בבריטניה ובארצות־הברית היה המקרא המעיין הנובע של המהפכה. המהפכות בצרפת וברוסיה שאבו את מימיהן מהחלופה הגדולה למקרא, הלא היא הפילוסופיה. התיאורטיקן של המהפכה הצרפתית היה ז׳אן ז׳אק רוסו; התיאורטיקן של המהפכה הרוסית היה קרל מרקס. הניגוד בולט לעין. בריטניה וארצות־הברית הצליחו ליצור חברה חופשית, שאמנם חוותה מלחמת אזרחים אבל לפחות בלי עריצות וטרור. המהפכות של צרפת ורוסיה החלו בחלום על אוטופיה והסתיימו בסיוט של שפיכות דמים ודיכוי זכויות האדם. הפילוסופים הגדולים, הלווטיוס, רוסו, פיכטה, הגל, סן

סימון ומרקס, לא יצרו חירות אלא בגדו בה; הם יצרו את מה שיעקב טלמון כינה "דמוקרטיה טוטליטרית".

מדוע הצליחו בריטניה וארצות־הברית במקום שבו כשלו צרפת ורוסיה? ההסבר בוודאי מורכב מאוד אבל חלק גדול ממנו – ואולי כולו – נסב על האופן שבו החברה עונה על השאלה: מיהו הריבון העליון, אלוהים או האדם? הבריטים והאמריקנים בחרו באפשרות הראשונה, המהפכנים בצרפת וברוסיה בחרו באפשרות השנייה. בעיני אדריכלי החירות בבריטניה ובארצות־הברית, אלוהים היה הכוח העליון. כל סמכות הוכפפה אפוא לדרישות הנשגבות של החוק המוסרי. בעיני האידיאולוגים של צרפת ורוסיה, הערך העליון היה טמון במדינה או בקולקטיב. כישלונן של המהפכות בצרפת וברוסיה הוא העדות החותכת ביותר לעובדה שכאשר בני־אדם תובעים לעצמם את הכוח העליון, הפוליטיקה מאבדת את הדבר היחיד שיכול להגן על החירות. דמוקרטיה כשלעצמה אינה מספיקה. כפי שהזהירו אותנו טוקוויל וג'ון סטיוארט מיל, היא רק מחליפה את עריצות המיעוט בעריצות הרוב. מאתונה העתיקה עד הרייך השלישי ועד ברית־המועצות, מערכת פוליטית המעניקה כוח אבסולוטי לשליטיה, תהא אשר תהא הדרך שבה נבחרו, איננה מסוגלת להתנגד לשחיתות. חברות המַגלות את אלוהים יוצרות ליקוי מאורות של האדם. ולכן סיפור יציאת מצרים נותר עד היום הטקסט המכונן של החירות. רק כאשר חברה מכירה באלוהים יכול האדם להיות מוגן מידי האדם. וכך כתב הלורד אקטון על הפוליטיקה המקראית:

> האנשים שרוח ה' פיעמה בם, שהתנבאו ברצף בלתי־פוסק נגד תופסי השלטון והעריצים, הכריזו ללא הרף כי החוקים, שהנם חוקי האל, קודמים לכל שליט חוטא, ופנו מעבר לרשויות הממוסדות, מעבר למלכים, לכוהנים ולשרי העם, אל כוחות הריפוי שנחו רדומים במצפוניהם הבלתי־מושחתים של ההמונים. מופת האומה העברית הגדיר אפוא את הקווים המקבילים שבהם הושגה תמיד החירות – הדוקטרינה של מסורת לאומית

והדוקטרינה של החוק הנעלה; העיקרון שחוקה צומחת מן השורש, בתהליך התפתחותי, ולא מתוך שינוי מהותי; והעיקרון שיש לבחון ולתקן כל רשות פוליטית על פי מערכת חוקים שאיננה מעשה ידי אדם.

יציאת מצרים היא המעיין הנובע הבלתי־נדלה לכל מי שנפשו יוצאת אל החירות. היא לימדה כי הזכות גוברת על הכוח; כי החירות והצדק חייבים להיות נחלת הכלל, לא נחלת המעטים; שכל בני־האדם שווים בשלטון האל; ושמעל לכל הכוחות הארציים קיים הכוח העליון, מלך המלכים, השומע את זעקת העשוקים ומתערב בהיסטוריה כדי לשחרר עבדים. נדרשו מאות רבות של שנים עד שהחזון הזה הפך לנחלתן המשותפת של כל הדמוקרטיות הליברליות במערב; ואין כל ערובה כי כך ימשיך להיות. החירות היא הישג מוסרי, ובלא מאמץ מתמיד של חינוך, היא תתנוון ויהיה צורך לשוב ולהיאבק כדי להשיגה. אבל דווקא בפסח, יותר מבכל יום אחר, אנו רואים כיצד סיפורו של עם אחד יכול להיות לפיד מאיר לרבים; כיצד העם היהודי, נאמן לאמונתו לאורך השנים, נעשה השומר הנאמן של החזון הזה שבו, בסופו של דבר, תתברכנה כל משפחות האדמה.

## מאמר י

# העומר והפוליטיקה של התורה

למנות ימינו כן הודע, ונבִא לבב חכמה. (תהלים צ, יב)

כמה מן האמיתות העמוקות ביותר של היהדות נמצאות לא בטקסטים אלא בממד הזמן, בלוח השנה היהודי עצמו. יותר מכול בולט הדבר בספירת העומר, ספירת ארבעים ותשעה הימים שמפסח ועד שבועות. "וּסְפַרְתֶּם לָכֶם מִמָּחֳרַת הַשַּׁבָּת, מִיּוֹם הֲבִיאֲכֶם אֶת עֹמֶר הַתְּנוּפָה, שֶׁבַע שַׁבָּתוֹת תְּמִימֹת תִּהְיֶינָה. עַד מִמָּחֳרַת הַשַּׁבָּת הַשְּׁבִיעִת תִּסְפְּרוּ חֲמִשִּׁים יוֹם, וְהִקְרַבְתֶּם מִנְחָה חֲדָשָׁה לַה'" (ויקרא כג, טו-טז).

לכאורה אין במילים אלו כל ממד פוליטי. ספירת הימים קשורה לתקופת הקציר בארץ ישראל. מיד אחרי היום הראשון של חג הפסח הועלתה מנחה מיבול החיטים הראשון. שבעה שבועות אחר כך, בחג השבועות, הובאו ביכורים. בתקופה שבין שני המועדים הללו היו בני־ישראל מודעים במיוחד לברכה ולהשגחה האלוהית. אלוהים הוא "המוציא לחם מן הארץ", הוא השולח את הגשם שבזכותו צומחים היבולים והוא שמגן עליהם מנזק ומסופה. נוכחותו של אלוהים בטבע בולטת כאן מאין כמוה. עם ישראל נדרש אפוא למנות את הימים ולהודות על הברכה הצפונה בכל יום ויום.

אבל המסורת היהודית ייחסה, ובצדק, משמעות שונה מאוד למעשה הספירה. אחת המהפכות שחוללה התורה הייתה העברת המודעות מהטבע אל ההיסטוריה. החגים היהודיים אינם עוסקים רק בעונות השנה, אלא גם באירועים מכריעים בלידתו של עם. פסח הוא סיפור יציאת מצרים. סוכות מייצג את ארבעים שנות הנדודים במדבר, שבהן יכלו בני־ישראל להתגורר בדירות־עראי בלבד. אין קשר ברור בין חג השבועות ובין אירוע היסטורי כלשהו, אבל המסורת תפסה את החג הזה כחג מתן תורה, זכר למעמד הר סיני. הקשר הזה מעניק משמעות חדשה לגמרי לספירת העומר.

ארבעים ותשעה ימי הספירה מציינים את התקופה שבין עזיבת מצרים ובין היום שבו ניצבו בני־ישראל למרגלות הר סיני וקיבלו את חוקת "מַמְלֶכֶת כֹּהֲנִים וְגוֹי קָדוֹשׁ". הרמב"ם סבור כי העם מנה את הימים בשקיקה ככל שהתקרב אל רגע ההתגלות. בעיני המיסטיקנים היהודים ייצגו הימים את ההיטהרות ההדרגתית של בני־ישראל מן ההשפעות המאכלות של העבדות. בעיני הרמב"ן פירוש הדבר היה שפסח ושבועות אינם אלא חג אחד ממושך. ממש כפי ששמיני עצרת בא שבעה ימים אחרי חג הסוכות, שבועות בא שבעה שבועות אחרי פסח. ימי ספירת העומר מקבילים לחול המועד של חג הסוכות.

מכל הפירושים הללו עולה כי חג הפסח אינו עומד לבדו, מפני שיציאת מצרים כאירוע אינה עומדת לבדה. היציאה ממצרים הייתה רק ראשיתה של החירות. בלא תקנון מוסרי – הדיברות שניתנו בסיני – עשויים היו בני־ישראל להשתחרר מדיכוי, אבל לא היו נעשים בני־חורין ממש. ספירת הימים מבטאת קשר בל ינותק בין פסח לשבועות כשלבים במסע אחד מעבדות לגאולה. החירות מתחילה עם יציאת מצרים, אבל מגיעה למימוש מלא עם קבלתה של מערכת כללי התנהגות, התורה, שניתנה מרצונו החופשי של אלוהים והתקבלה מרצונו החופשי של העם. ספירת העומר היא אפוא מעשה של שחזור הצעדים מחירות אישית לחברה חופשית.

באחד המאמרים הפוליטיים הידועים ורבי־ההשפעה של המאה העשרים, "שני מושגים של חירות", הגדיר סר ישעיה ברלין המנוח

את ההבדל בין מה שהוא כינה חירות "שלילית" ובין חירות "חיובית". חירות שלילית פירושה "חירות מ־" – שחרור מכפייה ואילוצים. זוהי היכולת של האדם לעשות כרצונו. חירות חיובית היא "חירות ל־" – יכולתו של האדם לפעול למימוש האינטרסים שלו, או בצורה העולה בקנה אחד עם העצמי ה"אמיתי" שלו, או למען תכלית מהותית אחרת כלשהי. המאמר נכתב בשנת 1957, בימים שאחרי השואה ובתקופה שבה הייתה ברית־המועצות בשיא עוצמתה. ברלין ביקש לחזק את החירות כנגד הטוטליטריות. הוא ידע היטב שגם המשטר האכזרי ביותר מסוגל לטעון כי רק הוא מעניק לאנשים חירות אמיתית. הסיבה היא שז'אן ז'אק רוסו וקרל מרקס, שני נביאי הטוטליטריות, טענו כי פענחו סוף־סוף את משמעות החירות. בעיני רוסו החירות פירושה מיזוג הרצון הפרטי עם רצונה של החברה. לדעת מרקס פירושה הוא בעלות קיבוצית על ההון, כדי שהעשירים לא יוכלו עוד לדכא את העניים. מרקס דיבר על שחרור העמלים משלשלאותיהם ורוסו דיבר על "אילוץ בני־האדם להיות חופשיים". ברלין היה מוטרד ובצדק מהפשעים שנעשו בשם החירות ולפיכך דגל בחירות שלילית בלבד. חברה צריכה להניח לכול להיות חופשיים ככל האפשר לעשות כרצונם. כל דבר אחר – כל צורה של חירות חיובית – פותח את השער לעריצות.

הניתוח של ברלין מרשים אך שגוי. מעט מאוד אמונות מעמיקות לבטא את משמעותה של החירות כפי שעושה היהדות. פסח הוא "זמן חירותנו". הסיפור המקראי על יציאת מצרים כולל הצהרה בדבר חלקו של אלוהים בתהליך היציאה לחירות, והיא משתמשת בארבע מילים כדי לתאר את מעשיו (זו אחת הסיבות לארבע הכוסות שבסדר הפסח): "וְהוֹצֵאתִי אֶתְכֶם מִתַּחַת סִבְלֹת מִצְרַיִם, וְהִצַּלְתִּי אֶתְכֶם מֵעֲבֹדָתָם, וְגָאַלְתִּי אֶתְכֶם בִּזְרוֹעַ נְטוּיָה וּבִשְׁפָטִים גְּדֹלִים. וְלָקַחְתִּי אֶתְכֶם לִי לְעָם" (שמות ו, ו–ז). ברור כי התורה רואה בחירות תהליך, רעיון מורכב שאין לצמצמו לנוסחאות פשוטות.

כדי להבין את גישת המקרא לחירות עלינו לזכור כי התורה מתארת שני אסונות, שכל אחד מהם הוא סמל לעולם שהשתבש. השני הוא העבדות במצרים. הראשון הוא המבול. השני מייצג את

הטוטליטריות. הראשון נובע לא ממשטר עריץ מדי אלא מהיפוכו הגמור: הפקרות, תוהו ובוהו, אלימות, העדר מגבלות, מה שהובס כינה "מלחמת הכול בכול". אם החירות היא היכולת לעשות ככל העולה על רוחנו, פירושה הוא חירותו של האלים נגד שוחר השלום, התוקפני נגד הסביל, המנצל נגד נותן האמון. פירושה חירות לחזק אך לא לחלש, לאכזר אך לא לטוב, לעשיר אך לא לעני. הוגי החירות של המאה השבע־עשרה והשמונה־עשרה לא ראו זאת אפוא כחירות אלא כהפקרות. כדי לכונן חברה של צדק וחסד אין די בחירות השלילית במובן שברלין מתכוון אליו. חירות כזאת מביאה חופש לפרט אך לא חירות קיבוצית. היא מעדיפה את המעטים על פני הרבים.

זה מה שהופך את יחס התורה לחירות לגישה כה עשירה ומעודנת. חירות שלילית נקראת במקרא "חופש". חופש הוא מה שהאדם זוכה לקבל כשהוא משתחרר מעבדות. עתה אין עוד מי שיורה לו לעשות כך או אחרת. הוא נעשה אדון לעצמו. בעיני התורה, זהו התנאי המוקדם המהותי לכבוד האדם. כפי שראינו באחד המאמרים הקודמים, רבים ממוסדות היהדות – מן השבת ועד שחרור העבדים ושמיטת החובות בשנת השמיטה והחזרת האדמות לבעליהן המקוריים בשנת היובל – קשורים לחירות מן הסוג הזה, למצב של חופש משעבוד ומחובות. כשהתגבש בארץ ישראל הנוסח המוכר של ההמנון הלאומי "התקווה", הופיע במרכזו המושג הזה: הוא דיבר על התקווה היהודית "לִהְיוֹת עַם חָפְשִׁי בְּאַרְצֵנוּ". חופש פירושו חירות כעצמאות אישית.

אבל עצמאות היא רק מחצית מהמצב האנושי. כשהתורה משתמשת לראשונה בצירוף "לא טוב", היא מבקשת להדגיש את הנקודה הזאת: "לֹא טוֹב הֱיוֹת הָאָדָם לְבַדּוֹ" (בראשית ב, יח). בני־האדם אינם יכולים להתקיים בבידוד. אנחנו, כדברי אריסטו, "חיות פוליטיות", או כפי שעולה מן הרמב"ם ברוח יהודית יותר, "יצורים חברתיים". אנחנו זקוקים לעזרת הזולת כדי לספק את צרכינו הבסיסיים ביותר במזון, מחסה והגנה. עצם תהליך הרבייה מחייב שותפות. אנחנו רוצים להיות עצמאיים, אבל בה בעת ובלית ברירה

אנו תלויים זה בזה. מכאן נובעת הדרמה, מכאן נובע הפאתוס, של המצב האנושי. הגל ניסח פעם את הבעיה כששאל בפשטות מה עושים הקיפודים בחורף. אם יתרחקו זה מזה, יקפאו. אם יתקרבו יותר מדי, ייפגעו. האמנות היא למצוא את האיזון הנכון בין קרבה לריחוק. הוא הדין באדם.

אנו זקוקים זה לזה כדי לשרוד. אבל עצם הפעולה של יצירת שותפות עם הזולת פותחת פתח לעימות. אני רוצה כך, אתה רוצה אחרת. רצונו של מי ייעשה? אם רצוני שלי, אתה תסבול; אם רצונך, אני אסבול. המצב האנושי טעון במתח של התנגשות אינטרסים, רצונות, תשוקות ומטרות. זה קורה במסגרת נישואים, משפחות, קהילות, חברות וארצות, וזה מוביל לאלימות ולפעמים גם למלחמה. בעיית החירות אינה פשוטה כלל, כפי שהתיאורטיקנים של החירות היו רוצים שתהיה.

הפתרון הקלאסי – הפתרון שהופיע כמעט באינספור צורות מאז הולדת הציביליזציה – הוא שימוש בכוח, כוח המרוכז בידי המדינה. זוהי הדרך הפשוטה ביותר למנוע מאדם אחד לשדוד את זולתו או לפגוע בו. יש חוקים, והם נאכפים. במצב זה השאלות החשובות הן: מי היא המדינה ובאיזו מידה היא חודרת לחיינו? השאלה הראשונה העסיקה את היוונים הקדמונים, שהבחינו בין צורות שונות של ממשל (מונרכיה, אוליגרכיה, דמוקרטיה). השאלה השנייה העסיקה אנשים כמו ג'ון סטיוארט מיל, שטען כי בשום מקרה אל לה למדינה להתערב בחייהם של אנשים, אלא אם כן הם פוגעים ישירות בזולתם. ישעיה ברלין שייך למסורת זו.

אלא שאחת התובנות המקוריות ביותר של המקרא היא הרעיון שכוח איננו הדרך היחידה, ואפילו אינו הדרך הטובה ביותר, להביא אנשים לכלל שיתוף פעולה. יש חלופה נוספת. שוו בנפשכם שאתם ואני, שלכל אחד מאתנו אינטרסים שונים ויכולות שונות, מבינים ששנינו נצא נשכרים אם נפעל יחד. איש מאתנו אינו רוצה להשתמש בכוח, מפני שזו תהיה מתקפה על שלמותו של האחר. אבל איש מאתנו אינו רוצה גם להסתכן בבגידה מצד האחר. החלופה לשימוש בכוח

היא אמון. האמון נוצר באמצעות השימוש בשפה. אנחנו מדברים, מתקשרים, משתפים זה את זה בחלומותינו; אנחנו מתחילים להבין זה את זה ולתפוס שביכולתנו לפעול יחד. מכאן אנחנו יכולים להמשיך הלאה ולהבטיח הבטחות זה לזה. אנחנו יכולים ליצור מחויבות הדדית. זהו שימוש ייחודי בשפה המכונה "מבע ביצועי" ופירושו שימוש במילים ליצירת עובדות – במקרה שלנו, מחויבויות המחייבות את שני הצדדים. מה שצריך אפוא לקרות כדי שהאמון יהיה אפקטיבי הוא שעליי לקיים את הבטחתי, ואתה – את הבטחתך. בתורה שמורה מילה מיוחדת למחויבות הדדית מסוג זה: ברית.

צורת הברית הבסיסית ביותר היא נישואים. בנישואים מסכימים שני אנשים לקשור את גורלם זה בזה, לכבד זה את זה, לתמוך זה בזה ולהגן זה על זה, כדי שאיש מהם לא יידרש להתייצב לבדו מול עתיד לא־ודאי. הנישואים הם מוסד יוצא מן הכלל, כי כאשר ההסכם נשמר, הוא מראה ששני אנשים, שכל אחד מהם מכבד את שלמותו של האחר, יכולים בכל זאת ליצור זוגיות של שיתוף פעולה שאינה נשענת על השימוש בכוח אלא על אהבה, על אמונים, על נאמנות, על הנכונות לקבל עליהם התחייבות ולקיימה ועל ההסכמה לכך שהאינטרסים של הזולת מקודשים לא פחות מן האינטרסים שלך. לא במקרה מרבה ספר בראשית לעסוק במשפחות ובנישואים: אדם וחווה, נוח ובני־ביתו, אברהם ושרה, יצחק ורבקה, יעקב, רחל ולאה. לעתים נדירות אנו עוצרים לבדוק עד כמה זה מוזר. אבל זה מוזר ביותר, ואפילו ייחודי. כל ספרות אחרת עד התקופה המודרנית (עד ג'יין אוסטן, למשל) עוסקת בגיבורים אפיים, באלים או באלים־למחצה, בדמויות בעלות עוצמה אגדית. המקוריות המדהימה של ספר בראשית היא שגיבוריו וגיבורותיו הם אנשים רגילים במצבים רגילים, והם נעשים יוצאי דופן לא בגלל כוחם אלא בזכות נאמנותם זה לזה ולאלוהים.

כשהתורה עוברת מספר בראשית לספר שמות היא מפתחת את הרעיון הזה בקפיצת־השוואה רדיקלית. מה קורה כאשר הברית איננה בסיס לנישואים בלבד, אלא לחברה בכללותה? מה קורה כאשר בני־ישראל, שכבר חושלו לעם בכור הייסורים, מקבלים על עצמם

מחויבות זה לזה ולאלוהים, לכבד זה את חירותו של זה, להוקיר את רכושו ואת שלומו של הזולת כפי שהם מכבדים את עצמם, ולראות בחברה את משפחתם המורחבת ולפיכך לחוש כלפי כל האחרים את הדאגה והזהירות שהם חבים לאחיהם ולאחיותיהם? חברה כזאת מלוכדת לא באמצעות השימוש בכוח – לא בגלל שליטים, צבאות, כוחות משטרה ובתי משפט – אלא באמצעות כוחן של המילים לקשור אותנו זה לזה במחויבות פתוחה והדדית. המילים הללו תהיינה בהכרח מילים מקודשות, כלומר – מחייבות, מילים שעלינו להתייחס אליהן באותה מידה של רצינות שבה אנו מתייחסים אל החיים עצמם.

זה מה שקורה לבני־ישראל במעמד הר סיני. כשהם מקבלים עליהם כריבון את אלוהים בלבד, ללא כוח אנושי, הם מתחייבים זה לזה באמצעות הסכמה למערכת של חובות זה כלפי זה וכלפי אלוהים. הם נעשים העם הראשון – ועד להולדת ארצות־הברית גם העם האחרון – שהוקם באמצעות ברית, שחוקתו הכתובה היא התורה, וכוחו אינו אלא ההבטחה שהתחייבו לקיים, ההבטחה שכיבדו כעניין של נאמנות הדדית ואחריות מחייבת. היהדות נעשתה אפוא הדת הראשונה של המילה, הדת הראשונה שהדבר המקודש לה ביותר הוא ספר, והמציאות העליונה בה היא אלוהים, הכורת ברית עם עַם (ברית הנתפסת בעיני הנביאים כסוג של נישואים), ובכך הופך אהבה לחוק וחוק לאהבה.

איזה רעיון־חירות יוצא דופן. הצלחתו תלויה לא בכוח אלא במחויבות מוסרית. אין צורך לומר כי רעיון זה מטיל עול כבד על המצפון המשכיל יותר מכל מערכת פוליטית אחרת, ולפיכך מצריך מוסדות ייחודיים. הוא זקוק לחינוך מתמיד. האנשים חייבים להכיר את החוק; עליהם להעבירו לילדיהם; עליהם לדבר עליו ללא הרף עד שיהפוך חלק מהווייתם הפנימית ביותר. יש לחזור עליו שוב ושוב – המחשות דרמטיות כמו חגים, שבאמצעותם מזכיר עם ישראל לעצמו מי הוא וכיצד נוצר. אבל הרווח הוא עצום. פירושו כי עם ישראל, אם ישמור את הברית, יזכה לחירות גדולה יותר מכל עם אחר, בעולם הקדום ואף בעת החדשה. החוק יישמר לא מתוך פחד

ממעצר, משפט וענישה, אלא בזכות האהבה לאלוהים, הדאגה לְרֵע והתחושה המשותפת של עבר ועתיד. רק לאחר שנבין זאת נוכל לתפוס את העובדה המוזרה ביותר בהיסטוריה היהודית – שללא ריבונות וללא ארץ, ללא משטרה וללא צבא, ללא כל אחד ממכשירי העמיות הרגילים, קיים העם היהודי את ההלכה היהודית מרצונו בגלות במשך אלפיים שנה. אין לכך אח ורע בהיסטוריה האנושית.

בפרקי אבות מסבירים חכמים את המושג חירות באמצעות משחק מילים מבריק. הם מבחינים בדמיון שבין "חֵרות" ובין "חָרות" ומפרשים באמצעותו את הפרק המספר על ירידת משה מהר סיני ובידיו שני לוחות הברית. בפסוק כתוב: "וְהַלֻּחֹת מַעֲשֵׂה אֱלֹהִים הֵמָּה וְהַמִּכְתָּב מִכְתַּב אֱלֹהִים הוּא, חָרוּת עַל הַלֻּחֹת" (שמות לב, טו). וחז"ל אומרים: "אל תקרא 'חָרות' אלא 'חֵרות', שאין לך בן חורין אלא מי שעוסק בתלמוד תורה" (אבות ו, ב). משמעות הדבר היא שאם החוק חקוק בלבות האזרחים, אין צורך במשטרה כדי לאכוף אותו. חירות אמיתית היא יכולתו של האדם לשלוט בעצמו בלי שיצטרך להישלט בידי אחרים, יכולתו לקבל מרצונו את המגבלות המוסריות שבלעדיהן חירות הופכת להפקרות והחברה עצמה נעשית שדה קרב שבו נאבקים אינסטינקטים עוינים ותשוקות מתחרות.

זהו אפוא המסע שספירת העומר מייצגת: המסע מן החופש, החירות השלילית של הפסח והשחרור מעבדות, אל החירות, החופש הממשי של הברית ומעמד הר סיני. החירות איננה הסרת שלשלאות סתם. היא כרוכה בפיתוח היכולת לחשוב, להרגיש ולפעול לטובת הזולת. ויכולת כזאת זקוקה למשפחות, לבתי ספר, למקומות פולחן, לשיח בין הדורות, לטקסים, לתפילות ולסיפור סיפורים. עליה להרגיל את הלב ולכך נחוץ זמן – ולכן, בין פסח לשבועות, אנחנו נעשים מודעים לזמן באמצעות ספירת הימים. פסח הוא רק ראשיתו של המסע, ולא סופו.

הפוליטיקה של הברית היא החלופה לשלוש השיטות האחרות: ההיירכית, האורגנית והחוזית. פוליטיקה ההיירכית מבוססת על

חלוקות למעמדות או לקסטות. הפוליטיקה האורגנית, שדוגמאות לה הן הלאומיות והפשיזם, מבוססת על הרעיון שלפרט יש משמעות רק כחלק מן השלם. הפוליטיקה החוזית נוקטת השקפה הפוכה: הפרט הוא הגורם העליון והפוליטיקה היא הדרך למימוש האינטרס האישי. אני יוצא נשכר כשאני מעביר חלק מסמכותי לידי השלטון, שתפקידו לשפר את מצבי באמצעות הבטחת שלטון החוק, ההגנה על הממלכה ואספקת כמה שירותים.

ייחודן של מערכות הברית בכך שהן מציבות את האתיקה בלב החברה. הן מייחסות ערך רב לנאמנות ולאמון. הן מוקירות את המשפחה ורואות בה את ערש היושר. הן דוגלות בכיבוד הורים ובאחריות כלפי הילדים. הן מדגישות את הקהילה, את קשרי השייכות, את העבודה ההתנדבותית והשירות. הן מניחות שאין סתירה בין אחריות האדם לעצמו ובין אחריותו לזולת (כפי שאמר הלל הזקן: "אם אין אני לי, מי לי? וכשאני לעצמי, מה אני?"). הן מניחות, לא כעובדה אלא כערך שיש לפעול ללא הרף להשגתו, שכל בני־האדם שווים בערכם, במיוחד הנתמכים והפגיעים. והן תלויות באמונה בשורה של עקרונות מוסר שמעבר לרצון האוטונומי. בחברת ברית, "אני חייב" אין פירושו בהכרח "אני רוצה". חברות ברית אינן מבוססות על עקרונות מופשטים אלא על זיכרונות היסטוריים מוגדרים. הן עוסקות בעם הזה ובדרך שבה נוצר, במה שהביא את מייסדיו לקבל את המחויבות המסוימת הזאת בדרך למימוש החזון הזה, האידיאלים האלה. בריתות יוצרות חברות, לא מדינות. במובן זה, ברית איננה עניין פוליטי אלא עניין קדם־פוליטי. בני־ישראל הפכו למדינה רק כאשר מינו לעצמם מלך בימי שמואל. עד אז הם היו אוסף רופף של שבטים. אבל הם נעשו לחברה – רפובליקה של אמונה בריבונותו של אלוהים – במעמד הר סיני, כמה מאות שנים קודם לכן.

כפי שכתבתי במאמר הקודם, חברת הברית הגדולה ביותר בעת החדשה היא ארצות־הברית. המושבות הראשונות לוכדו באמצעות ברית. נאומי ההשבעה של נשיאי ארצות־הברית מזכירים תמיד את המילה ואת הרעיון. מסמך הברית האמריקני העליון הוא הכרזת

העצמאות (1776), שחוברה אחת־עשרה שנים לפני חוקת ארצות־הברית. מה שכותב ג'ון שָאר על האמונות הפוליטיות של אברהם לינקולן נכון גם לגבי ארצות־הברית כולה:

> אנחנו אומה שנוצרה מכוח ברית, מכוח נאמנות לשורת ערכים ומכוח חילופי הבטחות לקיים ולחזק מחויבויות מסוימות בינינו לבין עצמנו ובעולם כולו. עקרונות ומחויבויות אלו הם לב לבה של הזהות האמריקנית, נשמת אפו של הגוף הפוליטי. הם המייחדים את האומה האמריקנית מכל האומות האחרות והם המקנים לה ערך מיוחד כל כך. אבל צדו האחר של המושג הזה כולל אזהרה דומה מאוד לאזהרות שהשמיעו נביאי ישראל: אם לא נקיים את ההבטחות שהבטחנו זה לזה ונאבד את עקרונות הברית, נאבד הכול, שהרי הם אנחנו.

בלב לבה של הפוליטיקה של המקרא העברי נמצאת ההבנה, שזוקקה בחוויית הגלות המכאיבה וביציאת מצרים, שהחירות תלויה בכללי מוסר משותפים ובחינוך הדורות החדשים להפנים את ערכיהם. חלק גדול מן המקרא הוא פרשנות על הקשיים ההיסטוריים שנערמו לפני בני־ישראל כשניסו, לא פעם לשווא, לממש את החזון החברתי של הברית. בעקבות תקופה של אנדרלמוסיה בימי השופטים ("בַּיָּמִים הָהֵם אֵין מֶלֶךְ בְּיִשְׂרָאֵל, אִישׁ הַיָּשָׁר בְּעֵינָיו יַעֲשֶׂה", שופטים כא, כה) בא רצף של מלכים מושחתים ולעתים עריצים. אידיאל התורה – נשגב אך לא אוטופי – הוא שלטון מוגבל שאליו מתלווה שלטון עצמי אישי, שלטון שבו חוק המדינה תופס מקום משני לצד חוק הלב. רק בזכות משמעת עצמית יוכל עַם לקיים לאורך זמן את המסגרת הפוליטית של החירות. כי בלי איפוק מוסרי נגזר על החברה לנוע בין אנרכיה לדיכוי, בין שלטון חלש מדי לשלטון חזק מדי, ולפעמים לסבול את שני הדברים גם יחד.

אחת האירוניות של המערב הפוסט־מודרני היא שניצחון החירות על המשטרים הטוטליטריים בא יחד עם שחיקת הבסיס

המוסרי של החירות. המוסר נעשה יחסי והפך להגשמה עצמית. האחריות תפסה מקום משני יחסית לזכויות. עצם הרעיון שיש אמות מידה אובייקטיביות של טוב ורע נעשה חשוד. אם אפשר ללמוד מן ההיסטוריה לקח כלשהו, הריהו שתהליך זה הוא מרשם בדוק לאסון, אם אין בולמים אותו בעוד מועד. דווקא ברטרנד ראסל, שלא היה דתי כלל, היטיב לבטא רעיון זה באמרו ששני העידנים הגדולים של האנושות היו ימי יוון הקדומה ואיטליה של ימי הרנסנס. אבל הוא היה ישר דיו להודות שאותן תכונות עצמן שהביאו להן את גדולתן כללו גם את זרעי חורבנן:

> מה שקרה בימיה הגדולים של יוון שב והתרחש באיטליה של ימי הרנסנס: נעלמו מגבלות המוסר המסורתיות, שכן הן נקשרו לאמונות תפלות; השחרור מכבלים העניק לאנשים מרץ ויצירתיות ויצר זוהר נדיר של גאונות; אבל האנרכיה והבוגדנות, שנבעו בהכרח מהשחתת ערכי המוסר, הפכו את האיטלקים לקבוצה חסרת אונים, והם, כמו היוונים, נפלו בפני עמים מתורבתים פחות מהם אבל לא נטולי לכידות חברתית כמותם.

השגת החירות וקיומה הם שני דברים שונים. היהדות הורתה את האמת הזאת בדרך הפשוטה ביותר – באמצעות ספירת הימים שבין פסח לשבועות, בין יציאת מצרים למעמד הר סיני. החירות מתחילה עם תבוסת העריצות, אבל היא נשמרת באמצעות מערכת מוסרית – התורה, "חוקת החירות" של עם ישראל – הנמצאת מעבר לתחומי ההצבעה הדמוקרטית, ההעדפה האישית והאפנה החולפת. חכמי ישראל הקדומים שאלו: "איזהו גיבור?" והשיבו: לא זה שיכול לנצח בכוחו את אויביו אלא זה שחוסנו מאפשר לו לכבוש את יצרו. סגולות מוסריות זקוקות לכוח שונה וקשה יותר להשגה מגבורה צבאית. זה מה שאנו למדים מן המסע מפסח לשבועות, מחירות אישית לחירות הברית.

## מאמר יא

# הזמן כנראטיב של תקווה

הזיכרון הלא־מפויס של עתיד שטרם התגשם. (הרולד פיש, **עתיד זָכור**)

ההיסטוריון של הכלכלה, איש הארוורד דייוויד לאנדס, מציג שאלה מרתקת בספרו המונומנטלי **עושר העמים ודלותם**. סין בימי הביניים הייתה מתקדמת יותר מאירופה. זמן רב לפני המערב היא המציאה את הנייר, את הדפוס, את אבק השריפה, את המצפן ואת החרסינה. במאה האחת־עשרה כבר פעלו בה כבשני היתוך שהוזנו בפחם ובפחמי אבן, להתכת ברזל. במאה השתים־עשרה כבר יוצרה בה מכונה מונעת במים לטוויית קנבוס. בתחומים רבים היא הקדימה את אירופה במאות שנים. ובכל זאת, המהפכה התעשייתית התרחשה באירופה ולא בסין. כיצד קרה שהקִדמה הטכנולוגית הגיעה בסין לשלב כה מתקדם, אך נבלמה?

יש לכך הסברים רבים, אבל אחד מהם, סבור לאנדס, הוא שבאירופה היה משהו שנעדר בסין – תחושת הזמן המערבית. הסינים לא ראו את הזמן כזירת שינוי, ואילו באירופה הוא נתפס כך. כדי לחולל מהפכה יש לראות אותה בדמיון תחילה. יש צורך ברעיונות שיהפכו את התמורה ההיסטורית למשהו אפשרי ורצוי. מה

שהיה לאירופים, והתברר כי הוא גורם חיוני להצלחתם הכלכלית והפוליטית, היה מושג זמן יודיאו־נוצרי.

אנחנו נוטים לקבל את הזמן כמובן מאליו. אנו מניחים שהוא זהה בעיני כל אדם בכל מקום – אחד הדברים המוסכמים המעטים. בכל שעה יש שישים דקות, בכל יום – עשרים וארבע שעות, בכל שבוע – שבעה ימים, והדבר נכון לעני ולעשיר, לכל אדם, יהיה מקומו עלי אדמות אשר יהיה. אחד ההבדלים המעטים בינינו ובין אבותינו הוא שאנחנו יכולים למדוד אותו ביתר דיוק, תוך שימוש בגבישי קוורץ מתנועעים במקום בשעוני שמש או מים, בשעוני חול ובנרות המסומנים של העולם העתיק. אבל הזמן איננו סתם משהו שאנחנו מודדים. הוא גם משהו שאליו אנחנו מביאים כמה מהנחות היסוד העמוקות ביותר שלנו בדבר טיבה של המציאות ומקומו של המין האנושי ביקום. הבנת הזמן משתנה מתרבות לתרבות ומדור לדור. רוב ההיסטוריונים מסכימים שעם המקרא הופיע מושג חדש של הזמן. לא נפריז אם נאמר – כפי שסבורים חוקרים רבים – שזוהי אחת מתרומותיה הגדולות של היהדות למערב.

מושג הזמן הברור ביותר נקבע בידי הטבע. כך חשבו הקדמונים, וכמוהם גם בני העת החדשה. כל הבנה של הזמן על בסיס הטבע חייבת להיות מחזורית. דברים משתנים, אבל הם חוזרים אל נקודת ההתחלה שלהם. הכוכבים נעים במסילותיהם. האקלים מתבטא בעונות: אביב, קיץ, סתיו, חורף. לחיים מקצב משלהם: לידה, צמיחה, דעיכה, מוות ולידה מחדש. כך נתפס הזמן בעיני מי שמציאויותיו הראשוניות הן הטבע, המיתוס או המדע. הזמן, כסיבובו האטי של גלגל, מתווה מעגל, ומעת לעת שב לנקודה שבה החל. מה שהיה הוא שיהיה. דבר אינו משתנה בעצם.

זה היה הזמן בעולם המיתוס. בעידן המודרני ביטויו הנודע ביותר מופיע אצל ניטשה. סך כל האנרגיה ביקום, טען ניטשה, הוא סופי. אבל הזמן איננו סופי. לפיכך כל תבנית אפשרית של אלמנטים כבר קרתה, ותחזור לקרות בעתיד. המקרא עצמו כולל ספר המוקדש לזמן – היצירה המוזרה ששמה קהלת. "מַה שֶּׁהָיָה הוּא שֶׁיִּהְיֶה, וּמַה

שֶׁנַּעֲשָׂה הוּא שֶׁיֵּעָשֶׂה, וְאֵין כָּל חָדָשׁ תַּחַת הַשָּׁמֶשׁ" (א, ט). קהלת מגיע למסקנה הבלתי־נמנעת: "הֲבֵל הֲבָלִים, הַכֹּל הָבֶל" (א, ב).

קשה לתפוס את עוצמתו של הזינוק כלפי מעלה שהתרחש כאשר אברהם, אחר כך משה ובני־ישראל, ולימים הנביאים, החלו לראות את הזמן בצורה שונה. זו הייתה אחת המהפכות הגדולות בתולדות הרעיונות, ולא כל התרבויות כבר חוו אותה. היא באה לעולם כשאנשי חזון בעם ישראל שמעו את אלוהים בהיסטוריה במקום לראותו בטבע. אם אלוהים נשגב מהטבע הרי הוא חופשי. שלא כאלי העולם העתיק, אלוהים אינו כבול לחוקי הטבע. הוא פועל לא מפני שעליו לפעול אלא מפני שהוא רוצה ובוחר.

המקבילה הרת הגורל היא שגם אנו, שנוצרנו בצלם אלוהים, חופשיים. אמנם אנחנו חלק מהטבע – יש לנו גוף, אנו חשים רעב וקור, אנו מזדקנים ומתים – אבל בתוכנו יש משהו שאיננו חלק מהטבע, והוא מודעות עצמית, היכולת להתרחק מעט ממצבנו המיידי ולשפוט אותו. היוונים כינו את הדבר הזה "הנפש". פרק ב בספר בראשית מכנה אותו "נשמת חיים". הצירוף של שפה ומודעות עצמית פירושו שלבני־האדם יש חוש זמן שאינו קיים בשום מקום אחר בבריאה. לכל בעלי החיים יש תחושה של זמן מחזורי הטבועה במוחותיהם. יש שנודדים, אחרים נמים שנת חורף, בשלבים מסוימים של השנה. אבל רק לבני־האדם יש תחושה של עבר רחוק ושל עתיד: "היה היה" ו"היה יהיה". נדרש שימוש מרחיק לכת בדמיון כדי להיווכח שאם נהיה חופשיים, אם גורלנו לא ייקבע אך ורק בידי הטבע, עולם ה"יהיה" יוכל להיות שונה לחלוטין מעולם ה"היה".

בני־אדם יכולים לבחור. הם יכולים ללמוד מטעויות ומניסיון ולפעול בצורה שונה בפעם הבאה. העתיד לא נועד אפוא מטבע בריאתו להיות כמו העבר. ההיסטוריה איננה שורה אינסופית של התרחשויות או אירועי דֶּזָ'ה וּוּ חוזרים ונשנים לאין קץ. היא דומה יותר למסע, שיש לו נקודת מוצא ויעד, או לספר שיש לו התחלה ואמצע וסוף שאפשר לראותו במרחק. זוהי תחושת הזמן המופיעה

לראשונה במקרא. עד שהנצרות שאלה אותה מן היהדות, היא לא התקיימה בשום מקום אחר. הרודוטוס היווני, למשל, ידוע כ"אבי ההיסטוריה" אלא שהוא לא תפס את ההיסטוריה כנראטיב מקיף אלא פשוט כתיעוד של אירועים. ההיסטוריה נראתה לו מעניינת פשוט מפני שקרתה ומפני שכללה דוגמאות לאומץ לב ולסכלות, להצלחה ולכישלון, אבל היא לא הצטרפה לכלל תבנית גדולה יותר. היהודים חשבו אחרת.

השינוי החל במסעו של אברהם מאור כשדים, אבל האירוע המכונן היה יציאת מצרים. במצרים חשו בני־ישראל לראשונה בהתערבותו של אלוהים בהיסטוריה בקנה מידה אדיר. מצרים הפרעונית הייתה האימפריה הוותיקה והיציבה ביותר בעולם העתיק, לכאורה ישות חסינה לכל דבר. היא סימלה את הנצחיות. פרט למקרה חריג אחד ויחיד של פלישת ההיקסוס, שלוש מאות שנה קודם לכן, מצרים הייתה הדוגמה העליונה של ציביליזציה כסדר, של מעצמה חסינה לשינוי. עונות השנה, החיים והמוות, הפרעונים עצמם – כל אלה באו והלכו, אבל המבנה החברתי, כמוהו כמבניה המונומנטליים של מצרים, עמד איתן מול הזמן.

הפלת המבנה הזה והשחרור חסר התקדים של אומה שלמה מעבדות הוכיח כי חברות אינן חסינות בפני שינוי. הן אינן שייכות לטבע אלא לתרבות. הן נוצרות בידי אדם ולכן אפשר לבטלן וליצור אותן מחדש בידי אדם. עוול, דיכוי, שליטה, ניצול, שעבוד החלש בידי החזק, אינם חקוקים במבנה היקום, שכן מעבר להם קיים קולו של האל הנשגב, הרצוי שמעבר לקיים, המזמן אותנו לעצב עולם שיש בו יותר חסד ואנושיות. כאן החל מסעם של בני־ישראל. והמסע הזה נמשך, לדידם של אלה השומעים את הקול.

ההיסטוריון אריק ווגלין סבור כי לא במקרה בחר אלוהים במדבר כמקום שבו יחשוף את תכניתו לחברה מסוג חדש: "כשהעולם הופך למדבר, האדם נמצא סוף־סוף בבדידות שבה הוא יכול לשמוע בקול רועם את קול הרוח". ווגלין אינו יוצר את הקשר המילולי בין המילים העבריות "מדבר" ו"דבר", אבל הקשר הזה קיים. המדבר הוא מקומה

של השתיקה האנושית שבה אפשר לחוש בדבר אלוהים במלואו ובכל עוצמתו. "מה שבקע מכור ההיתוך שבמדבר", הוא מסכם, "לא היה עַם דוגמת המצרים או הבבלים, הכנענים או הפלשתים, החִתים או הארמים, אלא גנוס חדש של חברה, הנבדלת מכל הציביליזציות של זמנה באמצעות הבחירה האלוהית. היה זה עם שפסע על במת ההיסטוריה כשפניו מועדות אל מה שמעבר להיסטוריה".

לראשונה נפערה תהום בין עבר לעתיד, בין מצרים לארץ המובטחת. המסע במרחב, דרך המדבר, סימל עתה מסע דרך הזמן, שיעדו הוא משהו חדש, חסר תקדים, מחר שאינו דומה כהוא זה לאתמול. בהקשר זה אנו מתחילים להבין את תלונותיהם הבלתי־פוסקות של בני־ישראל ואת הרצון שהם מבטאים פעם אחר פעם לשוב למצרים. הפסיכולוג אריך פרום טבע את הביטוי "מנוס מחופש", וכשבני־ישראל חוו זאת לראשונה, היה זה אכן פחד גדול – הפחד לאבד כל דבר בטוח, צפוי, בלתי־משתנה, ובמקומו לקבל רק אי־ודאות ויעד הנמצא תמיד מעבר לאופק. עתיד פתוח – שהוא במהותו שלילה של הזמן המחזורי – עלול להטיל אימה. רק הבטחת אלוהים, והאמון שנתנו בני־ישראל באותה הבטחה, הפכו אותו למשהו נסבל. ראוי לציין שדווקא מושג זה של הזמן הוא שהופך את המילה העברית "אמונה" ליחידה במינה בשיח הדתי של המין האנושי. מילה זו אינה מבטאת ודאות, אלא אדרבה – את האומץ לחיות באי־ודאות, בידיעה שהעתיד אינו צפוי כלל וכלל, אבל אפשר להתייצב לעומתו ללא חת מפני שאיננו לבד. אלוהים ודברו נמצאים אתנו.

ווגלין נוקב במיוחד כשהוא אומר כי עם ישראל היה "עם שפסע על במת ההיסטוריה כשפניו מועדות אל מה שמעבר להיסטוריה". יעדו של המסע היהודי היה הרבה יותר ממקום מסוים, כנען, ארץ זבת חלב ודבש. היה זה עתיד אידיאלי, "לעתיד לבוא", עידן של צדק ושלום. משה דיבר על כך בנאומי הסיכום רבי־ההוד המוכרים לנו בשם "ספר דברים". ישעיהו ניבא זאת בחזיונות הנשגבים המופיעים בפרקי הסיום של הספר הנושא את שמו. כמעט כל הנביאים מדברים עליו בניסוח משלהם. יואל מדבר על היום שבו, כדבר אלוהים,

"אֶשְׁפּוֹךְ אֶת רוּחִי עַל כָּל בָּשָׂר וְנִבְּאוּ בְּנֵיכֶם וּבְנוֹתֵיכֶם, זִקְנֵיכֶם חֲלֹמוֹת יַחֲלֹמוּן, בַּחוּרֵיכֶם חֶזְיֹנוֹת יִרְאוּ" (ג, א). ירמיהו חוזה עתיד שבו, כדברי אלוהים, "נָתַתִּי אֶת תּוֹרָתִי בְּקִרְבָּם וְעַל לִבָּם אֶכְתְּבֶנָּה... וְלֹא יְלַמְּדוּ עוֹד אִישׁ אֶת רֵעֵהוּ וְאִישׁ אֶת אָחִיו לֵאמֹר: דְּעוּ אֶת ה׳, כִּי כוּלָּם יֵדְעוּ אוֹתִי לְמִקְּטַנָּם וְעַד גְּדוֹלָם" (לא, לב-לג). עידן זה נודע לימים בשם ימות המשיח.

אין מושג שעמד במוקד מחלוקת, דיון וערעור יותר מימות המשיח. בהיסטוריה היהודית הוא הוליד שורה של משיחי שקר, שכל אחד מהם זרע בעקבותיו פילוג והרס. קרוב יותר לזמננו הוא יצר קרע עמוק בין הציונים למתנגדיהם, בין אלה שהאמינו שהגאולה יכולה (או צריכה) להיות מפעל אנושי ובין אלה שטענו כי להפך, רק אלוהים יכול להביא אותה, ולכן כל ניסיון להחיש את הקץ באמצעות התערבות אנושית הוא כפירה ומינות. אלמלא השואה הייתה המחלוקת הזאת ממשיכה לפלג את העולם היהודי. גרשם שלום טען, מטעמים חילוניים, כי הרעיון המשיחי הביא יותר נזק מתועלת. לדבריו, הוא גרם לבני־העם לחיות את חייהם מתוך השהיה, ולחיות חיים שבהם אין לעשות שום דבר בצורה גמורה, אין להשלים דבר בצורה שאיננה חוזרת. מאות שנים היו היהודים תלויים במצב ביניים, בין עבר פלאי מרוחק (ימי המקרא) לעתיד פלאי ומרוחק לא פחות (ימות המשיח), וההווה נחשב תמיד פחות ערך.

רעיון ימות המשיח אכן מסוכן, מפני שהוא יכול להביא לשתי אפשרויות חלופיות: סירוב לפעול בהווה כי הגאולה נתונה ממילא בידי אלוהים בלבד, או להפך, נכונות לצאת לפעולה נמהרת בהווה כי הגאולה קרובה ואלוהים בוודאי יבטיח את הצלחת הפעולה. עצם קיומו של עם ישראל תלוי ביכולת לשלוט בשתי המגמות האלה. אבל אני סבור שמעמדו של הרעיון המשיחי בהיסטוריה היהודית הוא כמעמדם של הכוכבים במלאכת הניווט בימי קדם. כפי שמציין קנת מינוג, "כשאתה מנווט לאור כוכב, אינך מתכוון להגיע לשם". העולם המושלם – העולם שאליו אנו חוזרים מדי שבת בשבת – הוא מעבר להיסטוריה; אבל ההיסטוריה עצמה היא הניסיון להתקרב אל

האידיאל עוד ועוד, ניסיון שהצלחתו לעולם אינה שלמה אם כי היא מצטיינת בהתקדמות אמיתית ומשמעותית. רק אלוהים לבדו יוכל לברוא עולם של צדק מושלם, אבל הצבת החזון הזה לנגד עינינו כשאנו מנסים ליצור חברה אקראית פחות ואכזרית פחות מהחברות של העבר איננה טעות.

הרעיון המשיחי העניק למודעות היהודית את חוסר המנוחה הייחודי לה, את הנכונות להשקיע מאמץ, את התכוונותה העקרונית לעבר העתיד – ובכל אלה היא שונה כמעט מכל ציביליזציה המוכרת לאדם שתור הזהב שלה נמצא בעבר הרחוק, המיתי בדרך כלל. משה בילה את חייו במסע לעבר ארץ שאליה לא הורשה להיכנס. "לא עליך המלאכה לגמור", אמר רבי טרפון, "ולא אתה בן חורין ליבטל ממנה". הזמן היהודי רואה בנו נוסעים בדרך אל יעד שטרם הושג; משתתפים במסע שאבותינו יצאו אליו, וילדינו ימשיכו בו. לכל היותר נוכל לראות את העידן המובטח כפי שמשה ראה את ארץ ישראל בסוף ימיו – מרחוק, כמו מראש הר. אבל די בכך. ההיסטוריה כולה אומרת לנו שאין זו טעות מצדנו להמשיך במסע, להסתכן, לראות בעוני, ברעב, במחלות ובעוול דברים שאנו נקראים להילחם בהם, לא לקבלם. לא כל חלומותיו של המין האנושי נועדו להסתיים בטרגדיה, כפי שסברו המחזאים היוונים. בעזרת האל, ובעזרת אנשים שעמם אנחנו קשורים בברית, נוכל לשנות את העולם.

תומס קאהיל מבאר כיצד השפיע רעיון זה על תפיסותיו של המערב:

> היהודים נתנו לנו את החוץ ואת הפנים – את השקפת עולמנו ואת חיינו הפנימיים. כמעט אין ביכולתנו לקום בבוקר או לחצות את הכביש בלי להיות יהודים. אנחנו חולמים חלומות יהודיים ומטפחים תקוות יהודיות. למען האמת, רוב המילים הטובות ביותר שיש לנו – חדש, הרפתקה, הפתעה; ייחודי, אינדיבידואלי, אדם, ייעוד; זמן, היסטוריה, עתיד; חירות, קִדמה, רוח; אמונה, תקווה, צדק – הן מתנותיהם של היהודים.

ההיסטוריונים נוהגים לכנות את המושג החדש הזה זמן ליניארי (בניגוד ל"זמן מחזורי"). אלא שזוהי טעות גדולה. זמן ליניארי הוא בעצם רעיון שונה מאוד שהתגבש בין המאה השבע־עשרה למאה העשרים, כשבתפיסת הזמן הדתית, שנולדה במקרא והוכנסה מחדש לשימוש במערב בידי הפוריטנים, התחולל תהליך של חילון. מעתה הכוחות המניעים את ההיסטוריה קדימה לא היו אלוהים, המקרא או האמונה, אלא התבונה והניסוי. מכאן ואילך רווחה האמונה כי באמצעות המדע תבער האנושות את הבערות. באמצעות התבונה היא תשים קץ לדעות קדומות. באמצעות הסחר היא תפתח את עושר האומות. באמצעות הטכנולוגיה היא תשלוט בטבע. השקפה זו הייתה נחלתם של הוגים שונים זה מזה כמו סן־סימון, קונט, הגל ומרקס, של כלכלנים כמו אדם סמית, של ביולוגים כמו דרווין, ושל ההיסטוריונים והאנתרופולוגים של המאה התשע־עשרה. קונדורסֶה היטיב לנסח את הרעיון הזה כשכתב: "הטבע לא קבע תנאי כלשהו לשכלול תכונותינו האנושיות לכלל שלמות; יכולתו של האדם להגיע לשלמות היא באמת בלתי־נדלית, ואין גבול להתקדמותה של יכולת השכלול הזאת מכאן ואילך, ללא תלות בכוח כלשהו שעשוי לשאוף לעצור אותה, אלא משך קיומו של הכדור שעליו הטיל אותנו הטבע".

אין מדובר כאן בזמן מקראי אלא בתרגומו למסגרת התייחסות שונה לחלוטין. במקום לראות את ההיסטוריה כדרמה אינטראקטיבית בין שמים לארץ, בין דבר אלוהים לתגובת האדם, הוא רואה אותה כזירה שהאדם שולט בה לבדו. במקום מוסר הוא מקדש את המדע; במקום מסע הרה סכנות הוא רואה את ההיסטוריה כהתקדמות מתמשכת שאי־אפשר לעצרה; הוא מוחק את המילה "גאולה" ומחליף אותה במילה "קִדמה".

אלה היו רעיונות רבי־עוצמה, וכמעט שלוש מאות שנה גם רבי־השפעה. הם חוללו את התפתחות המדע, את השיפורים ברפואה, את המהפכה התעשייתית, את התפשטות הדמוקרטיה ואת צמיחת הסובלנות כאידיאל. אבל בינתיים למדנו להכיר את מגבלותיהם. הנאורות לא הצליחה למנוע את השואה. הטכנולוגיה נתנה בידינו את

הכוח להרוס את החיים עלי אדמות. הגידול בצריכה מעמיד בסכנה את המערכת האקולוגית שאת האוויר שלה אנו נושמים. עברנו ממודרניות ל"פוסט־מודרניות", ולפיכך איבדנו את הביטחון שהזמן מתקדם כלפי מעלה. כפי שמציין רוברט בלה, "הקִדמה, רעיון־העל של המודרניות, נראית מושכת פחות כאשר נדמה שהיא מתקדמת אל עברי פי פחת".

הזמן היהודי אינו זמן ליניארי אלא משהו עמוק יותר. אני מכנה אותו זמן הברית. זהו הזמן לא כהתקדמות רצופה אלא כסיפור שיש לו התחלה וסוף מרוחק, סיפור שאנחנו מצויים באמצעו וסיבוביו ופיתוליו ממשיכים להפתיע אותנו. תנאי הדרמה נקבעו. יש בה שתי דמויות, אלוהים והמין האנושי. יש בה מוטיבים קבועים: גלות וגאולה, נדודים במדבר, הידרדרות ומעידה, כפרה וסליחה, שיבה והקדשה מחדש, התגלויות ורגעים שבהם האדם מחפש את אלוהים ואינו מוצא אותו. בסיפור הזה אין משהו פשוט כמו זמן ליניארי. אין כל ערובה להתקדמות. כל הזמן יש סטיות, פניות מטעות, נדודים במדבר. אין "אי־נמנעות היסטורית" – אותו רעיון מודרני שכפי שמזכירים לנו קרל פופר וישעיה ברלין הוא המקור לכל כך הרבה אכזריות ושפיכות דמים בעולם המודרני (ה"קִדמה", ככל אל־שקר אחר, תבעה שפע של דם קרבנות). ויותר מכול, זמן הברית מודע למגבלות התמודדותנו עם הטבע ועם האדם. נביאי הזמן הליניארי היו תמיד סמוכים ובטוחים שאין מגבלות: הטבע מציע שפע בלתי־נדלה, צמיחה כלכלית פתוחה ושיפור האנושות – באמצעות מהפכה, הנדסה חברתית, אאוגניקה או שיבוט ברירני. כשהמין האנושי מאבד את תחושת הגבולות קורה תמיד אסון, כפי שהלילה בא תמיד בעקבות היום.

ההבדל העמוק ביותר בין הזמן הליניארי לזמן הברית הוא שהראשון מוליד אופטימיות ואילו האחרון מוליד תקווה. שני המושגים הללו, שרבים מבלבלים ביניהם, הם למעשה שונים לחלוטין. האופטימיות היא האמונה שדברים ישתפרו. התקווה היא האמונה שכולנו יחד נוכל לשפר את הדברים. האופטימיות היא סגולה פסיבית, והתקווה – אקטיבית. כדי להיות אופטימי אין צורך באומץ לב אלא בתמימות מסוימת. כדי לקיים את התקווה דרוש אומץ לב רב.

יהודי – היודע מה שידוע לנו על העבר, על השנאה, על שפיכות הדמים, על הרדיפות בשם אלוהים, על דיכוי זכויות האדם בשם החירות – אינו יכול להיות אופטימי. אבל היהודים לא ויתרו מעולם על התקווה. "וְיִעֲפוּ נְעָרִים וְיִגָעוּ, וּבַחוּרִים כָּשׁוֹל יִכָּשֵׁלוּ", אומר הנביא ישעיהו, "וְקוֵֹי ה' יַחֲלִיפוּ כֹחַ" (מ, ל). "מִנְעִי קוֹלֵךְ מִבֶּכִי וְעֵינַיִךְ מִדִּמְעָה", אומר הנביא ירמיהו, "כִּי יֵשׁ שָׂכָר לִפְעֻלָּתֵךְ" (לא, טו). להיות נביא פירושו למצוא שביב של תקווה בין הריסות הייאוש. הזמן היהודי – וזהו סוד השפעתו של סיפור חג הפסח על עולם המחשבה של המערב – הוא סיפורה המופלא־מכול של התקווה.

מן הראוי להוסיף כי בשום מקום אחר לא ראיתי שנאמר, כי זוהי הסיבה שהמהפכה הבריטית והמהפכה האמריקנית הצליחו, ואילו המהפכות של צרפת ורוסיה נכשלו. קיים הבדל מהותי בין הפילוסופיה – מתת היוונים לציביליזציה המערבית – ובין המקרא, מתת ישראל. הפילוסופיה ("שורה של הערות שוליים לאפלטון", כפי שכינה אותה אלפרד נורת וייטהד) סבורה כי האמת היא שיטה; לדידו של המקרא האמת היא סיפור. שיטות פילוסופיות במהותן אינן תלויות־זמן. הן מדברות על האמת כדבר נצחי, או (כמו אצל הגל ומרקס) על ההיסטוריה כמשהו החלטי, שנגזר מראש. ביהדות, לעומת זאת, יש לזמן חשיבות מהותית, ולכן אפשר לבטא את החזון שהיא נושאת רק בצורת סיפור (תחילה התרחש דבר זה ואחר כך דבר זה; "וַיְהִי אַחַר הַדְּבָרִים הָאֵלֶּה"; הרצף הוא כרונולוגי ולא לוגי). רק שני דברים ניצבים מחוץ לזמן: ראשית הימים (גן עדן) ואחרית הימים (ימות המשיח). בין זו לזו משתרע המסע הארוך אל הגאולה.

המקרא, יותר מכל שיטה אחרת, מלמד כי כדי לממש אידיאלים מוסריים נחוץ זמן. חג הפסח לפני 3,300 שנה היה המחאה ההחלטית נגד העבדות, אבל העבדות נאסרה במערב רק במאה התשע־עשרה, ובארצות־הברית – רק במחיר מלחמת אזרחים. הפרק הפותח את התורה, המכריז כי האדם נברא בצלם אלוהים, היה הביטוי הראשון לקדושת הפרט ולפיכך לזכויות האדם. רק ב־1948 פרסם האו"ם את הכרזת זכויות האדם. ישעיהו ובן־דורו הצעיר ממנו, מיכה, היו

הראשונים שציירו את השלום כאידיאל. האנושות טרם הגיעה לכך. גם חזון העולם שאין בו היירכיה ומניפולציה, שהיהודים חווים אותו בכל יום שביעי, בכל שבת, טרם מומש בשום חברה. ימות המשיח טרם הגיעו. עוד נותרה לנו כברת דרך.

כל ניסיון ליישם את הפילוסופיה (מתנה עצומה לציביליזציה, ועדיין הדרך הטובה ביותר שמצאנו לחשוב על החשיבה) בתחום הפוליטי היה ויהיה תמיד אסון גמור, בגלל כישלונה השיטתי של הפילוסופיה להבין את הזמן – זה בדיוק מה שקרה בצרפת המהפכנית וברוסיה הקומוניסטית. הפילוסופיה כאידיאולוגיה פוליטית נושאת תמיד על נס את ההבטחה להיות קיצור דרך לאוטופיה – ואין קיצורי דרך. לבני־ישראל נדרשו ארבעים שנה כדי להגיע ממצרים אל גדות הירדן, מסע שאמור היה לארוך ימים אחדים. אין זה מקרה, אומר הרמב״ם. הדור שנולד לשעבוד לא היה מוכן לקבל עליו את האחריות הכרוכה בחירות. התקווה היא היכולת לשלב שאיפה עם סבלנות; לא להירתע ממכשולים ומעיכובים; לגבש תחושה של הזמן הדרוש כדי לחולל שינוי בלב האדם; לא לשכוח לעולם את היעד, גם בעיצומם של גלות ואסון. הפוליטיקה של הקִדמה, מאפלטון ועד מרקס (זו המכונה אצל יעקב טלמון ״משיחיות חילונית״), היא תמיד קצרת רוח, כי חסר לה כל מה שמעבר להבנה שטחית של הזמן. היהדות לא חדלה מעולם להיאבק עם הזמן (״לֹא אֲשַׁלֵּחֲךָ כִּי אִם בֵּרַכְתָּנִי״, אומר יעקב למלאך בבראשית לב כו, כפי שאמרו היהודים תמיד על הזמן והגורל). בשל כך היא מפיקה תמיד סוג של שאיפה, שאותה אני מכנה הפוליטיקה של התקווה.

היהודים הם עם זעיר, פחות מרבע אחוז מכלל אוכלוסיית העולם. תמיד היו עם קטן (״לֹא מֵרֻבְּכֶם מִכָּל הָעַמִּים חָשַׁק ה׳ בָּכֶם וַיִּבְחַר בָּכֶם״, אמר משה בסוף ימיו, ״כִּי אַתֶּם הַמְעַט מִכָּל הָעַמִּים״). בשל כך לא קל היה לעם ישראל להבין מה מקומו בתוך המין האנושי. לפעמים זלזל בעצמו (כך פוסקים המרגלים ששלח משה לתור את הארץ: הם ענקים, אנחנו חגבים) ולפעמים העריך את עצמו יותר מדי (״וַאֲנִי אָמַרְתִּי בְשַׁלְוִי: בַּל אֶמּוֹט לְעוֹלָם״, אומר דוד בתהלים ל). מה

הוא אפוא העם הזה – העם הנחות או העם הנבחר? בהיותו לכוד בין שתי האפשרויות הקיצוניות הללו, ולמרות התעסקותו הבלתי־פוסקת בזהותו, עם ישראל גילה שקשה להגיע להערכה מציאותית של תפקידו בין האומות. כפי שראינו במאמר על האנטישמיות, אותו קושי התקיים כשעמים אחרים ניסו לגבש הערכה של היהדות ושל היהודים. הם נלכדו בין זלזול ובין הערכה מופרזת של העוצמה היהודית, ולפעמים האמינו בשני הדברים בעת ובעונה אחת.

התפיסה שגיבשתי לאחר מחשבה מרובה היא שהיהודים נקראו לשאת עדות – באמונתם, בתולדותיהם, בדרך חייהם – על אמיתות בסיסיות מסוימות באשר למצב האנושי: שאנחנו חופשיים, ולכן נושאים באחריות, ולפיכך מוטל עלינו להפוך לשותפיו של אלוהים בעבודת הגאולה; שהחיים מקודשים ולפיכך זכויות אדם אינן נושא למיקוח; שציביליזציות נעשות חסינות מפני פגיעה רק כשהן דואגות לחלשים ולפגיעים; שהחירות תלויה בחינוך ובאינטליגנציה הרגשית הנוצרת במשפחות מלוכדות ובקהילות מגובשות היטב, שהדבק המחבר אותן הוא זיכרון משותף ואחריות משותפת; ושכל הישג בתחום החברתי זקוק לזמן ואפשר לקיימו רק באמצעות נראטיב של תקווה.

אלה אינן האמיתות היחידות של המצב האנושי, ולפיכך אין ליהדות מונופול על החכמה ("אם יאמר לך אדם: יש חכמה בגוים, תאמין", אמרו חכמינו. הם אפילו חיברו ברכה מיוחדת שיש לברך למראה חכם מחכמי אומות העולם). לא כל האמיתות מתיישבות זו עם זו. לפיכך לא תוכל לעולם להתקיים הרמוניה גלובלית בתוך ההיסטוריה (שהיא זמן לא־משיחי, שלא נגאל). היהודים, למשל, לא פיתחו את האמנויות החזותיות, מסיבות עקרוניות (הם האמינו באל שאפשר לשמוע את קולו, ולא לראותו). היוונים דווקא פיתחו אותן. היהודים גם לא טיפחו את צורות השלווה הפנימית המקובלות בתורות מיסטיות מן המזרח, כי מדובר בהן על חוסר הממשות של הכאב והסבל, אמירה שהיהדות, החותרת לצדק בעולם הזה, אינה יכולה לקבלה. מסיבה זו יש ביהדות תפיסה דואלית של השלום: השלום

של קץ הימים המתואר אצל הנביאים, והשלום הצנוע יותר של כאן ועכשיו שעליו דיברו החכמים במושג "דרכי שלום", שורה של כללים לקיום משותף ברוח של ידידות למרות המחלוקות.

היהדות, כפי שטענתי, דוגלת בכבוד לשונות: השונות שבתוך העולם הנברא וריבוי ניסיונותיו של האדם לבטא את האינסופי – ריבוי שאי־אפשר לצמצמו. התהליך החשוב ביותר בעולם שכזה הוא שיח – הנכונות לדבר ולהקשיב לזולת, לדעת שברשותך משהו ייחודי שתוכל ללמדו לאחרים, אבל גם לאחרים יש משהו כזה (איזהו חכם? שאל בן זומא והשיב: הלומד מכל אדם). בזכות החוויה הייחודית של יציאת מצרים למדו היהודים, יותר מרוב האחרים, על חשיבותה של אהבת הגר, על הצורך לשמור אמונים לאמונה ובה בעת להיות ברכה לאחרים, על תרומה למפעל האנושי ככלל בלי לטעות ולחשוב שכולנו אותו הדבר. היהדות היא קול־הנגד הגדול בשיח של המין האנושי.

ניסיתי להראות כיצד המפגש החדש עם המקרא, שזימנו הרפורמציה והמצאת הדפוס, עיצב מחדש את ההיסטוריה המודרנית של המערב – במיוחד בבריטניה במאה השבע־עשרה ובארצות־הברית מאז ועד היום. ובאשר ליהודים עצמם, החשיפה שלהם למודרניות הייתה מלווה בסערות, מאז התקוות שעוררה הנאורות ועד השואה והעתקת מוקד תקוותיו של העם אל מדינת ישראל שנולדה מחדש. האנטישמיות לא נעלמה, אבל המצב היהודי השתנה. לראשונה זה אלפיים שנה יש לעם היהודי בית משלו, מקום שבו יוכל להקים חברת־מאקרו על בסיס העיקרון היהודי (לא מדינה תיאוקרטית: זהו דבר שונה לחלוטין). לראשונה בהיסטוריה נהנים היהודים מחוץ לישראל מהזכות לתרום תרומה ניכרת לעיצוב הדמוקרטיות הליברליות הפלורליסטיות של המערב. סיפור הפסח בולט אפוא יותר מתמיד: לא עוד תקווה סתם, אלא אתגר אמיתי ונוכח.

מידת ההגינות מחייבת לומר שטרם התעלינו לדרגת האתגר הזה. עולם המחשבה והרגש הדתי היהודי, הסובל עדיין מהשפעות הטראומה והעקירה ממקום למקום, טרם השיב לעצמו את האיזון, ההיקף, הרוחב האינטלקטואלי והעומק הנבואי. במחצית המאה שעברה הוא יצר

מעט מדי נביאים – גברים ונשים שבורכו באמנות ההקשבה לזמן ולנצח, לפרטיקולריות של הקיום היהודי ולאוניברסליות של ענייני האדם, כדי לשמוע בדבריו הנצחיים של האל את המקצבים המיוחדים לכאן ולעכשיו. אבל גם זה יבוא, ובמאמרים אלו ניסיתי להתוות את גבולות הטריטוריה שממנה יבוא ואת המוטיבים שבהם יעסוק. סיפור הפסח השפיע לא רק על יהודים אלא גם על לא־יהודים, כפי שחזה משה – בידעו כי האל שגאל את בני־ישראל ממצרים אינו רק אלוהי ישראל אלא אלוהי העולם כולו, ולפיכך יציאת מצרים נושאת עמה מסר לא רק ליהודים אלא לכל מי שחי על כוכב הלכת הסוער הזה ומבקש לבנות חברה הראויה להיות משכן לאלוהים, שבצלמו נבראנו.

מאמר יב

# החכמים בבני ברק

מעשה ברבי אליעזר ורבי יהושע ורבי אלעזר בן עזריה ורבי עקיבא ורבי טרפון, שהיו מסובין בבני ברק והיו מספרים ביציאת מצרים כל אותו הלילה, עד שבאו תלמידיהם ואמרו להם: "רבותינו, הגיע זמן קריאת שמע של שחרית!" (הגדה של פסח)

המעשה בחמשת החכמים בבני ברק, שבילו את כל הלילה בסיפור יציאת מצרים וחדלו רק כשתלמידיהם בישרו להם שהגיע הבוקר, עורר זה מכבר את סקרנותם של פרשנים וחוקרים. על מה דיברו החכמים?

ססיל רות המנוח ואחרים העלו סברה שעוררה עניין רב, שהחכמים דנו במרד בר כוכבא. בני ברק הייתה עירו של רבי עקיבא, שנודע בתמיכתו בבר כוכבא, ושבעקבות המרד היה לאחד מעשרת הרוגי מלכות.

הרעיון מרתק, אלא שאין לו על מה להסתמך. בכתוב אין כל רמז לכך שזה היה נושא שיחתם. גם לא סביר שהחכמים הפנו את תשומת לבם מהחובה הדתית של הערב – סיפור יציאת מצרים – לדיון בענייני השעה.

מרד בר כוכבא היה טעות טרגית. הוא גרם לחורבן גדול מאין כמוהו בהיסטוריה היהודית. ההיסטוריון הרומי קסיוס דיו מעריך כי במהלך הלחימה נספו 580,000 יהודים "ואילו את מספר המתים מרעב, ממגפה ומאש – לא ניתן היה לברר". 985 כפרים נחרבו והאזורים החקלאיים נהרסו. ירושלים הוחרבה כליל ונבנתה מחדש כעיר רומית בשם איליה קפיטולינה, שעל היהודים נאסר להיכנס אליה. החכמים הרבים שהתנגדו לרבי עקיבא צדקו במקרה זה. דעותיהם מתועדות בתלמוד. אם אכן מרד בר כוכבא היה נושא שיחתם, הרי הקטע היה נותן לנו רמז כלשהו לעובדה זו. מסקנתי היא שטעות בידי רות.

בבני ברק הייתה גם הייתה דרמה באותו לילה, אבל הייתה זו דרמה מסוג אחר, עם סוף טוב בהרבה. אפשר לשחזר במידה לא־מעטה של ודאות מה קרה שם. אבל תחילה עלינו לצאת למסע תגליות קטן כדי להבין את הרקע לערב הזה ומה עמד בו על הפרק.

ראשית כול יש לציין את המשמעות ההלכתית של הפרשה. זה עתה אמרנו בהגדה את המילים "ואפילו כולנו חכמים, כולנו נבונים, כולנו זקנים, כולנו יודעים את התורה, מצווה עלינו לספר ביציאת מצרים, וכל המרבה לספר ביציאת מצרים הרי זה משובח". שלוש נקודות מועלות כאן. (1) החובה לקרוא את ההגדה איננה רק החובה ללמד את הילדים; עלינו ללמד אותה גם לעצמנו. (2) עלינו לספר אותה מחדש מדי שנה אף על פי שאנחנו יודעים את הסיפור. (3) למצווה אין טווח מוגבל. שלא כסיפור פורים, למשל, שאנו מספרים אותו מחדש מדי שנה בקריאת המגילה, בפסח החובה לספר ביציאת מצרים אינה מוגבלת לקריאת הכתוב. ככל שנעמיק לעסוק בסיפור, להרהר בו, להרחיבו, להוסיף תובנות חדשות, הרי זה משובח.

כיצד אנחנו יודעים את הדברים האלה, במיוחד את האחרון? במקרים רבים הביאו חז"ל ראיה מן הכתוב במקרא. אבל במקרים אחרים הם הביאו ראיה מִתַקדים, ממעשי חכמים. המונח הטכני המציין ראיה כזאת הוא "מעשה רב". חכם עשוי, למשל, להשמיע דעה הלכתית תיאורטית ("הלכה ולא למעשה"). כך נראית לו המצווה.

ובכל זאת הוא לא תמיד יהיה מוכן לפעול – או להורות לאחרים לפעול – על סמך דעה זו, עד שנבדקה ואושרה בידי בני־דורו. כשחכם פועל בדרך מסוימת, זוהי הופעה ברורה ותְקֵפה בהרבה של המצווה. היא מראה שלא די שהחכם מאמין שזה הוא הדין – הוא מוכן ומזומן לעשות זאת בפועל. כך, מעשה רב מהווה הוכחה רבת־תוקף לחוק, כאשר הוא נעשה בידי סמכות הלכתית מוכרת.

המילה הפותחת את סיפור החכמים בבני ברק, "מעשה", אינה אפוא הקדמה סתם. זוהי אמירה הקובעת שהסיפור שיסופר כאן הוא סיפור בעל תוקף הלכתי. הוא מספר לנו מהי המצווה. העובדה שחמישה מגדולי חכמי המשנה ישבו כל הלילה לספר ביציאת מצרים מוכיחה את כל שלושת הכללים שבפִּסקה הקודמת. עתה אנו יודעים מה עומד במוקד הפרשה. חכמי בני ברק, אם התכוונו לכך במודע אם לאו, קבעו שורה חשובה של חוקים הנוגעים לנו, במיוחד החובה להרבות לספר ביציאת מצרים.

שנית, נציין כי אין בספרות חז"ל כל גרסה אחרת לכינוס זה; אבל יש קטע מקביל, מעניין ביותר, בערך מאותה תקופה (ואולי, כפי שנראה, בדיוק מאותה תקופה). הוא מופיע בתוספתא למשנה. כשאנו קוראים אותו, אנו מבחינים בכמה הבדלים משמעותיים בינו ובין הסיפור המובא בהגדה:

> מעשה ברבן גמליאל וזקנים שהיו מסובין בבית ביתוס בן זונין בלוד והיו עסוקין בהלכות הפסח כל הלילה עד קרות הגבר. הגביהו מלפניהם ונועדו והלכו להן לבית המדרש [להתפלל]. (תוספתא פסחים י, ח)

ואלה ההבדלים: (1) הסדר הזה מתקיים בלוד ולא בבני ברק. (2) רבן גמליאל נוכח כאן, אך בבני ברק אינו נוכח. (3) אף אחד מהחכמים הנזכרים בסיפור בני ברק אינו מופיע כאן. (4) נושא שיחתם איננו יציאת מצרים אלא "הלכות הפסח". כל אחד מהפרטים הללו הוא בעל משמעות.

עלינו להביא קטע אחד נוסף, שיתברר כי הוא המפתח לפתרון התעלומה כולה. הוא קשור לסדר ההסבה ושייך להלכות דרך ארץ:

> אמר ליה ריש גלותא לרב ששת: אע"ג דרבנן קשישי, אתון פרסאי בצרכי סעודה בקיאי מינייכו [=אמר הריש גלותא – מנהיגם של היהודים בבבל – לרב ששת: אף שאתם רבנים נכבדים, הפרסים בקיאים בנימוסי סעודה יותר מכם]. בזמן שהן שתי מיטות, גדול מסב בראש ושני לו למעלה הימנו, ובזמן שהם שלוש, גדול מסב באמצע, שני לו למעלה הימנו, שלישי לו למטה הימנו... אמר רב ששת: אנא מתניתא ידענא דתניא [=אני יודע רק ברייתא שנאמר בה]: כיצד סדר הסבה? בזמן שהן שתי מיטות, גדול מסב בראש, ושני לו למטה הימנו. בזמן שהן שלוש מיטות, גדול מסב בראש, שני לו למעלה הימנו, שלישי לו למטה הימנו. (ברכות מז ע"ב)

השאלה הנידונה כאן היא סידורי ההסבה הראויים במקרה שיש כמה אורחים וכולם מסבים על ספות (מיטות) או כיסאות הסבה, ולפני כל אחד מוצב שולחן. צורת הסבה קדומה זו עדיין מוכרת במזרח, ואנו מזכירים אותה בפסח כשאנחנו רוכנים לשתות את היין ובחלקים אחרים של הסדר. השאלה היא: כיצד מסדרים את מושבי האורחים? התשובה, המקובלת הן במנהגי הפרסים הן במנהגי חז"ל, היא שהאורח הבכיר יושב במרכז. עובדה זו מביאה אותנו לתובנה רבת־חשיבות בסיפור בני ברק.

סדר השמות מגלה לנו את סידורי הישיבה באותו ערב. הוא מגלה את העובדה המפתיעה שהחכם שלא היה המבוגר ביותר וגם לא המלומד ביותר בין הנוכחים, האורח הבכיר באותו לילה, שישב במרכז, היה רבי אלעזר בין עזריה. השני בחשיבותו, שישב מיד מעליו, היה רבי יהושע. מתחתיו היה רבי עקיבא. את הפרשייה הזאת אפשר לתארך בצורה מדויקת. היא שייכת לתקופה – הקצרה עד מאוד – שבה רבי אלעזר בן עזריה היה נשיא, דהיינו המנהיג הדתי של הקהילה היהודית. מקומות הישיבה של החכמים מסודרים בדיוק כפי שהיינו מצפים לראות באותה תקופה. רבי אלעזר בן עזריה תופס

את כס הכבוד, בזכות מעמדו הרשמי. לידו יושב רבי יהושע, סגנו. מצדו האחר יושב רבי עקיבא, המארח. בני ברק הייתה עירו של רבי עקיבא, ובה שימש כרב המקומי הראשי (מרא דאתרא). משני צדיהם יושבים רבי אליעזר ורבי טרפון, שני ותיקי הקהילה ההלכתית (רבי טרפון היה מורו הראשון של רבי עקיבא), אך לא בעלי תפקידים בקהילה. לא די שאנו יכולים לתארך את הפרשייה, אנו יכולים אפילו לשבצה בהקשרה ההיסטורי.

כמעט מאה שנה סבלה הקהילה היהודית בארץ ישראל מאנדרלמוסיה. היו בה מחלוקות דתיות עמוקות. יוסף בן מתתיהו מספר כי העם היה מחולק לשלוש קבוצות: הצדוקים בעלי הכוח והארציים, הפרושים הדתיים האהודים על העם, והאיסיים, ובהם בני קהילת קומראן הידועים לנו ממגילות ים המלח. הפרושים היו חלוקים בינם לבין עצמם. בימי השלטון הרומי פוזר הסנהדרין, בית הדין היהודי העליון, והקהילה הדתית נותרה בלא סמכות עליונה. החכמים, שהתפצלו לחסידי בית הלל ולחסידי בית שמאי, לימדו ב"אסכולות" נפרדות. המסורת מתעדת את תחושתם של בני־התקופה ש"רבו מחלוקות בישראל ונעשית תורה כשתי תורות". הרושם הכולל המתקבל מן העדויות הכתובות של התקופה הוא שהקהילה היהודית הייתה מפולגת להחריד.

פילוג זה התרחש בזמן גרוע מאין כמותו. היחסים עם רומא, המעצמה השלטת, היו מתוחים. שורה של שליטים כושלים פגעה ברגישויות של היהודים בארץ ישראל. פה ושם פרצו מחאות ומרידות, שהגיעו לשיאן במרד הגורלי הגדול של שנת 66 לספירה. כדי שהמרד יצליח היו היהודים צריכים ללכד את כל כוחותיהם מתוך הסכמה לצורך מאמץ משותף. רומא הייתה המעצמה העולמית של אותם ימים. צבאה היה מיומן וממושמע עד מאוד. במבט לאחור ברור שהמרד נועד להיכשל. היהודים ניחנו ברוח לחימה שאין כמוה. הם פיצו במוראל ובנחישות על המחסור בנשק. אבל נגזר על המורדים להיכשל בגלל המחלוקת הפנימית. יוסף בן מתתיהו, שהיה עד ראייה לאירועים המכריעים של המרד, מצייר תמונה חיה של ירושלים, הבירה הנצורה.

לעתים העדיפו תושביה להילחם זה בזה מלהילחם ברומאים שמחוץ לחומות. התלמוד, המתבונן לאחור בטרגדיה, אומר: "מקדש שני מפני מה חרב? מפני שהיתה בו שנאת חינם". זו הייתה תבוסה אדירה וחורצת גורלות. בית המקדש עלה בלהבות ונחרב בשנית. המרד דוכא, ולוחמי המעוז האחרון – מצדה – התאבדו כדי שלא ליפול בשבי. כלפי חוץ הובסו היהודים בידי הרומאים. כלפי פנים הם ידעו שהביסו את עצמם. אלף שנים אחר כך כתב זאת הרמב"ם בפשטות במכתבו לחכמי מרסיי: היהודים בני־הזמן לא למדו את לקח השלטון והפיקוד הצבאי. הם לא למדו לשמור על אחדות השורות.

ועל רקע זה הופיעה דמות מפתח, רבן גמליאל השני. המסורת מספרת כי רבן יוחנן בן זכאי יזם מגעים חשאיים עם הגנרל הרומי אספסיאנוס וקיבל ממנו הבטחה. "תן לי יבנה וחכמיה", אמר החכם למצביא (גיטין נו ע"ב). ביבנה היה אז בית מדרש חשוב. רבן יוחנן בן זכאי הפך אותו לסוג של בירה מחליפה במקום ירושלים החרבה. אבל היהודים היו זקוקים לא רק למקום – הם היו זקוקים למנהיג. מה שעשה רבן יוחנן למעשה היה חידוש תפקיד הנשיא, המנהיג הדתי של הקהילה, ואפילו חיזוקו. עם התפוררות המבנים הפוליטיים יכול הנשיא להופיע לא רק כתלמיד חכם ושופט. הוא נעשה נציגו של העם ביחסיו עם השלטונות הרומיים. כפי שהחת"ם סופר ציין באחת מתשובותיו, הנשיא הפך למעין מלך בתקופה שבה לא הייתה ליהודים כל סמכות חילונית מוכרת. רבן יוחנן לא החזיק בתואר נשיא. האיש שהחזיק בתואר זה ביבנה היה רבן גמליאל. סגנו היה רבי יהושע.

בתלמוד מתועדות שלוש מחלוקות בין השניים. כל אחת מהן הפכה לפרשה משפטית שעוררה עניין רב. במקרה אחד פסקו רבי יהושע ורבן גמליאל בדרך שונה לגבי פטר רחם ששפתו שסועה (בכורות לו ע"א). רבן גמליאל לא הסתפק בדחיית הפסק של סגנו, וציווה עליו לעמוד דרך ביזיון בנוכחות כל החכמים. החכמים מחו – לא נגד פסיקתו של רבן גמליאל אלא נגד היד הקשה שבה אכף אותה.

מחלוקת שנייה פרצה ביניהם כשרבן גמליאל קבע את מולד הירח על בסיס עדות ראייה שהחכמים האחרים פקפקו בה (ראש

השנה ב, ט). רבי יהושע התייצב לצד המפקפקים. רבן גמליאל הורה לו להופיע לפניו במקלו ובתרמילו ביום שבו חל יום הכיפורים, על פי חשבונו של רבי יהושע. הייתה זו השפלה נוראה. אבל במקרה הזה יעצו החכמים חבריו לרבי יהושע להיכנע למרות הנשיא. קביעת לוח השנה הייתה תלויה בסמכות בית הדין, ואילו פקפק רבי יהושע בפסיקתו של רבן גמליאל, הייתה המערכת השיפוטית כולה עלולה לקרוס. רבי יהושע מילא את הוראת הנשיא, אבל הפרשה הוסיפה אי־נוחות ליחסים המתוחים ממילא.

לבסוף התעוררה שאלה בדבר מעמדה ההלכתי של תפילת ערבית. האם היא חובה או רשות? רבי יהושע טען שהיא רשות. רבן גמליאל פסק שהיא חובה. רבי יהושע היה מוכן לגנוז את דעתו, אבל רבן גמליאל הורה לו שוב להישאר עומד בשעה שבית המדרש עסק בלימוד, כאות הכנעה לנשיא. הפרובוקציה הזאת הגדישה את הסאה. החכמים החליטו להדיח את רבן גמליאל ממשרתו ומינו במקומו את רבי אלעזר בן עזריה. רבן גמליאל הודה בסופו של דבר בתבוסתו, התנצל בפני רבי יהושע וחזר למעמדו, אם כי רבי אלעזר נשאר, לפחות להלכה, שותפו הזוטר למשרה. ובאותו פרק זמן קצרצר שבו שימש רבי אלעזר בן עזריה נשיא, נערך הסדר בבני ברק. עתה ברור מדוע דווקא הוא ישב במרכז ומדוע רבן גמליאל נעדר. ייתכן אפילו שהסדר של רבן גמליאל בבית ביתוס בלוד נערך בדיוק באותה השנה. יש בכך כדי להסביר מדוע אף אחד מן החכמים הבכירים האחרים לא נכח שם. רבן גמליאל היה מנודה זמנית. החכמים האחרים הלכו לביתו של רבי עקיבא, גדול התנאים של אותם ימים.

מובן מאליו שרבן גמליאל עשה לו שם של מנהיג קשה וסמכותני מדי, אבל במידה מסוימת נעשה לו עוול. משימתו כנשיא יבנה הייתה לאחד מחדש את ההנהגה הדתית למודת הטראומות של מחלוקות העבר. "דַבָּר [מנהיג] אחד לדור, ואין שני דַבָּרין לדור" (סנהדרין ח ע"ב). אם היה על החכמים להופיע ככוח המוביל ביהדות ההמומה מן התבוסה ומאבדן בית המקדש, היה עליהם לדבר בקול אחד. האכזריות שבה דיכא רבן גמליאל כל התנגדות אינה קשורה לאופיו אלא לצורך

השעה. אבל בסופו של דבר החליטו החכמים כגוף קיבוצי שכך לא ייעשה. הנהגה רבנית חייבת להתבסס על יחסים קולגיאליים וכבוד הדדי ועל נכונות להטות אוזן להשקפות סותרות. רבן גמליאל נחשב בלתי־ראוי להנהגה עד שהיה מוכן להיעתר לעקרונות אלו.

זהו הרקע לדרמה שעמדה להתרחש בבני ברק. האווירה הייתה טעונה. החכמים, השואפים לאחדות, נאלצו פתאום לנקוט צעד חסר תקדים ולסלק את מנהיגם מכהונתו. אחריות כבדה הוטלה עתה על רבי אלעזר בן עזריה ועל עמיתיו, להעלות ארוכה לפצעים ולחדש את האחדות. לרוע המזל, ממש ברגע זה התגלעה מחלוקת מרכזית – והיה צפוי כמעט בוודאות שהיא תעלה על פני השטח בליל הסדר עצמו.

עד מתי מותר לספר ביציאת מצרים? התשובה לכך תלויה בתשובה לשאלה אחרת. עד מתי, בימי המקדש, מותר לאכול את קרבן הפסח? התורה אומרת: "וְהִגַּדְתָּ לְבִנְךָ בַּיּוֹם הַהוּא לֵאמֹר: בַּעֲבוּר זֶה עָשָׂה ה׳ לִי בְּצֵאתִי מִמִּצְרָיִם" (שמות יג, ח). המילה "זה" מרמזת על הצבעה לכיוון משהו תוך שאנו מספרים את הסיפור. מכאן הסיקו חכמים כי אפשר לספר ביציאת מצרים רק כל עוד "מצה ומרור [ובימי בית המקדש – קרבן הפסח] מונחים [על השולחן] לפניך". שני הזמנים נקשרים זה לזה. בשעה שהמאכלים מונחים על השולחן, מותר וצריך לספר. משהסתיימה אכילת הקרבן, הסתיים זמן הסיפור. מהו המועד האחרון?

בשאלה זו נחלקו חכמים – אותם חכמים עצמם שהסבו בבני ברק. בשאלת אכילת קרבן הפסח פסקו רבי אלעזר בן עזריה ורבי אליעזר כי יש לסיימה עד חצות. רבי עקיבא ורבי יהושע טענו שמותר לעשות זאת עד עלות השחר (ברכות ט ע"א). במקום אחר (מכילתא, פרשת בוא; תוספתא פסחים י, יא) ברור כי מה שנוגע לאכילה נוגע גם לסיפור. רבי אליעזר, הטוען כי יש לסיים את האכילה בחצות, טוען גם שהדיון ביציאת מצרים צריך להסתיים בחצות. חכמים אחרים, הטוענים שאפשר לאכול עד עלות השחר, טוענים גם שמותר וצריך לספר ביציאת מצרים "כל אותו הלילה".

זהו אפוא המצב ששרר בבני ברק. החכמים, הזקוקים יותר מכול

לתקופה של שלום ואחדות, עמדו להתנגש. ארבעה מחמשת החכמים שנכחו בבני ברק באותו לילה החזיקו בדעות סותרות בשאלה עד מתי מותר להמשיך בדיון. רבי אלעזר בן עזריה ורבי אליעזר טענו שיש להפסיקו בחצות. רבי עקיבא ורבי יהושע גרסו שיש להמשיך בכך כל הלילה, עד עלות השחר. השאלה הייתה אמורה לצוף ולחולל מחלוקת. יתר על כן, היא העמידה את הנשיא החדש נגד סגנו, רבי יהושע, ונגד מארחו, רבי עקיבא. מסכסוך כזה ממש הם קיוו להימנע, אבל לא היה סיכוי להימנע ממנו. ואולי כן?

התלמוד מספר על עימות מרתק שהתחולל שנים אחדות קודם לכן. רבן יוחנן בן זכאי, כפי שראינו, העביר את מרכז הכוח היהודי מהמקדש בירושלים לישיבה ביבנה. באיזו מידה יכלה יבנה להפוך לירושלים שנייה? השאלה עלתה בשנה הראשונה שאחרי חורבן בית שני, שבה חל ראש השנה בשבת. אמנם בבית המקדש נהגו לתקוע בשופר בשבת, אבל לא בכל מקום אחר. האם מותר אפוא לתקוע בשופר בשבת ביבנה? רבן יוחנן אמר שכן. בני בתירה, שהיו קבוצה מסורתית יותר, השיבו בשלילה. יבנה איננה ירושלים. הישיבה איננה המקדש. מכאן התפתח הדו־שיח הבא:

> אמר להם רבן יוחנן בן זכאי לבני בתירה: נתקע. אמרו לו: נדון. אמר להם: נתקע ואחר כך נדון. לאחר שתקעו אמרו לו: נדון. אמר להם: כבר נשמעה קרן ביבנה ואין משיבין לאחר מעשה.
> (ראש השנה כט ע"ב)

זה היה מחטף מבריק. רבן יוחנן זכה בוויכוח באמצעות יצירת עובדה מוגמרת. וכך בדיוק קרה גם בבני ברק. רבי עקיבא ורבי יהושע ריתקו את האחרים בשיחה ובדיון עד כדי כך שתחושת הזמן אבדה להם.

שלא כרבן גמליאל בלוד, שעסק כל הערב בדיון ב"הלכות פסח", זה היה הנושא היחיד שממנו היה מנוי וגמור עמם להימנע. כל דיון הלכתי היה מביא אותם ישירות אל שאלת מגבלת הזמן של הסדר, ולפיכך למחלוקת רוויה בחומר נפץ. הם דיברו אפוא על

"יציאת מצרים" – אגדה, לא הלכה; הסיפור ולא המִצווה. מטרתם הייתה לגרום לרבי אלעזר בן עזריה ולרבי אליעזר לשכוח את הזמן. בכך יכלו לא רק למנוע קונפליקט, אלא גם לקבוע את ההלכה עצמה, ש"כל המרבה לספר ביציאת מצרים הרי זה משובח" – ללא כל מגבלת זמן. העובדה שחמשת החכמים מן השורה הראשונה של הנהגת הדור המשיכו בדיוניהם עד עלות השחר הייתה יוצרת תקדים מחייב על פי הכלל של מעשה רב.

ותכניתם עלתה יפה. רבי אלעזר ורבי אליעזר היו כה שקועים בסיפור עד שלא הבחינו שחלף מועד הסיום – שעת חצות. הם עדיין דיברו כשבאו תלמידיהם ואמרו להם: "רבותינו, הגיע זמן קריאת שמע של שחרית". השחר עמד לעלות. הלילה חלף בלא שתעלה שאלת גבולות הזמן, ורבי עקיבא ורבי יהושע הצליחו לקבוע הלכה על פי תפיסתם. המסורת אינה מספרת מה אמרו שני החכמים האחרים כשנוכחו כי העובדה נקבעה בניגוד לדעתם בצורה כה מחוכמת. אני משער שהם הודו בתבוסתם בנועם. הם בוודאי לא נזקקו לזמן רב להיווכח לא רק במה שנעשה אלא גם שרבי עקיבא ורבי יהושע לא היו מעוניינים בניצחון אישי. הם דאגו לשלמות העם היהודי ולהנהגתו הרוחנית. הם ידעו שהחכמים אינם יכולים להרשות לעצמם מחלוקת נוספת מסוג המחלוקות שפילגו את החכמים לבית הלל ובית שמאי, ובדורם הביאו לסילוקו של רבן גמליאל ממשרתו. הניצחון הזה היה לא רק ניצחון האמת אלא גם ניצחון השלום, והוא היה חיוני בשעתו ובמקומו.

ומי יודע? אפשר שבאותו חג עצמו בחן רבן גמליאל, המבודד מעמיתיו, את עמדתו והגיע להחלטה שעליו להשלים עם רבי יהושע ועם עמיתיו משכבר. מכל מקום, הוא עשה זאת זמן קצר לאחר מכן והוחזר למשרתו. הרגע הטעון חלף וקשרי הידידות שבו ונקשרו. החכמים נעשו מנהיגיו המוכרים של העם היהודי, תפקיד שבו המשיכו להחזיק עוד מאות שנים אחר כך. הדבר עלול היה להיות שונה. זוהי משמעותו של ליל הסדר בבני ברק וזו משמעות כוחה המאחה של השיחה על יציאת מצרים.

## מאמר יג

# הנשים ויציאת מצרים

בשכר נשים צדקניות שהיו באותו הדור נגאלו ישראל ממצרים. (סוטה יא ע"ב)

הגיבור האנושי של יציאת מצרים הוא משה. משה ראה בסבלות עמו ונחלץ להגן על אדם שהוכה בידי נוגש מצרי, ומשה שמע את קול אלוהים מדבר אליו, התעמת עם פרעה והוביל את בני־ישראל ממצרים אל המדבר במסע הארוך אל הארץ המובטחת. דמותו חולשת על הסיפור המקראי – נביא, מנהיג ומחוקק, הדמות האפית הניצבת בין אלוהים ובין העם ונאבקת עם זה ועם זה.

אבל הפרקים הראשונים של ספר שמות מספרים סיפור נוסף, מרתק לא פחות ואולי אף יותר. קריאה קפדנית של הכתוב תגלה כי לצד הגיבור עומדת שורה של גיבורות, שאף הן מתריסות כמוהו כנגד העריצות. פניו האנושיות של ספר שמות הן סיפורן של שש נשים מרשימות. בלעדי משה אולי לא הייתה יציאת מצרים, אבל בלא גבורתן של הנשים הללו אולי לא היה משה. מי היו אותן נשים?

הראשונה היא יוכבד אם משה. אני מנסה לדמיין כמה אומץ לב נחוץ לאישה המוכנה להביא לעולם ילד גם אחרי שפורסם הצו "כָּל הַבֵּן הַיִּלּוֹד הַיְאֹרָה תַּשְׁלִיכֻהוּ" (שמות א, כב). הזירה היא גרמניה,

השנה היא 1939. נגד היהודים מתפרסמים צווים. יש תחושה של טרגדיה ממשמשת ובאה. להביא לעולם ילד בתקופה כזאת – זהו מעשה עליון של תקווה בעיצומו של הייאוש. זוהי גבורתה של יוכבד.

מה ידוע לנו עליה? מעט מאוד, למרבה ההפתעה. הופעתה הראשונה בכתוב בולטת דווקא באנונימיות שלה: "וַיֵּלֶךְ אִישׁ מִבֵּית לֵוִי וַיִּקַּח אֶת בַּת לֵוִי" (שמות ב, א). בשלב זה טרם נזכרים שמות הוריו של משה, עמרם ויוכבד. עד מהרה אנחנו נוכחים בתושייתה של יוכבד. שלושה חודשים היא מצפינה את התינוק. כשאינה יכולה לעשות זאת עוד, היא מכינה תיבת גומא ומשלחת בה את התינוק על מי היאור, בתקווה שמישהו יבחין בו ויציל אותו. כמו נשים רבות אחרות במקרא, יוכבד היא אישה של פעולה, נחישות ואומץ לב. מה עוד ידוע לנו עליה?

ידוע לנו רק שהיא ילדה שלושה ילדים שנועדו לגדולה: מרים הנביאה, אהרן, הכוהן הגדול הראשון של עם ישראל, ומשה, מנהיגו הגדול של העם. היא מעניקה לילדיה, הן כמטען גנטי הן כדוגמה אישית, את מתת ההנהגה. ואנחנו יכולים להסיק מכך משהו נוסף. היא ובעלה הם בני לוי. פרקים אחדים קודם לכן התורה מספרת לנו על לוי, בנו השלישי של יעקב, שאביו לא צפה לו גדולות. יחד עם שמעון הציל לוי את אחותם דינה במחיר אלימות שהייתה מופרזת לדעת יעקב. על ערש מותו השמיע יעקב נבואה וקללה: "שִׁמְעוֹן וְלֵוִי אַחִים, כְּלֵי חָמָס מְכֵרֹתֵיהֶם. בְּסֹדָם אַל תָּבֹא נַפְשִׁי, בִּקְהָלָם אַל תֵּחַד כְּבֹדִי, כִּי בְאַפָּם הָרְגוּ אִישׁ וּבִרְצֹנָם עִקְּרוּ שׁוֹר. אָרוּר אַפָּם כִּי עָז וְעֶבְרָתָם כִּי קָשָׁתָה" (בראשית מט, ה-ז).

על שמעון אין מרבים לשמוע בהמשך. אבל בני־לוי מוכיחים כי לא היה מקום לדעתו השלילית של יעקב עליהם. מתוך שורותיהם עתידים לצאת לא רק שלושת מנהיגיה של יציאת מצרים אלא גם הכוהנים והלוויים של עם ישראל, כלי הקודש הרוחניים, מעתה ועד עולם. יש כאן רמז ויותר מרמז לכך שמשהו ביוכבד – יכולתה לשאת תקווה או אמונתה בחיים – הופך אצל ילדיה את האלימות לאומץ לב

ואת התוקפנות לנחישות בלתי־מעורערת להציל אנשים ולהעלותם על דרך החירות. היא ניחנה במתת המעודנת של הפיכת מידה מגונה לסגולה טובה. היא הופכת לאמם של מנהיגי ישראל.

האישה השנייה היא מרים בת יוכבד, אחותו הגדולה של משה. מה שידוע לנו עליה מרשים לא פחות. היא מקבלת עליה את הסיכון לעקוב אחר תיבת הגומא שבה צף התינוק במורד היאור. היא רואה שהתיבה נלקחת בידי נסיכה מצרית. היא אינה מסתפקת בהיותה עדה להצלת התינוק ונוקטת יזמה יוצאת דופן. היא ניגשת לבת פרעה ומציעה למצוא לתינוק מינקת עברייה. כתוצאה מכך גדל משה, כנגד כל הסיכויים, בבית משפחתו. מרים היא הילדה השפחה שניחנה בביטחון עצמי המאפשר לה לא להירתע מנוכחות בת־מלכים, באומץ לדבר בגלוי עם בתו של מדכא עמה, ובתושייה למצוא דרך להחזיר את התינוק לביתו. אנו חשים שיש בה תכונות אופי נעלות. בלעדיה, סביר שמשה לא היה מכיר לעולם את זהותו. הוא היה גדל בלי לדעת שהוא מבני־ישראל. מרים כמו חשה מה מונח על כף המאזניים וממלאת תפקיד שבמבט לאחור היה חיוני לגאולת עמה – אחת הדוגמאות הספורות במקרא שבהן מיוחס מעשה גבורה לילד (מפגשו של דוד עם גליית הוא דוגמה נוספת).

אלא שהמסורת היהודית מייחסת לה יזמה מרשימה עוד יותר:

עמרם גדול הדור היה. כיוון [שגזר] פרעה הרשע "כל הבן הילוד היאורה תשליכוהו", אמר: לשווא אנו עמלין. עמד וגירש את אשתו. עמדו כולן וגירשו את נשותיהן. אמרה לו בתו: אבא, קשה גזירתך יותר משל פרעה, שפרעה לא גזר אלא על הזכרים, ואתה גזרת על הזכרים ועל הנקבות. פרעה לא גזר אלא בעולם הזה, ואתה בעולם הזה ולעולם הבא. פרעה הרשע – ספק מתקיימת גזירתו, ספק אינה מתקיימת; אתה צדיק, בוודאי שגזירתך מתקיימת. עמד והחזיר את אשתו. עמדו כולן והחזירו את נשותיהן. (סוטה יב ע"א)

כיצד אפשר להבין הצעה משונה שכזאת?

פרשנויות חז"ל מסוג זה מכונות "אגדתות". אבל הן אינן אגדות. חז"ל משלימים את הפערים בטקסט המקראי – קוראים בין השורות – ועושים שני דברים. ראשית, הם מקשיבים (המילה "קוראים" אינה הולמת כאן) לדקויות הכתוב. בעקבות חורבן בית שני נעשה המדרש תחליף לנבואה. האל הסתיר את פניו. הוא לא היה נוכח עוד בגורלו של ישראל. אבל הוא הותיר משהו מנוכחותו: התורה, הברית, "חוזה הנישואים" בינו ובין העם היהודי. כששני אוהבים נמצאים יחדיו, הם מתענגים זה על חברתו של זה. כאשר האחד נעלם והאחר ממתין לשובו, הנותר קורא שוב ושוב במכתבים שקיבל מהנעלם, רגיש לכל פרט, מגלה היבטים שנעלמו קודם לכן מעיניו ומשמר שמץ של נוכחות בעיצומו של ההעדר. זהו המדרש: הקריאה הקפדנית של התורה, בעקבות טרגדיה לאומית, כמו היו אלה מכתבי האהבה של אלוהים לעמו.

החכמים הקשיבו רוב קשב לפסוקים בדברים כו, ה-ח, שהם עיקרה של ההגדה, ושמעו את הביטוי "וַיַּרְא אֶת עָנְיֵנוּ", הד להקשרים אחרים שבהם מופיעה המילה "עוני" ויש לה קונוטציה מינית ספציפית. "וַיַּרְא אֶת עָנְיֵנוּ", אנו קוראים בהגדה, "זו פרישות דרך ארץ", ההפרדה בין בעלים לנשים. מתוך רמז זה הם שחזרו את התרחיש הבא: כאשר גזר פרעה להרוג כל בן זכר, החליטו בני־ישראל להימנע מלהביא ילדים לעולם. הבאת ילד לעולם כשיש לו סיכוי של 50 אחוז להירצח פירושה הסתכנות בלתי־ראויה. לפיכך נפרדו הגברים מנשותיהם. כיצד אפוא נולד משה? משהו ומישהו שינה כנראה את דעתם של בני־ישראל, במיוחד את דעתו של עמרם, אבי משה. ואלה היו כנראה יוכבד או מרים, הדמויות היחידות האחרות המופיעות בשלב זה בסיפור. מבין השתיים, מרים היא המועמדת הסבירה יותר. הכתוב אינו מספר דבר על יוכבד פרט לעובדה שילדה בן, אבל תושייתה של מרים קורנת מכל מילה שנכתבה עליה. ודאי מרים היא ששכנעה את אביה כי טעה, שהחלטתו, אף שהיא הגיונית ומוסרית, חסרה דבר אחד – את האמונה עצמה. זהו הבסיס הטקסטואלי של הסיפור.

אבל המדרש נולד מן האמונה גם במובן נוסף. הנביאים היו פרשני ההיסטוריה. הם דיברו אל בני־דורם ואל תקופתם. משניטלה הנבואה פנו חז"ל אל הכתוב כדי לשמוע, בתוך המילים שנאמרו לדורות הבאים, את ההד המסוים הנכון לתקופתם. המדרש, שלא כפשט, הוא החיפוש ההרמנויטי אחר משמעות הכתוב כאילו נאמר לא אז אלא עתה. המדרש הוא פירוש בהקשר זמן הברית, הוא המילה שנאמרה בעבר אך פעולתה עדיין ניכרת בהווה. זהו תרגיל באנכרוניזם מודע ומכוון. המקבילה החילונית לכך תהיה העלאת טרגדיה שייקספירית בלבוש מודרני, כדי להיטיב לחוש את עוצמתה כדרמה בת־זמננו ולאו דווקא כמחזה קלאסי. הוא נבואי מבחינה זו שהוא מפרש אירועים עכשוויים לאור דבר האלוהים. המדרש הוא ניסיונם של חז"ל לפרש את תקופתם כהמשך של סיפור הברית. באיזה הקשר היסטורי נוכל למקם את הסיפור המסופר על מרים?

אחת התקופות הטראומטיות ביותר בתולדות עם ישראל הייתה כישלונו של מרד בר כוכבא ודיכויו האכזרי בידי הקיסר הרומי אדריאנוס. עם ישראל היה שבור ורוב חכמי הדור הוצאו להורג. מי שקיים את מצוות היהדות – כולל לימוד תורה וברית מילה – הסתכן בנפשו. סיפור תלמודי מלמד על עומק הייאוש שחשו החכמים שנותרו בחיים באותה תקופה:

> מיום שפשטה מלכות הרשעה, שגוזרת עלינו גזירות רעות וקשות ומבטלת ממנו תורה ומצוות, ואין מנחת אותנו ליכנס לשבוע הבן... דין הוא שנגזור על עצמנו שלא לישא אישה ולהוליד בנים, ונמצא זרעו של אברהם אבינו כלה מאליו. אלא הנח להם לישראל: מוטב שיהיו שוגגין ואל יהיו מזידין. (בבא בתרא ס ע"ב)

סבל קשה מנשוא עולה מן הדברים האלה. חז"ל אומרים בפירוש שבמצב כזה סביר היה להניח לעם היהודי לחדול מלהיות. הרומאים הביסו אותם. תקוותם האחרונה לחדש את הריבונות הלאומית עלתה

בתוהו. הדבר החשוב ביותר בחייהם – קיום היהדות – נאסר. זהו אפוא ההקשר ההיסטורי של הסיפור שסיפרו החכמים על מרים ועמרם. לא רק במצרים בימי רעמסס השני אלא גם בארץ ישראל בימי אדריאנוס שקלו היהודים את האפשרות לא להביא עוד לעולם דורות נוספים.

הקטע התלמודי מסתיים במשפט מוזר: "הנח להם לישראל..." חז"ל אומרים כאן שאילו הורו את מה שהכתיבו הנסיבות – דהיינו: לא עוד נישואים יהודיים וילדים יהודים – בני־העם לא היו שומעים בקולם. כך שרדו היהודים וכך שרדה היהדות. אנשים רגילים, גורס התלמוד, ניחנו לפעמים באמונה עזה יותר ממנהיגיהם הרוחניים. זוהי הודאה מדהימה, אבל אין זו הפעם היחידה שהם נותנים לה ביטוי. בפירוש לאחת מהתבטאויותיו של משה כלפי אלוהים, "הֵן לֹא יַאֲמִינוּ לִי" (שמות ד, א), הם אומרים, "מיד השיבו הקב"ה: הן מאמינים בני מאמינים, ואתה אין סופך להאמין" (שבת צז ע"א).

אנו חשים עתה את מלוא עומקו של המפגש בין הבת לאב כפי שחז"ל הבינו אותו. הם שיערו כי עמרם היה "גדול הדור". מסורת אחת גורסת כי היה ראש הסנהדרין. אך מי שהבין נכונה את הדרישה הרוחנית של הרגע – לא להתייאש אלא להאמין בעתיד – לא היה הוא כי אם בתו. הסוציולוג פיטר ברגר מכנה את התקווה "אות לשגב". מבחינה הגיונית אין מה שיצדיק את התקווה: אילו היה דבר כזה, לא היינו חשים תקווה כי אם ביטחון, ודאות, ידיעה ברורה. התקווה היא הגשר הצר שעליו עלינו לצעוד אם ברצוננו לעבור מהשעבוד אל הגאולה, מגיא צלמוות אל המרחבים הפתוחים של חיים חדשים. התקווה הזאת, אמרו חז"ל, עשויה לבוא מקרב הצעירים ולאו דווקא מקרב המבוגרים, מנשים (הנושאות ברחמן חיים חדשים) ולא מגברים. העובדה שחז"ל מייחסים לנערה אמונה רבה יותר מאשר למנהיג הדור מעידה לא מעט על עומק הכרתם העצמית.

הדמות השלישית היא בת פרעה, שהצילה את משה בידיעה שהוא מבני העברים. גם כאן אי־אפשר שלא להתרגש ממעשה החמלה הזה מצד מי שיודעת היטב מה מונח על הכף. גידול נער עברי

בארמונו של אותו השליט עצמו שהורה להמית כל בן זכר מן העברים חייב נחישות מוסרית יוצאת דופן. מדרש אחד אומר כי כאשר ראו שפחותיה שמנוי וגמור עמה להציל את התינוק, אמרו: "מנהגו של עולם, מלך גוזר גזירה וכל העולם אינן מקיימין אותה, ובניו ובני־ביתו מקיימין אותה, ואת עוברת על מצוות אביך?" (שמות רבה פרשה א כג) הצלת ילד עברי הייתה מעשה הרה סכנות לכל מצרי, על אחת כמה וכמה בארמון המלך. במוסד יד ושם בירושלים של היום נטועה שדירת חסידי אומות העולם, שהצילו חיי יהודים בשנות הכיבוש הנאצי. בת פרעה יצרה את התקדים לכך.

ראויה לציון העובדה שהיא נתנה למשה את שמו (מסס – כמו בשם רעמסס – הוא מילה מצרית שפירושה "ילד"). השמות בתורה ניתנים תמיד בידי ההורים, ורק במקרים נדירים הם ניתנים מפי הגבורה או מוחלפים על ידה. משה הוא החריג. נקודה זאת מודגשת שוב במדרש: "מכאן אתה למד שכרן של גומלי חסדים: אף על פי שהרבה שמות היו לו למשה, לא נקבע לו שם בכל התורה אלא כמו שקראתו בתיה בת פרעה, ואף הקב"ה לא קראו בשם אחר" (שמות רבה פרשה א כו).

בת פרעה עצמה אינה נזכרת בשמה. אבל בספר דברי הימים (א' ד, יח) נזכרת דמות אחת, "בִּתְיָה בַת פַּרְעֹה", והמסורת מזהה בה את מצילתו של משה. השם בתיה פירושו "בת האלוהים" וחז"ל שיערו שזה לא היה שמה המקורי אלא השם שקיבלה מפי הגבורה מתוך הכרה במעשה הטוב שעשתה: "משה לא היה בנך וקראתו בנך", אומר לה הקב"ה, "אף אני, לא את בתי ואני קורא אותך בתי" (ויקרא רבה פרשה א ג).

הגיבורה הרביעית היא ציפורה אשת משה, בת יתרו כוהן מדיין. הנתון הראשון הבולט לעין הוא שציפורה הסכימה להתלוות אל משה בשובו למצרים, למרות סכנות המסע, למרות המשימה הקשה ולמרות העובדה שלא הייתה שייכת לבני־ישראל, גם אם אימצה את אמונתם. אבל יש רגע אחד במסע חזרה למצרים שבו ציפורה מצילה את חיי משה. אלה הם פסוקים חידתיים להפליא:

> וַיְהִי בַדֶּרֶךְ בַּמָּלוֹן וַיִּפְגְּשֵׁהוּ ה׳ וַיְבַקֵּשׁ הֲמִיתוֹ. וַתִּקַּח צִפֹּרָה צֹר, וַתִּכְרֹת אֶת עָרְלַת בְּנָהּ, וַתַּגַּע לְרַגְלָיו וַתֹּאמֶר: כִּי חֲתַן דָּמִים אַתָּה לִי. (שמות ד, כד-כה)

שני הפסוקים הללו כוללים הרבה דברים מעורפלים. אלוהים כועס על משה, והסיבה לכך היא כנראה שלא מל את בנו. על פי פרשנים אחדים בחר משה לדחות את המילה בגלל תלאות הדרך. אחרים סבורים כי הסכים עם חותנו שלפחות אחד מילדיו יגדל לא כעברי אלא כמדייני. יהיה הפירוש אשר יהיה, פעולתה המיידית של ציפורה הצילה חיים. מדרש אחד מייחס לה את דרגת הצדיקות של האימהות, שרה, רבקה, רחל ולאה.

החמישית והשישית הן המיילדות, שפרה ופועה, שפרעה מורה להן להרוג כל בן זכר עברי. וכך מסופר:

> וַתִּירֶאןָ הַמְיַלְּדֹת אֶת הָאֱלֹהִים וְלֹא עָשׂוּ כַּאֲשֶׁר דִּבֶּר אֲלֵיהֶן מֶלֶךְ מִצְרָיִם וַתְּחַיֶּיןָ אֶת הַיְלָדִים. וַיִּקְרָא מֶלֶךְ מִצְרַיִם לַמְיַלְּדֹת וַיֹּאמֶר לָהֶן: מַדּוּעַ עֲשִׂיתֶן הַדָּבָר הַזֶּה וַתְּחַיֶּיןָ אֶת הַיְלָדִים? וַתֹּאמַרְןָ הַמְיַלְּדֹת אֶל פַּרְעֹה: כִּי לֹא כַנָּשִׁים הַמִּצְרִיֹּת הָעִבְרִיֹּת, כִּי חָיוֹת הֵנָּה בְּטֶרֶם תָּבוֹא אֲלֵהֶן הַמְיַלֶּדֶת וְיָלָדוּ. וַיֵּיטֶב אֱלֹהִים לַמְיַלְּדֹת וַיִּרֶב הָעָם וַיַּעַצְמוּ מְאֹד. וַיְהִי כִּי יָרְאוּ הַמְיַלְּדֹת אֶת הָאֱלֹהִים, וַיַּעַשׂ לָהֶם בָּתִּים. (שמות א, יז-כא)

מי היו שפרה ופועה? למען האמת, איננו יודעים עליהן דבר. מדרש אחד מזהה אותן עם יוכבד ומרים, ומשתמש לשם כך בטכניקה משנאית המייחסת את הבלתי־ידוע אל הידוע. עם זאת, כשהתורה מתארת אותן היא משתמשת בביטוי מוזר – מיילדות עבריות – שפירושו מיילדות מזרע ישראל או המיילדות של העבריות. על פי הפירוש השני, הן לא היו עבריות אלא מצריות. כך גורסים למשל אברבנאל ושמואל דוד לוצאטו (שד״ל). שד״ל משתמש בטיעון פשוט: האם סביר שפרעה יצפה מנשים עבריות לרצוח ילדים מבני־עמן? במקום להחליט כך או

אחרת, מוטב לומר כי הערפול שמותירה התורה בנקודה זו הוא מכוון. איננו יודעים מי היו או לאיזה עם השתייכו, מפני שסוג האומץ המוסרי המיוחד להן חורג מכל לאומיות וגזע. במהותו של דבר הן נדרשו לבצע "פשע נגד האנושות", והעובדה שסירבו לעשות זאת מגלה לנו משהו על המדד המוסרי של בני־אדם באשר הם בני־אדם. שפרה ופועה הן דמויות שוליות לכאורה בסיפור, אך בסיפורה של האנושות הן ענקיות, והואיל ולהתנהגותן יש השלכה על אירועים קרובים יותר לימינו, זהו סיפור שמן הראוי להציבו במלוא הקשרו ההיסטורי.

אחד מציוני הדרך בחוק הבינלאומי המודרני היה הבאתם לדין של פושעי מלחמה נאציים במשפטי נירנברג ב־1946. בהליך זה נקבע שיש פשעים מסוימים שלגביהם אי־אפשר להתגונן בטענה של מילוי פקודה. יש חוקים הקודמים לחוקי המדינה. "פשעים נגד האנושות" נותרים פשעים, יהיו אשר יהיו חוק המדינה והוראות השלטון. יש הוראות שחובה מוסרית היא להפר אותן, יש זמנים שבהם מרי אזרחי הוא התגובה הנחוצה מבחינה מוסרית. עיקרון זה, המיוחס לסופר האמריקני הנרי דוד תורו ב־1848, עורר את רוחם של רבים מן הלוחמים לביטול העבדות בארצות־הברית, ולימים גם את רוחו של מרטין לותר קינג המנוח במאבקו למען זכויות אזרח לשחורים בשנות השישים של המאה העשרים. כאשר מדובר בעקרון המרי האזרחי עומדת על הפרק שאלת גבולותיה המוסריים של המדינה.

עד לזמנים מודרניים יחסית נהנו השליטים מסמכות אבסולוטית, שכורסמה רק בשל הוויתורים שנאלצו לוותר לקבוצות כוח אחרות. מצב זה שרר לא רק בעת העתיקה, אלא עד שלהי המאה השבע־עשרה, שבה אישים כמו ג'ון לוק החלו לפתח תיאוריות בדבר החירות, האמנה החברתית וזכויות האדם (ראה מאמר ט, "הסיפור האוניברסלי"). חלק גדול מההגות הדתית עד אז, אם לא רובה, הוקדש להצדקת מבני הכוח הקיימים. זה היה תפקידו של המיתוס, ולימים תפקידו של המושג "הזכות האלוהית של המלכים". בחברות כאלה הרעיון שחייבים להיות לכוח גבולות מוסריים לא היה עולה כלל על הדעת. התנגדות למלך פירושה היה התרסה נגד המציאות עצמה.

על רקע זה מצטייר המונותיאיזם המקראי כמהפכה שהקדימה באלפי שנים את תרבות המערב. יציאת מצרים לא הייתה סתם שחרור של עבדים. היא הייתה שרטוט מחדש של הנוף המוסרי והפוליטי. אם צלם אלוהים קיים, אם לא רק מלכים ניחנו בו אלא כל בן־אנוש, הרי כל פעולה של דה־הומניזציה מטעם השלטון היא מעצם טיבה שימוש לרעה בכוח. העבדות, שנתפסה בעיני כל ההוגים של העת העתיקה כחלק מהסדר הטבעי של הדברים, הופכת למשהו פסול מבחינה מוסרית, כעבירה לא רק נגד האדם אלא נגד אלוהים. כשאלוהים מורה למשה לדבר אל פרעה על "בְּנִי בְכֹרִי יִשְׂרָאֵל" (שמות ד, כב), הוא מודיע לשליט החזק ביותר של העולם העתיק כי האנשים האלה הם אולי עבדיו, אבל הם בניו של אלוהים. סיפור מכות מצרים הוא סיפור פוליטי ותיאולוגי באותה מידה. מבחינה תיאולוגית הוא מאשר שבורא הטבע עולה על איתני הטבע. מבחינה פוליטית הוא מצהיר שמעל כל כוח אנושי ניצבת ריבונותו של אלוהים, המגן על זכויות המין האנושי ומבטיח אותן.

לאור השקפת עולם כזאת, הרעיון של אי־ציות אזרחי איננו בלתי־נתפס אלא מובן מאליו. עצם מושג הריבונות מוגדר באמצעות עליונות הנכון על החזק, עליונות המוסר על הכוח. כל מנהיגות צריכה להצדיק את עצמה, אפילו לעומת התנגדות בלתי־צודקת. מכאן הדברים שאומר משה לאלוהים בזמן מחלוקת קורח ועדתו: "לֹא חֲמוֹר אֶחָד מֵהֶם נָשָׂאתִי, וְלֹא הֲרֵעֹתִי אֶת אַחַד מֵהֶם" (שמות טו, טז). באחד מהרגעים משני־העולם בהיסטוריה נולדה בעם ישראל הביקורת החברתית במקביל למיסודו של הכוח. מיד כאשר הומלכו מלכים על ישראל היו נביאים שנשלחו בשם אלוהים לבקר את דרכם כאשר השתמשו לרעה בכוחם.

הוא הדין לא רק בפוליטיקה הפנימית של ישראל, אלא גם ביהודים שחיו בגלות בכפיפות לשלטון זר. ספרי דניאל ואסתר – ספרי הגלות הקלאסיים – הם וריאציות על נושא האי־ציות האזרחי. חנניה, מישאל ועזריה מסרבים להשתחוות לצלם הזהב של נבוכדנאצר. דניאל מסרב לפקודתו של דריווש לסגוד אך ורק לו. מרדכי אינו

משתחווה להמן. "עַם קְשֵׁה עֹרֶף" עלול להתקשות לפעמים לעבוד את אלוהים, אבל בוודאי לא יעבוד שום דבר אחר. כדברי התלמוד: "דברי הרב ודברי התלמיד, דברי מי שומעין?" (קידושין מב ע"ב). אין במציאות סדר אנושי, יהיה אשר יהיה מי שכונן אותו, שיוכל לפסול את מצוות האל.

זוהי הוכחה נוספת לטענה שהעליתי במאמרים ט-יא, שמסורת החירות במערב אינה בנויה על יסודות מימי יוון העתיקה אלא מסתמכת דווקא על המקרא. מה שחסר ליוון היה תיאוריה של הגבולות המוסריים של הכוח. הדמוקרטיה האתונאית, כפי שציין הלורד אקטון, נכשלה מפני שהיוונים האמינו שאין חוק העולה על כוחה של המדינה – המחוקק הוא מעל לחוק. כתוצאה מכך, הוא כותב, "הכוח הבלתי־מוגבל, השוחק את המצפון, מקשה את הלב ומסכסך את הבנתם של המלכים, היה גורם שפעל נגד המוסר בדמוקרטיה המפוארת של אתונה", כפי שקרה עוד פעמים רבות מאז ואילך. ההגות הפוליטית היוונית נוטלת לעצמה את ריבונותה של המדינה. ההגות הפוליטית היהודית נוטלת לעצמה את ריבונותו של האל, ולפיכך גם את הגבולות המוסריים של המדינה. לכן התורה היא הטקסט המכונן של החירות ושל זכויות האזרח, ולא כתבי הקלאסיקונים הפוליטיים היוונים.

כמה מרגש אפוא שהמקרה המתועד הראשון של מרי אזרחי – שהקדים את תורו ביותר משלושת אלפי שנים – הוא סיפורן של שפרה ופועה, שתי נשים רגילות שהמרו את פי פרעה בשמה של אנושיות פשוטה. לא ידוע לנו דבר נוסף עליהן, גם לא לאיזה עם השתייכו. אנו יודעים רק שהן יראו "אֶת הָאֱלֹהִים וְלֹא עָשׂוּ כַּאֲשֶׁר דִּבֶּר אֲלֵיהֶן מֶלֶךְ מִצְרָיִם". באותן מילים גורליות נקבע תקדים שהיה לימים הבסיס להכרזת זכויות האדם של האו"ם. שפרה ופועה סירבו לציית לפקודה בלתי־מוסרית ובכך הגדירו מחדש את הנוף המוסרי של העולם.

יש לציין עוד דבר אחד. אמנם הספרות היוונית אינה מכירה את המושג מרי אזרחי, אבל מופיע בה מקרה אחד שבו פרט ממרה

את פי המלך – לא בשם הצדק אלא מתוך נאמנות למנהג המקובל ולרגש המשפחתי – **אנטיגונה** של סופוקלס, הקוברת את אחיה בניגוד לפקודת המלך קריאון שאסר לקברו בשל היותו בוגד. מרתק לעמוד על הניגוד בין סופוקלס למקרא. המחזה **אנטיגונה** הוא טרגדיה: הגיבורה שעל שמה נקרא המחזה משלמת בחייה על התרסתה. סיפורן של שפרה ופועה איננו טרגדיה. הוא מסתיים בביטוי מוזר. מסופר כי אלוהים "עשה להן בתים". מה פירוש הדבר? שד"ל מציע תובנה עמוקה: נשים נעשות לפעמים מיילדות כשהן עצמן אינן יכולות ללדת. כך היה אצל שפרה ופועה. בזכות העובדה שהצילו את חייהם של ילדים, גומל להן אלוהים – מידה כנגד מידה – ומברך אותן בילדים ("בתים" במובן משפחות). החיים המוסריים ביהדות אינם טרגיים באופן בלתי־נמנע, כי היקום והגורל אינם עיוורים.

"בשכר נשים צדקניות שהיו באותו הדור נגאלו ישראל ממצרים". מסורות מדרשיות רבות מספרות על אמונתן של נשים בימי השעבוד במצרים ובמסע אל הארץ המובטחת (לדברי חכמים, הנשים לא השתתפו בחטא העגל וגם לא בספקות שהוליכו לאירועי פרשת המרגלים). אבל בחרתי כאן את שש הדוגמאות הללו כי הן מובאות במפורש בכתוב. כל אחת מהן היא מופת לאומץ לב כנגד כוח השלטון, ולאמונה מול פני הייאוש. סיפור יציאת מצרים שאנחנו מספרים בו בשולחן הסדר עניינו אלוהים, לא האדם. אפילו משה מוזכר בהגדה פעם אחת בלבד, כעניין אגבי. אבל לסיפור היה ממד אנושי, שעניינו איש גדול אחד ושש נשים יוצאות דופן.

משה נעשה גיבור כי "הגדולה נפלה עליו". הוא הנהיג את ישראל לא מפני שבחר לעשות זאת אלא מפני שנצטווה מפי הגבורה. יוכבד, מרים, בתיה, ציפורה, שפרה ופועה לא נצטוו. אותן הדריך חוש מוסרי חזק, אנושיות עשויה ללא חת ותפיסה אינטואיטיבית שהורתה להן מה מבקשים מאתנו השמים עלי אדמות: הן יָראו את האלוהים. האנדרטה שבנתה התורה לחירות, לריבונות האל ולקדושת החיים נושאת את שמותיהן של אותן נשים שבאומץ לבן הוכיחו כי העריצות חזקה, אבל החמלה חזקה ממנה.

## מאמר יד

# החמישי החסר

פרשנים רבים, ובהם הגאון מווילנה, הפנו את תשומת הלב להשפעתו של המספר ארבע בהגדה של פסח. מצויות שם ארבע רביעיות:

1. ארבע הקושיות
2. ארבעה בנים
3. ארבע כוסות
4. ארבע לשונות של גאולה: "וְהוֹצֵאתִי אֶתְכֶם מִתַּחַת סִבְלֹת מִצְרַיִם, וְהִצַּלְתִּי אֶתְכֶם מֵעֲבֹדָתָם, וְגָאַלְתִּי אֶתְכֶם בִּזְרוֹעַ נְטוּיָה וּבִשְׁפָטִים גְּדֹלִים. וְלָקַחְתִּי אֶתְכֶם לִי לְעָם." (שמות ו, ו-ז)

יחד עם זאת, ייתכן שמתחת לפני השטח אפשר להבחין בדפוס נוסף, ממש כפי שצילום רנטגן עשוי לגלות מתחת לפני השטח של ציור מסוים ציור מוקדם יותר. ובכך אני מבקש לעסוק במאמר הזה.

ראשית יש לציין כי למעשה קיימת רביעייה נוספת בליל הסדר, והיא ארבעת פסוקי המקרא שהצגתם תופסת חלק חשוב בהגדה:

1. "אֲרַמִּי אֹבֵד אָבִי..."
2. "וַיָּרֵעוּ אֹתָנוּ הַמִּצְרִים וַיְעַנּוּנוּ"
3. "וַנִּצְעַק אֶל ה' אֱלֹהֵי אֲבֹתֵינוּ"
4. "וַיּוֹצִאֵנוּ ה' מִמִּצְרַיִם" (דברים כ, ה-ח)

יש אפוא חמש רביעיות, ולא ארבע בלבד.

במהדורות המוקדמות של מסכת פסחים בתלמוד הבבלי (קיח ע"א) מופיע קטע שהביך את פרשני התלמוד בימי הביניים. וכך נכתב שם: "כוס חמישי גומר עליו את ההלל ואחריו הלל הגדול, דברי רבי טרפון". בכל מקום אחר מדובר על ארבע כוסות, ולא חמש. המשנה, למשל, אומרת כי יש לתת לעני די כסף כדי שיוכל לקנות ארבע כוסות יין. הדיון בתלמוד, הן הבבלי הן הירושלמי, נסב סביב ההנחה שבליל הסדר יש ארבע כוסות. כיצד אפוא עלינו להבין את דבריו של רבי טרפון על כוס חמישית?

בקרב הפרשנים הסתמנו שלוש דעות. הראשונה הייתה דעתם של רש"י ובעלי התוספות, שטענו כי בליל הסדר יש רק ארבע כוסות ואסור לשתות כוס חמישית. אמירתו של רבי טרפון בוודאי אינה אלא טעות סופר, ויש לתקן בהתאם את הכתוב בתלמוד.

הדעה השנייה הייתה דעתו של הרמב"ם, שטען כי יש כוס חמישית, אבל היא, בניגוד לארבע האחרות, רשות ולא חובה. המשנה המלמדת אותנו כי יש לתת לעני די כסף לקנות ארבע כוסות יין פירושה שעלינו להבטיח כי יזכה להזדמנות לקיים את חובתו. אנחנו פטורים מהבטחת הכוס החמישית, שהיא רשות אך לא חובה. את דברי רבי טרפון יש להבין כך: מי שמבקש לשתות כוס חמישית, צריך לעשות זאת במהלך אמירת הלל הגדול.

ההשקפה השלישית, שמציג בן־זמנו של הרמב"ם הראב"ד מפוסקייר, היא שצריך לשתות כוס חמישית. בהלכה היהודית יש הבדל בין חובה ובין מצווה. ארבע הכוסות הראשונות הן חובה, החמישית היא מצווה – כלומר לא חובה אבל עדיין ראויה להיעשות ולא עניין של בחירה בלבד, כדעת הרמב"ם.

הכוס החמישית עוררה אפוא מחלוקת. רש"י אמר שאסור לשתות אותה; הרמב"ם אמר שאפשר; הראב"ד אמר שצריך. מה עלינו לעשות לנוכח מחלוקת כזאת? ההלכה מנסה תמיד במידת האפשר להציג פתרון המכבד את כל הדעות, במיוחד כשהן מובאות מפי בני־סמכא

גדולים. הפתרון במקרה הנוכחי היה פשוט. כוס חמישית נמזגת (מתוך כבוד לראב"ד ולרמב"ם) אבל אין שותים אותה (מתוך כבוד לרש"י).

כאשר מופיעה בתלמוד מחלוקת שאינה מגיעה לפתרון, מרבים חז"ל להשתמש במושג תיקו. אנחנו מאמינים שמחלוקות כאלה תיפתרנה בבוא אליהו התשבי המבשר את בוא המשיח. אחד מתפקידיו יהיה לפסוק במחלוקות הלכתיות שלא באו על פתרונן. רמז לכך אפשר למצוא במילה תיקו עצמה, שנקראה כראשי תיבות של "תשבי יתרץ קושיות ואִבעיות". זוהי אפוא ההיסטוריה מאחורי "כוס אליהו הנביא" – הכוס שאנחנו ממלאים אחרי הארוחה אבל איננו שותים ממנה. היא מייצגת את "הכוס החמישית" הנזכרת בתלמוד.

על פי התלמוד הירושלמי, אנחנו שותים ארבע כוסות יין בגלל ארבעת ביטויי הגאולה בהבטחת אלוהים למשה. איך יכול אפוא רבי טרפון לומר שיש חמש כוסות ולא ארבע? העובדה המרתקת היא שאם נבחן היטב את פסוקי המקרא שם, נמצא חמישה ביטויי גאולה, ולא ארבעה. "וְהֵבֵאתִי אֶתְכֶם אֶל הָאָרֶץ אֲשֶׁר נָשָׂאתִי אֶת יָדִי לָתֵת אֹתָהּ לְאַבְרָהָם, לְיִצְחָק וּלְיַעֲקֹב, וְנָתַתִּי אֹתָהּ לָכֶם מוֹרָשָׁה, אֲנִי ה'" (שמות ו, ח).

ויש חמישי חסר נוסף. כפי שכבר צוין, במהלך סיפור ההגדה אנחנו דורשים את ארבעת הפסוקים, החל מ"אֲרַמִּי אֹבֵד אָבִי". בימי המקרא אמרו אותם מביאי הביכורים לירושלים. אבל אם נפנה אל המקור נגלה כי בקטע זה יש פסוק חמישי: "וַיְבִאֵנוּ אֶל הַמָּקוֹם הַזֶּה וַיִּתֶּן לָנוּ אֶת הָאָרֶץ הַזֹּאת, אֶרֶץ זָבַת חָלָב וּדְבָשׁ" (דברים כו, ט). הפסוק הזה אינו מצוטט ואינו נדרש בשולחן הסדר. אבל זה משונה, הואיל והמשנה מכריזה במפורש: "ודורש מ'ארמי אובד אבי' עד שיגמור כל הפרשה כולה" (פסחים י, ד). למעשה איננו גומרים כאן את הפרשה כולה, למרות הוראת המשנה.

יש אפוא שלושה "חמישי" חסרים – הכוס החמישית, ביטוי הגאולה החמישי והפסוק החמישי. והסיבה לכך ברורה. כל השלושה מתייחסים לכך שאלוהים לא רק הוציא את בני־ישראל ממצרים אלא

גם הביא אותם לארץ ישראל. ההגדה כפי שהיא בידינו התפתחה בימי חז״ל, והיא, כדברי הרמב״ם, ״ההגדה שנהגו בה ישראל בזמן הגלות״ (**משנה תורה**, הלכות חמץ ומצה, נוסח ההגדה). החמישי החסר מייצג את הגורם החסר בגאולה. כיצד יוכלו יהודים לחגוג את בואם לארץ ישראל בעודם בגלות? איך יוכלו לשתות את כוס הגאולה האחרונה אם אמרו בתחילת הסדר ״הַשַּׁתָּא עַבְדֵי, לְשָׁנָה הַבָּאָה בְּנֵי־חוֹרִין. הַשַּׁתָּא הָכָא, לְשָׁנָה הַבָּאָה בְּאַרְעָא דְיִשְׂרָאֵל״?

הכוס החמישית – הנמזגת אך אינה נשתית – הייתה כמו הכוס שנוהגים לשבור מתחת לחופה. היא הייתה סמל לאי־שלמות. פירושה היה שכל עוד היהודים מפוזרים בכל קצות תבל וסובלים רדיפות וסכנות, הם אינם יכולים עדיין לחגוג בצורה שלמה. אחד מחכמי המאה העשרים, הרב מנחם כשר המנוח, טען שעתה, כשמדינת ישראל קיימת ויהודים מגלויות רבות התקבצו בארץ והם נהנים מריבונות ומארץ משלהם, יש להחזיר לתוקפו את מנהג שתיית הכוס החמישית. בזה צריכות להכריע הסמכויות ההלכתיות.

ומה על ארבע הקושיות וארבעת הבנים? הייתה גם הייתה קושיה חמישית. המשנה אומרת שהילד צריך לשאול: ״שבכל הלילות אנו אוכלים בשר צלי שלוק ומבושל, הלילה הזה כולו צלי״ (פסחים י, ד). את הטקסט הזה אפשר עדיין למצוא בכתבי יד קדומים של ההגדה שנתגלו בגניזה של קהיר. הקושיה הזאת מתייחסת לתקופה שבה בית המקדש היה קיים והאוכל שנאכל בליל הסדר כלל את קרבן הפסח, שהיה צלוי. אחרי חורבן הבית, כשפסק הנוהג לאכול את קרבן הפסח, הושמטה השאלה והוחלפה בשאלה אחרת (בדבר ההסבה).

האם היה גם בן חמישי? הרבי מלובביץ׳ המנוח העלה את האפשרות שהיה בן חמישי בפסח. ארבעת הבנים של ההגדה נוכחים כולם ויושבים סביב השולחן. הילד החמישי הוא זה שאינו שם, הילד שאבד בשל נישואי תערובת והתבוללות. מסורת חז״ל מספרת לנו כי במצרים התבוללו יהודים רבים ולא רצו לצאת ממצרים. כאשר התורה מתארת את יציאת בני־ישראל ממצרים היא משתמשת בביטוי ״וַחֲמֻשִׁים עָלוּ בְנֵי יִשְׂרָאֵל מֵאֶרֶץ מִצְרָיִם״ (שמות יג, יח). רש״י סבור כי

"חמוש" אין פירושו מצויד בכלי נשק, אלא מילה המתייחסת למספר חמש. הפסוק מספר לנו אפוא כי חמישית בלבד מבני־ישראל עלו ממצרים. היתר, הוא מסביר, נספו במכת חושך. המכה עצמה, יותר משבאה להכות במצרים נועדה להסתיר את חרפת בני־ישראל, שרבים מהם לא רצו לעזוב את מצרים. אבדן יהודים בדרך ההתבוללות הוא בוודאי טרגדיה ארוכת ימים של העם היהודי. כיצד נזכיר אותה בליל הסדר? באמצעות שתיקה: הילד החמישי – זה שאינו שם.

מתחת לפני השטח של ההגדה אנו מוצאים אפוא לא ארבע רביעיות כי אם חמש חמישיות. בכל אחת מהקבוצות קיים חמישי נעדר – כוס, ביטוי גאולה, פסוק, קושיה ובן. כל אחד מאלה מצביע על משהו שחסר במצבנו הנוכחי. במחצית המאה שחלפה מאז השואה יצא העם היהודי מחושך לאור. מדינת ישראל הוקמה. השפה העברית נולדה מחדש. היהודים הובאו למקום מבטחים מארצות שבהן ריחפה עליהם סכנה. בדמוקרטיות הליברליות של המערב זכו היהודים לחירות ואף למעמד חשוב ולשפע.

אבל מדינת ישראל טרם זכתה לשלום. בגולה נמשכת ההתבוללות בקצב מהיר. יהודים רבים חשים ניכור כלפי עמם ודתם. משהו חסר בחג שלנו – הכוס החמישית, ביטוי הגאולה החמישי, הפסוק החמישי, הקושיה החמישית והבן החמישי. זהו מדד לכל מה שטרם הושג. טרם הגענו ליעדנו. החמישה החסרים מזכירים לנו את העבודה שעדיין נותרה לנו, מסע שטרם נשלם.

מאמר טו

# אמנות הצגת הקושיות

והיה כי יאמרו אליכם בניכם... (שמות יב, כו)

סוקרטס (469-399 לפנה"ס), הפילוסוף היווני הגדול ומורהו של אפלטון, נהג לשאול שאלות מטרידות. הצגת שאלות עיקשות לצורך הבהרה מכונה עד היום בשם "מתודה סוקרטית". על שום מנהגו זה, בין היתר, הועמד סוקרטס למשפט האתונאים, הואשם ב"השחתת הנוער" ונידון למוות. אין דבר שונה מזה יותר מן היהדות, שבה אנו מלמדים את הילדים לשאול שאלות כחלק מהותי מחג הפסח, עד כדי כך שאת ההגדה חייבים לספר בתגובה לקושיה שמציג ילד. כשאין ילד צריכים המבוגרים לשאול זה את זה, ואם אדם מסב לבדו לסדר, עליו לשאול את עצמו. היהדות אינה רואה בחוסר ספקות אות לאמונה, אלא אות להעדר עומק. "וזה שאינו יודע לשאול, את פתח לו". מנהגים רבים הקשורים לליל הסדר (טבילת הכרפס והסרת קערת הסדר הן שתי דוגמאות) הוכנסו אך ורק במטרה לעורר את סקרנותו של הילד, כדי שישאל "למה?" היהדות היא דת של שאלות.

הפסיכיאטר האמריקני אברהם טברסקי זוכר כי היה לו בילדותו מורה שאהב שאלות, והעדיף דווקא שאלות תובעניות. כשניצב בפני אתגר קשה במיוחד, נהג לומר באנגלית רצוצה: "צודק! צודק מאה

אחוז! עכשיו אני מראה אותך איפה טועה". הפיזיקאי היהודי חתן פרס נובל איזידור רבי הסביר כי אמו לימדה אותו להיות מדען. "כל ילד אחר היה חוזר הביתה מבית הספר ונשאל: 'מה למדת היום?' אבל אמי נהגה לשאול: 'איזי, שאלת היום שאלה טובה?'" המחמאה הגדולה ביותר שמורה יכול לתת לתלמיד ישיבה היא "דו פרעגסט א גוטע קאשע", אתה שואל שאלה טובה.

מה מקורה של תשוקה יהודית זו לשאלות? אין ספק שהיא חבה רבות לעובדה ששלוש פעמים בתורה משה מדבר על ילדים המבקשים הסבר למנהג דתי, ובמקום אחר נאמר: "וְהִגַּדְתָּ לְבִנְךָ..." (שמות יג, ח). ארבעת הפסוקים הללו יחדיו הם הבסיס ל"ארבעת הבנים" של ההגדה. חינוך איננו אינדוקטרינציה. הוא מבקש ללמד את הילד לגלות סקרנות, לתהות, להרהר, לחקור. הילד השואל הופך לשותף בתהליך הלמידה. הוא או היא אינם עוד נמענים סבילים אלא משתתפים פעילים. לשאול פירושו לגדול.

אבל הצגת שאלות היא עניין עמוק עוד יותר ביהדות – כה עמוק, עד שהוא מייצג תופעה דתית בפני עצמה. גיבורי האמונה מציגים שאלות על אלוהים, וככל שהנביא גדול יותר כן קשה שאלתו. אברהם שאל: "הֲשֹׁפֵט כָּל הָאָרֶץ לֹא יַעֲשֶׂה מִשְׁפָּט?" (בראשית יח, כה) משה שאל: "אֲדֹנָי, לָמָה הֲרֵעֹתָה לָעָם הַזֶּה?" (שמות ה, כב) ירמיהו אמר: "צַדִּיק אַתָּה ה' כִּי אָרִיב אֵלֶיךָ, אַךְ מִשְׁפָּטִים אֲדַבֵּר אוֹתָךְ: מַדּוּעַ דֶּרֶךְ רְשָׁעִים צָלֵחָה, שָׁלוּ כָּל בֹּגְדֵי בָגֶד?" (ירמיה יב, א) ספר איוב, העיסוק האינטנסיבי ביותר בסבלות האדם, הוא ספר של שאלות הנשאלות בידי אדם, ואלוהים עונה עליהן בארבעה פרקי שאלות משלו. הדרשות המוקדמות ביותר (מהסוג המכונה "ילמדנו") החלו בשאלה שאחד מחברי הקהילה הציג לרב. אחד הז'אנרים הקלאסיים של ספרות חכמים נקרא "שאלות ותשובות". השאלה נמצאת בלב הרוחניות היהודית.

לא פעם נתפסת האמונה הדתית כגישה נאיבית, עיוורת, מקבלת. לא זוהי דרך היהדות. היהדות איננה השעיית התבונה הביקורתית. אין בה מקום למקבילה מסוג הכרזתו הנודעת של ההוגה הנוצרי

טֶרטוּליאנוס, Certum est quia impossibile est, "אני מאמין מפני שזה בלתי־אפשרי". אדרבה: הצגת שאלה היא עצמה ביטוי עמוק לאמונה במובנות היקום ובמשמעותו לחיי האדם. לשאול פירושו להאמין שאי שם קיימת תשובה. העובדה שלכל אורך ההיסטוריה הקדישו אנשים את חייהם להרחבת גבולות הידע היא עדות משכנעת לתסיסה המתמדת של רוח האדם ולשאיפתה להרחיק, להגביה, להעמיק. השאלות לא די שאינן אסורות מטעמי אמונה, הן עצמן עדות לאמונה – האמונה שההיסטוריה אינה אקראית, שהבנתנו מסוגלת לחדור את היקום, שמה שקורה לנו איננו גורל עיוור. אנחנו שואלים לא מפני שאנחנו מפקפקים אלא מפני שאנחנו מאמינים.

יש שלושה סוגים של שאלות, שכל אחד מקביל להיבט שונה של האל, האנושות והחקר האינטלקטואלי. הסוג הראשון משתייך לתחום החכמה וכולל חקירה מדעית, היסטורית וסוציולוגית. רש"י מפרש את הביטוי "בצלמנו כדמותנו", שנאמר על בריאת האדם, כמילים שהוראתן "להבין ולהשכיל". ההומו ספיינס הוא היצור היחיד המסוגל לנסח את השאלה "למה". הרמב"ם כולל את ההבנה המדעית והפילוסופית בין המצוות לאהוב את אלוהים ולהתיירא ממנו, כי ככל שנבין את היקום כן תגדל יראתנו מפניו ומפני הבורא שברא אותו. חז"ל ניסחו ברכה מיוחדת לאדם הרואה חכם שנודע בזכות ידיעותיו בענייני העולם הזה ("ברוך אתה... שנתן מחכמתו לבשר ודם"). הבקשה הראשונה שאנו מבקשים בתפילת העמידה היומית היא "חָנֵּנוּ מֵאִתְּךָ חכמה בינה ודעת". כבוד האדם קשור קשר הדוק ליכולתנו לתפוס את פעולת היקום, הטבעית והחברתית. חכמה היא מפגש עם אלוהים באמצעות היצירה. כאשר האל היצירתי ברא את האדם בצלמו, הוא חנן את המין האנושי ביצירתיות.

הסוג השני הוא השאלות שאנו שואלים על התורה, דוגמת ארבע הקושיות הפותחות את סדר הפסח: "מה נשתנה הלילה הזה? מדוע אנחנו עושים כך ולא אחרת? מהו טעמה של המצווה?" אחת התכונות המובהקות ביותר של העברית המקראית היא שאף על פי שהתורה מלאה מצוות – תרי"ג, 613 – אין במקרא מילה שפירושה "ציות".

התורה משתמשת במילה "שמע". אלוהים אינו חפץ בצייתנות עיוורת אלא בתגובה מבינה. משה אומר לבני־ישראל כי המצוות הן "חָכְמַתְכֶם וּבִינַתְכֶם לְעֵינֵי הָעַמִּים", כלומר, הן נשמעות לתבונה האנושית (דברים ד, ו). באחד הרגעים המכוננים בתחום חינוך המבוגרים מכנס עזרא את העם בירושלים ועורך קריאה פומבית בספר התורה, בעזרת הלוויים שמשימתם היא לקרוא "בַסֵּפֶר בְּתוֹרַת הָאֱלֹהִים מְפֹרָשׁ וְשׂוֹם שֶׂכֶל וַיָּבִינוּ בַּמִּקְרָא" (נחמיה ח, ח). הלל הזקן, שנודע ביחסו הטוב לכל אדם, אמר "לא הביישן למד". ככל שנרבה לשאול, לחקור ולהבין את התורה כן ניטיב להפנים את ערכיה וליישמם במצבים חדשים. התורה היא פגישה עם אלוהים מתוך התגלות.

אך אין ספק שהשאלה הייחודית ביותר ביהדות, והקשורה יותר מכול למסורת הנבואית, היא שאלת הצדק: מדוע דברים רעים קורים לאנשים טובים ומדוע נדמה לעתים כה קרובות שהרע מצליח, מדוע רבים כל כך סובלים על לא עוול בכפם. קרל מרקס כינה את הדת "אופיום להמונים". הוא האמין שהדת גורמת לאנשים להשלים עם מצבם – עם עוניים, עם מחלותיהם ועם מותם, עם "התחנה שלהם בחיים", עם שעבודם לשליטים עריצים, עם קיום עגום לרוב האנשים רוב הזמן. האמונה מרדימה ומשתיקה כאב. היא גורמת למשהו בלתי־נסבל להיות נסבל. היא מלמדת אנשים לקבל דברים כמות שהם כי זהו רצון האל. הדת, טען מרקס, היא האמצעי החזק מכל אמצעי אחר שהתקיים אי פעם שתכליתו להחזיק אנשים במקומם. היא מקיפה גורל שרירותי בהילה של הבלתי־נמנע. ולכן, כך טען, אם ברצוננו לשנות את העולם, עלינו לזנוח את הדת.

היהדות – האמונה שנולדה כשאלוהים שחרר את עמו מכבלי השעבוד – רחוקה מכך מאוד. השאלה המהדהדת לכל אורך ההיסטוריה של היהדות – מימי אברהם עד ירמיהו ואיוב, עד מדרשי חז"ל, עד הקינה של ימי הביניים ועד תפילת החסידים – איננה קבלת העוול אלא מחאה נגדו. יש שאלות שהתגובה להן היא תשובה. אבל יש שאלות שהתגובה עליהן היא מעשה. כשאנו שואלים "מדוע הצדיקים סובלים?" איננו מחפשים הסבר שיגרום לנו להשלים עם

חִצֵּי גורל אכזר. אנו מפנים לאלוהים בקשה לפעולה ומגלים, מתוך עצם הבקשה הזאת, שאלוהים מבקש מאתנו אותו הדבר.

בראשית מסכת חייו של משה מופיעות שלוש תמונות. הוא רואה מצרי מכה איש עברי, ומתערב. הוא רואה שני עברים ניצים, ומתערב. הוא רואה רועים שאינם מבני־ישראל מתייחסים בגסות לבנותיו של יתרו המדייני, ומתערב. להיות יהודי פירושו להיות מוכן לפעול נגד עוולות. כשנשאל רבי חיים מבריסק מהו תפקידו של רב, הוא השיב: "לתקן את הפגיעות בנטושים ובבודדים, להגן על כבודם של העניים ולהציל את העשוקים מידי עושקיהם". היהדות היא סימן השאלה של אלוהים כנגד מעשי האכזריות האקראיים של העולם. זוהי קריאתו אלינו "לתקן עולם" עד שהעולם יהיה ראוי לנוכחות האלוהית, לסרב לקבל כל מחלה שאפשר לרפאה, עוני שאפשר לשפרו, עוול שאפשר לתקנו. לשאול את השאלה הנבואית פירושו לא לבקש תשובה אלא להמריץ את הפעולה. זה פירושו של הרעיון לפגוש את אלוהים בגאולה.

שלושת סוגי השאלות קשורים אפוא זה בזה. כשאנו משתמשים בהבנתנו את הבריאה בצירוף מצוות ההתגלות, אנחנו עוזרים להביא גאולה – מעשה אחד בכל פעם, יום אחד בכל פעם, בידיעה שלא לנו להשלים את המשימה, אך גם אל לנו לעמוד מנגד.

עם זאת, קיימים שלושה תנאים להצגת שאלה יהודית. הראשון הוא שנבקש באמת ובתמים ללמוד – לא להטיל ספק, ללגלג, לבטל, לדחות. זה מה שעושה הבן הרשע בהגדה: הוא אינו שואל מתוך רצון אמיתי להבין, אלא כצעד מקדים להסתלקותו מהמקום.

התנאי השני הוא השלמה עם מגבלות הבנתנו. לא כל דבר יכול להיות נהיר בכל רגע נתון. בראשית המאה העשרים היו מדענים שהאמינו כי כל התגליות הגדולות כבר נעשו – ולא העלו על דעתם שמאה השנים הבאות תבאנה עמן את תורת היחסות של איינשטיין, את עקרון האי־ודאות של הייזנברג, את משפט גדל, את ההוכחה למקור היקום ב"מפץ הגדול", את גילוי הדנ"א ואת פענוח הגנום האנושי. אשר לתורה, במאה התשע־עשרה היו יהודים גרמנים

ואמריקנים שלא יכלו להבין מדוע היהודים מתפללים לשוב לציון ומחקו את התפילות הללו מסידור התפילה. עובדות אלו אמורות להשרות עלינו ענווה מסוימת. לא כל אורתודוקסיה מדעית עומדת במבחן הזמן. לא כל דבר ביהדות שאיננו מבינים אותו הוא בלתי־מובן. דווקא אותן תכונות של החיים היהודיים הנראות קשות לדור אחד עשויות להתגלות בדור הבא כמשמעותיות במיוחד. האמונה איננה מנוגדת לשאלות; היא מנוגדת לוודאות הרדודה שרק מה שאנחנו מבינים קיים.

התנאי השלישי הוא שבכל הנוגע לתורה אנחנו לומדים באמצעות החיים ומבינים באמצעות המעשה. אנחנו לומדים להבין מוסיקה באמצעות האזנה למוסיקה. אנחנו לומדים להעריך ספרות באמצעות קריאת ספרות. בלי לשמור את השבת אין כל דרך להבין את השבת, בלי לקיים את דיני טהרת המשפחה אין דרך להעריך כיצד דינים אלו מחזקים את הנישואים. היהדות, כמו המוסיקה, היא משהו שיכול להיות מובן רק מבפנים, על ידי השתקעות בתוכו.

בהינתן ההסתייגויות הללו, היהדות היא אמונה המעריכה, יותר מכל אמונה אחרת, את הדעת, מעודדת שאלות ומטפחת בנו רצינות אינטלקטואלית ברמה גבוהה מאין כמוה. כל שאלה הנשאלת מתוך כבוד היא ראשיתו של מסע לעבר אלוהים, וראשיתה בהרגל שמקנים הורים לילדיהם בחג הפסח: לשאול, ובכך להצטרף לדיאלוג האינסופי בין ההבנה האנושית לשמים.

## מאמר טז

# רשע מה הוא אומר?

רשע מה הוא אומר? ״מה העבודה הזאת לכם?״ לכם ולא לו. ולפי שהוציא את עצמו מן הכלל, כפר בעיקר. אף אתה הקהה את שיניו ואמור לו: ״בעבור זה עשה ה׳ לי בצאתי ממצרים״. לי, ולא לו. אילו היה שם, לא היה נגאל. (הגדה של פסח)

סיפור ארבעת הבנים בהגדה הוא דוגמה מבריקה לדרך העדינה והיצירתית שבה חז״ל מפרשים טקסט. הסיפור מבוסס על העובדה שבארבעה מקומות במקרא (שלושה בספר שמות יב-יג, ואחד בדברים ו) מדברת התורה על הורים המלמדים את בניהם את משמעות המנהג היהודי על ידי ייחוסו לסיפור יציאת מצרים. ברוח התפיסה שאין מילה מיותרת בתורה, הקטעים הללו לא נתפרשו כחזרה סתם, אלא כמקור ללימוד משהו חדש. החכמים, שייחסו חשיבות מיוחדת לחינוך והיו רגישים במיוחד לדקויות הטקסט המקראי, חשו שארבעת הפסוקים עוסקים בסוגים שונים של ילדים. בשלושה מהם נכללו שאלות, אבל הן היו ברמות שונות של תחכום ולפיכך רמזו על ילדים בעלי מזג שונה ויכולות שונות. הרביעי, שאינו כולל שאלה, חייב אפוא להתייחס לילד שטרם הגיע לשלב השאלה. הקטע כנתינתו מעיד על מרכזיותו

של החינוך בחיים היהודיים, ובמיוחד על תפקידם של ההורים כמורים.

קטעים מקבילים שנמצאו בספרות חז"ל מלמדים כי הטקסט כפי שהוא מופיע כיום בהגדה הוא תוצאה של כמה מאות שנים של דיון ותהליך ממושך של עריכה. בכתבים שנותרו מתקופת המשנה ומימי התלמוד הירושלמי קיימים מקורות הנקראים כטיוטות מוקדמות שעליהן התבסס נוסח ההגדה. אבל עניין רב במיוחד יש בעובדה שבשני מקורות אנו מוצאים התייחסות לא ל"ארבעת הבנים" אלא ל"בן הרשע" בלבד:

> "והיה כי יאמרו אליכם בניכם" (שמות יב, כו). עתידין לומר לכם: מה העבודה הזאת לכם? זה בן רשע שהוציא את עצמו מן הכלל, אף אתה הוציאו מן הכלל ואמור לו: בעבור זה עשה ה' לי (שמות יג, ח). לי עשה ולא לך עשה. (מכילתא דרשב"י)

> "והגדת לבנך... בעבור זה עשה ה' לי" (שמות יג, ח) – למה נאמר [ולא נאמר: בעבור זה עשה ה' לנו]? לפי שהוא אומר: "מה העבודה הזאת לכם?" אלא זה בן רשע הוא, שהוציא את עצמו מן הכלל. ולפי שהוציא את עצמו מן הכלל, אף אתה הוציאהו מן הכלל [ואמור לו:] "בעבור זה עשה ה' לי בצאתי ממצרים" – לי ולא לך, ולפי שהוצאת את עצמך מן הכלל, [משתמע מכך ש] אילו היית שם, לא היית נגאל. (מכילתא דרבי ישמעאל)

שני האישים – רבי ישמעאל בן אלישע ורבי שמעון בר יוחאי – שמבית מדרשם באו הדברים האלה, חיו במאה השנייה לספירה, באחת התקופות הסוערות והטרגיות ביותר של העם היהודי. הם היו עדים לדיכוי האכזרי של החיים היהודיים בידי הרומאים. הם ראו יהודים נוטשים את היהדות – כמה מהם כדי להתייצב לצד רומא עצמה, ואחרים כדי להצטרף לכת הנוצרית החדשה. רבי ישמעאל ורבי שמעון היו טיפוסים שונים מבחינת אישיותם, הראשון רציונליסט והאחר

מיסטיקן, אבל שניהם חשו נאמנות עזה לזהות היהודית ולגורל היהודי והיו שותפים לתחושת הכאב העמוק, הגובל בזעם, על היהודים שנטשו את היהדות. אפשר אפוא למקם את דבריהם על "הבן הרשע" בהקשר היסטורי מסוים. הם לא עסקו בחג הפסח כשלעצמו וגם לא דיברו על ילדים קטנים, אלא על יהודים שהיו עדים לנפילת ירושלים ולעליית רומא ונטשו את המחנה כדי להצטרף למנצחים. בעיני החכמים הייתה זו מעין בגידה.

מדרש נוסף מלמד אותנו מה טענו היהודים שערקו מן המחנה. כמו תמיד כשמדובר בפרשנות של חז"ל, עלינו להבין שכאשר הם מדברים על תקופתם הם עושים זאת ברמיזה מעורפלת, תוך התייחסות לתקופות מוקדמות יותר, במקרה הזה – גלות בבל בימי הנביא יחזקאל.

> וכן אתה מוצא כשביקשו [ישראל] לפרוק עול שבועתו בימי יחזקאל...: באו אנשים מזקני ישראל "לדרוש את ה'" (יחזקאל כ, א). אמרו לו [ליחזקאל]: בן כהן הקונה את העבד, מהו שאוכל בתרומה? אמר להם: אוכל. אמרו לו: אם חזר כהן ומכרו לישראל, לא יצא מרשותו? אמר להם: הן. אמרו לו: אף אנו כבר יצאנו מרשותו [של אלוהים], נהיה ככל העולם. (מדרש תנחומא, ניצבים ג)

הטענה (ששבה והועלתה במאה השבע־עשרה בידי שפינוזה, כשעזב את היהדות) היא שהברית שכרת אלוהים עם עַם ישראל מותנית בעצמאות העם. אלוהים היה אדונם מפני ששום גורם אחר לא שלט בהם. כאשר יצאו לגלות – בימי הכיבוש הבבלי ושוב בימי רומא – הם איבדו את עצמאותם ונעשו נתיניו של מלך אחר. לאלוהים לא יכולה להיות עוד כל תביעה כלפיהם. הוא מכר אותם או זנח אותם בידי כוח אחר. הברית הסתיימה.

זהו טיעון חזק, ללא ספק, ואין לפטור אותו בלא כלום. הוא מגלה לנו כמה עמוק היה המשבר שחוו היהודים כשהיו כפופים

לשלטון זר. עצם קיומם של היהודים ושל היהדות היה תלוי בדחיית הטיעון הזה, אלא שלמעשה כזה נדרשים אומץ דתי ונחישות אדירה. אוגוסטינוס, שכתב במאה הרביעית מנקודת מבט נוצרית, אינו יכול להתאפק ומציין בנימת תדהמה את עיקשותה של האמונה היהודית:

> הרי זה באמת דבר פליאה שהיהודים לעולם אינם זונחים את חוקיהם, בין אם תחת שלטונם של מלכים עובדי אלילים בין אם תחת שלטון נוצרים. בזה הם נבדלים משאר השבטים והעמים; אף לא אחד מן הקיסרים והמלכים שמצאו את היהודים על אדמתם לא יכול היה למנוע את היבדלותם של היהודים, על ידי שמירת חוקיהם, משאר משפחת העמים.

התמדתה של היהדות הייתה תלויה בקפיצת אמונה – האמונה שלמרות הכול הברית עדיין בתוקף. אלוהים לא נטש את עמו ויום אחד יגאל אותם. יש להוסיף שאוגוסטינוס צדק: שום עם אחר בהיסטוריה לא הפגין אחיזה כה עיקשת בעברו ובעתידו. כל עם אחר שנכבש, ללא יוצא מן הכלל, אימץ את תרבותם של הכובשים.

התקופה הרומית לא הייתה הפעם הראשונה, והיא לא תהיה גם הפעם האחרונה, שבה עצם עתידה של היהדות היה מוטל על הכף. זה קרה הרבה לפני בבל, ושוב בימי היוונים. זה קרה שוב בספרד של המאה החמש־עשרה, שם הופעל על היהודים לחץ כמעט בלתי־נסבל להתנצר. אחד האישים הבולטים של ימי הביניים, המלומד והמדינאי דון יצחק אברבנאל, השמיע פעם הודאה מדהימה באשר לעומק הייאוש שחש בזמן גירוש ספרד. היה זמן שבו מצא לנכון לומר: "כל הנביאים שניבאו על גאולתי ותשועתי כולם כוזבים... משה רבנו עליו השלום בייחודיו כיזב, ישעיהו בנחמותיו כיזב, ירמיהו ויחזקאל בנבואותיהם וכן שאר הנביאים כולם כל האדם כוזב" (אברבנאל, **זבח פסח**). והוא לא היה היחיד. "תזכור האומה", הוא מוסיף, "[את] כל הדברים המתייאשים שהיו אומרים בזמן הגלות" של 1492.

אבל אברבנאל, בדומה לרבי ישמעאל ולרבי שמעון בר יוחאי

שהקדימו אותו באלף ושלוש מאות שנה, היה משוכנע שאין מקום לעריקה, המרת דת והתבוללות. לא די שזוהי הבגידה שאין למעלה ממנה בברית הזהות היהודית, הבוגדים גם לא יצליחו להציל את היהודים מידי האנטישמיות:

> בני ישראל מפני צרות הגזרות והשמדות ומפני חרבות האויבים יצאו מכלל הדת וחשבו להיות כגויי הארצות ועשו זה בחשבם שבזה תסור מהם השגחת ה' יתברך ויצאו מחובת שמירת תורתו... ויהיו מוצלחים במעשיהם כהצלחת העמים ההם ולא יהיו עוד עם השם וצאן מרעיתו ולא ייזכר שם ישראל עוד עליהם... אבל המחשבה הזאת העולה על רוחכם דעו נא וראו שהיה לא תהיה לעד ולא תתקיים... שאף על פי שישתדלו הם וזרעם אחריהם להיות כגויים גמורים הנה לא יהיה כן כי תמיד יקראו אותם משפחות הארצות יהודים ובשם ישראל יכונו בעל כורחם ויחשבו אותם ליהודים ויעלילו עליהם שהם מתייהדים בסתר ובאש שרוף ישרפו אותם. (אברבנאל, יחזקאל כ, לג)

שלוש מאות שבעים שנה אחר כך, בשנת 1862, כתב משה הס דברים זהים כמעט על היהודים הגרמנים בני־זמנו: "בשל שנאת היהודים הסובבת אותו, משתוקק היהודי הגרמני להשליך ממנו והלאה כל סממן יהודי ולהתכחש לגזער". גם זה נידון לכישלון, אומר הס: "אפילו הטבילה עצמה", הוא כותב, "לא תציל אותו מביעותי שנאת היהודים הגרמנית". למרבה הצער, ההיסטוריה הוכיחה את צדקתם של אברבנאל ושל הס.

מאחורי הפִּסקה הפשוטה על "הבן הרשע" קיימת היסטוריה ארוכה וכאובה של יהודים אשר, לנוכח רדיפות מצד אחד ופיתויים מצד השליטים מצד שני, בחרו לזנוח את היהדות. כשאנו סוקרים את ההיסטוריה הזאת קשה שלא לחוש בַּאירוניה שבעובדה שיוון ורומא, שתי הציביליזציות העתיקות שהתגאו בסובלנותן, והנצרות של ימי הביניים שטענה כי היא סוגדת לאל האהבה, גילו מידה מועטה להפתיע

של סובלנות ואהבה בכל הנוגע ליהודים. דומה שהעיקרון הרווח היה שיש לסבול את היהודים ולאהוב אותם בתנאי שיוותרו על יהדותם. עם זאת, באותה מידה אין שום ספק – והדבר משתקף בתשובה החריפה לבן הרשע – שהיהודים עצמם חשו נבגדים בידי יהודים שבחרו בעתות משבר לעבור למחנה האחר, מחנה השליטים הרודפים.

זוהי ההיסטוריה שמאחורי "הבן הרשע". כיום המצב שונה במקצת. בכל תפוצות הגולה היהודים מתבוללים ונישאים נישואי תערובת. כמו בימי רומא וספרד, העם היהודי נתון במשבר המעמיד בסכנה את רציפות קיומו. אלא שהפעם הגורם איננו רדיפות אלא משהו אחר: אדישות אולי, או בורות, ואולי עצם הלחץ של דור ותרבות שבהם התחייבויות ארוכות טווח אינן חזון נפרץ וקשה יותר להבינן. כל דור מביא עמו אתגרים משלו, והואיל והדור שלנו חדש, אני נוטה להציע פרשנות רדיקלית לשאלה "רשע מה הוא אומר?"

אני עושה זאת מהסיבות הבאות. ראשית: האם היה אי פעם יהודי שהאמין באמת כי בנו "רשע"? התורה מדברת על "בן סורר ומורה", שהוריו מביאים אותו למשפט ומבקשים להענישו. התלמוד מביא דברים מפי אחד מחכמי ישראל ולפיהם בן כזה "לא היה ולא עתיד להיות". להיות הורה פירושו לרחם על ילדיך. המילה רחמים והמילה רחם באות משורש אחד. שום הורה לא יוכל לראות בילדו רשע חסר תקנה ולסלקו מחייו. לכן, כשאנחנו מתפללים לסליחה, אנו קוראים לאלוהים "אבינו".

שנית: האם הקהיית שיניו של בן סורר היא אכן הדרך הטובה ביותר לטפל בו? יעקב המקראי נזף בבניו ראובן, שמעון ולוי רק בשכבו על ערש דווי. על פי המסורת, הוא חשש שאם יוכיח אותם מוקדם יותר, יעזבוהו לטובת אחיו עשיו (ילקוט שמעוני, דברים תת). בראשית המאה העשרים, כשאב מוטרד אחד כתב לרב אברהם יצחק הכהן קוק ושאל איך להתייחס לבנו שזנח את היהדות, השיב לו הרב: "אם אהבת אותו קודם לכן, אהב אותו עוד יותר עכשיו".

שלישית (וזוהי התנגדות הלכתית): בן כמה הוא אותו בן רשע? הוא מבוגר מגיל מצוות (שלוש-עשרה) או צעיר יותר. אם הוא צעיר

יותר, הרי שאלתו נכונה ואין בה זלזול: "מָה הָעֲבֹדָה הַזֹּאת לָכֶם?" ופירושה עשוי בהחלט להיות: "אני, שטרם הגעתי לגיל מצוות, אינני יודע מה פירוש הדבר להיות מצווה על משהו, ואילו אתם יודעים זאת. הסבירו לי זאת בבקשה". אם כבר הגיע לגיל מצוות, הרי כבר קבעה ההלכה: "וכן המכה לבנו הגדול היו מנדים אותו, שהרי עובר על 'לפני עיור לא תתן מכשול' (ויקרא יט, יד)" (רמב"ם, **משנה תורה**, הלכות ממרים ו ט). אחד האיסורים הכלולים בהגדרת "מכשול" הוא לשלח אדם לחטוא. ילד שהגיע לגיל מצוות והוא מכה את אביו או את אמו אשם בעבירה חמורה. לכן נאסר על אדם לעורר ילד כזה לדבר עבירה, באמצעות התנהגות שתצית בילד תשוקה למעשי נקם.

רביעית: מדוע משתמשת ההגדה בביטוי המוזר "הקהה את שיניו"? בעברית המודרנית יש דרכים רבות לציין הוראה, נזיפה, תיקון, תוכחה, גערה. ההגדה היא מסמך רבני והרבנים נטו להעדיף דיבור פשוט על פני מטפורות נפתלות. מדוע אפוא "הקהה את שיניו" ולא פשוט "הוכח אותו"?

השאלה האחרונה נותנת בידינו את המפתח. הביטוי "הקהה את שיניו" הוא בעצם רמז מקראי. הוא נזכר אצל שני נביאים, ירמיהו ויחזקאל, בצירוף הידוע "אָבוֹת אָכְלוּ בֹסֶר וְשִׁנֵּי בָנִים תִּקְהֶינָה" (ירמיה לא, כח). השימוש בניב בלתי־שכיח זה רומז למשהו עמוק. ילדים אינם מתמרדים תמיד מעצמם. ההורה של ילד סורר צריך לשאול את עצמו: האם עשיתי משהו שגרם לכך? האם הבוסר שאכלתי אני הוא שהקהה את שיני בני? אני מבקש לקחת את הביטוי הזה ולהסביר באמצעותו את הקטע כולו:

מה מבקשת לאותת התנהגותו של ילד שאחרים רואים בו בן רשע – המתבגר, המורד? אנחנו יודעים מה הוא אומר. אבל מהי השאלה המופיעה בין השורות, הזעקה שאינה מבוטאת? "אבא, אמא, מה משמעותה של היהדות בעיניכם? שלחתם אותי לשיעורי יהדות. ערכתם לי בר־מצווה. שכרתם לי מורה שהכין אותי לקריאה בתורה. אני יודע מה היהדות אמורה להיות. הקשבתי בשיעורים. קראתי את הספרים. אבל לכל אורך חיי שלחתם לי מסרים מעורבים.

כשהזנחתי את הלימודים הכלליים כעסתם, אבל לא הטריד אתכם שנעדרתי משיעורי יהדות. למדתי את הלכות החיים היהודיים, אבל לא ראיתי שקיימתם אותן, ואם כן, עשיתם זאת בצורה סלקטיבית. אמרתם לי שהיהדות חשובה, אבל מה שעשיתם הראה שהיא איננה חשובה במיוחד. בבר־מצווה שלי הייתם מוטרדים הרבה יותר בשאלת הקייטרינג מאשר בשאלה אם הבנתי את המילים שאמרתי בבית הכנסת. כשהתבגרתי נדמה היה שאתם מתעניינים בשאלה לאיזה קולג׳ אלך ואיזו קריירה אבחר יותר משהנכם משתוקקים לדעת אם אמשיך ללמוד יהדות ולקיים אותה. רציתם שאנשא ליהודייה, אבל מעולם לא נתתם לי סיבה אמיתית לכך. אני יודע מה היהדות אמורה להיות בשבילי – אבל אתם הוריי. אני יהודי רק מפני שאתם יהודים. אני שואל אתכם אפוא מעומק לבי: מה משמעותה של היהדות בעיניכם?״

זוהי שאלה עמוקה ואין להתחמק ממנה. התשובה היחידה שאפשר לתת לה – התגובה הקיומית שהיא לבדה מסוגלת לעבור מלב אל לב – היא לומר מה פירושה של היהדות בעיניי, לא בעיניו. עלינו לנכס את היהדות לעצמנו בטרם נוכל להעבירה הלאה. עלינו לחיות אותה אם אנחנו מבקשים להשפיע על מי שיחיה אחרינו. התורה אומרת: ״וְאָהַבְתָּ אֵת ה׳ אֱלֹהֶיךָ בְּכָל לְבָבְךָ וּבְכָל נַפְשְׁךָ וּבְכָל מְאֹדֶךָ... וְשִׁנַּנְתָּם לְבָנֶיךָ״ (דברים ו, ה). הרב משה אלשיך הסביר את הקשר הזה בפשטות: נוכל ללמד את ילדינו רק מה שאנו עצמנו אוהבים.

מְנַיין הכַּוונה הזאת? הידיעה שבלעדיה ״אילו היה שם, לא היה נגאל״. אין הורה הרוצה שבנו לא ייגאל. לכן להיות הורה פירושו לרצות לקחת את ילדך וללכת אתו יד ביד במסע היהודי, להראות שאנחנו מוכנים לחיות באמונתנו – זו שאנו רוצים כי הוא ימשיך לחיות בה. על פי קריאה זו, הבן הרשע אינו רשע אלא מבולבל, ואנחנו, הוריו, אחראים לבלבול הזה. כדי לשים קץ לבלבול עלינו לשים קץ תחילה לבלבול שלנו בכך שנשאל את עצמנו, מעומק ההכרה העצמית, מה פירושה של יהדות בעינינו.

## מאמר יז

# מתחיל בגנות ומסיים בשבח

[בסיפור יציאת מצרים] מתחיל בגנות ומסים בשבח.
(פסחים י, ד)

כדי להבין עם, מן הראוי להקשיב לדרך שבה הוא מספר את סיפוריו.

בספרות האנושות יש סיפורים מסוגים רבים. יש סיפורים – אנו מכירים אותם מילדותנו – המסתיימים במילים "והם חיים באושר ובעושר עד עצם היום הזה". את אלה אנחנו מכנים אגדות, דמיונות, מיתוסים. במציאות המלאכותית שהם מציירים הדרקון הנורא מחוסל, המכשפה הרעה מנוצחת, הקללה מוסרת, הקונפליקט נפתר. ליהדות אין סיפורים כאלה כי היא אינה מאמינה במיתוסים. בנראטיב היהודי המאבק ברע אינו מסתיים לעולם. ימות המשיח טרם באו. עד אז נחיה בעולם שבו אמנם יצאנו ממצרים אבל אחרי פרעה בא עמלק, ואחרי עמלק – עריצים אחרים. בכל דור ודור יש להילחם בעוול. מורשת יציאת מצרים איננה עולם שבו הכול חיים באושר ובעושר. אין סיום, אין תחושה של סוף. יש משהו מציאותי הרבה יותר ובה בעת רדיקלי יותר: שבת – עולם של מנוחה שהיא זמנית ובכל זאת אוטופית, עולם שבו אנו חווים בכל יום שביעי חירות צרופה וישירה ואוספים כוח להמשיך במסע, להוסיף להיאבק.

מעבר למיתוס יש ז'אנר ספרותי גדול נוסף שאנו חבים ליוונים, הלא הוא הטרגדיה. הטרגדיה מספרת את סיפורם של בני־אדם, על יומרותיהם ושאיפותיהם, בעולם הנשלט בידי כוחות בלתי־אישיים. להיות אדם פירושו לרצות, לתכנן, לחלום. אבל חלומותינו נועדו להתרסק אל קרקע מציאות אדישה לחלוטין לקיומנו. הם היבריס, ונושאיהם נענשים תמיד בנמסיס. אדיפוס והדמויות הגדולות האחרות בדרמה היוונית מוכרחים להיכשל בניסיונם להביס את כוחות הגורל. הטרגדיה היא תוצאה של תפיסת התהום העמוקה המפרידה בין המין האנושי ובין האלים. זאוס, כאלוהויות קדומות אחרות, לא גילה חיבה יתרה לבני־האדם. הם הפריעו את מנוחתו. הם איימו לגנוב את הידע הסודי שלו. אלֵי התרבויות הפוליתיאיסטיות נטו במקרה הטוב לכעוס על בני־האדם, ובמקרה הרע גילו כלפיהם עוינות פעילה. עולם טרגי הוא עולם שבו דברים רעים קורים ללא כל סיבה מסוימת; שבו אין צדק ואין ציפייה לצדק; שבו אנו לומדים לקבל, באומץ סטואי, את האכזריות האקראית של הנסיבות. הגיבור הטרגי, כדברי אריסטו, הוא זה שגורלו הופך "מאושר לאומללות; והגורם לכך אינו זדון, אלא טעות גדולה מצדו של הגיבור". ז'אן אנואי הסביר את הדבר בניסוח אחר:

> בטרגדיה שום דבר אינו מוטל בספק, וגורלו של כל אחד ידוע. עובדה זו משרה שלווה. בין הדמויות בטרגדיה שוררת מעין אחווה: ההורג חף מפשע כמו הנהרג: הכול עניין של התפקיד שאתה ממלא. הטרגדיה רגועה; והסיבה לכך היא שהתקווה, הדבר הדוחה והמכזב הזה, אין לו כל חלק בה.

ביהדות אין – ולא יכולה להיות – טרגדיה, ולא בשל העדר אסונות, משברים, קטסטרופות. אדרבה, לפחות מחצית מן ההיסטוריה היהודית נכתבה בדמעות. גם אין זה משום שלסיפור היהודי יש תמיד סוף טוב. זהו, כאמור, מבנה המיתוס, אך לא היהדות. אבל תמיד קיימת התקווה, התקווה המבוססת, שהיסוד המצדיק אותה איננו אופטימיות,

תמימות או גישה התופסת את ההיסטוריה כהתקדמות מתמדת, אלא מונחי הברית בין שמים לארץ. היהדות היא הדחייה העקרונית של הטרגדיה בשם התקווה.

בלקסיקון הציביליזציה יש קווי דמיון רבים אך גם הבדלים תהומיים. כל תרבות יוצרת מוסיקה, אבל רק מעטות מייצרות סימפוניות. כל עם מספר סיפורים, אבל לא כל עם יוצר רומנים, ודאי לא רומנים כשל דיקנס או טולסטוי. לכל אחד מן הפרטים יש זיכרונות, אבל רק בעידנים מסוימים ובחברות מסוימות הם כותבים אוטוביוגרפיות. כל מפה של המצב האנושי חייבת למצוא מקום לרגש, אבל לא כל תרבות מולידה את הרגש הנקרא תקווה, או אפילו מייחסת לו משמעות. במערב אנחנו נוטים לקבל זאת כמובן מאליו, כאילו הייתה זו תופעה אוניברסלית. היא איננה תופעה אוניברסלית. יש לה תנאים מוקדמים מושגיים עמוקים שהם יוצאי דופן ולא־רגילים. במה עלינו להאמין אם ברצוננו לקוות?

התקווה נולדת כשבני־האדם מתחילים לראשונה להאמין שיש יוצר לעולם; שהוא אינו רק סיבת הכול, המניע המרכזי, יוזם המפץ הגדול, אלא גם ישות המעורבת בפועל בהיסטוריה; שהוא אישי, כלומר שהוא מבין אותנו; ושהוא הביא את העולם לכלל קיום לא מתוך סקרנות גרידא או מסיבה שאינה נתפסת בשכלנו, אלא מתוך אהבה, כפי שהורה מביא ילד לעולם; שלמרות התהום המפרידה בינינו ובין אלוהים, בין האינסופי לזעיר, בין הנצחי לחולף, מתקיימת תקשורת, שאלוהים מדבר; שאלוהים מקבל עליו אותם כללי מוסר שהעניק לנו; ולפיכך, כיוון שנתן את הבטחתו, אין ספק שימלא אותה. אלה הן אמונות מוצקות. הן מהוות את המטפיזיקה של היהדות והן הטביעו את חותמן על הדתות המונותיאיסטיות שנוצרו מתוכה, הנצרות והאיסלאם. בלעדיהן אין תקווה, ואילו אִתן עלולים אמנם לבוא אומללות, עוול וכאב, אבל אין טרגדיה במובן היווני, כי טרגדיה פירושה העדר תקווה.

"מתחיל בגנות ומסים בשבח" – באמצעות נוסחה זו, האנטי־טרגית במהותה, הבהירו חז"ל כיצד יש לספר את סיפור הפסח. הם

היו חלוקים בשאלת הפרטים. היו שסברו כי את הסיפור צריך למסור ברוח התשובה הניתנת לבן החכם בספר דברים (ו, כא): "עֲבָדִים הָיִינוּ לְפַרְעֹה בְּמִצְרָיִם וַיֹּצִיאֵנוּ ה' מִמִּצְרַיִם..." אחרים סברו כי הסיפור צריך להישמע ברוח הדברים האחרונים שאמר יהושע לבני־ישראל: "בְּעֵבֶר הַנָּהָר יָשְׁבוּ אֲבוֹתֵיכֶם מֵעוֹלָם, תֶּרַח אֲבִי אַבְרָהָם וַאֲבִי נָחוֹר; וַיַּעַבְדוּ אֱלֹהִים אֲחֵרִים" (יהושע כד, ב). בפירושי להגדה אני מסביר מה עומד על הפרק כשבוחרים בין שתי ההשקפות הללו; ולמעשה, אנחנו קוראים את זו ואת זו כאחת. עם זאת, הכול מסכימים שעלינו להתחיל את הסיפור בחדשות הרעות (שעבוד, עבודה זרה) ולסיים בטובות (פדות, התגלות). בכלל פשוט זה שקבעו חז"ל הם לא רק התוו את צורת הסיפור של ההגדה, אלא גם סיכמו את מבנה התפיסה היהודית כולה. הטונאליות הרגשית של עם מבוטאת באופן שבו הוא מספר את סיפורו.

ספר בראשית, למשל, מלא סיפורים על יריבות בין אחים אבל מסתיים בנימת פיוס בין יוסף לאחיו ("וְאַתֶּם חֲשַׁבְתֶּם עָלַי רָעָה, אֱלֹהִים חֲשָׁבָהּ לְטֹבָה", בראשית נ, כ). הארץ שהובטחה לאבות עדיין אינה שלהם. ספר בראשית מסתיים כשצאצאיהם נמצאים במצרים. אבל שוב, יש נימה של ציפייה. יוסף אומר: "אָנֹכִי מֵת, וֵאלֹהִים פָּקֹד יִפְקֹד אֶתְכֶם, וְהֶעֱלָה אֶתְכֶם מִן הָאָרֶץ הַזֹּאת אֶל הָאָרֶץ אֲשֶׁר נִשְׁבַּע לְאַבְרָהָם לְיִצְחָק וּלְיַעֲקֹב" (בראשית נ, כד). חומשי התורה נחתמים במשה שאינו מורשה להיכנס לארץ שאליה הוביל את עמו ארבעים שנה, אבל אלוהים נוטל אותו אל ראש ההר כדי שיוכל לראותה מרחוק. המקרא כולו מסתיים (דברי הימים ב' לו, כב-כג) כשכורש מלך פרס מתיר ליהודים לשוב לארצם ולבנות מחדש את המקדש. הסופים הללו אינם מסיימים את הסיפור, ואין כל הבטחה באשר למה שעתיד לקרות. אבל יש ביטחון, הנובע מתוך הברית, ששמו הוא תקווה. יהיו קשיים, אבל אפשר יהיה לגבור עליהם. יהיה צער, אבל הוא לא יהיה משתק או ממית. ייסורים קשים אורבים אולי מעבר לפינה, אבל משהו ומישהו ישרוד. תהיה אולי גלות, אבל בסופו של דבר תהיה גם שיבה. התבוסה לעולם אינה סופית, וגם איננו עומדים

לבדנו מול עתיד בלתי־ודאי. "גַּם כִּי אֵלֵךְ בְּגֵיא צַלְמָוֶת לֹא אִירָא רָע, כִּי אַתָּה עִמָּדִי" (תהלים כג, ד). בכל אשר נהיה, תהיה דרך חזרה אל הארץ המובטחת, אל החברה הטובה, אל היעד השוכן מחוץ לטווח הראייה אבל ברור לנו שהוא שם.

בטבעם האמפירי של האירועים עצמם אין שום דבר המכתיב דרך מסוימת לספר את הסיפור. ההיסטוריה אינה מולידה תקווה; התקווה היא שמולידה את ההיסטוריה. הפילוסוף־המבקר ארנסט קסירר אמר בעניין זה, "משמעות הזמן ההיסטורי אינה בנויה אך ורק מהיזכרות בעבר; לא פחות מכך היא ציפייה לקראת העתיד. היא תלויה במאמץ כמו במעשה, בנטייה לקראת העתיד כמו בהתעמקות ובמימוש של העבר". המקרא מספר היסטוריה בדרכו שלו מפני שהוא רואה בדרכו שלו את היחסים בין אלוהים לאדם. אנחנו יכולים לראות זאת באמצעות ניסוי מחשבתי פשוט.

נסו לחשוב שהמקרא נכתב מחדש כטרגדיה יוונית. אותם אירועים יסופרו, אבל חלוקת הספרים תהיה שונה. ספר בראשית יימשך עד הפרקים הראשונים של ספר שמות, שבהם תקוותיהם של אברהם ובניו מתנפצות אל נוכח השעבוד. חמשת חומשי התורה לא ייחתמו בספר דברים אלא בספרי יהושע ושופטים, ובפסוק החותם אותם, הנושא מטען כבד של התפכחות ותחושת אנדרלמוסיה: "בַּיָּמִים הָהֵם אֵין מֶלֶךְ בְּיִשְׂרָאֵל, אִישׁ הַיָּשָׁר בְּעֵינָיו יַעֲשֶׂה" (שופטים כא, כה). המקרא ככללותו יסתיים בגלות בבל ובמגילת איכה. ההבדל בין תקווה לטרגדיה טמון לא במה שקורה, אלא באופן שבו אנחנו מפרשים את מה שקורה ובתגובתנו למתרחש. הדמיון המוסרי אינו מתעצב רק על פי אירועים אלא גם על פי האופן שבו אנחנו מספרים את סיפור האירועים הללו, ואולי בעיקר לפיו; היכן אנו מתחילים והיכן אנו מסיימים; באיזו מסגרת אנחנו מציגים את הסיפור ומַבנים את הנראטיב.

סיפור פסח – "מתחיל בגנות ומסיים בשבח" – הוא האב־טיפוס של האופן שבו היהודים קוראים את ההיסטוריה, ההתעקשות לחלץ נימה של משמעות מתוך הקטסטרופה, הסירוב, ההרואי לפעמים,

להתייאש מן המפלה, להתמכר לשירת הסירנה של הייאוש. זוהי דחיית המיתוס והטרגדיה, האופטימיות והפסימיות גם יחד. הנראטיב היהודי אינו מבקש שנאמין בעולם שבו יש סוף טוב פשוט. הוא גם אינו מאפשר לנו למצוא מפלט באמונה הצינית כי כל שאיפה סופה כישלון (ראוי לזכור שה"ציניקנים" הראשונים, אלה שנתנו למושג את שמו, היו פילוסופים יוונים). הצדק עם אנואי: הטרגדיה רגועה; היהדות חסרת מנוחה. בתקווה אין שום דבר שליו. פשוט הרבה יותר לא להאמין בשום דבר, לא לצפות לשום דבר, להשלים עם חוסר המשמעות של היקום החג לאינסוף בדממה סביב חלל ריק, ולפיכך לקבל את היותו של הגורל בלתי־נמנע. קשה הרבה יותר לפעול להשגת צדק לנוכח דיכוי, חירות לנוכח עריצות, לדעת שאפילו הניצחון איננו סופי בטרם תבוא אחרית הימים, ושעד אז עלינו להילחם בכל דור ודור, ממש כפי שעלינו לספר את סיפור יציאת מצרים בכל שנה ושנה. אבל להיות יהודי פירושו לבחור מה שלווינס כינה "חירות קשה" ולהעדיף אותה על פני ההכרח הקל. ישראל, אומרת התורה, הוא העם שקיבל את שמו "כִּי שָׂרִיתָ עִם אֱלֹהִים וְעִם אֲנָשִׁים, וַתּוּכָל" (בראשית לב, כח). התקווה איננה פשוטה ונאיבית אלא תובענית, יוצרת, והיא הביטוי לאומץ מוסרי עשוי ללא חת.

ויקטור פרנקל הוא יהודי ששרד את אושוויץ ועל סמך ניסיונו יסד אסכולה חדשה בפסיכיאטריה: לוגותרפיה. ההישרדות, טען פרנקל, אם במחנות הריכוז אם בתוך טראומה, אבל, דיכאון ואבדן, היא עניין של חיפוש אחר משמעות. אם נוכל למצוא משמעות בסבל, נוכל לצאת ממנו ללא פגע, אם לא בגופנו – לפחות בנפשנו. חירות אחת נותרה לאדם באושוויץ, גילה פרנקל, כשכל שביב אחר של חופש ואנושיות כבר אבד:

> אנחנו, שחיינו במחנות־ריכוז, זוכרים את האנשים אשר היו עוברים מצריף לצריף כדי לעודד רוחם של אחרים, כדי לפרוס להם מפרוסת־לחמם האחרונה. אולי הם היו מעטים, אך די בהם להוכיח, כי אפשר ליטול מן האדם את הכל חוץ מדבר אחד:

את האחרונה שבחירויות אנוש – לבחור את עמדתו במערכת נסיבות מסוימות, לבור את דרכו.

אני מתבונן ביראת כבוד באומץ הלב של דורות על גבי דורות של יהודים, ניצולי מסעות הצלב, עלילות הדם, האינקוויזיציה, הגטאות והפרעות, שנאבקו עם אלוהים בתפילות ובקינות, שלא קיבלו את גורלם בפסיביות או בשקט, שלא בחרו בכניעה עיוורת ("זה רצון האל") או בתפיסה עגומה, יוונית, של הגורל, אלא המשיכו – במילותיה הנפלאות של נדייז'דה מנדלשטם – "לקוות באין תקווה". היהודים אינם עיוורים לקיומו של הרוע. אנחנו חשים אותו, טועמים אותו, מדי שנה מחדש, בלחם העוני ובמרור של העבדות. אבל בכל נימי הווייתנו אנחנו מסרבים להיכנע לו. כדי להבין את העם היהודי יש להקשיב לאופן שבו הוא מספר את סיפורו. עם שהנראטיב שלו "מתחיל בגנות ומסיים בשבח" הוא עם המכיר לפניי ולפנים את מציאות הרוע אך אינו חדל להיאבק עם מלאך המוות, עד שהוא מגלה את הנתיב המוליך מהסבל אל התקווה.

## מאמר יח

# בן זומא והחכמים

אמר רבי אלעזר בן עזריה: הרי אני כבן שבעים שנה, ולא זכיתי שתאמר יציאת מצרים בלילות, עד שדרשה בן זומא, שנאמר: "למען תזכֹּר את יום צאתך מארץ מצרים כל ימי חייך". ימי חייך, הימים; כל ימי חייך, הלילות. וחכמים אומרים, ימי חייך, העולם הזה; כל (ימי חייך), להביא לימות המשיח. (הגדה של פסח)

קטע זה הוא אמנם קטע מההגדה אבל הוא אינו עוסק בפסח. אין כמעט ספק שנוסף להגדה בגלל הקשר שלו אל הקטע הקודם, שבו רבי אלעזר בן עזריה היה דמות מרכזית (ראה מאמר יב, "החכמים בבני ברק"). זהו למעשה חלק מהמשנה (ברכות א, ה) העוסק בתפילת ערבית.

לא רק בפסח אנחנו מצווים להיזכר ביציאת מצרים. בתורה (דברים טז, ג) נאמר: "לְמַעַן תִּזְכֹּר אֶת יוֹם צֵאתְךָ מֵאֶרֶץ מִצְרַיִם כֹּל יְמֵי חַיֶּיךָ", ועל סמך הפסוק הזה קבעו חז"ל את הכלל שיש להזכיר את יציאת מצרים מדי יום (אם כי אין חובה לספר בה באריכות). ואנו עושים זאת כשאנו קוראים את הפִּסקה השלישית של קריאת שמע ("אֲנִי ה' אֱלֹהֵיכֶם אֲשֶׁר הוֹצֵאתִי אֶתְכֶם מֵאֶרֶץ מִצְרַיִם") ואחריה את הברכה הקודמת לתפילת העמידה. השאלה שבה עוסקים כאן

החכמים היא אם יש לנהוג כך גם בתפילת ערבית. בימי המשנה היו קהילות שנהגו כך וקהילות שלא; המנהג הרווח – המקובל על הכול היום – היה לקרוא את הפסקה השלישית. המשנה מסבירה את ההיגיון של שתי ההשקפות.

רבי אלעזר אומר כי אף על פי שהוא "כבן שבעים שנה" לא הצליח למצוא צידוק למנהג המקובל, עד שבן זומא הסביר לו זאת. בן זומא מבסס את דעתו על העיקרון, המקובל ככלל על חז"ל, שאין מילה מיותרת בתורה. כל ייתור־לכאורה נועד לשרת תכלית מסוימת. הוא מהווה בסיס להלכה שאלמלא הוא לא יכולנו לקבוע אותה. במקרה שלפנינו יכלה התורה לומר "בימי חייך". תוספת המילה "כל" נועדה ללמד שעלינו להזכיר את יציאת מצרים לא רק בכל יום, אלא גם בכל לילה. החכמים הסכימו עם העיקרון של בן זומא, שיש משמעות למילה "כל", אבל טענו שהיא לא באה ללמדנו על הלילות אלא על ימות המשיח.

בהמשך בן זומא והחכמים חלוקים ביניהם לא רק בשאלת מבנה תפילת ערבית, אלא גם לגבי העתיד – לגבי אופיים של ימות המשיח. הכול הסכימו כי בימות המשיח תהיה יציאת מצרים שנייה. ממש כשם שאלוהים פדה את בני־ישראל ממצרים, כך בעתיד יאסוף אותם מארבע כנפות תבל ויחזירם לארץ ישראל. כך חזו הנביאים וכך האמינו כל היהודים. לא כאן המחלוקת, אלא בשאלה אם הגאולה העתידית תאפיל על זיכרונות העבר או לא. האם בימות המשיח עדיין נזכיר את יציאת מצרים?

ההגדה מביאה רק את השלב הראשון של הדיון. ההמשך מובא בתלמוד:

> אמר להם בן זומא לחכמים: וכי מזכירין יציאת מצרים לימות המשיח? והלא כבר נאמר (ירמיה כג, ח) "הנה ימים באים נאם ה' ולא יאמרו עוד חי ה' אשר העלה את בני ישראל מארץ מצרים, כי אם חי ה' אשר העלה ואשר הביא את זרע בית ישראל מארץ צפונה ומכל הארצות אשר הדחתים שם".

אמרו לו: לא שתיעקר יציאת מצרים ממקומה, אלא שתהא שעבוד מלכויות עיקר, ויציאת מצרים טפל לו. (ברכות יב ע"ב)

ירמיהו התנבא כי הגאולה העתידית תהיה מרשימה עוד יותר מיציאת מצרים בימי משה. דבר זה מוסכם על שני הצדדים במחלוקת. הנקודה שבה הם חלוקים היא אם הגאולה העתידית תאפיל על הזיכרונות מימי יציאת מצרים או רק תעביר אותם למקום משני. זו הייתה המחלוקת במחצית השנייה של המאה השנייה לספירה.

ישנם רגעים נדירים שבהם אנחנו זוכים לראות בהתגשמותה של נבואה. זה קרה בראשיתה של מלחמת המפרץ בינואר 1991. שהיתי אז בישראל עם משפחתי. בשלבים הראשונים של המלחמה הגיעה לישראל משלחת הזדהות של יהודים בריטים והתבקשתי לדבר אתם על משמעות האירועים. נפגשנו בליל שבת פרשת בשלח, הנפתחת בתיאור יציאת בני־ישראל ממצרים.

השמעתי להם את הקטעים מן המשנה והתלמוד על המחלוקת בין בן זומא לחכמים והסברתי שהכול הסכימו כי הגאולה העתידית, שבה יביא אלוהים "את זרע בית ישראל מארץ צפונה ומכל הארצות אשר הדחתים שם" אל ארץ ישראל, תהיה מרשימה עוד יותר מיציאת מצרים. הייתכן? שאלתי. ליציאת מצרים המקראית התלוו אותות ומופתים, נסים שכמותם לא נראו מזמן. מה יוכל להיות פלאי יותר מאותם ימים?

ואז קראתי להם את הפסוק הפותח את פרשת השבוע: "וַיְהִי בְּשַׁלַּח פַּרְעֹה אֶת הָעָם, וְלֹא נָחָם אֱלֹהִים דֶּרֶךְ אֶרֶץ פְּלִשְׁתִּים, כִּי קָרוֹב הוּא, כִּי אָמַר אֱלֹהִים: פֶּן יִנָּחֵם הָעָם בִּרְאֹתָם מִלְחָמָה וְשָׁבוּ מִצְרָיְמָה" (שמות יג, יז). משמעות הפסוק ברורה. בני־ישראל נמלטו מעבדות והיו עדים לנסים, ובכל זאת חשש אלוהים שאם תבוא עליהם מלחמה, יעדיפו לשוב על עקבותיהם למצרים.

ואז אמרתי למשלחת: "זה עתה ראיתם משהו מרשים עוד יותר. בבואכם הבחנתם שנמל התעופה בן־גוריון ריק כמעט (בזמן המלחמה פסקו הטיסות המסחריות וכל חברות התעופה סגרו את דלפקיהן. נמל

התעופה היה נתון בסכנה ישירה של מתקפת טילי סקאד מעיראק). רק שירות אחד המשיך לפעול על בסיס קבוע, ללא הפרעה – הטיסות המביאות עולים מרוסיה; אולי הפעם היחידה בהיסטוריה שמדינה מותקפת בטילים, ועל אף המתקפה אנשים ממשיכים לבוא אליה, לקבוע בה את ביתם. בימי משה, כשבני־ישראל עזבו את מצרים, אלוהים חשש שמא ישובו למצרים בראותם מלחמה. כיום היהודים מרוסיה ('מארץ צפונה') רואים מלחמה ובכל זאת ממשיכים לבוא. השבוע ראינו במו עינינו את התגשמות נבואתו של ירמיהו, שיום אחד יהיה קיבוץ גלויות שמבחינות מסוימות יהיה פלאי יותר מיציאת מצרים".

למרות הכאב והצער של ההיסטוריה היהודית המודרנית היו רגעים – במיוחד הרגעים הקשורים להקמתה של מדינת ישראל – שאפשר להשוותם רק לפלאי המקרא. אולי אנחנו קרובים מדי ולכן איננו מסוגלים לראות את אופיים הנסי של האירועים. אבל יום אחד יסתכלו ההיסטוריונים על המחצית השנייה של המאה העשרים ויתהו כיצד עם ששרה פנים אל פנים עם מלאך המוות בשואה הגיב בהחייאת ארץ, בחידוש הריבונות, בקימום ירושלים, בהצלת יהודים מסכנות בכל רחבי תבל, והוכיח את אומץ לבו ברדיפת השלום כשם שהראה אומץ לב בהגנה על עצמו במלחמה. הדי יציאת מצרים ממשיכים להדהד בהיסטוריה היהודית והזמן אינו מקהה אותם: הם מופלאים היום כפי שהיו באותם ימים רחוקים.

## מאמר יט

# הפסח הראשון

רש״י (רבי שלמה יצחקי, 1105-1040) הוא הגדול והאהוב בפרשני התורה. אלא שבספר בראשית פרק יט הוא מעיר הערה בלתי־מובנת לכאורה על הפסח.

אלוהים שלח זה עתה לאברהם שלושה שליחים – מלאכים בדמות אדם. אברהם מקבל אותם בפתח אוהלו, והוא ושרה נוהגים בהם הכנסת אורחים. המלאכים באו לספר לשרה שסוף־סוף תלד ילד. עם צאתם אומר אלוהים לאברהם שהוא עומד להרוס את סדום ואת עמורה ואת ערי הכיכר. הציביליזציה של אנשי הערים האלה היא ציביליזציה מרושעת, וצעקת עוולותיהם עלתה השמימה. אברהם מוחה בשמם באחד הדיאלוגים עזי המבע ביותר בין אדם לאלוהים: ״הַאַף תִּסְפֶּה צַדִּיק עִם רָשָׁע?... הֲשֹׁפֵט כָּל הָאָרֶץ לֹא יַעֲשֶׂה מִשְׁפָּט?״ (בראשית יח, כג-כה). אלוהים מסכים כי אם יימצאו שם ולו עשרה צדיקים, הערים לא תיהרסנה. בינתיים באים שניים מן השליחים לבקר את לוט, שקבע את ביתו בסדום.

הוא מקבל את פניהם ונוהג בהם הכנסת אורחים. הם מסרבים, הוא מתעקש. ובפסוק הבא נאמר: ״וַיַּעַשׂ לָהֶם מִשְׁתֶּה וּמַצּוֹת אָפָה וַיֹּאכֵלוּ״ (בראשית יט, ג). מה פשר אזכור המצות? אברהם ושרה הכינו לאורחיהם ״עוגות״. לוט, לעומת זאת, אופה להם ״מצות״. על כך נסבה הערתו המוזרה של רש״י. ״פסח היה״, הוא כותב.

מה רוצה רש״י לומר? יציאת מצרים עתידה להתרחש רק בעוד מאתיים שנה ויותר. אברהם כבר קיבל את הנבואה המבשרת לו ״יָדֹעַ תֵּדַע כִּי גֵר יִהְיֶה זַרְעֲךָ בְּאֶרֶץ לֹא לָהֶם״ (בראשית טו, יג), אבל לוט לא. ברור לנו היטב שלוט גם לא היה נביא. הוא לא היה מסוגל לצפות אפילו את העתיד הקרוב, דהיינו שבתוך עשרים וארבע שעות ביתו ועירו יהיו לעיי חרבות. ואיך יכול היה לנחש שמועד ביקורם של המלאכים הוא – או ליתר דיוק: עתיד להיות – חג הפסח? ומדוע עליו לשמור את מצוות החג דורות רבים לפני שהפך למציאות? הערתו של רש״י סתומה, בלשון המעטה. אני מבקש להביא כאן פרשנות חדשה.

התורה אומרת שאברהם ולוט התעשרו עם בואם לארץ כנען. עדריהם היו כה גדולים עד שלא היה מרעה מספיק לשניהם. בין רועי עדריהם פרצו מריבות. אברהם, איש שלום מאין כמוהו, דוחק בלוט להיפרד ממנו: ״אַל נָא תְהִי מְרִיבָה בֵּינִי וּבֵינֶךָ וּבֵין רֹעַי וּבֵין רֹעֶיךָ, כִּי אֲנָשִׁים אַחִים אֲנָחְנוּ״ (בראשית יג, יח). הוא אומר ללוט לבחור את האזור שהוא מעדיף. לוט משקיף על כל כיכר הירדן ורואה כי אדמתה פורייה, ״כְּגַן ה׳״, ומחליט לשבת שם. כדרכו, הוא פועל על פי שיקולים כלכליים ומושפע פחות משיקולים מוסריים. תושבי האזור רעים, אבל עובדה זו אינה מרתיעה אותו. הוא מחליט לגור בסדום. אברהם, לעומתו, מעדיף לשמור מרחק. הוא מוכן להילחם למען אנשי האזור (בראשית יד) ולהתפלל למענם, אבל מבקש לשמר את דרך חייו, לקיים לבדו את נאמנותו לאלוהים.

מה שקורה בהמשך הוא דבר צפוי וטרגי. המלאכים הבאים אל לוט מוצאים אותו ״יֹשֵׁב בְּשַׁעַר סְדֹם״ (בראשית יט, א). שער העיר הוא המקום שבו ישבו זקני העיר בעת העתיקה, ושם, בין היתר, יישבו סכסוכים. למעשה היה זה בית דין. רש״י אומר על כך: ״אותו היום מינוהו שופט עליהם״. בנותיו נישאו לבני־המקום – המקרה הראשון של נישואי תערובת בתורה. במונחים בני־זמננו, לוט החל להתבולל.

המלאכים אומרים לו שהגיעה השעה לעזוב את המקום. העיר עומדת להיחרב והסכנה הנשקפת לו גדולה מאוד. עליו לאסוף את

בני־משפחתו ולצאת ללא דיחוי. לוט מהסס. הוא הולך לדון בהצעה עם חתניו. הם צוחקים. בשלב זה בסיפור נאמר על לוט, באירוניה חריפה, "וַיְהִי כִמְצַחֵק בְּעֵינֵי חֲתָנָיו" (בראשית יט, יד). הרי לא ייתכן שהוא רציני, הם אומרים. הם מזלזלים בו. המלאכים מפצירים בו שוב: "קוּם קַח אֶת אִשְׁתְּךָ וְאֶת שְׁתֵּי בְנֹתֶיךָ הַנִּמְצָאֹת, פֶּן תִּסָּפֶה בַּעֲוֹן הָעִיר" (יט, טו). לוט מהסס. יש בהיסוס הזה עולם שלם של משמעות. המסורה הציבה מעל המילה "וַיִּתְמַהְמָהּ" אחד מטעמי המקרא המכונה שלשלת. המנגינה עולה ויורדת, עולה ויורדת, ודומה שאינה מסוגלת להגיע אל המילה הבאה. רבי יוסף אבן כספי, פרשן המקרא בן המאה השש־עשרה, מציין בצדק כי הנגינה הזאת היא דרך מוסיקלית לתאר מאבק פנימי, אמביוולנטיות עמוקה. זהו הלוך רוחו של לוט ברגע זה. אחרי מסכת חיים שלמה של נוודות הוא מצא את מקומו, קבע את ביתו בעיר משגשגת וזכה להכרה חברתית. הוא נתמנה לשופט. בנותיו מצאו בעלים מבני־המקום. הוא התקבל – כך לפחות הוא סבור – כחלק מסדום וקשה לו להביא את עצמו לעזוב אותה. למרות אזהרותיהם החוזרות ונשנות של אורחיו הוא מתעכב וכך מסכן את חייו ואת חיי משפחתו. למה לו לעזוב את השלום ואת הביטחון שמצא לכאורה רק מפני ששני אורחים זרים מודיעים לו על סכנה קרובה?

הסיפור המקראי מעודן מאוד, מלא הדים המובנים למי שמסוגל לפענח את הדקויות. פסוקים אחדים אחר כך הוא מביא הערת נגד אירונית על שאיפותיו החברתיות של לוט. ברגע שמתפשטת השמועה על אורחיו של לוט, מקיפים אנשי המקום את ביתו ותובעים שיוציאו אותם החוצה "וְנֵדְעָה אֹתָם" (בראשית יט, ה). לוט מסרב באמרו שכבודו מחייב אותו להגן על אורחיו מכל רע.

אנשי סדום אומרים: "גֶּשׁ הָלְאָה!... הָאֶחָד בָּא לָגוּר וַיִּשְׁפֹּט שָׁפוֹט! עַתָּה נָרַע לְךָ מֵהֶם" (בראשית יט, ט). למרות הסיפור שלוט סיפר לעצמו – שהוא התקבל, השתלב, התערה – הוא נותר זר בעיני המקומיים. המחשבה שהוא חלק מהמקום אינה אלא רמייה עצמית טרגית.

אותו רצף אירועים עצמו חוזר במצרים, הפעם בקנה מידה לאומי. בני־ישראל התיישבו שם ועשו חיל. אחד מאבותיהם, יוסף, עלה לגדולה ונעשה משנה לפרעה עצמו. אלא שאז קם מלך חדש על מצרים "אֲשֶׁר לֹא יָדַע אֶת יוֹסֵף" (שמות א, ח) והחל להציק להם. תחילה לקח אותם לעבודת כפייה ואז פרסם מצע של רצח־עם מכוון, הטבעת התינוקות הזכרים ביאור. אבל כשמשה החל במשימת השחרור הארוכה, בני־ישראל עצמם התלוננו. ניסיונות ההתערבות שלו, אמרו, רק החמירו את המצב. "הִבְאַשְׁתֶּם אֶת רֵיחֵנוּ בְּעֵינֵי פַּרְעֹה וּבְעֵינֵי עֲבָדָיו, לָתֶת חֶרֶב בְּיָדָם לְהָרְגֵנוּ" (שמות ה, כא). הם נטרו לו על ניסיונותיו להצילם.

הרב יוסף סולובייצ'יק ז"ל השמיע תובנה עמוקה על פתיחת ספר שמות. הפסוק הראשון בספר הוא: "וְאֵלֶּה שְׁמוֹת בְּנֵי־יִשְׂרָאֵל הַבָּאִים מִצְרָיְמָה". הפסוק משתמש בלשון הווה ולא בלשון עבר. למעשה באו בני־ישראל למצרים דורות קודם לכן, אבל בעיני המצרים דומה שזה עתה הגיעו. הם נשארו מהגרים, זרים, נכרים. עם ההכרזה על תכנית הרדיפות הצדיק אותה פרעה החדש במילים: "וְהָיָה כִּי תִקְרֶאנָה מִלְחָמָה, וְנוֹסַף גַּם הוּא עַל שֹׂנְאֵינוּ וְנִלְחַם בָּנוּ" (שמות א, י). בעיני המצרים בני־ישראל אינם אזרחים אלא נכרים, ממש כפי שאנשי סדום ראו את לוט. בני־ישראל, מצדם – אף על פי שיעקב ויוסף הזכירו להם על ערש דווי שהם עתידים לשוב לארץ המובטחת ולא להישאר לנצח במצרים – נאחזו שם וקבעו שם את ביתם. משה התקשה להניע אותם לעזוב את מצרים. בסופו של דבר הם "גֹרְשׁוּ מִמִּצְרַיִם" (שמות יב, לט), ממש כפי שלוט נגרר בידי המלאכים והוצא מסדום (בראשית יט, טז).

למרבה הצער, זה היה לא פעם גורלם של היהודים. הם לא מיהרו לזהות את הסכנה – בספרד במאה החמש־עשרה, באירופה במאה העשרים. הם מצאו מקום שבו שגשגו ולא יכלו להעלות על דעתם ששכניהם אינם רואים בהם אזרחים כמותם. איך יכולה ארץ שלה תרמו הרבה כל כך להפנות להם עורף? איך ייתכן שהם, שחיו בה שנים כה רבות, לא התקבלו? ההתמהמהות הזאת – הישנות

האמביוולנטיות של לוט – הייתה הרת סכנות. עם ההיסטוריה היה אטום לפעמים לסימני האזהרה של ההיסטוריה. גם זהו חלק מסיפור הפסח, לאסוננו. היכן החל כל זה? עם לוט בסדום. הערתו של רש״י עמוקה מאוד: לוט, בלי לדעת זאת, חי את הפסח הראשון.

## מאמר כ

# הקושיה שאינה נשאלת

פסח הוא חג הקושיות, אבל יש קושיה אחת שאיננה נשאלת, והיא רבת־משמעות. מדוע היה צורך בפסח מלכתחילה? מה טעמן של שנות הסבל והעבדות? עם ישראל נגאל. הוא זכה מחדש בחירותו. הוא שב לארץ שהובטחה לאבותיו מאות שנים קודם לכן. אבל מה הצורך בגלות? מדוע לא סובב אלוהים את פני הדברים כך שאברהם או יצחק או יעקב פשוט יירשו את ארץ כנען? אלמלא ירדו בני־ישראל למצרים בימי יוסף, לא היה סבל ולא היה צורך בגאולה. למה פסח?

אין מנוס מהשאלה הזאת, לאור מונחיו של הסיפור המקראי. התורה מלמדת שאין שום דבר מקרי באירועים שהביאו לפסח. מאות שנים קודם לכן שמע אברהם מפי אלוהים בברית בין הבתרים: "יָדֹעַ תֵּדַע כִּי גֵר יִהְיֶה זַרְעֲךָ בְּאֶרֶץ לֹא לָהֶם, וַעֲבָדוּם וְעִנּוּ אֹתָם אַרְבַּע מֵאוֹת שָׁנָה" (בראשית טו, יג). בהגדה אנו חוזרים שוב ושוב על העובדה שרצף האירועים כולו היה חלק מתכנית שנגזרה מראש. אלוהים "חישב את הקץ", את סוף הייסורים. כאשר ירד יעקב למצרים הוא היה "אנוס על פי הדיבור". אלוהים עצמו אמר ליעקב: "אַל תִּירָא מֵרְדָה מִצְרַיְמָה, כִּי לְגוֹי גָּדוֹל אֲשִׂימְךָ שָׁם" (בראשית מו, ג) בלי לרמוז לו על הסבל שיעבור על בניו. חז"ל אומרים כי לקראת סוף חייו, כשיעקב רצה לומר לבניו מה יקרה להם "באחרית הימים", ניטלה ממנו מתת הנבואה.

בני־ישראל, בלי לדעת זאת, היו חלק מעלילה שנכתבה זמן רב קודם לכן.

מדרש אחד – אחד המקומות הספורים שבהם חז״ל נותנים ביטוי לתחושת האי־נוחות שגרמה להם אסטרטגיה מוזרה זו של ההשגחה העליונה – מבטא את הבעיה בחריפות רבה:

> היה הקדוש ברוך הוא מבקש לקיים גזירת ״ידוע תדע״, והביא עלילה לכל דברים אלו כדי שיאהב יעקב את יוסף, וישנאוהו אחיו, וימכרו אותו לישמעאלים, ויורידוהו למצרים, וישמע יעקב שיוסף חי במצרים, וירד עם השבטים, וישתעבדו שם, הווי ״ויוסף הורד מצרימה״. אל תקרי ״הורד״ אלא הוריד את אביו והשבטים למצרים. אמר רבי תנחומא: למה הדבר דומה? לפרה שמבקשין ליתן עול בצוארה והיא מונעת העול מן צוארה. מה עשו? נטלו את בנה מאחריה ומשכו אותה לאותו מקום שמבקשין בו לחרוש, והיה העגל גועה, שמעה הפרה בנה גועה הלכה שלא בטובתה, בשביל בנה. (מדרש תנחומא, וישב ד)

התסריט שכתב אלוהים לעמו היה לפעמים מפותל ומפחיד. חז״ל החילו על זה את הפסוק ״לְכוּ וּרְאוּ מִפְעֲלוֹת אֱלֹהִים, נוֹרָא עֲלִילָה עַל בְּנֵי אָדָם״ (תהלים סו, ה). מדוע רצה הקדוש ברוך הוא שעמו יחווה עבדות? מדוע הגלות במצרים הייתה הקדמה חיונית לחייהם כאומה ריבונית בארץ המובטחת?

ספר יונה מספר סיפור מוזר. אלוהים ציווה על יונה להעביר אזהרה לתושבי נינווה שהשחיתו את דרכם. העיר נידונה להיחרב, אלא אם כן יחזרו בהם מדרכם הרעה. יונה נמלט ממשימתו, ובמהלך הספר אנחנו למדים מדוע. הוא ידע, כך הוא אומר, שאנשי נינווה יחזרו בתשובה מיד כשישמעו את דברי הנבואה, ויימחל להם. בעיני יונה היה בזה אי־צדק. כשאנשים חוטאים, עליהם לשאת בתוצאות מעשיהם ולהיענש. במיוחד כשמדובר בנינווה, עירם של האשורים שגרמו סבל כה רב לעם ישראל. העובדה שאלוהים מחל להם סתרה

את תפיסת החטא והעונש של יונה. אלוהים מחליט ללמד את יונה לקח. הוא שולח לו קיקיון שמעניק לו צל מהשמש הקופחת. למחרת הוא שולח תולעת שמייבשת את הקיקיון והעץ מת. יונה חווה דיכאון אבדני. אלוהים אומר לו: "אַתָּה חַסְתָּ עַל הַקִּיקָיוֹן, אֲשֶׁר לֹא עָמַלְתָּ בּוֹ וְלֹא גִדַּלְתּוֹ, שֶׁבִּן לַיְלָה הָיָה וּבִן לַיְלָה אָבָד. וַאֲנִי לֹא אָחוּס עַל נִינְוֵה הָעִיר הַגְּדוֹלָה, אֲשֶׁר יֶשׁ בָּהּ הַרְבֵּה מִשְׁתֵּים עֶשְׂרֵה רִבּוֹ אָדָם אֲשֶׁר לֹא יָדַע בֵּין יְמִינוֹ לִשְׂמֹאלוֹ וּבְהֵמָה רַבָּה?" (יונה ד, י–יא)

אלוהים מלמד את יונה לחמול בכך שהוא נותן לו משהו ואחר כך נוטל אותו ממנו. האבדן מלמד אותנו להעריך דברים, אם כי בדרך כלל במאוחר. מה שהיה לנו ואחר כך אבד לנו, שוב לא נוכל לקבלו כמובן מאליו. הראייה הדתית איננה ראיית דברים שאינם קיימים, אלא ראיית הדברים הקיימים, הדברים שהיו תמיד, אלא שלא הבחנו בהם. האמונה היא סוג של תשומת לב. זהו הרהור מתמשך על הפלא הגדול הגלום ביש, מפני שעלול היה לא להיות. את מה שאבד לנו והוחזר לנו אנו לומדים להוקיר באופן שלא היה אפשרי אלמלא איבדנו אותו מלכתחילה. האמונה פירושה לא לקבל דברים כמובנים מאליהם.

זהו המפתח להבנת שורה שלמה של סיפורים בספר בראשית. שרה, רבקה ורחל משתוקקות לפרי בטן אך מגלות שהן עקרות. רק בהתערבותו של אלוהים הן מצליחות להרות. אברהם מתנסה בניסיון של עקידת יצחק ואז מגלה שאלוהים, שביקש ממנו להקריב את בנו, אומר "עצור" ברגע האחרון. כך לומדת משפחת הברית כי לידת ילדים אינה דבר של מה בכך. כך למד עם ישראל משחר תולדותיו לא לראות בילדים משהו מובן מאליו. הרצף היהודי, גידול דורות חדשים של יהודים, אינו טבעי, בלתי־נמנע, תהליך שמתנהל מאליו. הוא זקוק למאמץ תמידי ולהשגחה בלתי־פוסקת. הוא הדין בחירות.

החירות במובנה המקראי – ריסון עצמי מתוך אחריות – איננה טבעית. אדרבה, על פי הסדר הטבעי בחברות האנושיות, כמו בממלכת החי, החזק טורף את החלש ושולט בו. אין דבר נדיר וקשה להשגה יותר מחברה המעניקה כבוד שווה לכול. עצם המחשבה על חברה כזאת מחייבת ניתוק אדיר מהסדר הטבעי. התורה אומרת לנו איך

להגיע לכך, באמצעות הניסיון ההיסטורי של עם שיישא מעתה ואילך את המסר האלוהי אל האנושות.

ישראל היה חייב לאבד את חירותו בטרם יֵדע להוקירה. אנחנו מבחינים בכל מאודנו רק במה שאבד לנו. ישראל היה חייב לסבול שעבוד והשפלה בטרם ילמד, יֵדע וירגיש בחוש שיש בדיכוי משהו פסול מבחינה מוסרית. לא היה ביכולתו, כפי שלא היה ביכולתו של כל עם אחר, לשאת את המסר הזה לעד בלי לשוב ולחיות אותו מדי שנה, לבחון את המרירות העזה של לחם העוני ומרור העבדות. כך נוצרה, על ערש לידתה של האומה, הכמיהה לחירות שנמצאה בלב לבם של הזיכרון שלו וזהותו.

אילו זכה ישראל לעמיות מיידית בימי האבות, בלי לחוות גלות ורדיפות, הרי היה מקבל את החירות כמשהו מובן מאליו – כעמים רבים אחרים בהיסטוריה. וכאשר החירות נתפסת כמשהו מובן מאליו, היא כבר מתחילה ללכת לאיבוד. ישראל היה לעם שנוצר בשעבוד כדי שלעולם לא יחדל להשתוקק לחירות – ולדעת שהחירות אינה טבעית כלל וכלל. היא זקוקה להשגחה מתמדת, למאבק מוסרי בלתי־פוסק. ישראל גילה את החירות על ידי אבדנה. מי ייתן ולעולם לא יאבד אותה שוב.

## מאמר כא

# חד גדיא

חד גדיא, חד גדיא, דזבין אבא בתרי זוזי. (הגדה של פסח)

פיוט משונה ומטריד זה, כמו גורמים רבים אחרים בסדר, הוא פזמון פשוט לכאורה, אך לאמיתו של דבר מרמז על עומקים נסתרים. במקורו זהו עיבוד של שיר ילדים, כנראה מגרמניה, והוא צורף להגדה בשלהי ימי הביניים. זוהי דוגמה לדברי הלל הזקן, שראה פעם גולגולת צפה על פני המים ואמר: "על דאטפת אטפוך, וסוף מטיפייך יטופון" – "את הטבעת אחרים והם הטביעו אותך. ואלה שהטביעוך - הם עצמם יוטבעו בסופו של דבר" (אבות ב, ז).

המוטיב החוזר הוא המחזור ההרסני של נקמה ותגמול. על פי אחד הפירושים, הגדי הוא עם ישראל. ה"אבא" שקנה אותו בשני זוזים הוא אלוהים, שגאל את ישראל במצרים באמצעות שני נציגיו, משה ואהרן. החתול הוא אשור, שכבשה את ממלכת ישראל. הכלב הוא בבל, שכבשה את ממלכת יהודה. המקל הוא פרס, שתפסה את מקום בבל כמעצמה האזורית במאה השישית לפנה"ס. האש היא היוונים, שהביסו את הפרסים בימי אלכסנדר הגדול. המים הם רומא, שתפסה את מקום יוון העתיקה. השור הוא האיסלאם, שניצח את הרומאים בארץ ישראל במאה השביעית. השוחט הוא הנצרות – במיוחד

הצלבנים שנלחמו באיסלאם בארץ ישראל ובמקומות אחרים וטבחו ביהודים בדרכם. מלאך המוות הוא האימפריה העותומאנית, ששלטה בארץ ישראל עד מלחמת העולם הראשונה. השיר מסתיים בביטוי האמונה שגם היא תאבד, ועם ישראל ישוב לארצו. כך קרה בימינו.

לחלופין, ייתכן שהשיר מתבסס על דבריו של רבי יהודה בר אלעאי בתלמוד (בבא בתרא י ע"א):

עשרה דברים קשים נבראו בעולם:
הר קשה, ברזל מחתכו
ברזל קשה, אוּר מפעפעו
אוּר קשה, מים מכבין אותו
מים קשים, עבים סובלים אותן
עבים קשים, רוח מפזרתן
רוח קשה, גוף סובלו
גוף קשה, פחד שוברו
פחד קשה, יין מפיגו
יין קשה, שינה מפכחתו
ומיתה קשה מכולם
[וצדקה מצלת מן המיתה] דכתיב: וצדקה תציל ממוות.
(משלי י, ב)

אך בראייה מעמיקה יותר הפיוט חוזר לאחור, אל ראשית הבריאה, וקדימה, אל קץ ההיסטוריה. במדרש נאמר שכאשר אלוהים עמד לברוא את האדם, הוא נועץ במלאכיו:

בשעה שבא הקב"ה לבראת את אדם הראשון, נעשו מלאכי השרת כיתים כיתים, וחבורות חבורות, מהם אומרים: אל ייברא, ומהם אומרים: יברא, הדא הוא דכתיב [=וזה מה שכתוב] (תהלים פה, יא) "חסד ואמת נפגשו, צדק ושלום נשקו".
חסד אומר: ייברא, שהוא גומל חסדים, ואמת אומר: אל ייברא,

שכולו שקרים, צדק אומר: ייברא, שהוא עושה צדקות, שלום אומר: אל ייברא, דכוליה קטטה [=שלעולם לא יחדל לריב]. מה עשה הקב"ה? נטל אמת והשליכו לארץ. (בראשית רבה פרשה ח ה)

מדרש מיוחד זה הופך את בעיית האמונה המהותית על פניה. השאלה איננה: לאור טבעו של העולם, איך יכול אלוהים להתקיים? אלא: לאור טבעו של אלוהים, איך יכול העולם להתקיים? איך יכול אלוהים הבורא באהבה ליצור יצור, אדם, ההורס בשנאה? איך יכול אלוהים, לאחר שברא את העולם, לברוא את היצור היחיד המסוגל להשמידו?

המדרש מציע תשובה: אלוהים לקח את האמת, השליכה ארצה ואמר: "אֱמֶת מֵאֶרֶץ תִּצְמָח" (תהלים פה, יב). בני־האדם אינם יכולים לשאת חשיפה רבה מדי לאמת. המציאות נוראה מכדי שנוכל להישיר אליה מבט. לכן מציע אלוהים שהאדם יסתפק באמת כפי שהיא עלי אדמות, לא כפי שהיא בשמים. אנחנו רואים רסיסים של השכינה, אך לא יותר מכך. אילו זכינו לראות את אלוהים פנים אל פנים, היינו קוראים, כמו בני־ישראל בסיני: "וְעַתָּה לָמָּה נָמוּת? כִּי תֹאכְלֵנוּ הָאֵשׁ הַגְּדֹלָה הַזֹּאת. אִם יֹסְפִים אֲנַחְנוּ לִשְׁמֹעַ אֶת קוֹל ה' אֱלֹהֵינוּ עוֹד, וָמָתְנוּ. כִּי מִי כָל בָּשָׂר אֲשֶׁר שָׁמַע קוֹל אֱלֹהִים חַיִּים מְדַבֵּר מִתּוֹךְ הָאֵשׁ כָּמֹנוּ וַיֶּחִי?" (דברים ה, כב–כג). רסיסים חטופים של האמת נגלים לעינינו, תובנות חולפות וחומקות ותו לא; אך די בכך.

כך השיב אלוהים למחאתה של האמת. אבל מה בדבר טענתו של השלום? מאז ימי קין והבל חג הסיפור האנושי על ציר של סכסוכים, יריבות בין אחים, מלחמה ושפיכות דמים. ואין לדבר סוף. הבבלים ניצחו את האשורים, הפרסים כבשו את הבבלים, היוונים גברו על הפרסים וכן הלאה וכן הלאה. האם אי פעם ייכון שלום בעולם? עצם שתיקתו של המדרש בשאלה זו מלמדת על תשובתו. בריאת האדם בידי אלוהים הייתה מעשה של אמונה. על פי חז"ל, הביטוי המופיע בדברי משה האחרונים, "אֵל אֱמוּנָה", פירושו האל שהאמין בעולם שעמד ליצור. יותר מכפי שאנו מאמינים באלוהים, אלוהים מאמין

בנו – מאמין שיום אחד נלמד את לקח השלום, נדע שמלחמה אינה פותרת סכסוכים בטווח הארוך; שבניצחון גם המנצח מנוצח; שבכיבוש אחרים אנחנו מצמצמים את עצמנו; שרק בשלום ובאמצעותו נוכל לכבד את צלם אלוהים שהוא האנושות.

סר הנרי סאמר מיין כתב: "המלחמה ימיה כימי האנושות, אבל השלום הוא המצאה מודרנית". מבחינה אחת טעות בידו: נביאי ישראל היו האנשים הראשונים בהיסטוריה שהקדימו את הבאים אחריהם במאות שנים בראותם בשלום אידיאל. דברי ישעיהו, החקוקים היום על שלט מול בניין האומות המאוחדות, מיטיבים לבטא את האידיאל: "וְכִתְּתוּ חַרְבוֹתָם לְאִתִּים וַחֲנִיתוֹתֵיהֶם לְמַזְמֵרוֹת, לֹא יִשָּׂא גוֹי אֶל גּוֹי חֶרֶב וְלֹא יִלְמְדוּ עוֹד מִלְחָמָה" (ישעיה ב, ד). חזונם של נביאי ישראל היה עולם של שלום שבו, שוב על פי ישעיהו:

וּבִלַּע בָּהָר הַזֶּה פְּנֵי הַלּוֹט,<br>
הַלּוֹט עַל כָּל הָעַמִּים<br>
וְהַמַּסֵּכָה הַנְּסוּכָה<br>
עַל כָּל הַגּוֹיִם.<br>
בִּלַּע הַמָּוֶת לָנֶצַח. (ישעיה כה, ז-ח)

וכך, אחרי שקודם לכן ביטאנו את התקווה היהודית "לשנה הבאה בירושלים", אנחנו מסיימים את ליל הסדר בתקווה האוניברסלית שמלאך המוות יובס יום אחד בידי ההבנה, שהתמהמהה זמן כה רב, שאלוהים הוא חיים; שעבודת השם פירושה קידוש החיים; שהמצווה הגדולה ביותר שנתן לנו אלוהים היא "וּבָחַרְתָּ בַּחַיִּים" (דברים ל, יט); שאנחנו מביאים את אלוהים לעולם בכך שאנחנו מברכים את החיים.

בעיניי מרגשת מאין כמוה המחשבה שעם שידע סבל כה רב מסוגל לגייס מתוכו את האומץ המוסרי לסיים את הערב הזה של ההיסטוריה היהודית בנימה כזאת של תקווה, ולחקוק אותה בלבות ילדיו בצורת שיר ילדים מחורז. כי מה שאנחנו מעניקים לילדינו בלילה מיוחד זה גדול יותר מלחם עוני ומטעמן של דמעות יהודיות.

זוהי האמונה שבעולם הזה, למרות כל אלימותו ואכזריותו, נוכל ליצור רגעים של גאולה, אותות של שגב, מעשים של חסד משנֵי עולם. אין עוד עם שסיכן וסבל יותר למען תקווה קלושה יותר, אבל אין תקווה שהצליחה לרומם עם למדרגה גבוהה יותר ולהוביל אותו שוב ושוב אל הגדולה. אנו מסיימים אפוא את ליל הסדר בתפילה ובאמונה. התפילה: "אלוהי החיים, עזור לנו לגבור על כוחות המוות". והאמונה? שאם נסרב לקבל את העולם כפי שהוא, נוכל יחדיו להתחיל להפוך את העולם למה שהוא צריך להיות.

# אודות המחבר

הרב פרופ׳ יונתן זקס, רבה הראשי של בריטניה בין השנים 1991–2013, מוכר בזכות עשרות כתביו, ספריו ומאמריו, אשר הקנו לו מעמד של הוגה דעות ומנהיג רוחני המשמיע את קולה של היהדות בשיח העולמי. מספריו בעברית: **לכבוד השוני: כיצד נוכל למנוע את התנגשות התרבויות?** (מגיד, תשס״ח), **לרפא עולם שבור: החיים כקריאה לאחריות** (מגיד, תש״ע) **והשותפות הגדולה: הדת, המדע והחיפוש אחר משמעות** (מגיד, תשע״ג).